永田英正著

漢代史研究

汲古叢書147

汲古書院

漢代史研究　目次

第一〇章 漢代の石刻……437

附　篇

序文

本書は、一九八九年に公刊した前著『居延漢簡の研究』に收錄しなかった文章およびその後に發表した文章十八篇を集めたものである。

全體は、第Ⅰ部を漢代の政治制度篇、第Ⅱ部を出土文字資料篇とし、第Ⅰ部は第一章から第五章、第Ⅱ部は第一章から第一〇章に配列し、それに附篇三篇を加えた。各部の章立ての順番は、第Ⅰ部は發表年代順であるが、第Ⅱ部の簡牘については必ずしも發表年代順ではない。

各部各章の初出は、以下のとおりである。

第Ⅰ部　政治制度篇

第一章　漢代人頭税の崩壞過程——特に算賦を中心として——　（『東洋史研究』第一八巻四號　一九六〇年三月）

第二章　後漢の三公にみられる起家と出自について　（『東洋史研究』第二四巻三號　一九六五年十二月）

第三章　漢代の選擧と官僚階級　（『東方學報』（京都）第四一册　一九七〇年三月）

第四章　漢代の集議について　（『東方學報』（京都）第四三册　一九七二年三月）

第五章　中國古代における文官優位制について　（日本歷史學協會『日本歷史學協會年報』第一一號　一九九六年三月）

本書の出版にいたる經緯については「あとがき」で述べることにして、以下においては右の諸論文について研究の目的や內容の要點等を簡單に述べて序文に代えることにする。

第Ⅰ部は漢代の政治制度に關する論考を集めた。第一章「漢代人頭稅の崩壞過程」は修士論文をまとめたものである。學部の卒業論文では「商鞅の變法」を取り上げたが、中國古代史を研究するには先ず史料も多く研究量も多い漢代史に基礎をおくべきだと考え、大學院に進學してからは漢代史を中心に研究を始めた。第一章は學術雜誌に掲載された筆者の最初の論文である。宮崎市定氏の「古代中國賦稅制度」にヒントを得たもので、古代の賦（軍賦）の系列に屬する漢代の算賦制度が何故漢代で消滅したかを、漢代の鄉里制度や農民の經濟生活および貨幣の流通等の面から考察し、錢納を建前とする人頭稅を現實には徵收不能な狀態に追い込みながらも徵收し續けたところに漢王朝の特質を見出そうとした。未熟であるが、筆者のその後の研究史からすると後の「禮忠簡、徐宗簡」研究や「鳳凰山十號漢墓」研究（以上は前書『居延漢簡の研究』所收）、さらには本書の「尹灣漢墓出土簡」研究などの諸研究の出發點となっている。

第二章以下は、漢代の官僚制度を取り上げたものである。郡縣制にもとづく中央集權體制は形の上では秦の統一によって完成するが、實際には漢代に入り、吳楚七國の亂を平定した後の武帝時代になって初めて實現された。この中國史上未曾有の中央集權國家の誕生の結果、膨大な官僚の需要とともに皇帝の手足となって働く優秀な人材はいかにして選抜され確保されたかということに、筆者の研究關心があった。そこで『漢書』『後漢書』の列傳を讀むと、前漢時代に比べて後漢時代になると複雜な登用を經ていることが分かり、先ず後漢時代の官吏登用の實際を理解するために取り上げたのが第二章の「後漢の三公にみられる起家と出自について」である。ここでは後漢時代の三公を對象に彼らの起家と出自を検討し、その概略の知識を得、それを踏まえた上で兩漢を通じていかなる人材がいかなる方法で選抜されたかを歴史的に考察したのが、第三章「漢代の選擧と官僚階級」である。漢代の選擧制度は武帝時代に儒教の官學化とともに整備され、博士弟子員、孝廉、茂才、賢良方正等の諸科が設けられた。前漢時代はこれら各種の選擧は比較的滿遍なく實施されて、所期の目的は達成された。しかし後漢時代に入り、儒教の普及に伴って德行を重んじる孝廉科が重視されるようになると選擧は一變した。孝廉は、選擧の基準が地方鄕黨の聲望であり、地方鄕黨で大きな發言權を有する官僚などの名家や豪族が多く推擧されることになって選擧の形骸化が始まる。他方、漢代の郎官制度の制度的缺陷から、孝廉の選擧が榮達の十分條件ではなくなると辟召が盛行するようになるが、その場合でも孝廉に擧げられていることは有利な條件であった。その結果、官僚の出世コースは、起家から始まって昇進過程にいたるまで全てが家柄によって確定されることになり、累世二千石や累世三公といった官僚貴族が出現するにいたったことを具體例を擧げて詳述した。

第四章「漢代の集議について」は、各種の集議を通して官僚の國政へのかかわりを考察したものである。朝廷の集議は大別して皇帝臨席の朝議と高級官僚のみの廷議があった。朝議は皇帝が官僚の意見を聽取して參考に供するのに對して、廷議は皇帝の諮問を受けて開かれ、答申は皇帝の裁可を受ければそのまま法として發效する重要な集議であった。廷議は更に有資格者全員による公卿の議と有司の議に分けられるが、最も重要であったのは公卿の議であった。公卿の議の參議者は、漢初においては王侯、相國（丞相）が中心であったが、文帝頃からは丞相、御史大夫、列侯、二千石、博士、大夫、議郎を中心とする集議としてほぼ確立され、國の重要な施政方針を協議する場となった。しかし昭帝以後、皇帝の側近に權力が集中して中朝が形成され、將軍や中朝官による廷議（中朝官の議）が誕生すると從來の公卿の議は外朝官の集議となった。中朝官の議は外朝責任者である丞相や御史大夫の非違を糾彈する廷議として作用したが、國君の廢立とか宗廟や郊祀といった國の最重要事項については兩朝官合同の大議が開かれた。前漢時代、廷議は皇帝の諮問機關とはいえ討議は自由活發であり、かつ多數意見が尊重されているところに古代の民會の流れを認めた。

第五章「中國古代における文官優位制について」は、中國では何故日本のように武家政治や武家社會が存在しなかったかという率直な疑問を、漢代官吏の文官と武官の官秩の相違に着目して私見を述べたものである。すなわち武帝時代に、儒教を官學化して儒學の教養のあるものを官吏に任用したことから武官にたいして文官の優位が確立するが、官秩の制定がそれを示すとするならば、その時期は太初曆が制定された太初元年頃が有力な時期であったと見る。講演の要旨であるが收錄した。

第Ⅱ部は出土文字資料すなわち漢代の簡牘と石刻を扱った論考を取り上げた。第一章「新居延漢簡の概觀」。新居延漢簡は、一九七二年から七四年にかけて居延で發見された簡牘を指し、今日では一九三三年から三四年に發見された居延漢簡を居延舊簡とよび、新居延漢簡を居延新簡とよんで兩者を區別している。居延新簡の發見のニュースは一九七七年には傳わっていたが（本書五三六頁を參照）、發掘や簡牘の概略等については『文物』一九七八年第一期で初めて報じられ、九〇年に至って簡牘の全釋文『居延新簡』（文物出版社）が公刊された。居延新簡は舊簡の倍以上の枚數がある上に、舊簡とは比較にならない入念な發掘を經ているために、個々の簡牘のデータが詳細かつ精確であり、簡牘研究に新時代の到來を告げる劃期的な發見であった。本章は、右の『文物』と『居延新簡』にもとづいて今次の發掘および出土簡牘の特徵を指摘するとともに、併せて筆者の研究關心と今後の研究展望の概略を述べた。

第二章「新居延漢簡中の若干の册書について」は、居延新簡で『文物』一九七八年第一期に寫眞が掲載された册書三件を取り上げて考察したものである。中でも筆者が特に注目したのは册書「橐他莫當燧守御器簿」であった。居延舊簡を材料として簿籍の復元作業に努めてきた筆者は、各機關で作成された簿籍はどのように處理されたかに研究關心があった。この新發見の「橐他莫當燧守御器簿」は、橐他候官が所轄の莫當燧の守御器簿を上級官廳の肩水都尉府に送った册書で、簿書に送り狀が付けられて發見された貴重な册書であった。筆者がこの册書の發見を手掛かりにして簡牘の古文書學的研究を展開したことは、前著『居延漢簡の研究』で詳述したところである。

第三章「甲渠塞第四燧出土簡の分析」。從來の居延漢簡の出土地點は候官の遺址が壓倒的に多く、候官の下部組織である燧において發見されることは殆どなかった。ところが居延新簡中には甲渠候官に所屬する第四燧の遺址で一九五枚の簡牘が發見されたことから、この第四燧出土簡の分析と檢討を通して漢代邊境防衛の最末端組織、すなわち邊境防衛の最前線に位置する組織の機能と實態を考察したものである。その結果、出土簡中に文書簡牘の多いことから當該遺址は候長が駐在して燧を統括する候長の治所であったことを確認するとともに、烽燧で作成されたはずの膨大な量の簿錄簡牘があまり出土していないことから、筆者の烽燧作成の簿錄類は全て候官に提出するという假說を傍證するものではないかと論じた。

第四章「「候史廣德坐罪行罰」檄について」は、棒の形狀と棒に記された候史の罪狀から棒が實際の刑罰の執行に使用されたこと、併せて候史の職掌と罪狀との關連について論じた。居延漢簡中に見える候史は、漢代邊境防衛の最前線の烽燧に配置された書記で、烽燧に關係する記錄は主として彼らの手になり、それがまた候史の職掌であった。

ところが檄中に列擧された候史廣德の罪狀は、候史本來の職掌を遙かに超えたものであることから、廣德は候史本來の職務上の問題によって罰せられたものではなく候長との關係において罰せられたものとして、大膽な推論を試みた。

第五章「禮忠簡と徐宗簡研究の展開」。居延舊簡中の禮忠簡と徐宗簡については、その內容が邊境勤務の吏の家族構成や資產にわたって記錄されるという極めて珍しいところから、釋文が公刊されて以來さまざまな解釋が行われてきたが、中でも有力視されたのが漢代の財產税や人頭税の申告書とする說であった。それに對して筆者は吏の身上書であると考えてきたが確證はなかった。ところが居延新簡中の簿書に「累重訾直官簿」があり、そこには家族や資產等が記載されていることから、兩簡をもって「累重訾直官簿」を構成する簡牘であると認めた。また漢代の官吏は一定の資產を有することが任用の條件であったことから、後半では官吏と資產について論述した。

第六章「江蘇尹灣漢墓出土簡についての考察」。一九九三年に江蘇省東海縣尹灣村で發見された六座の漢墓のうち、保存狀態の良い六號墓（墓主は東海郡の功曹の師饒）からは官文書とみなされる六枚の木牘が出土した。その中の一號牘は、表題に「集簿」とあって當時の上計簿に類似した內容が記載されている劃期的と言って良い貴重な史料である。本章では特にこの六號墓の一號牘を取り上げて考察し、木牘の記載內容や特徵等の檢討から、これは墓主が郡の上計簿の中から必要な部分を書寫したものと理解し、何故このような官文書が作成され、かつ故人の墓中に副葬されていたかを、墓主の當時の境遇から論じた。

第七章「居延漢簡に見える卒家屬廩名籍について」。漢代邊境防衛に從事する戍卒の中には家族を同伴するものもあり、これら家族に對しても戍卒と同樣に食料が支給された。ただ家族に對する食料支給名簿である卒家屬廩名籍のうち、受領簿に「見署用穀」と「居署用穀」の記載の異なる二種類の樣式のあることに注目し、前者は戍卒本來の勤務地で、後者は戍卒の出張先で受領したものと推測した。また家族の居住地は現地の烽燧であり、戍卒が家族を同伴した時期は漢が匈奴と和平關係を保った紀元前五一年から紀元八年までの約六〇年間であったと考え、このことから卒家屬廩名籍簡は居延漢簡の年代を推定する基準簡となし得るとした。

第八章「簡牘の古文書學」は、簡牘の研究方法を論じたものである。近代的な中國簡牘研究は二〇世紀初頭の敦煌漢簡の發見によって始まり、居延漢簡の發見で最盛期を迎える。しかしその居延漢簡の研究も一九五〇年代半ば頃までは勞榦氏の釋文に依據せざるを得ず、ために簡牘の記事を重視することになって研究に行き詰まりを生じた。しかし一九五七年に寫眞が公刊されると、簡牘の本來の姿を初めて見ると同時に記事以外の簡牘固有のさまざまな情報を知ることになり、簡牘の古文書學的研究の道が開かれた。本章は、筆者の居延漢簡の古文書學的研究の具體例を示して、簡牘研究には古文書學的研究が重要であることを簡潔に述べた。

第九章「圖書、文書」は、王國維の「簡牘檢署考」の現代版を目指して執筆したものである。ただ執筆からすでに四十年を經過していて、その後に中國では各地で多數の簡牘が發見され、それに伴って研究も格段に進歩發展を遂げている。今日から見れば增補すべきことが多いが現在筆者がそれを實行することは不可能であり、舊稿のまま本書に收錄したことを斷っておく。なお本章について一言說明をしておきたい。京都大學人文科學研究所では一九七〇年四月から五年間、林巳奈夫氏を班長として共同研究「漢代の文物」が開かれた。研究會は每回班長の作成する原稿を班員が討議して完成するという方法で行われ、討議を經た原稿をもって報告書『漢代の文物』が公刊された。ただ「圖書、文書」だけは例外として最初から筆者の擔當とされていたが、共同研究の中途で筆者が富山大學に轉出することになり、原稿が遲れたために班員全員による討議を經ていない。『漢代の文物』の原本に筆者のみ署名しているのはそのためである。

第一〇章「漢代の石刻」。筆者が滋賀大學に在職中の一九八八年四月から三年間、京都大學人文科學研究所の客員部門の共同研究「漢代出土文字資料の研究」班を主宰した。人文科學研究所は日本でも有數の漢代石刻拓本の所藏で知られているが、これを研究資料として利用することは殆どなかった。幸い研究所には拓本寫眞が殘されており、研究會では個々の石刻について拓本にもとづいて檢討を加え、拓本寫眞に釋文と讀み下し文を付し、詳細な注を加えて研究報告書『漢代の石刻』(圖版・釋文篇、本文篇の二册)を一九九三年に出版した。本章は、この報告書に掲載した漢代石刻の總論で、石刻の年代的地域的分布に始まり、形狀や內容などを廣く文獻も涉獵しながら考察して漢代石刻の特色を總合的に述べた。

附篇は、その他の文章の中から特に三篇を選んだ。第1「きれいな木簡　汚い木簡」は大庭脩氏の沒後一周忌にあたる二〇〇四年十一月、泊園記念講座は追悼記念講座と銘打って開かれ、大庭氏の簡牘研究の學風を筆者のそれと對比しながら話をした。本章はその際の講演記錄である。

第2と第3の「簡牘研究事始の記」は、筆者の簡牘研究の最初から今日に至るまでの經過を述べたもので、言うならば筆者の簡牘研究史である。率直過ぎる部分もあるが、あえて全文を收錄することにした。その中の第3「續　簡牘研究事始の記」の最後に、簡牘研究においてコンピューターが必要であることを認めた後、そこにはなお問題がないわけではないとして次のように述べておいた。

たとえば、コンピューターによって果たして簡牘の本質に迫ることが出來るであろうかという疑問である。箇々の簡牘それ自體は、記事のある木の札であり竹の札であるが、記事には書き手の意圖があり、それぞれの札には固有の歷史――つまりは簡牘がたどってきた歷史――がある。記事は、もちろん重要である。しかし簡牘にこめられた書き手の意圖や簡牘固有の歷史を明らかにしてこそ、始めて記事は活かされるのではなかろうか。このような簡牘の本質に迫る、またそれを可能にするのが取りも直さず科學的古文書學だと考えているが、コンピューターで果たしてそこまで追求することができるであろうか。

今を去る七年前の筆者の率直な疑問であり、同時に確信であった。しかし豫想できないのが科學の進歩である。嬉しいことに最近になってこの確信が少しばかり搖らいできた。それはたとえば人工知能ＡＩなどに見られる科學技術の發達である。將來、このような科學技術がもしも本氣で木簡研究に適用されるようになった場合、いったい木簡研究はどのような進展を見るであろうか。半信半疑ながらも新たな興味が涌いてきた。

簡牘研究の將來に大きな關心と期待をこめて序文を締めくくることにする。

漢代史研究

第Ⅰ部　政治制度篇

第一章　漢代人頭税の崩壊過程——特に算賦を中心として——

はじめに

周知の如く漢代には、算賦（口算）及び口賦（口錢）の二種類の人頭税があった。算賦は、十五歳以上五十六歳以下の男女から、毎歳一人あたり百二十錢、卽ち一算の課徴を行い、それで以て武庫の兵器或は軍事用の車馬をととのえる、いわゆる軍事費に充てられたものであった。この算賦が成丁に課せられた人頭税であるのに對し、口賦は未成丁に課せられた人頭税で、それは七歳以上十四歳以下の男女より、毎歳一人あたり二十三錢を徵收し、うち二十錢は天子の奉養費に、殘りの三錢は武帝以後、車騎の馬を補う費用に充てられた(1)。

ところで、この算賦、口賦とよばれる人頭税は、前漢のみならず後漢時代にも繼續して施行されたが、興味深いことは、それが後漢帝國沒落の寸前まで徵收されたのにも拘らず、帝國が沒落して三國時代になると消滅し、以後あたに戸を客體とした課税方法——それは均田制によって代表される課税方法であるが——に變化して來る事實である。思うに、賦税は徭役とともに、國家成立の必要上から國民に課せられた一つの大きな義務である。したがって賦税の實體を明らかにすることは、その國家の性格を究明する上に於て、また必須の條件でもある。漢の人頭税もこの例外ではない。しかし、就中この税制が、漢帝國の沒落と運命を共にしている事實を考える時、人頭税の實體を究明することは、秦と並んで中國史上最初の統一國家である漢帝國の歴史的性格を、一層明確ならしむる一つの手掛りを得るものと言えるであろう。このような意味から本章では、算賦を中心に漢代人頭税制が退化し、崩壊していく過程を考察し、併せて漢帝國の歴史的性格の一端に觸れんと試みたものである。

尙、平中苓次氏は『居延漢簡と漢代の財産税』(2)に於て、從來、漢代成丁の人頭税の名稱として使用されて來た算賦は、人頭税のみならず財産税（貲算）も含むものであるという有力な意見を提示した。しかし、算賦が貲算を含めて尙口算を意味する以上、算賦を從來通り成丁の人頭税の名稱として使用することは許されるものと思う。本章で使用する算賦は、全て人頭税の謂である。あらかじめ記して諒解を得ておきたい。

一　漢代の鄕里制と人頭税

人頭税は如何にして徵收されたか。先ず順序として、その徵收の手續きから考える。

『漢書』百官公卿表、『續漢書』百官志によれば、徵税の任に當たったのは鄕の有秩や嗇夫及びその屬僚である鄕佐であった(3)。しかし、初めにも述べたように、算賦は十五歳から五十六歳までの男女成丁を、口賦は七歳から十四歳までの未成丁を各々對象とした人頭税である以上、徵税に先立ち、先ず課税の對象となる適齢者の調査、いわゆる戸口調査を行う必要があったことは言うまでもない。漢代の戸口調査は、案比と呼ばれていた。案比とは毎年仲秋の八月に行われた「案戸比民」のことで(4)、その實際は、年齢などのごまかしを防ぐために、地方官吏（縣・鄕の吏）が一々首實検を行ったものであった(5)。そして、『周禮』小司徒の「及三年則大比。大比則受邦國之比要」の賈公彥の疏に

漢時。八月案比。而造籍書。

とあるように、案比の結果、人民は名籍（戸籍簿）に登載されたのである。『漢書』巻一下高帝紀五年五月（前二〇二）

の詔によると

民前或相聚保山澤。不書名數。（師古曰。名數謂戶籍也。）今天下已定。令各歸其縣。復故爵田宅。吏以文法教訓辨告。勿笞辱。

とあり、故郷を離れ、名籍に登載されていない避難民の整理を命じているところから見るに、漢の案比は、高祖の天下統一とほぼ同時に、實施されたようである。このような案比——名籍にもとづいて徭役・戍役の徵用などとともに、また人頭税が課徵された。たとえば、『後漢書』巻一〇皇后紀の序に

漢法。常國八月算人。

とあり、李賢はこれに注して

漢儀注曰。八月初爲算賦。故曰算人。

と言っている。ここで言う「算人」であるが、この解釋には問題があり、従來は「人を算《かぞ》える」の意味にとられていた。(6) しかし、これは「人を算える」ではなく、むしろ平中苓次氏の說くように「人に算する」の意で、(7) 毎年八月に案比して戶口を調べ、それによって作成された名籍に照して「適齢者に算賦を課した」というのが適切な解釋であろう。

では一體、漢の名籍と鄉里制とは、どのような關係にあったのか。この點を明らかにしておく必要がある。これについては近年、日比野丈夫、宮崎市定の兩氏が注目すべき見解を發表している。先ず日比野氏は「鄉亭里についての研究」（『東洋史研究』一四—一・二）に於て、居延漢簡研究の成果にもとづき、當時の名籍は「名縣爵里」といわれるように行政單位としては必ず里を記入せねばならなかったことから、里は漢代の地方制度の一連としてみるかぎり人爲的に編成されたある戶數の組み合せであったとし、里は戶籍、亭部は地籍編成の單位で、いくつかの亭部が集まって鄉をなし、その中に含まれる人戶が適宜に分けられて里となったと推測した。この日比野氏の說を更に發展させた

のが、宮崎氏の「中國における聚落形態の變遷について――邑・國と郷・亭と村とに對する考察」（『大谷史學』六）である。氏は、中國古代は都市國家であったという前提から出發し、縣・郷・亭・聚と言われるものもこの都市國家の系統をひくもので、それらはいずれも大小の城郭をもった同性質の聚落であると考え、その場合、里はそれら城郭をもった聚落中にある民居の區畫であるとした。この二つの論考は、里を以て自然聚落とする從來の通説を否定した點注目されるが、同時に漢代郷里制の解釋として、妥當な説と考える。これらを總合するに、漢の聚落は大小の城郭に圍まれており、人民はこの城内の區畫された里に從って居住していた。また、里には里魁、里正、父老といった、いわば里の代表者が存在した。彼らは里を主宰し、里民の指導に當たることを主としたが、同時に毎年八月の案比の時、地方官が戸口調査を行って名籍を作成したり、或は賦税を徴收する場合に於ても、里の内部事情に明るい彼らが立會い、協力したものであった。また、漢の名籍について、前記日比野氏の次のような發言がある。卽ち「名籍は算賦（人頭税一般）徴收のもとであって、田租徴收の資料ではなかったことに注意しなければならない。從って名籍が人頭税徴收の臺帳である以上、何人もこれから脱することはできないはずである。すなわち、何人もいずれかの里に屬すべきであって、そのものが不動産を所有しているかいないかは問題にならない」と。このように漢の名籍が地籍と臺帳を異にし、専ら人頭税徴收の臺帳であったという事實は、特に重要である。漢の名籍は、戸籍のほかに戸版(8)とか名數、或は單に數といった言葉で呼ばれていた。たとえば、『漢書』卷八一孔光傳に

元帝卽位。徵〔孔〕霸。以師賜爵關内侯。食邑八百戸。……加賜黄金二百斤。第一區。徙名數于長安。（師古曰。名數戸籍也。）

とあるほか、また『漢書』卷一〇〇上班固の敍傳に祖宗班況のことを記して、

成帝之初。……〔況〕致仕就第。貲累千金。徙昌陵。昌陵後罷。大臣名家。皆占數于長安。（師古曰。占度也。自

隱度家之口數。而著名籍也。）

とあるのが、それである。そして、この二例でもわかるように、しも庶民は勿論のこと、かみは關内侯、大臣といった高位高官のものまでも全て名籍に登載されていた。そして、この名籍に登載されている以上、彼らといえども人頭税の課徴から逃れることのできなかったことは、日比野氏の說くとおりである。漢代の民が「編戶の民」とか「編戶の齊民」とよばれ(9)、漢代、特に前漢の戶口統計が信用のおけるものであると言われるゆえんも、おのずと明らかであろう。

漢の鄕里制と名籍とは、人頭税徵收の上に於て不可分の條件であった。

二　人頭税の負擔と流民の發生

前節に於て人頭税徵收の手續の概略を述べて來たが、では、この人頭税が實際に課徵される人民にどのような影響を與えたのか。次に當時、人口の大多數を占める農民の生活からその點を考えてみたい。

先ず、算賦一算百二十錢という金額であるが、漢代の穀物一般の價格を假に一斛（石）七十錢(10)とすると、一算の徵收額は穀物に換算して約一・七斛。當時丁男一人一月の食糧は約三斛(11)であるから、これはまた丁男一人の約半月強の食糧に相當する。この計算の上からのみ見るに、人頭税の徵收額は決して高くはないように思われる。しかし、ここにあらわれている數字は、穀一斛の價格を七十錢として計算したものである。漢代の穀價は非常に變動が激しく、水旱などによる凶作の年には一斛數百、數千、更には萬錢といった騰貴を示す一方(12)、逆に豊作の年には數十錢、宣帝卽位の年などは一斛五錢といった場合さえもあった(13)。凶作の時は、穀價に比較して、算賦一算の金額は非常に安いという印象をうけるが、しかし、農民自身の食糧にさえも事缺き、時には餓死するといった狀態であれば(14)、貴重な食糧を賣って人頭稅の支拂をするということは、到底不可能である。では逆に、豐作などによって穀價が下落した時はどうか。いま假に一斛の價を十錢として考えてみよう。この場合、一算の金額は穀に換算して十二斛、卽ち丁男一人の四月分の食糧に相當する。當時豐作といっても、今日にくらべて農業技術の低い時代であれば、平年作を多少上回る程度のものであったであろう。このような時代に、一人四月分の主食費に相當する人頭稅を納めることもさることながら、また人頭稅が錢納制であるために穀物で納入することもできず、穀物を賣って金（見錢）にかえなければならない。しかも豐作であれば買手もなく、それを無理にも賣って金にかえようとすれば、買手は當然、値切れるだけ値切り、その結果、實際に農民の受け取る金額は當時の下落した穀價を更に大きく下回ったであろう。これは容易に想像し得るところである。そうなれば、四月分はおろか、現實には五月分、六月分の主食費にも相當する結果になったであろう。いくら豐作とはいえ、これはやはり大きな負擔であったに違いない。大豐作で一斛五錢にまで穀價が下落したと傳えられる先の宣帝卽位の年（前七四）の前後のこと、たとえば『漢書』卷七昭帝紀・元鳳六年夏（前七五）の詔に

夫穀賤傷農。今三輔太常穀減賤。其令以叔粟當今年賦。（師古曰。糶多而錢少。是爲傷也。）

とあり、畿內の穀價の下落により農民の貨幣收入が少ないため、當年の賦――人頭稅も含む錢納稅一般――に限り特別に叔粟で以て代納することを許可しているほか(15)、また『漢書』卷八宣帝紀・甘露二年正月（前五二）の詔に

鳳皇甘露降集。黃龍登興。……咸受禎祥。其赦天下。減民算三十。（師古曰。一算減錢三十也。）

と言い、算賦一算につき三十錢の減稅が行われているが、これも恐らくは右のような事情に對する對策であったと思われる。

漢代、貨幣で納める税制には、算賦・口賦などの人頭税以外に更賦或は貲算といったものがあり、これらを總稱して賦斂という言葉で呼ばれていた(16)。そして、この支拂に應ずるために、貧しい者は日用生活の必需品である衣服、履物、鍋釜類は勿論のこと(17)、文帝の時（前一七九～前一五七）の晁錯の上言（『漢書』巻二四上食貨志）に

急政暴虐。賦斂不時。朝令暮當具(18)。有者半賈而賣。亡者取倍稱之息。於是有賣田宅。鬻子孫。以償責者矣。

とあるように、彼らの最後の財産である土地や更には子供までも賣ったり、入質したりして金にかえなければならず、凶極端な例では、これを逃れるために子供が生まれたら卽殺すといったことも行われている(19)。これよりしても結局、凶作、豊作の如何にかかわらず、人頭税も含めた漢代の錢納税は、農民にとって實に大きな負擔であったと考えなければならぬ(20)。

土地は彼ら農民の唯一最後の財産であり、いわば生命でもある。しかし、晁錯の言葉にもあるように、賦斂に應ずるためにこれを手放すということは、彼らの生活手段を放棄したにも等しい。では、これら無一文になった農民は一體どうなるのか。それは先ず、故鄉を離れ食を求めて他鄉を放浪する流民のコースへとつながるのである。

しかし、農民が流亡するのは、何も賦斂の負擔のみが原因ではなかった。前漢末の人、鮑宣は、農民が流離する原因として水旱などの天災による飢饉、苛酷な賦税の取立て、貪吏の搾取、豪強大姓の兼併、徭役の煩重、内亂或は兵變、そして盜賊の略奪などを擧げている(21)。これらはいずれも農民の流亡に關係するものばかりで、その實例は史書に多くあらわれて來るが、しかしこの中に租税賦斂の負擔がその一因として含まれていることは、やはり見逃せない。それゆえ、『鹽鐵論』巻七執務篇の賢良の言に

賦斂省而農不失時。則百姓足。流人歸其田里。

といった發言も出て來るのである。

三　後漢の流民の發生と鄉里制の崩壞

農民の流亡は前漢以來しばしば史書に見えるが、特に後漢になると一層顯著になり、その記事は枚擧にいとまがない。では更に、このような流民の狀況を人口推移の面から考察してみよう。

前漢の戶口統計で今日殘っているのは平帝元始二年のものだけであるが、後漢になると數回に亙る統計が殘っている。今それらを表にすると、左のとおりである。[22]

帝王年紀	西紀	口數
平帝元始二年	二	五九、五九四、九七八
光武帝中元二年	五七	二一、〇〇七、八二〇
明帝永平一八年	七五	三四、一二五、〇二一
章帝章和二年	八八	四三、三五六、三六七
和帝元興元年	一〇五	五三、二五六、二二九
安帝延光四年	一二五	四八、六九〇、七八九
順帝建康元年	一四四	四九、七三〇、五五〇
冲帝永嘉元年	一四五	四九、五二四、一八三
質帝本初元年	一四六	四七、五六六、七七二
桓帝永壽二年	一五六	五〇、〇六六、八五六

平帝以前の統計がないために前漢の人口推移は不明であるが、しかし或る程度これを推測することは可能である。

卽ち

漢興。……時大城名都。民人散亡。戸口可得而數。裁什二三。……逮文景四五世間。流民既歸。戸口亦息。
（『漢書』巻一六高惠高后文功臣表）

孝昭。……承孝武奢侈餘敝師旅之後。海內虛耗。戸口減半。〔霍〕光知時務之要。輕繇薄賦。與民休息。至始元元鳳之間。匈奴和親。百姓充實。
（同書巻七昭帝紀贊）

至孝宣。……興于閭閻。……厲精爲治。……稱中興焉。
（同書巻八九循吏傳序）

とあり、更に哀帝平帝の時のことを述べて

百姓訾富。雖不及文景。然天下戸口最盛矣。
（同書巻二四上食貨志）

とある。これより見るに、前漢時代の口數は武帝の時、一時的な減少はあっても、以後は漸次增加したものと考えてよいだろう。また前漢末、平帝の時の口數に對し、光武帝のそれは約三分の一に激減している。しかし、章帝和帝の頃になると大體回復して來ていることからして、これは實在人口の減少というよりも、むしろ前漢末、避難民の增加による戸口調查の不徹底が、その主な原因であろう。ところで、後漢の統計を見るに、和帝の時を境としてそれ以前は增加し、一方それ以後は停滯乃至はやや減少の傾向を示している。そして、後漢で最も多い和帝の時でさえ、前漢の口數と比較すると約一割の減少となっている。漢代の戸口調查は、人頭稅徵收の必要上、嚴重に行われた筈である。しかるに、『後漢書』巻四和殤帝紀・殤帝延平元年（一〇六）七月の詔に

間者郡國或有水災。妨害秋稼。朝廷惟咎。憂惶悼懼。而郡國欲獲豐穰虛飾之譽。遂覆蔽災害。多張墾田。不揣流亡。競增戸口。

とあるように、後漢も中期以降になると、綱紀の弛緩とともに故意に戸口數を增大するという地方官吏の虛構も加わっ

ていることからして、[23] 中期以後の統計に見える口數は、實際よりも多かったことを認めなければならぬ。卽ち、和帝以後の口數が統計の上で停滯乃至はやや減少しているということは、現實に帝國が把握し得た人口はむしろ減少の一途を辿ったものと考えなければならない。

そこで、いままで見て來た兩漢の人口推移からして、凡そ次のようなことが言えるであろう。それは、前漢の人口は一時的な減少があっても漸次增加の傾向にあったと考えられる以上、たとえ前漢時代に流民が發生しても、彼らはまだ、かなり安定性があったということである。卽ち、たとえば天災・飢饉・兵變などのために、流民となって鄕里を離れた者の場合にしても、それが落着けば再びもとの鄕里に歸って來る可能性のある者が、まだかなり多かったと思われる。しかし、それが後漢になると一時的ではなく、永久的に鄕里を放棄することに、大きな特徴があった。たとえば、岡崎文夫氏によれば、前漢時代に中國南部（漢水・揚子江流域）と北部（黃河・淮水流域）との人口比率が一對五であったのに對し、後漢になるとこれが一對二になったということである。[24] このように後漢時代、大量の人口が南方に移動しつつあったことから見ても、後漢の流民が決して一時的に鄕里を去ったものではないことが理解されるであろう。

では、後漢の流民が再び自己の鄕里に歸することを望まず、永久に鄕里を放棄せざるを得なかった原因は何か。それには、いろいろと多くの原因が考えられるであろう。たとえば、後漢時代顯著になって來る北方異民族の侵入、內亂などもその一つであった。しかし、今それを人頭稅との關係に於て考えるならば、人頭稅の課徵がまた、その大きな原因の一つであったと言わねばならぬ。前漢以來、人頭稅が農民の大きな負擔であったことは既に述べたが、一般農民は勿論のこと、たとえば彼らが土地を失い、豪族大地主の土地を耕す小作人になったとしても、彼らが自己の鄕里に殘留している以上、人頭稅は徵收された。何故なれば、漢代の里の制度は、本人が不動產を所有しているかいないかは、全く問題ではなかったからである。[25]卽ち、假に農民が土地を失って小作人になったとしても、彼らが里の組織で把握されている限り、人頭税を逃れる理由は何もなかったからである。前漢以來このように嚴しく取立てられて來た人頭税であったが、前漢ではまだ、減免されることもしばしばあった。ところが後漢になると、田租の減免に比較して人頭税のそれは、非常に少ない。[26]いや少ないどころか、後漢も中期以降になると政治は腐敗し、地方官吏は自己の實績をあげんがために凶年でも豊年と僞稱し、更には不正に墾田・戸口を増加して虚僞の報告をなし、その埋め合わせとして農民に定額以上の苛酷な課税を強制したのであった。[27]そのことは、たとえば順帝から桓帝に至る間、外戚として專横のかぎりを盡した梁冀に對し、彼をいさめた朱穆の言葉（『後漢書』巻七三本傳）に

京師諸官。費用增多。詔書發調。或至十倍。各言官無見財。皆當出民。搒掠割剝。彊令充足。公賦既重。私斂又深。牧守長吏。多非德選。貪聚無厭。遇人如虜。或絶命於箠楚之下。或自賊於迫切之求。又掠奪百姓。皆託之尊府。

とあるほか、順帝に對する左雄の上疏の一節（同書巻九一本傳）にも

視民如寇讐。稅之如豺虎。

と、當時の官吏を評していることなどからも窺うことができる。かかる官吏の苛斂誅求は、そのまま農民の上に大きな壓力となってのしかかり、彼らの經濟的負擔、更には貧困、沒落をますます增大せしめるばかりであった。しかし、これは何もひとり農民ばかりに加えられた壓迫ではなかった。たとえば二世紀前半の人、王符の『潛夫論』巻五實邊篇によれば、當時の外征による出費の增加を述べた中に

放散錢穀。殫盡府庫。乃復從民替假貸。彊奪財貨。千萬之家。削身無餘。萬民匱竭。因隨以死亡者。皆吏所餓殺也。

と言い、政府の財貨強奪の前には、千萬の財産を有する富裕な民といえども、忽ちにして破産するといった有様であったことを傳えている。彼ら富民にして既に、このような状態であれば、零細な農民の負擔たるや、まさに想像に餘りあるものがある。まして、人頭税が、農民の最も不利とする錢納税であれば、胥吏のことである。彼ら農民にとって、この壓迫を免れるためには、奴隷（奴婢）となって豪族大地主に隷屬するか、[28]さもなければ自己の鄕里を棄てて他鄕へと逃亡するか、この二つより以外に、方法はなかった。そこで、この奴隷となるのを嫌って彼らが逃亡を始めるのは勿論のこと、また同じ奴隷になるにしても、借金などの負擔をそのままに自己の故鄕で賤しい身分に成り果てるよりは、むしろ見知らぬ他鄕で生きることに、まだしも一抹の希望を抱いたものに違いない。後漢時代の流民が、永久に鄕里を放棄して南下していった原因の一つは、ここにあったと思う。

これら鄕里を棄てた流民の行方は、たとえば『潛夫論』巻三浮侈篇に

今擧世舍農桑。趨商賈。牛馬車輿。塡塞道路。游手爲巧。充盈都邑。治本者少。浮食者衆。……今察洛陽。浮末者什於農夫。虛僞游手者什於浮末。……天下百郡千縣。市邑萬數。類皆如此。

とあるように、都市に集って商人となるのはまだしも、多くは無職の遊民となり、また中には盜賊團となる者もあったが、[29]壓倒的多數は豪族大地主の下に吸收されていった。このことは、『後漢書』の中に奴隷、小作人の記載が多く見られるほか、[30]後漢末の人である仲長統が、『昌言』（『後漢書』巻七九本傳所引）の中で

漢興以來。相與同爲編戶齊民。而以財力相君長者。世無數焉。……豪人之室。連棟數百。膏田滿野。奴婢千羣。徒附萬計。船車賈販。周於四方。

と言い、大土地所有と農民の奴隷・小作化が大規模に行われるようになったことを述べていることからも窺われる。

卽ち、前漢以來發展しつつあった土地の兼併と農民の奴隷・小作化の傾向は、後漢末になると、既に普遍的な現象と

なって來ているのである。後漢中期以降の人口の減少は、このような豪族大地主の下に吸收されていく農民――國家の權力の及ぶところを離れ、豪族大地主の勢力の下に再組織されていく奴隷、小作階級――の增加に起因するものと言わねばならない。

このような農民の流亡、沒落は、帝國の政治的、經濟的基礎を大きくゆさぶり、ひいては帝國を解體に導く危險を孕んだものであった。そこで中央でも、何とかして彼らを國家權力の下に把握しておこうとする努力が、いろいろと爲されている。たとえば、災害に遭遇した民の田租を減免したり、糧食を賑給したり、また貧民・流民などに田苑を假與して農業生産に從事せしめたりしているのが、それである[31]。しかし、このほかに、民或は流民に爵を賜うことが、頻繁に行われている。二、三の例を擧げてみると、卽ち

建初四年四月。立皇子慶爲皇太子。賜爵。人二級。……民無名數及流人欲自占者。人一級。（『後漢書』巻三章帝紀）

元初元年正月。改元元初。賜民爵。人二級。……民脱無名數及流民欲占者。人一級。（同書巻五安帝紀）

永建四年正月。帝加元服。……賜男子爵。及流民欲占者。人一級。（同書巻六順帝紀）

陽嘉元年正月。立皇后梁氏。賜爵。人二級。……民無名數及流民欲占著者。人一級。（同右）

本初元年六月。大赦天下。賜民爵及粟帛。各有產。（同書巻六質帝紀）

等がある。これを見てもわかるように、民に爵を賜うのはいずれも國家の慶事の場合に於てであった。しかし、それが名籍（戶籍簿）に登載されていない流民をも對象としている事實を考える時、民に爵を賜うのも一種の流民對策であったと思われる。と言うのは、居延漢簡などの例からも旣に明らかなように、漢代の名籍が「名縣爵里」と言われ、有爵者は爵とともに行政單位として必ず自己の所屬する里を記さねばならなかった。そこで、名籍から脱漏している

流民に爵を與えるということは、彼らを或る一定の土地の名籍に編入せしめようとしたのに、ほかならなかったからである。卽ち、民或は流民に爵を賜うことは、鄕里を棄てまさに逃亡せんとする農民、或は現に名籍の上から脱漏している流民などを、強制的に名籍の上に留めることによって彼らの流亡を防ぎ、あくまでも編戶の民として國家權力の下に把握しようとしたものであった。名籍に登載された以上、彼らは人頭稅の課徵を逃れることはできない。しかし、それが彼らの負擔であり、彼らが流亡する大きな原因の一つであったことは、もはや繰返すまでもない。そのため、農民はますます他鄕へと流亡して國家權力から離脱することを餘儀なくされ、逆に豪族大地主に對する隷屬關係をより強固にし、奴隷・貧農小作民などのいわゆる賤民階級は、より廣範圍に構成されていくという、惡循環を生む結果となった。一方では國家權力の下に把握しようとする努力も、他方では彼らを一層窮地に追込み、ますます國家權力から離脱せしめる結果となったかかる政策的矛盾は、そのまま漢代人頭稅のもつ矛盾でもあり、ひいては後漢帝國の矛盾でもあった。

かくして農民が流亡、沒落すると、嘗ては編戶の民として、彼らがその一員となって構成していた鄕里の制度が破壞されたことは、言うまでもない。そして、この鄕里制が破壞すると同時に、里を單位として名籍を編成し、それにもとづいて徵收されていた人頭稅の制度もまた當然のことながら、崩壞せざるを得なかったのである。

四　貨幣經濟の衰退

前節では、漢代人頭稅の崩壞の原因を、專ら鄕里制の崩壞の中に求めて來た。しかし、これほどまでに農民を苦しめた人頭稅が錢納稅である以上、次にはどうしても當時の貨幣經濟の面から一言しなくてはならぬ。

漢の貨幣は初期に於ては楡莢錢（高祖）、八銖錢（呂后）、四銖錢（文帝）、三銖錢（武帝建元元年）などが用いられていた。しかし、武帝の元狩五年（前一一八）に五銖錢が鑄造されるに及び、以後一時王莽の貨幣濫造があったほかは、前後漢を通じて、五銖錢が標準貨幣として使用された。そして、この五銖錢を中心に漢代の貨幣經濟が展開されるわけであるが、これはその後の政治、經濟、社倉の上に多大な影響を與え、やがて貨幣廢止論も登場するようになって來る。たとえば、そのはしりとして、早くも前漢元帝の時（前四八〜前三三）、貢禹の廢止論が登場するに至る。[32]しかし、彼の主張――これは「交易待錢。布帛不可尺寸分裂」という反對論にあって結局中止された――は、主として貨幣經濟の進展に件って困苦棄業する農民を、その經濟的負擔から救濟し、彼らをして本來の農業に專念せしめんとした、いわば一種の重農政策にもとづくものであった。これに對して後漢の貨幣廢止論になると、貨幣の數量もしくは貨幣價値の觀點から、主としてそれが論じられるようになって來る。卽ち、『後漢書』卷七三朱暉傳によると、章帝の元和年間（八四〜八六）、穀價が高く、國の財政が不足した時のこと、尙書張林が上書して

穀所以貴。由錢賤故也。可盡封錢。一取布帛爲租。以通天下之用。

と主張したのに對し、[33]朱暉は「布帛爲租。則吏多姦盜」と言って反對し、結局この議が中止されたことを述べている。また同書卷八七劉陶傳には、桓帝の時（一四六〜一六七）

人以貨輕錢薄。故致貧困。宜改鑄大錢。

という意見が出たのに對し、「當今之憂。不在於貨。在乎民飢」という劉陶の反對にあって中止されたことが見えている。

ところで、今この『後漢書』の二つの記事を見るに、後漢時代には一種の貨幣過剩とでも言うべき現象があったらしい。この現象について、牧野巽氏は『中國古代貨幣經濟の衰頽過程』（一橋大學社會學部論文集『社倉と文化の諸相』所

收、一九五三）の中で、「これは貨幣の絶對量が增加したからではなく、恐らく貨幣の流通する範圍が非常に縮少したために生ずる相對的な過剩現象で、貨幣の絶對量は後漢時代を通じて寧ろ減少していった」と推測している。これはまことに妥當な見解で、後漢の史料にあらわれる貨幣過剩の現象は、恐らくどこか特定の場所に、大量に貨幣が蓄積された結果、生じた現象であったと思う。では、この特定の場所とは一體どこか。それは貴族、商人も含む豪族大地主など、當時の一部特權階級の手中である。

漢代を通じ、彼ら豪族の土地と農民に對する蠶食は、發展の一途を辿る社會現象であった。たとえば、早くも前漢武帝の時、董仲舒が限田論、奴婢廢止論を主張するようになるのも、裏を返せば當時かかる政策を議論せねばならぬ程、いかに大規模な兼併が行われつつあったかを物語るものであろう。しかしこの場合、彼が問題として取上げた大土地所有者は、主として武帝の鹽鐵專賣制實施以後、それ以前の商人に代って擡頭して來た農村地主であった[34]。しかるに、これが前漢末から後漢時代になると、たとえば南陽の豪族樊氏の如く、彼らは農村地主として本來の農業經營に從事すると同時に、また一方では商業とか高利貸しを營む商人へと變貌して來るのである[35]。前節で引用した仲長統の『昌言』に描く豪人も、まさにこれと同性質のものである。

かくして、後漢時代になると、豪族大地主は二業を兼業するようになり、その結果、彼らは莫大な財產を築くに至った。卽ち、『史記』貨殖列傳、『漢書』貨殖傳によると、前漢時代の長者といわれる者の財產は、貨幣に換算してたかだか一億であった[36]。ところが後漢になると、たとえば扶風の士孫奮は一億七千餘萬、梁冀の如きは、實に一人で三十數億の財產を所有していた[37]。これは前漢時代にくらべて、ほぼ倍から數十倍に及ぶものであり、そこに集中した貨幣の量は、また前漢に匹敵、もしくはそれを凌駕する多額なものであったと思われる。事實、後漢の中期から末期になると、中央では通貨の不足をきたし、その對策として官吏の減俸、賣官などによって錢を吸收したほか[38]、また富裕な民から借金することもしばしば行われ、[39]既に安帝の永初四年（一一〇）頃、その負債は数十億の巨額に達していたといわれる。[40]またそのほかに、靈帝の時（一六八〜一八九）、錢五百萬を入れて司徒の位を買い、世間から「銅臭《あかがねくさ》い」と言われて疎んぜられた冀州の名士――崔寔の從兄――崔烈。[41]或は、梁冀から錢五千萬を要求され、それに對して錢三千萬を與えたために冀の怒にふれ、遂に冤罪で獄死したという前記士孫奮。[42]甚だしきは、先代桓帝の私藏なきを歎き、西園に萬金堂を建て、大司農（國庫）の金錢の横流し或は買官などによって貨幣の蓄積に專念した、靈帝自身など。[43]これらの諸例からしても、當時彼ら特權階級や豪族等が、いかに大量の貨幣を所有していたかが理解されるであろう。今日、後漢の貨幣鑄造の様子を窺う史料は見當たらない。[44]しかし、前記牧野氏によると、後漢末でも王莽の貨泉が流通していたこと、また董卓の惡錢濫造ののち曹操が五銖錢を復活したのは、もともと貨幣の鑄造が久しく絶えていたために貨幣が少なく、ために穀價が下落して困るという理由であったこと其の他からして、後漢の貨幣鑄造は盛んでなく、貨幣は增加しなかった――貨幣の絶對量は寧ろ減少していった――であろうと推測している。[45]若し氏の推測が可能であるとするならば、貨幣の絶對量が漸次減少を辿る後漢時代に於て、大量の貨幣が一部特權階級のうちに一方的に集中していくということは、もはや貨幣は、彼らの間のみで通用する、いわば彼らの完全な私有物と化し、逆に農民などにとっては、無縁の存在となりつつあったと言わねばならぬ。後漢後期の人である崔寔が、『政論』（『通典』巻一食貨所引）の中で

> 上家累鉅億之貨。斥地侔封君之土。行苞苴。以亂執政。養劍客。以威黔首。專殺不辜。……故下戶踦嶇。無所跱足。乃父子低首。奴事富人。躬帥妻孥。爲之服役。故富者席餘而日熾。貧者躡短而歲蹙。歷代爲虜。猶不贍於衣食。生有終身之勤。死有暴骨之憂。歲小不登。流離溝壑。嫁妻賣子。其所以傷心腐藏。失生人之樂者。蓋不可勝陳。

と言い、鉅億の財産を所有する豪族大地主と、彼らに隷屬し、また隷屬を餘儀なくされていく農民との對蹠的な生活を傳えているが、これほどまでに兩極端な二者の生活狀態を生じたのも、結局は、後漢の貨幣經濟の實狀が、恐らく以上のようなものであったことに原因するものであろう。かかる現象――貨幣のアンバランス――は當然、貨幣經濟を衰退せしめ、同時に錢納を建前とする人頭稅は、いくら戶口調査だけを充分に行っても、もはや徵收不可能にしたことは言うまでもない。しかし、それにも拘らず政府は貨幣經濟を強行し、貨幣收入源として人頭稅の徵收を強行した[46]。その結果は、豪族大地主へのより一方的な貨幣の集中と、それを背景とした彼らの橫暴に拍車をかけ、農民の借金の負擔と窮乏、沒落を一層激化するばかりであった。帝國の矛盾と變質は、ここにもあらわれて來る。後漢帝國崩壞の致命傷となった彼の黃巾の亂は、このような帝國の矛盾に對する農民の不滿の一大爆發であったと言わねばならない。

後漢末の戰亂と董卓の悪錢濫造とは、漢の貨幣經濟を一擧に崩壞せしめることになるが[47]、結局人頭稅は、貨幣經濟の上からもまた、崩壞せざるを得なかったのである。

では、このように人頭稅の徵收が帝國の崩壞を招くということも顧みず、後漢帝國崩壞の寸前まで執拗に徵收した、また徵收しなければならなかった理由は、一體何か。問題は、帝國の歷史的な性格に關連して來る。

む す び

周知の如く『漢書』刑法志や食貨志などによると、先王の世に賦と稅との區別があり、賦はいわゆる軍賦であったことを述べている[48]。そして漢代でもかなり明確にこの區別が存在し、漢代に賦とよばれた算賦、口賦、更賦の三種はいずれも大なり小なり軍事税、軍賦としての性格をもっていたということは、既に宮崎市定氏の説くところである。(49) しかしながら、往々、賦の一字で以て算賦を意味している場合がある。(50) このことは、漢代、算賦が田租と並んで國家の二大財源の一つであり、その収入の莫大なことにも起因するものであろうが、(51) むしろ算賦を以て刑法志、食貨志などに見える古來の傳統的な賦――軍賦の系統をひく典型として考えられていたからにほかならない。(52)

思うに、春秋末から戰國にかけて開始される鐵製農具・牛耕法の使用は、農業生産力を高め、やがて農村社會の分解が促進されるようになる。卽ち、從來血縁的大集團よって維持されていた農村生活は、もはや必要なくなり、小家族による生活も可能ならしめる社會が作られるようになった。そして、それと同時に、農村社會に於ける階級の分化もあらわれはじめるが、しかし全體的には、彼らの政治的社會的勢力はまだ弱かった。そこで、新しい富の生産關係による彼らの階級分化に先んじて、かかる農村社會を再編成し、それを基盤として強大な王權、帝王權を確立することに成功したのが、邑制國家以來の貴族の有力者卽ち秦によって代表される戰國の諸國家であった。そして、その國家は強大な王權乃至は帝王權によって秩序づけられるとともに、國家の民、中でも大多數を占める農民層はすべて平等な自由農民として王權、帝王權の下に把握されたのである。秦漢帝國はまさに、このような國家の到達し得る最後の段階であった。(53) ところで、この秦漢帝國の強大な帝王權の下に於て、國家の民をすべて自由平等な民として把握する一種の平等主義が最も強くうちだされたのは、税制における古來の軍賦としての人頭税に他ならなかった。それは秦では商鞅以來の賦であり、漢では實に、算賦そのものであった。

軍賦は本來兵役であり、兵役の義務は萬民共有の義務であった。(54) したがって人頭税はすべての民に、民の男女、貧富に關係なく、一律平等に課せられたものであった。そして、この税制施行のために鄕里制――從來の自然聚落を再編成し、畫一的な郡縣制を行う過程に於て成立して來た――を活用し、この組織にもとづいて人民を編戸の民として把握するとともに、戸口調査と人頭税の徴收とを徹底せしめたのであった。

漢の戸口調査は毎年八月に行われ、それによって人頭税が徴收されたのであるが、少なくとも帝國がこの戸口調査を行い得るかぎり、漢の大きな國庫收入の一つである人頭税の徴收は、一應確保されたと考えてよいであろう。しかしながら一方、現實の社會では、このような帝國の性格を否定する現象が、徐々に形成されつつあった。それは帝國が把握していた、或は把握していると考えていた自由農民の流亡・沒落、そして豪族大地主の下に吸收されていく貧農小作民乃至は奴隷などのいわゆる賤民階級の增大であった。その主な原因には貨幣經濟の滲透による貧富の差の激化などがあげられるが、同時に錢納の人頭税の負擔がそれに拍車をかける結果になったことは、注意しなければならない。そして、更に後漢時代、大量の貨幣が豪族大地主に一方的に集中するようになると、事態はますます深刻となり、もはや戸口調査だけを行っても、現實には人頭税の徴收を不可能ならしめていった。漢帝國はその國家の性格の上からも、また帝國を維持していく上に於ても、この税制を強行していかねばならなかった。しかし、帝國が強行すればするほど——現實には後漢中期以後徴收不可能となり、それを補うために、多くの不法な農民に對する壓迫が加えられるようになるが——一層農民は國家權力から離れて豪族大地主の勢力の下に隷屬せしめられていくという、皮肉な結果を生じたのである。帝國内部に於て、國家權力の下を去って豪族大地主に隷屬し、彼らの下であらたな秩序を構成していくかかる賤民階級の增加は、嘗ては自由農民として、彼らがその一員となって構成、組織されていた鄉里制を破壞せしめるとともに、この鄉里制を基礎として徴收されて來た人頭税の制度も崩壞せしめることになったのである。このことは、もとより帝國がそれを基盤として成立していた政治的、社會的、經濟的基礎そのものの變質であり、それは同時に帝國の解體を意味するものであった。

算賦（人頭税）は古代國家の歴史的産物であり、古代帝國の崩壞と運命を共にすべく宿命づけられていたのである。

後世、内容的に賦と税との完全な混同が生じるのも、結局は、かかる算賦の崩壊によってもたらされた結果であったに違いない。

注

（1）算賦については、『漢書』巻一上高帝紀四年八月の條の「初爲無職」の如淳の注に
漢儀注。民年十五以上至五十六。出賦錢。人百二十爲一算。爲治庫兵車馬。
とあり、また衞宏『漢舊儀』巻下にも
令民男女年十五以上至五十六。出賦錢。人百二十爲一算。以給車馬。
とある。また口賦については、『漢書』巻七昭帝紀元鳳四年正月の條の「毋收四年五年口賦」の如淳の注に
漢儀注。民年七歳至十四。出口賦錢。人二十三。二十錢以食天子。其三錢者。武帝加口錢。以補車騎馬。
とある。
尙、算賦、口賦についての研究書には、次のようなものがある。
加藤　繁「漢代に於ける國家財政と帝室財政との區別並に帝室財政一斑」同『支那經濟史考證』上所收
同「算賦に就いての小研究」同右
宮崎市定「古代中國賦稅制度」同『アジア史研究』一所收
吉田虎雄「漢の徭役と人頭稅」同『兩漢租稅の研究』所收
馬　非百「秦漢經濟史資料（七）租稅制度」『食貨』三の九
平中苓次「居延漢簡と漢代の財產稅」『立命館大學人文科學研究所紀要』一
同「漢代の馬口錢と口錢に就いて」『東方學報（京都）』二七

（2）注（1）を參照。

（3）『漢書』巻一九百官公卿表上。鄕有三老有秩嗇夫游徼。……嗇夫職聽訟收賦稅。
『續漢書』百官志。本注曰。有秩郡所署。……其鄕小者。縣置嗇夫一人。皆主知民善惡。爲役先後。知民貧富。爲賦多少。……

又有鄕佐。屬鄕主民。收賦稅。
（4）『續漢書』禮儀志。仲秋之月。縣道皆案戸比民。
（5）『後漢書』巻六九江革傳の「毎至歳時。縣當案比」の李賢の注に
　案驗以比之。猶今貌閲也。
とある。
（6）注（1）加藤繁「算賦に就いての小研究」。
（7）注（1）平中苓次「居延漢簡と漢代の財産稅」。
（8）『周禮』宮伯の「掌王宮之庶子凡在版者」の鄭注に
　版名籍也。以版爲之。今時鄕戸籍。世謂之戸版。
とある。これと同文は大胥の注にも見える。
（9）『史記』巻一二九貨殖列傳。夫千乘之王。萬家之侯。百室之君。尚猶患貧。而況匹夫編戸之民乎。
『後漢書』巻七九仲長統傳。漢興以來。相與同爲編戸齊民。而以財力相君長者。世無數焉。
（10）宇都宮清吉「續漢志百官受奉例考」、「同再論」（同『漢代社會經濟史研究』所收）によると、漢代の米一斛は約七十一錢という推定である。
（11）『鹽鐵論』巻六散不足篇。
（12）『漢書』巻二四上食貨志。元帝卽位。天下大水。關東郡十一尤甚。二年。齊地飢。穀石三百餘。民多餓死。琅邪郡人相食。
『後漢書』巻七三朱暉傳。〔章帝〕建初中。南陽大飢。米石千餘。
同書巻八一龐參傳。〔安帝永初四年〕連年不登。穀石萬餘。
同書巻一〇六第五訪傳。〔順帝時〕第五訪……遷張掖太守。歳饑。粟石數千。

とあるのが、その例である。

(13) たとえば、

『漢書』巻二四上食貨志。宣帝卽位。用吏多選賢良。百姓安土。歳數豐穰。穀至石五錢。農人少利。

『後漢書』巻二明帝紀・永平十二年。歳比登稔。百姓殷富。粟斛三十。

(14) 注(12)を參照。

(15) 昭帝の時の世相、及び農民の生活を述べたものに、次のようなものがある。

『漢書』巻二四上食貨志。至昭帝時。流民稍還。田野益闢。頗有畜積。

同書巻八九循吏傳序。孝昭幼沖。霍光秉政。承奢侈師旅之後。海内虚耗。光因循守職。無所改作。至於始元元鳳之間。匈奴鄕化。百姓益富。

(16) 注(1)宮崎市定「古代中國賦税制度」を參照。尙、更賦については濱口重國「踐更と過更——如淳説の批判」(『東洋學報』一九—二)を參照。

(17)『後漢書』巻四和帝紀・永元五年二月詔。……往者郡國上貧民。以衣履釜鬵爲貲。而豪右得其饒利。

尙、注(40)を參照。

(18) 百衲本には「朝令而暮改當具」とあるが、いま加藤繁譯註『漢書食貨志』(岩波書店)に従って改めた。

(19) 未成丁の人頭税である口賦(口錢)は、元來七歳より十四歳までの者を對象としたものであった。しかし、一時武帝より元帝に至る間、三歳以上の者にも課せられたことがあった。元帝に對する貢禹の上書(『漢書』巻七二本傳)に、そのことを述べて

　起武帝征伐四夷。重賦於民。民產子三歳。則出口錢。故民重困。至於生子輒殺。甚可悲痛。

と言っている。

(20) 算賦一算百二十錢という定額が何を根據に定められたものか、勿論わからない。しかし、ここで想像を逞しくするならば、これは古來の田租の基準であった十一之税にもとづいて、定められたものではなかろうか。卽ち、漢代、田租の税率は十五

分の一或は三十分の一と減税されたのであるが、この十分の一と漢代の田租との差額が人頭税であり、換言すれば、漢代の田租と人頭税とを合計して、古來の十一之税に則ったものではなかろうかと思う。これについては更に考察を必要とし、今後の研究にまたねばならないが、若し假に、このような推測が今後實證されるとするならば、十一之税は天下の中正と言われる如く、この中に人頭税が含まれたとしても、決して負擔にはならなかったであろう。しかし、それが銭納であり、穀物を賣って金に換えねばならなかったという點にこそ問題があったと思われるが、これらのことに就いては別に考えねばならない。

(21)　『漢書』巻七二鮑宣傳。尙、農民の流亡については馬非百「秦漢經濟史資料（三）農業」（『食貨』三の一）を參照。

(22)　『漢書』巻二八下地理志。『續漢書』郡國志注。

(23)　『後漢紀』巻二〇質帝紀に朱穆が梁冀を諫めた言葉があり、その一節にも

京師之費。十倍於前。河内一郡。嘗調縑素綺縠。纔八萬餘匹。今乃十五萬匹。官無見錢。皆出於民。民多流亡。皆虛張戶口。戶口既少。而無訾者多。

とある。

(24)　岡崎文夫「江域被化小記」『支那學』五の四。

このほか、勞榦「兩漢郡國面積之估計及口數增減之推測」（『中央研究院歷史語言研究所集刊』五）には、後漢に於ける地域別の人口の增減を、百分率であらわした表をあげている。

(25)　日比野前掲論文、及び本章第二節を參照。

(26)　漢代、正史（本紀）に見える賦・税の減免回數を表にすると、凡そ次の通りである。

	前漢	後漢
田租 租税 田税	16	34
租賦	14	2
口算（算賦）	6	6
口賦 口銭	3	6
更賦	1	11
馬口銭	1	
芻稾		14
田租	30	36
人頭税	23	14

租賦は租と賦である。いまこの表から、田租と人頭税に分けて各々合計すると、表の下段の如くになる。尚ここで一言しておくと、後漢の史料に見える口賦が、果たして前漢と同様に未成丁の人頭税を意味したものかどうか、實のところわからない。しかし、後漢にも未成丁の人頭税があったことは確かで、そのことは、たとえば後漢の人、王充の『論衡』巻一二謝短篇にも

十五賦。七歳頭錢二十三。

とあり、孫詒讓（『札迻』巻九）は『漢舊儀』を引用して

算民年七歳以至十四歳。出口錢。人二十三。二十錢以食天子。三錢者。武帝加口錢。以補車騎馬。又令民男女年十五以上至五十六。出賦錢。百二十爲一算。以給車馬。卽此云十五賦七歳頭錢二十三也。

と説明していることからもわかる。また『後漢書』巻一下光武帝紀の建武二十二年九月の條に「戊辰。地震裂。制詔曰。……其口賦逋税。而廬宅尤破壞者。勿收責」とあり、李賢はこれに注し、

漢儀注曰。人年十五至五十六。出賦錢。人百二十爲一算。又七歳至十四歳。出口錢。人二十。以供天子。

と記しているが、これを見ると、李賢は口賦を、算賦も含めた廣義の人頭税の意味に解釋している。思うに後漢の口賦は、特定名詞としての未成丁の人頭税とするよりも、算賦も含めた普通名詞としての人頭税と考えた方がよさそうである。

(27)　本文一三頁に引用した『後漢書』和殤帝紀及び注（23）を參照。

(28)　奴婢に對しては、算賦は課徵されなかった。『漢書』巻二惠帝紀、六年十月の「(令) 女子年十五以上至三十不嫁五算」の應劭の注に、

漢律。人出一算。算百二十錢。唯賈人與奴碑倍算。

とあるように、商人と奴婢には一人に對して二人分の算賦が課されたが、奴婢の場合はその所有者が負擔した。加藤繁『算賦に就いての小研究』を參照。

(29)　大淵忍爾「中國における民族的宗教の成立（2）」（『歴史學研究』一八一）の注（38）によると、冀州、豫州等の、後に黄巾の賊の猛威をふるった地方に流民が多かったことを指摘している。尚、馬非百「秦漢經濟史資料（五）人口及土地」（『食

貨』三の三）を參照。

(30) たとえば、次のような記事がある。
『後漢書』卷六二樊宏傳。〔宏〕父重。……世善農稼。好貨殖。……其營理產業。物無所棄、課役童隷。各得其宜。故能上下戮力。財利歲倍。至乃開廣田土三百餘頃。……貲至巨萬。

同書卷七二濟南安王康傳。〔章帝〕建初八年。……康遂多殖財貨。大修宮室。奴婢至千四百人。廏馬千二百匹。私田八百頃。

同書卷五四馬援傳附防傳。防兄弟貴盛。奴婢各千人已上。資產巨億。皆買京師膏腴美田。

同書卷一一一上折像傳。〔折〕國有貲財二億。家僮八百人。

同書卷六四梁統傳附冀傳。冀乃……取良人悉爲奴婢。至數千人。名曰自賣人。

(31) 西村元佑「漢代の勸農政策——財政機構の改革に關連して——」（『史林』四二—三）を參照。

(32) 『漢書』卷七二本傳。古者不以金錢爲幣。專意於農。故一夫不耕。必有受其飢者。……自五銖錢起已來。七十餘年。民坐盜鑄錢。被刑者衆。富人積錢滿室。猶亡厭足。民心搖動。商賈求利。東西南北。各用智巧。好衣美食。歲有十二之利。……貧民雖賜之田。猶賤賣以買。窮則起爲盜賊。何者。末利深而惑於錢也。是以姦邪不可禁。其原皆起於錢也。疾其末者。絕其本。宜罷採珠玉金銀鑄錢之官。亡復以爲幣。市井勿得販賣。除租銖之律。租稅祿賜。皆以布帛及穀。使百姓壹歸於農。

(33) 『晉書』卷二六食貨志には

今非但穀貴也。百物皆貴。此錢賤故爾。宜令天下悉以布帛爲租。市買皆用之。封錢勿出。如此則錢少。物皆賤矣。

とある。

(34) 宇都宮清吉「史記貨殖列傳研究」（同『漢代社會經濟史研究』所收）を參照。

(35) 同「僮約研究」（同『漢代社會經濟史研究』所收）、及び注（34）を參照。また注（30）に引く樊宏傳を參照。

(36) 宮崎市定「讀史劄記二、漢書の貨殖家番附」（同『アジア史研究』一所收）の一覽表を參照。

(37) 『後漢書』卷六四梁統傳附冀傳。尚、このほかに廣漢の折國には二億、潁陽侯馬防の兄弟には巨億の貲產があったといわれる。注（30）を參照。

(38) 二、三の例をあげると、次のようなものがある。
『後漢書』巻五安帝紀・永初三年四月。三公以國用不足。奏令吏人入錢穀。得爲關内侯・虎賁・羽林郎・五大夫・官府吏・緹騎・營士。各有差。

同書巻六順帝紀・漢安二年十月。減百官奉。……又貸王侯國租一歳。

同書巻七桓帝紀・延熹四年七月。京師雩。減公卿以下奉。貸王侯半租。占賣關内侯・虎賁・羽林・緹騎・營士・五大夫。錢各有差。

(39) 『後漢書』巻六順帝紀・永和六年七月。詔假民有貲者。戸錢一千。

(40) 『後漢書』巻八一龐參傳。永初四年。……參奏記於鄧隲曰。比年羌寇。特困隴右。供徭賦役。爲損日滋。官負人責。數十億萬。今復募發百姓。調取穀帛。衒賣什物。以應吏求。

(41) 『後漢書』巻八二崔駰傳附寔傳。

(42) 注(37)に同じ。

(43) 『後漢書』巻八靈帝紀。同書巻一〇八呂強傳、張讓傳。尙、西園に多額の錢が蓄積されていたことを示す一例に、『後漢書』一〇八曹騰傳。〔曹〕嵩。靈帝時。貨賂中官。及輸西園錢一億萬。故位至大尉。との記載がある。

(44) 因に、武帝の時に五銖錢が鑄造されてより前漢末平帝の元始年間に至る間、貨幣の年間鑄造額は、平均して約二億であった(『漢書』巻二四下食貨志)。いま假にこの數字を後漢時代にあてはめると、先の安帝の時の數十億という負債は數年間もしくは十數年間分の鑄錢額に相當するものであり、また、梁冀が支拂可能と見込んで士孫奮に要求した五千萬は、年間鑄錢額の四分の一に相當する金額となる。

(45) 彭信威『中國貨幣史』第二章、第一節によると、前漢では、帝王の賞賜とか贖罪には黄金、銅錢が用いられていたのに對し、後漢になると布帛、縑帛が代って用いられるようになったことなどを指摘し、後漢時代の黄金不足の原因として、對外貿易の盛行による黄金の流出、王莽の黄金國有政策による一部特權階級への集中、工藝方面に於ける需用の増加などをあげている。尙、このほかに後漢時代の貨幣減少の一因として、副葬品として墓中に埋められた貨幣の量も、些少ではあるがやはり無視できないと思う。漢代、貨幣が副葬品として盛んに用いられたことは、王仲殊「墓葬略說」（『考古通訊』一九五五年創刊號）も指摘しているが、事實、最近の中國の發掘を見ても、漢墓から多數の貨幣（五銖錢、王莽錢など）が發見されている。判明した一墓中の枚數は凡そ數枚から數百枚前後であるが、中には、たとえば安徽省合肥市近郊の漢末と推定される磚墓の如く、千枚に近い五銖錢が發見された例もある（「安徽合肥東郊古磚墓淸理簡報」同一九五七—一）。

(46)　容媛「故漢穀城長蕩陰令張遷表頌集釋」（『燕京學報』三二）によると、靈帝中平三年（一八六）にも尙、戶口調査が行われ、算賦が課徵されている。

(47)　牧野、彭信威前揭論文を參照。

(48)　『漢書』卷二三刑法志。畿方千里。有稅有賦。稅以足食。賦以足兵。
同書卷二四上食貨志。有稅有賦。稅謂公田什一及工商衡虞之入也。賦共車馬甲兵士徒之役。充實府庫。賜予之用。稅給郊社宗廟百神之祀。天子奉養。百官祿食。庶事之費。

(49)　注（1）宮崎市定「古代中國賦稅制度」。

(50)　注（1）加藤繁「算賦に就いての小研究」を參照。
尙、一例をあげると
『漢書』卷六四下賈捐之傳。孝文皇帝。……民賦四十。
同書卷九六下西域傳・渠犂國條。征和中。……前有司奏。欲益民賦三十助邊用。
とある賦がそれである。また『周禮』太宰の九賦の鄭注にも
賦口率出泉也。今之算泉。或謂之賦。此其舊名與。
と言っている。

(51)　いま假に漢代の人口を五千萬人とし、十五歲以上五十六歲以下の者がその五分の三を占めるとすれば、彼らから納める百二十錢の算賦の總計、卽ち大司農（國庫）に収まる算賦の總計は錢三十六億となる。『太平御覽』卷六二七に引用された桓譚

の『新論』によると、前漢時代、大司農の歳入は錢四十餘億ということであるから、算賦の總計はまた國家財政の大部分を占めたことになる。大まかな計算ではあるが、これで大體の見當はつくであろう。

(52) 注(50)を參照。

(53) 宇都宮清吉「古代帝國史概論」(同『漢代社會經濟史研究』所收)。

(54) 賦の沿革については注(49)、及び松本光雄「中國古代社會における分邑と宗と賦について」(『山梨大學學藝學部研究報告』四)を參照。

第二章　後漢の三公にみられる起家と出自について

はじめに

ある時期の政治體制がいかなるものであったかを検討する場合に、先ずその政治がどのような官僚によって行われたかということが問題となるが、そのためには同時に、彼らがどのような登用法によって官僚になったかを考えることも、また必須の條件である。

周知のように、漢代では、從來の世襲的あるいは特權的な官吏登用法に加えて、新しく庶民の中から有能な人材を選拔する方法すなわち選擧が採用されるようになった。選擧とは「鄕擧里選」の略で、漢代の官吏登用法のことである。たとえば賢良方正、博士弟子、孝廉、茂才などといった科目がそれである。中でも、前漢武帝の時に制定された孝廉の科目は、後漢に入るとしだいに法制化され、後漢一代を通じて、官吏の登用はあたかも孝廉の選擧がすべてであるかの如き觀を呈する程の盛行を見るに至る(1)。

そこで、本章は、後漢時代に三公に就任した人物について、先ず彼らがどのような官吏登用法によって仕官したかという起家の方法と、また彼らがどのような階層の出身であったかということを分析し検討するとともに、後漢時代に入ってとくに盛んに行われた孝廉の選擧が、後漢の官僚制の中で、いかなる役割を果したかということの、一應の見通しを立てんとして試みたものである。とくに三公を取りあげた理由は、三公が當時の官僚の到達しうる最高の官であり、それらの人物の中に見出される官吏登用の方法とか、また官位昇進の過程というものは、當時の官僚のたどる代表的なものであったと考えられること。また官吏登用の方法とか、あるいはその人の出自を檢討する場合には、ある程度詳細な經歴を知りうる材料が殘されていることが必要である。この點からすると、三公に就任した人物は、全體からみて本傳のあるものが比較的多いこと。以上の二つの理由によるものである。

また最初にことわっておかねばならないことは、官吏登用法といった制度をとりあげる場合に、當時の政治と密接に關係する多くの問題をはらんでいることは言うまでもない。しかし、この際は繁雜を避けるために、一應政治との關連については後日にゆずり、本章では、右に述べたような觀點からして專ら制度的な面を中心に檢討を進めていくことにする。なお史料は原則として范曄の『後漢書』によるが、一部、李賢の注とか王先謙の『集解』、あるいは『隷釋』、『隷續』などによって補った場合もある。また本章の執筆に當たっては、とくに江幡眞一郎氏の「西漢の官僚階級」（『東洋史研究』一一―五・六、一九五二）および五井直弘氏の「後漢時代の官吏登用制「辟召」について」（『歴史學研究』一七八、一九五四）に多くの示唆をえた。文中にいちいちことわっていないが、あらかじめ記して謝意を表する。

一　三公にみられる官吏登用法

後漢時代、大尉、司徒、司空の三官をとくに三公と稱した。三公は一切の政務を總理する最高の官で、後世の宰相に相當するものである(2)。建武元年すなわち光武帝卽位の年から、曹操によって三公の官が廢止される建安十三年に至るまでの凡そ一八四年間に、この三公の位に就いたものは延べ二二一人を數える。しかし、この中には同一人で數回就任している場合もあり、それを除くと實際には總員一五一名である。(3) いま就任の時期にしたがって姓名を列擧すると、次のとおりである。（ ）内の地名は出身地を、數字は『後漢書』列傳の卷數をしめす。

光武帝期

吳漢（南陽　八）　鄧禹（南陽　六）　王梁（漁陽　二二）　宋弘（京兆　一六）
伏湛（琅邪　一六）　侯霸（河南　一六）　李通（南陽　五）　韓歆（南陽）
竇融（右扶風　一三）　歐陽歙（樂安　六九上）　戴涉（清河）　蔡茂（河内　一六）
朱浮（沛　二三）　杜林（右扶風　一七）　玉況（京兆）　張純（京兆　二五）
趙憙（南陽　一六）　馮勤（魏　一六）　馮魴（南陽　二三）　李訢（東萊）

明帝期

虞延（陳留　二三）　郭丹（南陽　一七）　范遷（沛）　伏恭（琅邪　六九下）
牟融（北海　一六）　邢穆（南陽）　王敏（西河）　鮑昱（上黨　一九）

章帝期

第五倫（京兆　三一）　桓虞（左馮翊）　鄧彪（南陽　三四）　鄭弘（會稽　二三）
宋由（京兆）　袁安（汝南　三五）　任隗（南陽　一一）

和帝期

丁鴻（潁川　二七）　尹睦（河南）　劉方（平原）　張酺（汝南　三五）
張奮（京兆　二五）　呂蓋（河南）　韓稜（潁川　三五）　巢堪（泰山）
張禹（趙　三四）　魯恭（右扶風　一五）　徐防（沛　三四）　陳寵（沛　三六）

安帝期

梁鮪（河東）(4)　尹勤（南陽）　周章（南陽　二三）　張敏（河間　三四）
夏勤（九江）　李脩（潁川）　劉愷（彭城　二九）　司馬苞（山陽）

馬英（泰山）　袁敞（汝南　三五）　李郃（漢中　七二上）　陳褒（廬江）
楊震（弘農　四四）　劉授（彭城）　劉憙（東萊）　馮石（南陽）

順帝期

陶敦（河南）　朱寵（京兆）　朱倀（九江）　張晧（犍爲　四六）
劉光（沛）　許敬（汝南）　龐參（河南　四一）　王龔（山陽　四六）
劉崎（弘農）　孔扶（魯）　施延（沛）　黄尚（南郡）
王卓（河東）　郭虔（左馮翊）　劉壽（長沙）　桓焉（沛　二七）
趙戒（蜀）　趙峻（下邳）　胡廣（南郡　三四）

桓帝期

李固（漢中　五三）(5)　袁湯（汝南）　杜喬（河内　五三）　張歆（河内）
呉雄（河南）　黄瓊（江夏　五一）　房植（清河）　尹頌（河南）
韓縯（不明）　孫朗（北海）　祝恬（中山）　盛允（梁）
虞放（陳留）　种暠（河南　四六）　劉矩（沛　六六）　劉寵（東萊　六六）
楊秉（弘農　四四）　許栩（潁川）　周景（廬江　三五）　陳蕃（汝南　五六）
劉茂（彭城）　宣酆（汝南）

靈帝期

王暢（山陽　四六）　聞人襲（沛）　許訓（汝南）　劉囂（長沙）
郭禧（潁川）　橋玄（梁　四一）　李咸（汝南）　來豔（南陽）
宗俱（南陽）　袁隗（汝南）　楊賜（弘農　四四）　段熲（武威　五五）
唐珍（潁川）　陳耽（東海）　劉逸（南陽）　劉寛（弘農　一五）
陳球（下邳　四六）　孟戫（河南）　袁滂（陳）　張顥（常山）

袁逢（汝南）　劉郃（河間）　張濟（汝南）　許馘（會稽）
鄧盛（弘農）　張溫（南陽）　崔烈（涿）　張延（河内）
許相（汝南）　丁宮（沛）　曹嵩（沛）　樊陵（南陽）
劉弘（南陽）　馬日磾（右扶風）　劉虞（東海　六三）

獻帝期
黄琬（江夏　五一）　楊彪（弘農　四四）　荀爽（潁川　五二）　王允（太原　五六）
种拂（河南　四六）　趙謙（蜀）　淳于嘉（濟南）　皇甫嵩（安定　六一）
周忠（廬江）　朱儁（會稽　六一）　趙溫（蜀）　張喜（汝南）

以上の一五一名であるが、これを更に各時期別に整理したものが、次の表Iである。

表I

	在位年	總員	有傳者	比率
光武帝	32	20	16	80%
明帝	19	8	5	63
章帝	12	7	5	71
和帝	18	12	8	67
安帝	19	16	6	38
順帝	20	19	5	26
桓帝	23	22	9	41
靈帝	22	35	7	20
獻帝	19	12	7	58
計	184	151	68	45%

總員一五一名のうち、列傳に記載されているものは六八名である。この六八名という數字は總員の四五％であって全體として決して多い數とはいえず、また表Iを見てもわかるように、後漢後半期において列傳のあるものが相對的に少ないことも、本稿の目的とする種々の検討の上で少なからず障害となるが、しかし一應の見通しを立てることは可能であろう。

さて、これら後漢時代の三公が、官位昇進の過程でどのような經路をたどったかを見るわけであるが、それに先だって漢代官僚の昇進方法について、簡単に概略を述べておく必要があろう。

漢代の官僚は、秩萬石《せき》といわれる最高の三公は別格として、およそ秩二千石の高級官僚から百石以下の下級屬吏にいたるまで、すべて秩祿によって差等がつけられ、その間は、原則的には功次によって下級から上級へと昇進した(6)。しかし、下級の屬吏から出發して、すべて功次のみによって上級官吏に昇進しえたかというと決してそうではなく、その間にはいくつかの關門を經なければならなかった。その最初にして、しかも最大の關門は、百石から二百石に至る場合、すなわち中央官廳や地方郡縣の屬吏から二百石以上の中央任命官となる場合である。

漢代、中央任命官の登龍門としてとくに重きをなしたのは郎官であるが、この郎官もふくめて一般に二百石の關門を通過する方法には、およそ次のようなものがあった(7)。

（1）良家子といわれるもので、隴西、天水、安定、北地、上郡、西河の六郡の上流階級の子弟で、武術に優れたものを選んで郎とするもの。

（2）任子、すなわち父兄が二千石の公卿に相當する身分にのぼった場合は、任期が滿三年になると、子弟一人を保證して郎とするもの。

（3）富貲や入貲によるもので、資産家や飢饉などの時に穀物ならば六〇〇石、穀《こく》價にして三十萬錢を納めたものを郎とする。

（4）漢代、いわゆる選擧と呼ばれるもので、學問とか聲望などにより、地方長官などの官位を有する人から推薦されて試驗に合格したもの。賢良方正、孝廉、茂才、高第、直言、有道などといった諸科がこの中にふくまれる。

（5）太傅、大將軍、三公などの中央の長官に召されて登用されたり、あるいは天子に直接徵されて登用されるもの。このような方法を一般に辟召と言うが、天子みずから召す場合には、とくに徵召と呼んで區別する。（5）の辟召、徵召については後にゆずるとして、以上（1）から（4）までのうち、とくに（1）から（3）までは發生的にみても、かなり早い時期から存在した制度で、いずれも高級官僚とか世襲的身分のあるもの、あるいは資產家とか豪族などを對象として與えられる特權的性格のつよいものである。これに對して（4）のいわゆる選擧とよばれるものは、これら從來の世襲的、特權的な官吏の登用を改め、廣く天下に人材を求めるべく、漢代において始めて行われた登用法として注目されるものである。先にも若干の例を示したごとく、この選擧には數多くの科目が設けられていたが、その中でも最も重要視されたのが、孝廉の選擧であった。[8] 漢代、孝廉の選擧は、武帝の元光元年（前一三四）に始まる。當時國教としての地位を獲得した儒教の精神にのっとり、毎年郡國の守相が在野の民あるいは下級の屬吏の中から孝なるもの廉なるもの一人——のちになると人口二〇萬人につき一人の割合——を選んで中央に推薦し、中央では改めてその事實を調査し、その事實に誤りなきことを確認した上で、始めて郎中（郎）に任ずるという制度である。のちになると所定の試驗が課せられるようになるが、しかしその場合でも、推薦が大きなウエイトを占めており、もし推薦した人物に事實に反するようなことが判明した場合には、推薦者は選擧不實をもって嚴罰をうけねばならなかった。郎中というのは、九卿の一つ光祿勳の配下に屬する三署の郎中で、秩は比三百石である。當時、大縣（戶數一萬戶以上）の丞・尉で秩四百石、縣長（戶數一萬戶以下の小縣の長）ならば秩三百石であるから、もし彼らが地方官として轉任した場合には、大縣ならば丞・尉、小縣ならば縣長の官が與えられる地位にある。したがって、孝廉に擧げられて郎中になるということは、將來の榮進に向かって非常に有利な出發點に立つものであったと言うことができる。このことは、一生を下級の屬吏で終わるかもしれない少吏をはじめとして、在野無官のものにいたるまで、廣く高級官吏への出世の可能性が開かれたことと併わせて、漢代孝廉の選擧が盛行した大きな理由である。

表Ⅱ

	總員	有傳者	孝廉	茂才	有道	任子	徵召	辟召	不明・其他
光	20	16							16
明	8	5		1		1		2	1
章	7	5	3					1	1
和	12	8	2				2	3	1
安	16	6	3			1	1	1	
順	19	5	3		(1)	1		1(1)	
桓	22	9	7(1)			1		1	
靈	35	7	5(2)	(1)				2	
獻	12	7	3			1	1	1	1
計	151	68	26(3)	1(1)	(1)	5	4	12(1)	20

以上、漢代の官吏登用法についてその概略を述べてきた。これを念頭において、後漢時代、三公に就いたものが、最初にどのような登用法をうけたかを表示したのが、上の表Ⅱである。

表中の（　）内の數字は有傳者以外のもので登用經路の判明するものである。これは『後漢書』の中に當人の詳細な列傳はないが、他人の列傳に附載された簡單な附傳とか、あるいは李賢の注、王先謙の『集解』などによって加えた。また光武帝期の一六人については、ここでは一應その他の項目の中に入れておいた。これは、そのほとんどが王朝交替期の特殊な事情のもとで三公に上がったものであり、したがって當時のいわゆる選擧もふくめた官吏登用法の範疇に入らないために、除外することにしたものである。

さて、この表Ⅱによると、登用の經過の判明するもののうち、孝廉に擧げられたものが二六（二九）名と第一位を占め、ついで辟召の一二（一三）名、任子の五名、以下徵召、茂才の順になっている。この孝廉の二六ないし二九名というのは、總員一五一名から光武期の二〇名を除いた一三一名について言えば、二割足らずの人數であるが、經歷のわかる五二名について言えば、五割とその半數を占める數である。したがって、概して最初に孝廉の選擧をうけたものが多かったことが、先ず注目されるであろう。

ところでこの表Ⅱは、當人が最初にうけた登用法を分類列擧しただけのものであって、この中には被登用者の意志は全く考慮されていない。と言うのは、列傳の記載を見ればわかる如く、後漢時代では、假にある一つの登用をうけても、被登用者は悉くみなそれに應じたわけではなく、場合によっては病氣などを口實にそれを拒絶し、改めて別の登用をうけて官に就くなど、實際の就官まではかなり複雑なケースが存在したからである。いまそれを二・三の例から具體的にしめしてみよう。

（イ）黃瓊。字世英。江夏安陸人。魏郡太守香之子也。……瓊初以父任爲太子舍人。辭病不就。遭父憂。服闋。五府俱辟。連年不應。永建中公卿多薦瓊者。於是會稽賀純廣漢楊厚。俱公車徵。……瓊至。卽拜議郎。稍遷尙書僕射。……遷尙書令。

（『後漢書』列傳五一）

これは最初の登用をことわり、別の登用をうけて官についた例である。黃瓊の場合では先ず任子による登用を拒絶しているが、これはひとり任子にかぎったことではなく、一般的にいえば、下は孝廉を筆頭とする各選擧科目から上は天子の徵召にいたるまで後漢時代の全ての登用の場合に見られる現象で、列傳中で「不就」「不應」「不起」「不行」「不至」といった言葉で表現されるのが、このケースである。三公の中では黃瓊のほかには李固、王暢、楊賜、黃琬、楊彪、荀爽らに見られる。

（ロ）陳蕃。字仲擧。汝南平輿人也。……初仕郡。擧孝廉除郎中。遭母憂。棄官行喪。服闋。刺史周景辟別駕從事。以諫爭不合。投傳而去。後公府辟。擧方正。皆不就。大尉李固表薦。徵拜議郎。再遷爲樂安太守。

（『後漢書』列傳五六）

元來、官吏がその官職を退く場合には「坐事免官」とか或は「以疾免官」の如く免官があるだけで、その外の事由による自分勝手な辭職や退職は許されなかった。しかし、禮教主義の尊重された漢代、とりわけ後漢になると、儒教の禮に從って親屬の喪に服することが盛になり、他方朝廷でも結局はそれを默認したかたちをとったために官吏がその職を放棄して喪にはしることが頻繁に行われた。後漢もとくに後半期の人々の列傳の中に「以憂去官」とか「以父喪失官」、「以母憂棄官」などといった言葉で表現されるのが、それである。(9) そして、このように一度去官ないし免官になった場合、再び官吏になるためには改めて登用をうけねばならなかったことは、この陳蕃の例に見られるとおりである。彼の例では辟召をことわって徵召に應じているが、一般的にいえば辟召されたり、また賢良方正、茂才などの選擧のほか、時には再度孝廉に擧げられる場合もあった。(10) このような陳蕃に見られる再登用の例は、三公の中では他に第五倫をはじめとしてたとえば張敏、龐參、劉矩、段熲、劉寛、橋玄、劉虞、皇甫嵩ら多くの場合に見られる。

（ハ）杜喬。字叔榮。河内林慮人也。少爲諸生。擧孝廉。辟司徒楊震府。稍遷爲南郡太守。

（『後漢書』列傳五三）

これは先の黄瓊や陳蕃の場合とは異なり、連續して登用をうけたもので、この杜喬に見られる孝廉から辟召という以外の例としては、たとえば辟召から茂才に擧げられた楊震、辟召から高第に擧げられた郭丹、辟召から直言に擧げられた魯恭らがある。

主として列傳の記載にしたがいながら、實際に適用をうけた登用法に至るまでの過程を分類すると、基本的には以上の三種に大別される。したがって、表Ⅱはその登用に應じる應じないにかかわらず、全て最初にうけた登用法についてのみ注目してきたわけであるが、しかし彼らが實際に適用をうけ、官位昇進の出發點とした登用法は何であったかということを見るためには、以上のような手續きのもとに個々の場合について改めて檢討を加えなければならない。表Ⅲはこのような手續きのもとに、その移動を示したものであり、(11) 表Ⅳは表Ⅲを整理したものである。また表Ⅲの符號のうち（　）は先の（イ）の不就・不應・不起など、［　］は（ロ）の去官、棄官など、〈　〉は（ハ）の連續のケースである。また＋と－の符號と數字は、その去就と人數を示す。

表Ⅲ

	總員	有傳者	孝廉	茂才	方正	直言	高第	任子	徵召	辟召	不明・其他
明	8	5		1〈−1〉	〈+1〉		〈+2〉	1〈−1〉		2〈−1〉	1
章	7	5	3［−1］						［+1］	1	1
和	12	8	2			〈+1〉 ［−1］			2［+1］	3〈−1〉	1
安	16	6	3［−1］	〈+1〉				1	1［+1］	1〈−1〉	
順	19	5	3［−1］					1	［+1］	1	
桓	22	9	(−1) 7［−3］ 〈−3〉		［+1］		〈+1〉 ［−1］	1(−1)	(+1) ［+2］	(+1) 1〈+3〉 〈−1〉	［+1］
靈	35	7	(−1) 5［−4］	〈+1〉 ［−1］	［+1］		(+1) 〈−1〉		［+3］	(±1) 2〈±1〉 〈−2〉	［+1］
獻	12	7	(±1) 3［−2］				〈+1〉 ［−1］	1(−1)	(±1) 1［+3］	［+1］ 1〈−1〉	(+1) 1［−1］

表Ⅳ

	總員	有傳者	孝廉	茂才	方正	直言	高第	任子	徵召	辟召	不明・其他
明	8	5			1		2			1	1
章	7	5	2						1	1	1
和	12	8	2						3	2	1
安	16	6	2	1				1	2		
順	19	5	2					1	1	1	
桓	22	9			1				3	4	1
靈	35	7			1		2		3		1
獻	12	7	1						4	1	1
計	151	68	9	1	3		4	2	17	10	6

さて、この表Ⅲを見るに、一見してそれぞれに非常に複雑な登用の過程を經ていることがよくわかるが、これを先ず年代的に注意して眺めると、先の（ロ）にあげた去官、棄官のケースが章帝・和帝頃より見えはじめ、とくに後期の桓帝以降になると大部分が去官であるが、その數が非常に多くなってくること、同時に（イ）の不就・不應のケースも後期に入って顯著になってくることが注目される。したがって後漢も後期になると、最初の登用だけで三公に至るケースが非常に稀になり、大多數のものが數種の複雑な登用を經ていることが指摘されよう。

次に登用をその項目別に見ると、辟召の場合にはあまり變動は認められないが、表Ⅱで壓倒的に多かった孝廉が後期に入ると急激に減少し、逆に表Ⅱではごく僅かの例しか見られなかった徵召が、やはり中期から後期にかけて急に増加の傾向をたどり、全體からすれば徵召、辟召、ついで孝廉の順になってきている。しかも表Ⅲでその實態を見るに、辟召がプラスとマイナスほぼ相い半ばしているのに對し、徵召の場合は一例を除いて全てプラス、孝廉の場合は同じく一例を除いて全てマイナスばかりという[12]、非常に興味ぶかい事實を提供していることは、とくに注意しなければならない。

このように後漢も後期になると、とくに孝廉の數が激減し、しかもその場合にほとんど全てマイナスばかりであるということは一體何を意味するのであろうか。端的に結論を言えば、孝廉に擧げられることは、なるほど高級官僚へ至る重要な一つの關門を通過するものではあったが、しかしそれはあくまでも單に通過しただけのことであって、孝廉だけでは高官にのぼる完全な條件を具備するにいたらなくなったと言うことである。この點に關しては、かつて五井直弘氏が「孝廉は官位昇進の必要條件ではあったが十分條件ではなかったと考えて誤りあるまい」と指摘されたが、これは非常な卓見であった[13]。

それでは、後漢も後半期に入ると何故このような現象が生じてくるのかということが、次に問題となってくる。そこで以下節を改め、とくに孝廉と辟召、徵召の三者を取りあげて考えてみることにしたい。

二　孝廉と辟召、徵召について

孝廉に擧げられると郎中に除せられるわけであるが、この郎中というのは比三百石であり、そのまま地方官として轉出した場合でも大縣ならば丞・尉、小縣ならば縣長などのいわゆる縣の長吏のポストがあたえられるもので、官吏昇進の道として非常に有利な出發點に立つものであったことは、既に述べたところである。この漢代の郎の制度については、嚴耕望氏の「秦漢郎吏制度考」に詳述されており(14)、ここで再び繰返すつもりはない。しかし、この郎官の制度において、一つだけとくに注意しておきたいのは、郎には定員がなかったことである。漢の郎には比六百石の議郎・中郎と比四百石の侍郎、それに比三百石の郎中の四階級に分けられるが、『漢書』百官公卿表および『續漢書』百官志によれば、いずれも「無員」とある(15)。しかもこれらの郎は、最高の議郎は例外として、みな宮殿の宿衞と車騎として天子の行列に參加するほかは、とくにこれといった定職があるのではなく、本來はこの期間に彼らの才能を試みられる、いわば高級官僚の豫備軍とでもいうべき性格のものであった。すなわち、これらの郎が縣の令長となる方法には、大きく分けて下級の郎から上級の郎へと順次昇格してなる場合と、また光祿勳の茂才・四行などに擧げられ拔擢されてなる場合との二つがあったが(16)、しかしいずれの場合においてもその昇進拔擢には、才能や德行のほかに功次による基準も設けられていたから(17)、郎がその才能を試みられる期間というものは、かなりの歳月を要したことが知られる。しかもこの場合、官吏の需要と郎の供給との間に均衡の保たれているうちは問題はないが、しかし時代が下り社會がある程度安定してくると官吏のポストもしだいに固定する傾向にあり、まして定年制のない當時にあっては、需要は減少していくばかりであったと考えられる。しかるに郎の方は孝廉科だけでも毎年凡そ二〇〇人の割合で増加してくる。[18] しかも郎に除任されるのはひとり孝廉の選擧ばかりではなく、始めにも述べた如く賢良方正とか明經といった選擧のほかにも任子などの登用法によるものもあったから、その數は毎年相當な數字にのぼったことは容易に想像される。楊秉の傳によると桓帝の頃のこと「三署の見郎七百餘人」（『後漢書』列傳四四）とあり、同じ頃陳蕃の傳では「三署の郎吏二千人」（『後漢書』列傳五六）などと見えているが、恐らく後漢も中期以降になると、常時千人前後から時によっては數千人にのぼる郎が待機していたと考えて間違いはなかろう。

このように見てくると、なるほど孝廉の選擧によって郎中へ擧げられることは、將來高級官僚へと進む道を一歩前進したとは言えるが、しかしながらその登用は原則として郎官までの登用であり、しかもその郎官の地位は官僚豫備軍であり、また定員がないために、非常に不安定なものであったと言わねばならない。したがって今度は多數の郎の中からいかにして上階進級の道をひらくかが、大きな問題となってくる。二百石の中央任命官待遇をうけるのが官僚出世街道の第一の關門とすれば、これは第二の難關とでも言うべきものである。そこで、次に大きくうかび上ってくる登用法が、いわゆる辟召であり、徵召であった。

漢代においては太傅、大將軍、三公、九卿、郡の太守とか都尉、あるいは縣の令長などといった中央や地方の長官は、自己の屬僚を自由に選任することができた。これを一般に辟召とよぶが、しかし實際の官吏登用法の上からとくに問題となるのは、なかでも太傅、大將軍、三公などいわゆる五府の辟召（辟命）である。すなわち、一般に辟召とよぶときは多くは太傅、大將軍、三公に召されて公府の掾屬となる場合である。

そこで、いまこれら公府の掾屬の構成を太尉府の例から見てみよう。『續漢書』百官志の太尉の條に

長史一人千石。本注曰。署諸曹事。掾史屬二十四人。本注曰。漢舊注。東西曹掾比四百石。餘掾比三百石。……

令史及御屬二十三人。本注曰。漢舊注。公令史百石（下略）。

とある。この太尉府においては長史一人、掾屬は二四人であり、これに令史御屬二三人を加えると總計四八人である。同様に司徒府では長史一人、掾屬三一人、令史御屬三六人の計六八人、司空府では長吏一人、掾屬二九人、令史御屬四二人の計七二人である。またそのほか太傅府では四七人[19]、大將軍府では凡そ六〇數人である[20]。したがって當時、公府の屬僚は凡そ五、六〇人から七〇人程度の定員で構成されていたことがわかる。しかもその場合に千石の長史一人は別格としても掾で秩祿は比四百石から比三百石、屬でも比二百石の秩祿である[21]。すなわち、これからしても公府の掾では既に郎中に相當する秩祿であり、屬の比二百石でも中央任命官待遇に準ずる秩祿であることが知られる。したがってここでは、郎を經ないで二百石の關門を通過する方法が、既に制度化されていたわけで、辟召を考える場合には、この點とくに注意しなければならない。しかも彼ら掾屬は一生を公府の掾屬として終わるのではなく、中央官や地方官として轉出することも可能であるのみならず[22]、また辟召者である太傅、大將軍、三公には、それぞれ官吏を拔擢する茂才、廉吏、高第といった選擧權があるため、いきおい彼らは相對的に少ない人數の中から、非常に有利な條件で長吏に拔擢される機會に惠まれていたと言うことができる。その一例をあげても、辟召から茂才に擧げられ四選して荊州刺史となった楊震、同様に辟召から高第に擧げられて侍御史となった种暠、陳球、王允などがあった。このように見てくると、辟召は、官吏登用の上での法制的盲點をついた一種有利なバイパスとでも言うべき性格の登用法であって、そのことは表Ⅲの辟召の項で、プラスとマイナスが錯雜していること自體、何よりも雄辯に物語るものである。更にこの辟召の有利な點は、被召者は故吏として將來が保證されていたことにもあり、この點もやはり見逃すことのできない事實である[23]。

徵召は、はじめにも述べたように、太傅、大將軍、三公など高級官僚の推薦により、天子が直接本人を徵して登用するもので、徵命ともよばれる。この徵召、徵命をうけたものの中には直接中央や地方の要職に拔擢される場合もあるが、その多くは議郎に除せられている。[24] 議郎も郎官の一つでやはり定員はないが、しかし郎官の中では最高の地位にあり、秩は六百石で天子に具申することも許されている。[25]

またこの議郎は、漢代とくに後漢の選擧除任の上からいうと賢良方正などに擧げられ、對策において首位あるいは上位になったものが除せられる官であった。たとえば

戴封。字平仲。濟北剛人也。……詔書求賢良方正直言之士有至行能消災伏異者。公卿郡守各擧一人。郡及大司農俱擧封。公車徵陛見。對策第一。擢拜議郎。遷西華令。（『後漢書』列傳七一）

張奐。字然明。敦煌酒泉人也。……擧賢良。對策第一。擢拜議郎。永壽元年遷安定屬國都尉。（『後漢書』列傳五五）

魯丕。字叔陵。……建初元年肅宗詔。擧賢良方正。大司農劉寬擧丕。時對策者百有餘人。唯丕在高第。除爲議郎。遷新野令。（『後漢書』列傳一五）

蘇章。字孺文。扶風平陵人也。……安帝時擧賢良方正。對策高第。爲議郎。……出爲武原令。（『後漢書』列傳二一）

とあるのがそれである。[26] したがって議郎というのは郎官の中では最上位に位置するものであり、それだけに郎中などといった他の郎官とは異なって、その昇進は早かったと考えられる。そのことは先の魯丕、戴封、蘇章はいずれも後漢前期から中期にかけての人であるが、全て遷りて縣令に補せられているし、また中期から後期の人張奐になると屬國都尉になっていることからもわかるが、三公就任者について見ても、徵召されて議郎を拜した陳蕃は再遷して樂安太守となり、同じく皇甫嵩は遷りて北地太守となり、また黃瓊は議郎から尙書僕射を經て尙書令となり、楊彪は同じ

く侍中を經て京兆尹となっていることなどからもうかがわれる。(27)

ところで、このようにその有利性がみとめられる徵召において、更に注意しなければならないことがある。それは既に述べたように、徵召される場合にはいずれも太傅とか大將軍、三公といった中央の高官の推薦によるものであったという點である。そのことは先の黄瓊・陳蕃の例でも見られるが、そのほかたとえば黄琬の傳に

大尉楊賜上書。薦琬有撥亂之才。由是徵拜議郎。擢爲靑州刺史。（『後漢書』列傳五一）

とあるのがそれである。このように徵召においてその推薦者である太傅、大將軍、三公は、他方辟召の場合の辟召者であることは、既に見てきたところである。とすれば、表面では徵召というかたちをとっていても、その實質は先の辟召から茂才や高第に擧げるといったケースの特殊な場合と考えることができるのではなかろうか。すなわち、私見よりすれば、徵召という登用法は、その內容から言って同じ高官の辟召の範疇に屬する特殊例的な側面をもつものであったと考える。

以上のように辟召あるいは徵召は、孝廉の場合に問題となったいわゆる三署の郎中を經ない登用法であるが、中でも辟召は、公府の掾屬は自由に選任できるという祖法が、しだいに擴大、流用されたものとして、制度的にはとくに注目されるものである。

このように史書に見える官位昇進の經過の上から判定するだけでも、辟召とか徵召といった登用法が孝廉の選擧よりもかなり有利であったことが知られるが、それではこれら辟召や徵召が孝廉にくらべてどの程度に有利でありまた捷徑であったかということを、若干の例により三公に至るまでの具體的な年數によって見てみよう。

和帝のときに三公の位についた丁鴻、張禹、徐防、陳寵について見ると、先ず張禹は永平八年（六五）に孝廉に擧げられ、永元十二年（一〇〇）に大尉を拜するまで三五年を要し、同様に徐防は永平中（五八～七五）に孝廉に擧げら

れ、永元十四年（一〇二）に司空を拜するまで二七〜四四年、中をとると大體三五年を要している。これに對して、辟召された陳寵の場合では、明帝末章帝初年（七四〜七九）から永元十六年（一〇四）まで二五〜三〇年、中をとると凡そ二八年であり、また徵召をうけた丁鴻の場合では、永平十年（六七）から永元四年（九二）まで二五年である。すなわち、これらの例からすると、孝廉と辟召、徵召の場合とでは凡そ七・八年から一〇年ちかい差が見られる。

これを一應後漢前期の例とすると、中期の安帝・順帝期では、孝廉の場合に張敏で三〇年、李郃で二五年、胡廣で二六年であり、辟召された張晧で一七年、楊震で一一年、徵召された劉愷では凡そ一五年である。この時期になると全體に約一〇年ちかい年月の短縮が見られるが、その場合でも孝廉と辟召、徵召との差は、先の前期の例と同様に一〇年前後のひらきがある。

桓帝以降になると、辟召の場合に楊秉で二八年、杜喬で二五年、陳球で一五〜二〇年、周景で四〜二九年、李固で三〜九年であり、徵召では皇甫嵩の二二年、陳蕃の二一年、楊彪の一二〜一七年などがある。大體この後期においては辟召、徵召ともに十數年から二十數年というのが一般であったと見てよいであろう(28)。

三公就任の年月日は本紀によって判明するが、他方登用をうけた年になると列傳でも記載されていることが稀であり、また後半期に入ると登用の過程が非常に複雜で、必らずしも精確を期することはできない。しかしここに擧げた數例から判斷するに、孝廉と辟召、徵召とでは、かなり早くから大體一〇年前後の年數のひらきがあったことがわかり、しかもその差は恐らく後期になるほど大きくなり、遂には孝廉のみではほとんど三公に昇進できなくなる程にひらいていったと考えてよいではなかろうか。『北堂書鈔』卷六八に引く崔寔の『政論』に、三府の掾屬の優位について、

三府掾屬。位卑職重。及其取官。又多超卓。或期月而長州郡。或數年而至公卿。

とあるのも、決して誇張された言葉ではなかったのである。したがって、このように郎、とくに三署の郎中を經ない登用の道がしだいに固定してくると、孝廉に擧げられ、いつになれば昇進拔擢されるのかわからず、またかりに昇進してもかなりの年月を要する三署の郎中となるよりも、むしろそれをあきらめてより確實な昇進の道として辟召、徵召が選ばれたと言えるわけで、先にも述べたように表Ⅲのプラスとマイナスが、これを如實に示している。そして更に重要なことは、この辟召とか徵召によって長吏になるものが多くなればなる程、必然的にそれだけ郎からの昇進の道がとざされてしまうという悪循環を生む結果におちいったことで、この點は後漢末の政治とも關連して、とくに注意しなければならない問題である。

以上、後漢の三公階層に見られる登用法において、孝廉が中期から後期にかけてしだいに辟召や徵召にとってかわられてくることを指摘した。しかしながら、この事實をもって、後漢時代の官吏登用の上で、孝廉の選擧が全くその存在價値を失ったというのでは決してない。それは孝廉に擧げられることが、辟召や徵召をうける際の一つの有利な條件になったと考えられるからである。すなわち辟召の場合を見るに、元來辟召には「四科之辟」すなわち一德行、二明經、三明法、四剛毅という選考基準があり、それぞれに應じて職が定められていた。(29)しかしながら實際には課試などといった嚴重な審査は行われず、「其の賢なるを聞きて辟す」(30)とか、また「其の名を聞きて辟す」(31)とあるように、專ら聲望によって辟召することが行われていたため、孝廉に擧げられるということ、また擧げられたということ自體が、既に辟召をうける場合においても非常に有利な條件を有していたと言えるからである。したがって、孝廉の選擧が官位榮進のための十分條件たりえなくなったとしても、やはり必要條件であったことには變りはなかった。むしろ、孝廉という選擧が、しだいに十分條件から必要條件に移行していく主要な原因は、定員のない郎官の制度と共に、それは孝廉の選擧制度の中に本來的に內在する制度上の缺陷と、またそれを巧に利用して行われる數々の不正な行爲に

因るものと考えられる。(32)

三　三公の出自

前節において、後漢の三公がどのような官吏登用法をうけたかを見てきたが、それでは次に、彼らが後漢の社會において、いかなる階層の出身者であったかを考えてみたい。

次の**表Ⅴ**は、それを示したものである。

表中の（　）内の數字は有傳者以外のもので、附傳とか注記によって知られるものである。またこの表は、主として父祖の官職を中心にしてまとめたものである。したがって項目中、三公以下六百石にいたるまでの官に分類されたもののなかには、あとの項目すなわち宗室、列侯、豪族などの中にも當然ふくまれるものもあるが、後者の分類は父祖の官職が記載されていないものについてのみ、擧げることにした。官職については父から曾祖父までさかのぼり、それらの中で到達した最高の官をもって記入している。二千石は太守・國相・都尉などを、千石は九卿の丞および大夫・僕射などを、六百石は博士・縣令などをそれぞれ指す。また不明・其の他とあるものは、傳に記載のないものとか、あるいは單に「家貧し」とか「家業を受く」といった記載のあるもので、一應在野無官のものとしておく。

ところで、この表を先ず項目別に見ると、全體的に吏二千石以上の子弟が壓倒的に多く、また時期別にいえば不明や、其の他の項に見られるいわゆる在野無官のものがしだいに減少するのに反比例して、高級官僚の子弟の進出が顯著になってきていることがわかる。この傾向は、とくに後期の桓帝以降につよく見られ、吏二千石以上の子弟に宗室・列侯・豪族の子弟の數を加えると、桓帝の時では總員二二人に對して一一人の五〇%を、同じく靈帝の時には六〇%、獻帝の時になると實に八三%を占めるにいたっている。しかもこの表では有傳者以外の出自の判明しないものがまだかなり殘されているから、假にそれが判明したとすれば更に高い比率を示すものと推測される。このように高級官僚の世襲化の傾向、とりわけ當時最高の官である三公の場合においてさえその子弟や子孫がまた三公にのぼるという、いわば三公の世襲化の傾向さえしだいにつよくなることは、とくに注意しなければならない。四世三公、四世太尉を出した東漢の名族と稱される汝南の袁氏、弘農の楊氏は別格としても、たとえば許敬と許訓と許相の三代のほか、李郃と李固、劉愷と劉茂、劉崎と劉寬、王龔と王暢、張歆と張延、周景と周忠、种暠と种拂らの父子とか、あるいは尹睦と尹頌、黃瓊と黃琬のような祖父と孫、更には趙戒を祖父にもつ趙謙と趙溫、張酺を曾祖父とする張濟と張喜の兄弟といった如くである。このような傾向は、後漢後期になるとむしろ一般的な現象とさえなってあらわれてきている。

　そこで、問題をふり出しにもどし、最初にあげた表Ⅱとこの表Ⅴとを對照して見ることにしよう。この二つの表は、個々の內容において必ずしも全部が一致するものではないが、總じて表Ⅱよりして先ず最初に孝廉に選擧されるものが非常に多いことを指摘し、また表Ⅴからは中央や地方の高官もしくは名家、豪族の子弟がしだいに多くなるということを見てきた。したがってこの二つの事實からして、後漢における孝

表Ⅴ

	總員	有傳者	三公	九卿	二千石	千石	六百石	宗室	列侯	豪族	不明・其他
光	20	16	1	2	3	2	2			1(1)	5
明	8	5	1		2						2
章	7	5			2(1)		1				2
和	12	8	1		4	2					1
安	16	6	2(1)	1			1				2
順	19	5		1	1(1)				1	1	1(1)
桓	22	9	3(3)		4		1	1			
靈	35	7	3(6)	1(1)	2(4)	(1)		(2)		1(1)	(1)
獻	12	7	3(4)		1		1			1	1
計	151	68	14(14)	5(1)	19(6)	4(1)	6	1(2)	1	4(2)	14(2)

廉の被選擧者は、しだいに政治的、社會的な有力者によって獨占されるようになったことを推測することができるであろう。もし果たしてそうであるとするならば、これはもはや德行とか才能といった一個の個人の力量によって選拔されたのではなく、むしろそれは政治的な權力、あるいは社會的な勢力によるものであり、それはまた權門勢家の壓力によるものであったと言わざるをえない。このことを更に端的に言えば、中央や地方の高級官僚の子弟とか、また地方の名家豪族の子弟は、單に彼らがそれにつながる人間であるということだけで、孝廉選擧の對象となったと言わねばならない。そして彼らが「就」、「不就」にかかわらず孝廉に選擧されると、それを一つの足がかりとして高級官僚へいたる過程は、既に前節で述べてきたとおりである。

以上を總合すると、孝廉の選擧というものは、一方では地方の豪族を官僚として中央へおくりこむのにあずかって大きな力になったと同時に、また他方では後漢時代の官僚貴族を形成する上においても、一つの大きな役割を果たしたと考えられる。このように見てくるならば、これは孝廉の選擧制度が制定された當初の意圖、すなわち世襲の官僚とか豪族などによる政治の腐敗を救うべく、天下に埋もれた人材を登用して政治の刷新をはかるという意圖とは全く相い反し、かえって官吏の世襲化と豪族の官僚化をますます促進する結果となったことになる。すなわち後漢時代の官僚の大部分が孝廉という古代國家の理想的な登用法をうけながら、しかも現實の政治の上では腐敗と墮落が現れてくるのは、孝廉科が官位榮進の十分條件たりえず、その中間に官僚相互間の私的な關係を生み出す辟召などをはさんだことと共に、一つには以上のような孝廉の選擧そのものの變質にも起因するものであって、いわば孝廉選擧の任子法的性格化、入貲法的性格化にこそ、むしろ後漢時代の孝廉選擧制の大きな特徴があったと考える。この場合においても、かかる結果をもたらした主要な原因は、たとえば選擧が人物本位の他薦制によるものであったこととか、また選擧者が郡國の長官であったことなどといった孝廉の制度そのものに本來的に內在する制度的缺陷と、またその缺陷を巧妙に利用して行われる種々の不正行爲、したがってそこから生まれてくる選擧への不信の念など多くの關連する理由によるものであるが、これらの點については別に稿を改めて述べなければならない。

むすび

以上、後漢時代の三公を取り上げ、その官吏登用法と出身について分析するとともに、漢代の代表的な官吏登用法の一つである孝廉の選擧が、後漢の官僚制の中でどのような役割を果たしたものであるかについて述べてきた。要約すると、先ず登用法においては大多數が最初孝廉に擧げられているが、しかし主として定員のない郎官の制度に起因して本來は官吏昇進の十分條件であるべきはずの孝廉の選擧が、時代がさがるとともに辟召とか徵召といった複雜な登用法を經なければならなくなっていった。しかしこの辟召や徵召においても、孝廉に擧げられているということはやはり有利な條件であって、その意味では孝廉の選擧は官吏登用の上の必要條件であったこと。また出身については、時代がくだるとともに中央や地方の高級官僚とか名家豪族の子弟の進出が顯著となり、しかも彼らの多くが最初は孝廉に擧げられていることから、孝廉の選擧が制定當初の意圖とは反し、しだいに後漢官僚の官僚貴族化と地方豪族の政界進出に一つの大きな役割を演ずるようになったことを推測した。そしてこのような孝廉の選擧の變質は、その制度の中に本來的に內在する制度的缺陷と、またそれに便乘して行われる種々の不正によるものであろうことを推測した。

ただはじめにもことわった如く、限られた資料と限定した視野の中で分析し論述してきたこれらの推測が、果たして當時の一般的傾向を示すものであったか否かについては、更に一層廣い範圍と廣い視野に立った檢討を必要とすることは言うまでもない。しかし後漢時代の三公が、どのような階層からどのような官吏登用法をうけて昇進したかを知るとともに、その中で孝廉の選擧が果たした役割の概要についてひととおりの知識を得るという、所期の目的は一應達した。本章を一つの手がかりとして、漢代の選擧制度とくに孝廉の制度については、改めて検討を加えてみたいと思う。

最後に、本章では取り上げるまでにいたらなかったが、三公の出身郡國表（表Ⅵ）を附載しておく(33)。

表Ⅵ（三公出身郡國表）

	總員	南陽	沛	河南	京兆	河內	右扶風	東萊	清河	琅邪	魏	樂安	漁陽	陳留	北海	上黨
光武	20	6	1	1	3	1	2	1	1	1	1	1	1			
明帝	8	2	1							1				1	1	1
章帝	7	2			2											
和帝	12		2	2	1		1									
安帝	16	3						1								
順帝	19		3	2	1											
桓帝	22		1	3		2		1	1					1	1	
靈帝	35	6	3	1		1	1									
獻帝	12			1												
計	151	19	11	10	7	4	4	3	2	2	1	1	1	2	2	1

	西河	汝南	會稽	左馮翊	潁川	泰山	趙	平原	弘農	山陽	彭城	廬江	河東	河間	九江	漢中	蜀
光武																	
明帝	1																
章帝		1	1	1													
和帝		1			2	1	1	1									
安帝		1			1	1			1	1	2	1	1	1	1	1	
順帝		1		1					1	1			1		1		1
桓帝		3			1				1		1	1				1	
靈帝		6	1		2				3	1				1			
獻帝		1	1		1				1			1					2
計	1	14	3	2	7	2	1	1	7	3	3	3	2	2	2	2	3

	南郡	下丕	長沙	魯	犍爲	梁	江夏	中山	東海	陳	常山	武威	涿郡	濟南	安定	太原	不明
光武																	
明帝																	
章帝																	
和帝																	
安帝																	
順帝	2	1	1	1	1												
桓帝						1	1	1									1
靈帝		1	1			1			2	1	1	1	1				
獻帝							1							1	1	1	
計	2	2	2	1	1	2	2	1	2	1	1	1	1	1	1	1	1

注

（1）漢代の孝廉に關する主要な研究には次のようなものがある。
市村瓚次郎「後漢の儒教經學及び孝廉選擧と士風との關係」（同『支那史研究』所收）一九三四
濱口重國「漢代の孝廉と廉吏」『史學雜誌』五三―七、一九四二
鎌田重雄「漢代の孝廉について」『史學雜誌』五五―七、一九四四
勞　幹「漢代察擧制度考」『中央研究院歷史語言研究所集刊』一七、一九四八
嚴耕望「秦漢郎吏制度考」『中央研究院歷史語言研究所集刊』二三上、一九五一

（2）漢代三公の組織と機構については、周道濟氏の「漢代宰相機關」（『大陸雜誌』一九―一一、一九五九）を參照されたい。

（3）三公を代行したものが數人あるが、いまそれらは省略した。

（4）梁鮪と次の尹勤の三公就任の時期は、それぞれ延平元年（一〇六）一月と六月で、ともに殤帝の時にあたるが、殤帝の在位期間はわずか八ヶ月のため、便宜上安帝期の中に分類した。

（5）李固の就任は沖帝の建康元年（一四四）八月であり、次の袁湯は本初元年（一四六）閏六月で嚴密には桓帝の即位以前、質帝の時期に當るが、沖帝・質帝の期間を合しても一年一〇ヶ月であるため、便宜上桓帝期の中に分類した。

（6）功次については大庭脩氏の「漢代における功次による昇進について」（『東洋史研究』一二―三、一九五三）、佐藤達郎「功次による昇進制度の形成」（『東洋史研究』五八―四、二〇〇〇年）を參照されたい。

（7）江幡眞一郎氏前揭論文および宮崎市定氏『九品官人法の研究』第二編第一章參照。

（8）注（1）參照。

（9）（イ）にみられる就官の拒絶と（ロ）にみられる去官については、最近に鈴木啓造氏の「後漢における就官の拒絶と棄官について」（中國古代史研究會編『中國古代史研究』第二所收、一九六五）が發表されている。

（10）『後漢書』列傳三一寒朗傳。寒朗字伯奇。魯國薛人也。……及長好經學。博通書傳。以尙書教授。學孝廉。以謁者守侍御史。……免官。復學孝廉。

(11) 個々の列傳に見られる登用のケースが非常に複雑であり、また煩雑をきわめているため、この表が完全なものだとは言えない。しかし以下のような原則の下に數回に亙って整理し、精確を期したつもりである。(イ)の「不就」においては、いくつもの登用を拒絶した場合は最初のものについてのみ採用した。たとえば楊彪の「初擧孝廉、州擧茂才、辟公府」のような場合であれば、孝廉で出した。(ロ)の「去官」「免官」については、原則としてその後の登用法の判明するものについてのみ採用した。ただし、後に述べるように、「去官」「免官」のあとで議郎の官に拜せられている場合にかぎり、徵召として扱った。注(24)參照。

(12) 徵召と孝廉でほとんど例外的とみられるその唯一の例は荀爽である。荀爽は先ず徵命を拒絶し、ついで至孝にあげられて郎中を拜し、棄官して再び徵召に應じている。徵召を拒絶する例は列傳の中に多見するが、徵召を拒絶して選擧に應じた例は極めて稀である。

(13) 五井直弘氏前掲論文。

(14) 注(1)參照。

(15) 『漢書』百官公卿表上。郎中令。……郎掌守門戶。出充車騎。有議郎中郎侍郎郎中。皆無員。多至千人。議郎中郎秩比六百石。侍郎比四百石。郎中比三百石。
『續漢書』百官志。〔光祿勳〕五官中郎將。……五官中郎比六百石。本注曰無員。五官侍郎比四百石。本注曰無員。五官郎中比三百石。本注曰無員。凡郎官皆主更直執戟。宿衛諸殿門。出充車騎。唯議郎不在直中。

(16) 嚴耕望氏前掲論文參照。

(17) 光祿勳の茂才、四行においても功次が要求されたことは『後漢書』列傳五一黃琬傳に
　舊制。光祿擧茂才四行。以高功久次才德尤異者。爲茂才四行。
とある。

(18) 市村瓚次郎氏前掲論文を參照。あるいは『潛夫論』卷三實貢篇、『通典』卷一三の注にも同じような數字がでている。

(19) 『漢官』〔孫星衍輯、『漢官七種』本〕に

太傅長史一人。秩千石。掾屬二十四人。令史御屬二十二人。

とある。また『漢官』によれば「司徒掾屬三十人、司空掾屬三十四人」とみえている。

(20) 『續漢書』百官志。將軍。……長史司馬皆一人。從事中郎二人。掾屬二十九人。令史及御屬三十一人。本注曰。此皆府員職也。

(21) 『後漢書』列傳一〇銚期傳の李賢の注にも

漢官儀曰。東西曹掾比四百石。餘掾比三百石。

とある。

(22) 『後漢書』列傳三六陳寵傳。寵少爲州郡吏。辟司徒鮑昱府。是時三府掾屬專尚交遊。以不肯視事爲高。寵常非之。獨勤心物務。數爲昱陳當世便宜。昱高其能。轉爲辭曹。……三遷肅宗初爲尙書。

(23) 五井直弘氏前掲論文參照。なお辟召については大庭修氏より多くの御教授をいただいた。ここに記して謝意を寵する。

(24) 三公の中では先に引用した黃瓊や陳蕃の例にみられるが、そのほかには

『後漢書』列傳六一皇甫嵩傳。嵩……初擧孝廉茂才。大尉陳蕃大將軍竇武連辟。並不到。靈帝公車徵。爲議郎。遷北地太守。

『後漢書』列傳四四楊彪傳。彪……初擧孝廉。州擧茂才。辟公府。並不應。熹平中。以博習舊聞。公車徵。拜議郎。遷侍中京兆尹。

『後漢書』列傳四六种暠傳。暠……擧孝廉。辟太尉府。擧高第。順帝末爲侍御史。……坐事免歸。後司隸校尉擧暠賢良方正。不應。徵拜議郎。遷南郡太守。

『後漢書』列傳五一黃琬傳。琬……以公孫拜童子郎。辭病不就。……光和末太尉楊賜上書。薦琬有撥亂之才。由是徵拜議郎。擢爲靑州刺史。遷侍中。中平初出爲右扶風。

などがある。また三公以外では、たとえば

『後漢書』列傳二九淳于恭傳。建初元年。肅宗下詔。美恭素行。告郡賜帛二十匹。遣詣公車。除爲議郎。遷侍中騎都尉。

『後漢書』列傳五七宗慈傳。慈……擧孝廉。九辟公府。有道徵。不就。後爲脩武令。……逐棄官去。徵拜議郎。未到道疾卒。

『後漢書』列傳五七孔昱傳。昱少習家學。大將軍梁冀辟。不應。大尉擧方正。對策不合。乃辭病去。……靈帝卽位。公車徵。拜議郎。補洛陽令。

などがその一例である。しかもこの徵召から議郎というケースは中期から後期にかけてしだいに多くなってくる傾向にあるが、これは孝廉などの選擧もふくめた後漢の郎官の制度からも改めて檢討する必要がある。

(25)『續漢書』百官志。光祿大夫比二千石。本注曰。無員。凡大夫議郎。皆掌顧問應對。

(26) 特殊な場合であるが、賢良方正にあげられ對策下第で郎中に除せられたものに、つぎのような例がある。

『後漢書』列傳五五皇甫規傳。沖質之間。梁太后臨朝。規擧賢良方正。對策曰。……梁冀忿其刺己。以規爲下第。拜郎中。

なお前漢では賢良方正にあげられたものは、多くは縣令に補せられている。

(27) 注(24)參照。

(28) 登用から三公に至るまでの年數は、同時に三公就任時の年齢とも關係してくる。この年齢の判明するものは、凡そ次のとおりである。※印を附したものは概數をしめす。

光武期	蔡茂　六九	馮魴　五七	趙憙　五五	竇融　五三	鄧禹　二四
明帝期	郭丹　八五	伏恭　六七	鮑昱※六四		
章帝期	第五倫※七五				
和帝期	魯恭　六九				
安帝期	楊震　六七				
順帝期	張晧　七七	胡廣　五三			
桓帝期	楊秉　七一	黃瓊　六六	种暠　五九	李固　五二	
靈帝期	陳球　六二	橋玄　五九	劉寬　五七		
獻帝期	荀爽　六二	王允　五四	黃琬　四九	楊彪　四八	

光武期に非常に年齢が低いのは後漢王朝初期の事情によるものであるが、これを除くと大體明帝、章帝頃を頂點として以

後、後期にかけてしだいに年齢が低くなってくる傾向にあることがわかる。とくに桓帝以降になると、五十代、四十代の三公が出現している。これは一つには登用をうける年齢が若くなってきたことにもよるであろうが、また登用そのものにおいても、辟召とか徵召といった有利な登用法を適用されたことにも原因があると考えられる。

(29)『漢舊儀』巻上（孫星衍輯、『漢官七種』本）に次のような記事がある。

（上略）丞相設四科之辟。以博選異德名士。……第一科曰德行高妙。志節貞白。二科曰學通行修。經中博士。三科曰明曉法令。足以決疑。能案章覆問。文中御史。四科曰剛毅多略。遭事不惑。明足以照姦。勇足以決斷。才任三輔劇令。皆試以能信。然後官之。第一科補西曹・南閣・祭酒。二科補議曹。三科補四辭・八奏。四科補賊決。

(30)『後漢書』列傳四四楊震傳。

(31)『後漢書』列傳四一陳禪傳。

(32)選擧の不正については、楊聯陞氏の「東漢的豪族」（『清華學報』一一—四、一九三六）および市村瓚次郎氏前掲論文を參照。

(33)この表によると、南陽の一九人を筆頭に以下汝南一四人、沛一一人、河南一〇人、潁川、京兆、弘農各七人の順になり、とくに南陽出身者の多いことが注目される。南陽は言うまでもなく光武帝の出身地であり、その地の人が多く官僚にとりたてられたことは、次の郭伋の言葉からも知られる。

『後漢書』列傳二一郭伋傳。伋言。選補衆職。當簡天下賢俊。不宜專用南陽人。

また市村瓚次郎氏前掲論文では、郡國の人口から毎年選擧される孝廉の定數を割り出し、とくに南陽、汝南、潁川に多いことから此らの地方から人材が出たのは孝廉の選擧によるとされている。

第三章　漢代の選擧と官僚階級

はじめに

凡そ紀元前七世紀すなわち春秋中期以來、宗族的な原理によって維持されていたいわゆる封建體制は崩壊に向かい、代って郡縣制にもとづく中央集權體制が現れはじめてくる。そこでは世襲的に支配階級を構成していたかつての士大夫に代り、個人の才能や技術によって選ばれた人間が天子に直屬し、俸祿を受けて政治を行う官僚の出現を見る。したがって郡縣制の施行と官僚の成立とは不可分の關係にあり、その意味からも郡縣制の施行は單に制度上の變革に止まらず、社會的政治的經濟的にも一大變革をもたらしたと言っても過言ではない。

郡縣制にもとづく中央集權國家は、一應形式的には秦の統一によって完成するが、眞の意味では漢代に入り、呉楚七國の亂をのりきった後の武帝に至ってはじめて實現された。この中國史上未曾有の一大中央集權的官僚國家の誕生の結果、佐史より丞相にいたるまで一三萬〇二八五人といわれる膨大な官吏の需要にともない、國家最高の政策を指導し、天子の手足となって働く優秀な人材をいかにして確保し選拔するかということが重大な關心事となって來た。漢代の官吏登用すなわち選擧の問題はここに端を發する。

從來より漢代の選擧制や官僚制について論じた研究は數多く發表されている(1)。しかし兩漢を通じて選擧と官僚の問題を相互關連的に論じたものは少ない。本論は、漢代の官吏としてどのような人間が期待されたのか、彼らを選拔するためにどのような方法がとられたのか、それによってどのような階層の人が選ばれたのか等々を検討しながら、漢代における選擧のもつ意義を考えてみたい。これは當然、中國古代統一國家たる漢帝國の歴史的性格の解明にもつながる問題である。

一　漢初の官吏登用

武帝卽位の初め、賢良の資格で對策にのぞんだ董仲舒は、當時の官吏および官界を評して次のように述べている。

今の郡守縣令は民の師帥にして、流を承けて化を宣べしむる所なり。故に師帥賢ならざれば、則ち主德宣べられず、恩澤流れず。今や吏はすでに下に教訓すること亡く、或は主上の法を承用せず、百姓を暴虐し、姦とともに市をなす。貧窮孤弱なるものは、冤苦して職を失い、はなはだ陛下の意に稱《かな》わざるなり。是を以て陰陽錯繆し、氛氣充塞し、群生遂ぐること寡《すく》なく、黎民未だ濟われず。みな長吏の不明、此に至らしむるなり。夫れ長吏は多く郎中・中郎より出で、吏二千石の子弟は郎吏に選ばれ、また富訾を以てす。未だ必ずしも賢ならざるなり。且つ古のいわゆる功とは、官に任じ職に稱うを以て差《しな》となし、日を積み久しきを累《かさ》ねるを謂うには非ざるなり。故に小材は日を累ねると雖も小官を離れず、賢材は未だ久しからずと雖も輔佐となるを害《さまた》げず。是を以て有司は力を竭し知を盡し、務めて其の業を治め、而して以て功に赴く。今は則ち然らず。日を累ねて以て貴を取り、久しきを積みて以て官を致す。是を以て廉恥貿亂、賢と不肖と渾殽し、未だ其の眞を得ざるなり。[2]

董仲舒によれば郡の太守や縣令といった地方長官は民の師長であり、君德を承けて民を教化するもので、彼らに人を得なければ君德はひろまらず、恩惠はほどこされない。今や陰陽の氣が狂い、民が安堵しないのは、これら地方長官に人を得ていないからであるとし、その原因は從來の官吏登用の方法と昇進の仕方に根本的な缺陷があるからだとしている。

では當時すなわち武帝期以前の漢初において官吏の登用および昇進は、いったいどのように行われていたのであろうか。

漢代の官吏は、秩萬石といわれる最高の三公はいちおう別格として、およそ秩二千石の上級官吏から百石以下の下級屬吏にいたるまで、すべて秩祿によって差等がつけられ、その間は原則的には功次すなわち勤務日數によって、下級から上級へと遷轉昇進した。(3) しかしながらすべて下級の屬吏から出發して功次のみによって上級官吏に昇進しえたかというと決してそうではなく、その間にいくつかの關門を通過しなければならなかった。その最初でかつ最大の關門は百石から二百石に至る場合、具體的に言えば中央官廳や地方の郡縣の屬吏から二百石以上の中央任命官となる場合であった。

漢代、中央任命官の登龍門として重きをなしたのは郎官の選拔、すなわち郎選であった。郎とは宮中に宿泊して禁衞にあたる近侍の官で、『漢書』百官公卿表によると郎中令（光祿勳）の屬官に議郎・中郎・侍郎・郎中があり、秩は議郎と中郎が比六百石、侍郎が比四百石、郎中が比三百石であった。これらの郎官はやがては郡縣の長吏に轉出するか、あるいは中央官廳の要職に補せられるものであるが、しかし實際には禁衞のほかには特にこれといった役職はなく、また定員もない、いわば將來の榮轉を待機するポストであった。ところでこの郎官になるにはいくつかの方途があったが、漢初においては（一）任子、（二）良家子、（三）富貲、（四）獻策其の他によっていた。

（一）の任子とは保擧の一種で『漢書』哀帝紀の師古注に引く『漢儀注』に「吏二千石以上、視事滿三年、得任同產若子一人爲郎」とあるように、吏二千石以上で任期が滿三年になると兄弟もしくは子一人を保證して郎とすることができた。文帝のときに爰盎が兄噲の保任によって郎中となり（『漢書』巻四九）、武帝の初年に蘇武が父建の保任によって郎となった（『漢書』巻五四）のはその例である。（二）の良家子とは漢の北邊に位置する隴西・天水・安定・北地・上郡・西河の六郡の良家の子弟を選んで羽林郎に任命するものである。羽林は期門とともに郎中令に屬し、天子の護衞にあたる近衞兵である。『漢書』地理志に「天水・隴西、山多林木、民以板爲室屋、及安定・北地・上郡・西河、皆近迫戎狄、修習戰備、高上氣力、以射獵爲先、……漢興、六郡良家子、選給羽林期門、以材力爲官、名將多出焉」とあるように、この六郡は戎狄の地に近く戰や弓に長じた者が多く、ために武將の養成を主たる目的として設けられた制度である。文帝のときに隴西出身の李廣は良家子として從軍し、善射の功によって郎となった（『漢書』巻五四）のが記錄としては古く、降って武帝時代に入れば隴西の趙充國（同六九）、北地の甘延壽（同七〇）らがいずれも良家子で騎射の才能を認められて羽林郎に補せられている。（三）の富貲とは多額の資産のある者を郎に任ずるものである。張釋之傳（『漢書』巻五〇）によれば文帝のときに「以貲爲騎郎」とあり、その注に『漢注』を引いて「貲五百萬得爲常侍郎」とある。景帝後二年（前一四二）の詔に官吏採用の資格として從來訾算十以上であったものを訾四に引き下げることが見えており、當時一般に官吏になるためには一定の財産を有することが條件とされていたことがわかる。應劭によると十算は十萬錢で、この金額はその頃の中程度の家の一家の財産であったと言う。富貲とはその名の通り、中でも特に資産家を郎官に任じたもので、先の張釋之のほか、景帝のときの司馬相如（『漢書』巻五七）などがその例である。（四）の獻策其の他とは婁敬が漢の高祖に長安遷都を進言して郎にとりたてられ（『漢書』巻四三）、或はまた文帝のときに馮唐が孝行いちじるしきを以て郎中署長に任命された（同巻五〇）諸例がこれに當たる。

以上、漢初の郎選四途のうち特に重きをなしたのは、（一）任子と（三）富貲の兩途であった。それは董仲舒が「長吏は多く郎中・中郎より出で、吏二千石の子弟は郎吏に選ばれ、また富貲を以てす」と指摘しているとおりである。しかし既に述べたように、任子とは父兄が吏二千石以上という高級官僚の特權として行われる登用法であり、富貲もまた特定の資產家を對象に行われる登用法であって、いずれも本人の才能とか能力といったものには關係なく、先天的に具有する權利によって登用されたものであり、それは當然「未だ必ずしも賢ならず」と言えるものであった。しかも彼らはいったん郎に補されると、功もないのにただ「日を積み久しきを累《かさ》ねて」顯位高官に到達するのであって、その結果は「廉恥貿亂、賢と不肖と渾殽し、未だ其の眞を得ざる」といった狀態を呈してきたのである。のちに董仲舒も述べるごとく、從來のような方法で廣く人材をあつめることは、もはや不可能であった。吳楚七國の亂平定のあとをうけ、文字どおりの一大中央集權國家を實現した漢帝國が、今や本格的な統治にのり出さんとしたとき、帝國を支える最高の國家政策を指導すべき有能な人材を確保し、それは同時に沈滞した官界を一新するためにも、ここに官吏選拔方法の拔本的改革が急務となって來たのである。

武帝は卽位の當初、しばしば公卿・列侯・二千石に詔をくだして賢良・文學の士の推擧を命じた。このとき董仲舒も選ばれて賢良に擧げられたのである。これら賢良の士の推擧は、もちろん古典に見える理想社會を實現するために有識者の意見を求めんとしたものであったが、その背景には例えば武帝の策問の一節に「朕は夙《つと》に寤《さ》め晨に興《お》き、前の帝王の憲を惟い、至尊を奉じ、洪業を章らかにする所以を永《ふか》く思うに、皆本に力め賢に任ずるに在り」（『漢書』巻五六董仲舒傳）とあるように、任賢・求賢という當時の切實な事情があったのである。

二　武帝以後の前漢の選擧と官僚

（1）博士弟子員科と孝廉科の制定

官吏の固定化を防ぎ、人材を獲得するにはどうすればよいのか。董仲舒は前章に引用した對策の中で更にこの問題にふれ、次のように論じている。

（A）陛下親から藉田を耕し、以て農の先と爲り、夙に寤め晨に興き、萬民を憂勞し、往古を思惟し、務めて以て賢を求むるは、此れまた堯舜の心を用うるなり。然して未だ〔士を〕獲ると云わざるは、士素より厲まざればなり。夫れ素より士を養わずして賢を求めんと欲するは、譬えば玉を琢《みが》かずして文采を求むるがごときなり。故に士を養うの大なるは、太學よりも大なるはなし。太學は賢士の關るところなり。教化の本原なり。今、一郡一國の衆を以て〔詔〕書に應ずる者なしと對《こた》えるは、是れ王道の往往にして絶えしならん。臣願わくは、陛下は太學を興し、明師を置きて以て天下の士を養い、數しば考問して以て其の材を盡くせば、則ち英俊宜しく得べかるべし。

と言い、そして當今の官吏に人を得ていないことを論じたあと、つづけて

（B）臣愚以爲えらく、諸の列侯・郡守・二千石をして各の其の吏民の賢者を擇ばしめ、歳ごとに各の二人を貢し、以て宿衛に給せしめ、且つ以て大臣の能を觀《み》る。貢するところ賢者ならば賞あり、貢するところ不肖者ならば罰あらしめん。夫れ是の如くすれば、諸侯・二千石は皆心を求賢に盡くし、天下の士は得て官使すべし。偏く天下の賢人を得れば、則ち三王の盛も爲し易く、堯舜の名にも及ぶべきなり。日月を以て功と爲すなく、實に賢能を試みて上となし、材を量って官を授け、德を錄して位を定むれば、則ち廉恥路を異にし、賢と不肖と處を異にせ

ん。(4)

と論じている。董仲舒は先ず（A）の部分において、賢士を求めようとしても平素から士を奬勵し養っていなければ得られぬとし、そのためには太學を設けて天下の士を養成することの必要を説き、併せて（B）において諸侯・郡守・吏二千石などの地方の長官に命じて毎年治下の吏民の中から賢者二名を推擧させて才能を試み、昇進に當たっては年功を廢して能力を第一とすることを進言している。かくして官吏養成機關としての太學の設立と、地方長官による賢者の推擧は、春秋學者董仲舒によってここにその思想的根據を與えられ、やがて博士弟子員の科、孝廉科等の新しい選擧の創設を見るにいたるのである。

博士弟子員の科は直接には元朔五年（前一二四）に丞相公孫弘の上奏によって實施された。その内容は『漢書』卷八八儒林傳の序の中に詳述されている。すなわち、先ず京師の太學に博士をおき、博士に五十人の弟子をつける。太常は民の年十八以上で儀狀端正な者を選んで博士弟子に補す。また郡國で文學を好み長上を敬い、政教をつつしみ郷里にしたがい、立居ふるまいが禮にかなっている者があれば、縣の令長や侯相は直屬の太守・國相に報告し、守相はその中から可とする者を選んで計偕（九月の年度末の會計報告）とともに太常へ派遣し、弟子同様に學業を受けさせる。そして一年後に試驗を行い、よく一藝（一經）以上に通じておれば太常の文學掌故のポストに補し、成績優秀な者は上聞をへて郎中に補するというものである。この博士弟子の試驗は對策とよばれる。それは問題を記入した策簡を擇ぶ方法が、ちょうど射的に似ているところからつけられたと言われている。當初博士弟子員は五十人であったのが、その後しだいに増大して昭帝の時には一百人、宣帝の末には二百人、元帝の時には一千人、成帝の末には三千人にも達した。それに伴って課試任官の制も整備され、やがて試驗に及第した者のうち、成績優秀な者四十人を甲科とよんで郎中に任じ、これに次ぐ二十人を乙科とよんで太子舍人に、下第者四十人を丙科とよんで文學掌故に任命するようになった。甲科は別に射策甲科とよばれ、官界の一つの出世コースとなっていったものである。

　このように太學をいわば官吏養成所とみなし、そこで學業を修得した者を官吏とする考え方は、『禮記』王制の中に

> 郷に命じて秀士を論ぜしめ、之れを司徒に升《あ》げて選士と曰う。司徒は選士の秀でたる者を論じ、之れを學に升げて俊士と曰う。司徒に升げたる者は郷に征せられず、學に升げたる者は司徒に征せられず、造士と曰う。……大樂正は造士の秀でたる者を論じて以て王に告げ、而して諸《これ》を司馬に升げて進士と曰う。司馬は官材を辨論し、進士の賢なる者を論じて、以て王に告げ、而して其の論を定む。論定まりて然る後に之れを官し、官に任じて然る後に之れを爵し、位定まりて然る後に之れを祿す。[5]

と見えており、また『漢書』食貨志にも

> 里に序有り、而して郷に庠有り。序は以て教を明らかにし、庠は則ち禮を行い、而して化を視《しめ》す。……八歳にして小學に入り、六甲五方書計の事を學び、始めて室家長幼の節を知る。十五にして大學に入り、先聖の禮樂を學び、而して朝廷君臣の禮を知る。其れ秀異なる者有れば、郷に移して庠序に學ばしめ、庠序の異なる者は、國に移して少（小）學に學ばしむ。諸侯は歳ごとに少（小）學の異なる者を天子に貢して大學に學ばしめ、命《なづ》けて造士と曰う。行同じく能偶なるときは則ち之れを別かつに射を以てし、然る後に爵命す。[6]

とあるところである。これらはいずれも先王の制として理想的に描かれたものである。漢代の博士弟子員科は、このような觀念上の制を現實に則して具體化したもので、そこでは官吏養成機關としての太學の性格、および考試による太學生の官吏化が明確にうち出されている。そしてその結果は、ここに學問によって官吏となる途を開くことになった。しかし注意すべきことは、ここで言う學問とはただの學問ではなく、五經博士の設置にも見られるようにそれは

儒學であり、儒學の習得が官吏となる資格となったことで、この點に漢代の博子弟子員設置の大きな特色と意義がある。

孝廉科は武帝の元光元年（前一三四）にはじまる。孝は孝悌、廉は廉潔をいう。これまた儒教の精神にのっとり、郡國の守相が毎年、在野の民あるいは下級の屬吏の中から孝なる者、廉なる者それぞれ一人——のちになると人口二十萬人に一人の割合——を選んで中央に推擧し、中央では改めてその事實を調べ、事實に誤りなきことを確認した上で、郎中に補するというものである。のちになると一時、試験が課せられたこともあったが、その場合でも推薦ということに大きな比重がおかれていた。したがって先の博士弟子員の科、すなわち射策甲科が專ら考試に重點がおかれていたのに對し、孝廉科は、推擧に重點がおかれた上代の貢士の傳統をひくものであった。それは左雄の「郡國の孝廉は古の貢士なり」（『後漢書』列傳巻五一）と言うとおりである。

諸侯が士を天子に貢する、いわゆる貢士の制については『禮記』とか『尙書大傳』などに見られ、たとえば『禮記』射儀では

古、天子の制に、諸侯歳ごとに獻じ士を天子に貢す。(7)

とあり、また『國語』齊語には桓公のことを述べて

正月の朝に、郷長事を復《もう》す。君親ら焉《これ》に問いて曰わく、「子の郷に於て、居處學を好み、父母に慈孝に、聰惠質仁にして、聞を郷里に發する者有りや。有れば則ち以て告げよ、有りて以て告げざるは、之れを明を蔽うと謂う。其の罪五あり(8)」と。

とある。このように諸侯が天子に、臣下が君に賢士を貢擧するのは、それぞれに義務として求められたものである。したがってその義務を怠った場合に相應の罪をこうむったことは、右の桓公の言にもあるとおりであり、また士を貢

擧してもそれが不肖の場合には同様に責任をとらねばならなかった。そのことは先の射儀の文につづいて

天子之れを射宮に試み、其の容體、禮に比し、其の節、樂に比し、中《あた》ること多き者は祭に與《あずか》るを得。其の容體、禮に比せず、其の節、樂に比せず、中ること少なき者は祭に與るを得ず。數《しば》しば祭に與るときは君、慶あり。數しば祭に與らざるときは君、讓《せめ》あり。數しば慶あるときは地を益し、數しば讓あるときは則ち地を削る。[9]

とあるとおりである。これは、貢士の制が單に賢士を貢擧するというだけに止まらず、諸侯をはじめとする地方の長の能、不能をはかる一種の目やすとされた、言うならば兩面の働きをもつものであったことが知られる。董仲舒の「且つ大臣の能を觀る」というのも、この見地に立っての發言であった。このように漢代の孝廉が貢士の傳統をくむ以上、孝廉科の實施に當たっても、先の貢士の制に見られるのと同様に法制的措置をともなった。すなわち元朔元年（前一二八）の詔で有司の議を經て

孝を擧げざるは詔を奉ぜざるなり。當に不敬を以て論ずべし。廉を察せざるは任に勝えざるなり。當に免ずべし。[10]

と定められ、孝者を推擧しなかった者は不敬罪に問われ、廉者を察擧しなかった者は免官されたのである。また推擧された人物に推薦事實に反するようなことが判明した場合には、擧者は選擧不實の罪で免官となった。御史大夫張譚が「坐選擧不實免」（『漢書』巻一九下百官公卿表）となったのがそれである。ただ元光元年の孝廉科創設のいきさつは、先の博士弟子員の科のようには明らかではない。しかし以上のような孝廉科の内容から言っても、董仲舒の對策と相應ずる點が多く、假に孝廉科の設置が直接董仲舒の發議によるものではないにしても、兩者の間には密接な關係があったことは否定できない。

以上、武帝の時に創設された博士弟子員の科すなわち射策甲科と孝廉科についてその概略を説明した。しかし漢代の選擧とよばれるものは、これで全てではない。この外にたとえば賢良方正、茂才、明經、有道、直言、敦朴などの

科目があり、後漢に入ると科目數はさらに增えている。だが前者が後者と區別される最大の點は、後者が主として不定期的、臨時的であったのに對して、前者は每年定期的に行われたところにある。漢代の選擧といえば專ら博士弟子員と孝廉の兩科で代表されるのは、このためである。

(2)　前漢官吏の起家と出自

武帝の時にいたり博士弟子員科、孝廉科などの新しい選擧科目が創設されたことは以上に述べたとおりであるが、では實際にはどのように行われたのであろうか。次に問題となるのは選擧の實態である。

表Ⅰは武帝から前漢末の平帝に至る間に丞相に就任した三二名について適用された登用法別に表示したものである。前漢の丞相、後漢の太尉は三公の中でも最上位に位置する最高の官であり、彼らに見られる起家の方法はいわば當時を代表するものであったと考えてよい。

先ず上段の科目であるが、このうち第二番目の察廉とあるのは孝廉科とは明らかに區別される選擧である。察廉は擧廉ともよばれ、察廉吏・擧廉吏のことで、中央や郡縣の屬吏以上、六百石以下の官吏を對象として行われたものであった。孝廉という場合の廉がそうであるように、廉というのは官吏たる者の具有すべき德性の一つと考えられていた。すなわち、官吏は、單に職務を遂行するばかりではなく、民の儀表となるものでなければならず、そのためには身を持すること嚴正にして、とりわけ廉潔であることが要求されたのである。『周禮』に小宰が官吏の治績を決定するに當たって、廉善・廉能・廉敬・廉正・廉法・廉辯の六つの規準を擧げている。いずれも廉を以て冠していることは、吏にとって廉が何よりの根本となっていることを示している。察廉とはこのように官吏の中から民の儀表となるべき廉潔な人物を選擧するものであったが、とりわけ選擧として重要なのは中央官廳や地方郡縣の屬吏を對象として

科目／時代	孝廉	察廉	茂才	射策甲科	賢良方正	明經	徵召	辟召	遷轉	入貲	良家子	任子	不明
武帝 12					※公孫弘(五八)						李蔡(五四)		田千秋(六六)　公孫賀(六六)　石慶(四六)　趙周　嚴青翟　薛澤　許昌　劉屈氂(六六)　田蚡(五二)　竇嬰(五二)
昭帝 3								楊敞(六六)　蔡義(六六)	※王訢(六六)				
宣帝 5			※于定國(七一)		※魏相(七四)		韋賢(七三)		※丙吉(七四)	黃霸(八九)			
元帝 2				匡衡(八一)								韋玄成(七三)	
成帝 5		※薛宣(八三)		※翟方進(八四)		孔光(八一)	※張禹(八一)						王商(八二)
哀帝 4		※平當(七一)　※朱博(八三)		馬宮(八一)　王嘉(八六)									
平帝 1													平晏(七一)
32	0	3	1	4	2	1	2	2	2	1	1	1	12

表Ⅰ　前漢丞相の起家一覧（※印は郡縣吏出身、漢數字は『漢書』の卷數、アラビア數字は人數を示す）

行われる場合である。表に擧げた薛宣は大司農斗食の屬吏から察廉によって一躍琅邪郡不其縣の縣丞に補せられ、また朱博は杜陵縣の功曹から太常の察廉をうけて右扶風安陵縣の縣丞に、平當は大鴻臚の文學から察廉によって南陽郡順陽縣の縣長に補せられている。これからも明らかなように、察廉と孝廉の科との最大の相違點は、孝廉が地方郡縣の下級屬吏もしくは在野無官の者を對象に彼らを郎中に登用任官する選擧であったのに對して、察廉は中央・地方の官吏（六百石以下）が察擧の對象となり、多くは縣の令・長・丞もしくはそれ以上の官に補されたところにある。いわば察廉は官吏の抜擢昇進に重きがおかれた選擧であった。したがって六百石以下の範圍内では同一人が連續して幾度か察擧されることもまた可能であった。先の薛宣は察廉によって不其縣丞になったあと再び琅邪太守の察廉をうけて樂浪郡都尉丞に轉じている例が、それである。察廉の一科は孝廉科の創設された元光元年からそう遠く離れない時期、恐らくは武帝の末年には制定されていたと考えられる。

茂才は、もと秀才とよんでいたものを後漢光武帝の諱を避けて改めたと言われる。武帝の元封五年（前一〇六）の詔に

其れ州郡に令す。吏民に茂材異等あり、將相となり及び絶國に使いす可き者を察せよ。(11)

とあり、また趙廣漢が州の從事から茂才に擧げられて平準令となった（『漢書』卷七六）のが初見である。右の詔には察擧の對象は吏と民とになっているが、實際には中央や地方の屬吏が壓倒的に多く、その點、察廉と類を同じくするものである。また趙廣漢は茂才に擧げられたあと平準令という經濟擔當官に補せられているが、擧茂才の場合には縣令のポストが與えられるのが一般で、後漢に入ればほとんど例外なく縣令に任ぜられている。だがいずれにしても六百石の令であることにはかわりはない。表Ⅰにあげた于定國は郡の決曹から廷尉の史（書記）にうつり、「材高を以て」待御史に抜擢されている。材高とは茂才高第の謂と思われるが、ここでは一應茂才の中に入れて扱った。なおこ

の表には出ていないが、その外に官吏を對象とした選擧として治劇（繁劇を處理する）がある。郡吏から治劇に擧げられて縣令となった原渉（『漢書』巻九二）のほか、公府の掾史から治劇に擧げられて同じく縣令となった何並（同七七）、陳遵（同九二）などが、それである。

賢良方正の科は早く文帝のときに見られる。すなわち文帝卽位二年（前一七八）の詔に

> 朕聞くならく、天民を生じ、之れがために君を置き、以て之れを養治せしむ。人主不德にして布政均しからざれば、則ち天之れに災を示し、以て治せざるを戒むと。乃ち十一月晦に、日《ひ》之れを食する有り。適《せめ》天に見ゆ。災いずれか焉《これ》より大ならん。（中略）唯二三の執政は、吾の股肱のごとき也。（中略）賢良方正にして能く直言極諫する者を擧げ、以て朕のおよばざるを匡《ただ》せよ。(12)

とあるのが初見である。この詔の中に述べられているように、賢良方正というのは、主として日蝕とか地震とか大水、饑饉などの災異のあとに民の意見を聞こうとするところからはじまったものであるが、時には災異には關係なく、天子自ら政事に精勵する目的から有識者の意見を聞く場合もあった。董仲舒が擧げられた武帝の場合は、まさに後者の例である。しかしいずれの場合でも有識者の意見を求めるという點にはかわりがなく、したがってすべて天子の下問に應じて政治の得失などを論じた對策を伴うものであり、その對策のいかんによって相應の官職を授けられたのである。董仲舒はかの對策によって江都の相に任ぜられたが、表Ⅱの公孫弘は對策第一を以て博士に、魏相は郡の卒史から賢良に擧げられ、對策高第を以て茂陵の令にとりたてられた。しかし賢良方正に擧げられて對策が優秀であった場合、前漢では縣令・博士のほかに諫大夫・中大夫などの大夫に任ぜられる者があり、後漢になると議郎に任ぜられる者が多く、いずれもひきつづいて天子の諮問にあづかるものであった。(13)

明經とは文字どおり經學に明るいもの、すなわち經學に通じたものを對象とした選擧で、やはり武帝以後の創設に

かかる。表にあげた孔光についていえば「經學尤明、擧議郎」とあるように、兩漢を通じて議郎とか郎中など、いわゆる郎官に任ぜられるのが一般であった。

徵召とは天子の特別の徵聘をうけたものを指す。表Ⅰの韋賢は若いときから學問に志向し鄒魯の大儒と稱された人物で、徵されて博士となり、また張禹は明經を以て郡の文學となり、のち詔を以て博士に試補された。このように徵召の場合は前漢では多く博士の官に任ぜられ、後漢ではほとんどが議郎に任ぜられた(14)。

ところで漢代の官吏登用法で注意すべきものに辟召がある(15)。徵召の徵が天子の命令を言うのに對し、辟は中央や地方の長官の命令を言う。漢代では太傅・大將軍・三公といった高官をはじめ、九卿・刺史・郡守・都尉・縣の令長など中央や地方の長官は自己の屬僚を自由に選ぶことができた。これを一般に辟召とか辟命とよぶが、實際の官吏登用の上から特に問題となるのは三公のほかに大將軍、太傅を加えたいわゆる五府の辟召の場合である。その理由は、中央や地方の官廳の屬僚すなわち掾屬がすべて百石以下の小吏であるのに對し、公府の場合は掾は比四百石から比三百石、屬で比二百石であって、その秩祿からいえば公府の掾では郎中に相當し、屬でも中央任命官に準ずる地位にあったからである。そのため『漢舊儀』に「漢初、掾史を辟するには皆之を上言す」とあるように、公府の掾屬の辟召にはいちいち上言することがたてまえとなっていたのである。既に述べたように漢代官僚制においては百石と二百石との間は峻別され、いかにして二百石の關門を突破するかが最大の關心事であった。これを通過するためには郎官の選擧をはじめとする各種の選擧を必要としたが、この辟召は關門を通過するいわば第二、ないしは第三のルートとして制度化されていたのである。前漢の世に明らかに辟召されたという事例は、孫寶の「以明經爲郡吏、御史大夫張忠辟寶爲屬」(『漢書』巻七七)が一例見えるだけである。しかし、それに類するものに諸葛豐の「貢禹爲御史大夫、除豐爲屬」(同七七)とか、また蕭望之が法に坐して免官されたあと「御史大夫魏相、除望之爲屬」(同七七)といった例があり、いずれも辟召されたものである。このほかに大將軍府に給事した楊敞（同六六）や蔡義（同六六）をはじめ、公府の掾屬となった人を辟召の中に加わえると、他に田延年（同九〇）、蕭由（同七八）、毋將隆（同七七）、何並（同七七）、陳遵（同九二）、鄭崇（同七七）、云敞（同六七）らを數えることができ、前漢でもかなり盛んに辟召の行われていたことが知られる。しかし辟召が官吏登用の上で大きな比重を占めるようになるのは後漢に入ってからのことであり、これについては次の第三節で述べる。

遷轉とは功勞によって昇進したものである。功とは特別なはたらきを言い、勞とは勤務日數を言う。言うまでもないことであるが、ここで言う功勞による遷轉とは、いわば選擧に對應するもので、郡縣の吏から出發して功勞を積んで中央任命官になった場合を指し、全て功勞のみで丞相にいたったことを指すものではない。表Ⅰの王訢は「以郡縣吏、積功稍遷、爲被陽令」とあり、また丙吉は「治律令爲魯獄吏、積功勞稍遷、至廷尉右監」とあるのがそれである。令は六百石、廷尉右監は千石、稍遷とはその間にいくつかの官を歴任していることを意味している。ただこのように郡縣の吏をふり出しに功勞のみで縣令ないしそれ以上の中央任命官になることは、せいぜい武帝から昭帝あたりまでのことで、以後は新しい選擧の普及に伴い、選擧によらないかぎりほとんど不可能になっていったものと思われる。事實、武帝以後、功勞による遷轉のケースは王訢・丙吉の外には僅かに杜鄴の祖父と父があり（『漢書』巻八五）、また尹齊（同九〇）がそうではないかと推察されるに過ぎない。

入貲は別に納貲とも言い錢や穀物を納めて官職に就くもので、武帝の末年になり財政が窮乏して以後、行われるようになった。いわゆる鬻官である。漢初に資産家を郎官に任ずる富貲の制があったことは既に述べたが、その場合にも資產家を單に郎官に登用するだけに止まらず、その狙いは財產を便宜政府の財用に當てることにあった。景帝の時に富貲によって郎に任ぜられた司馬相如が、僅か數年にして產を盡くしたのも、あながち彼の遊興ばかりではなかっただろう。こうして見れば入貲といわれるものも、結局は富貲の發展したものと言うことができる。そしてこの入貲の制は其の後兩漢を通じて戰爭とか饑饉といった錢穀の窮乏した時に、その救濟措置として行われるようになった。表Ⅰに擧げた黃霸は「以待詔入錢賞官、補侍郎謁者」とあり、錢を納めて侍郎謁者の官を與えられたものである。但しこのような錢穀を納めて官職に就いたものは當時においても輕蔑されたらしく、黃霸もそのために差別待遇されたことが彼の傳の中に見えている。

其の他の孝廉をはじめ博士弟子員の射策甲科、良家子、任子については既に説明したところであるが、最後に注意しなければならないのは不明の項に分類された武帝時代の丞相竇嬰以下一〇名と成帝時代の王商、平帝時代の平晏の兩名である。彼らはいずれも起家の方法が判明しないので不明の中に入れたが、いま彼らの出自を見ると竇嬰・田蚡は外戚、劉屈氂は宗室、許昌・薛澤・嚴靑翟はそれぞれ漢の高祖劉邦の功臣で列侯に封ぜられた許盎・薛歐・嚴不職の子孫であり、また趙周・石慶・公孫賀は吏二千石の子弟、田千秋は關東の大族の出である。また王商は外戚、平晏は丞相平當の子である。これからもわかるように彼らはいずれも貴戚か高官の子弟、ないし豪族の出であった。後漢の例ではあるが、劉焉は「以宗室爲郎中」（『後漢書』列傳卷五五）とあり、また梁商は「以外戚補郎中」（『後漢書』列傳卷一四）とある。したがって起家の方法が不明とは言うものの、彼らの多くは任子によるほか、宗室、外戚という身分からくる特別な登用をうけたものと考えてさしつかえないだろう。

以上、表Ⅰの科目についてその概略を説明してきた。このうち孝廉から明經までは主として武帝の時から始められた、いわゆる選擧とよばれるものであり、徵召・辟召はそれに準ずるもの、遷轉以下は舊來からあったもの若しくは入貲のように舊來の富貲から發展したものと、大ざっぱに言ってこの三つのグループに分けることができる。これを見るに、全體として舊來の科目出身者（五名）に對して武帝以後の創設にかかる諸科の出身者（一一名）の方が壓倒的に多く、しかも前者が時代がさがると共に減少していくのに對して、後者は增加して來ていることが注目されよう。總じて前漢時代、選擧とよばれる登用は活潑に行われたことを知ることができる。中でも、かつて董仲舒によって批判された世襲的ないし特權的登用法である任子、及び富貲の變化した入貲によるものは宣帝の時の丞相韋賢の子の韋玄成と、豪族出身の黃霸の二人を數えるだけで、この中に登用科目の不明な者を加えても、武帝の一時期を過ぎるとその數が非常に少なくなっていることが注目される。しかし少ないというだけで全くなくなったわけではない。いま假に丞相の枠を三公までひろげて任子の例をみると、張安世（『漢書』巻五九）、杜延年（同六〇）、陳咸（同六六）、霍光（同六八）、于永（同七一）、王崇（同七二）、董賢（同九三）らの名を擧げることができる。しかも任子一人という規定も實際には規定どおりには行われなかったようで、元帝の時の將軍馮奉世の場合は任子三人（『漢書』巻七九）、成帝の時の將軍史丹においては實に任子九人（同八二）という例もあった。宣帝の時の王吉の任子令を廢止せよとの上奏は、まさに現實における任子の盛行を物語るものである。しかしそれにもかかわらず武帝から昭帝以後、射策甲科の四名を筆頭に丞相のほとんどが選擧の適用をうけていることは、官吏登用法という點に限ってみても、選擧とよばれるものが從來の任子に代表される世襲的特權的な官吏登用を是正もしくはチェックするものとして働いたことを知ることができるだろう。だがそれを確かめるためには、改めて彼らの出自を檢討する必要がある。

いま表Ⅰのうち孝廉から辟召までをいちおう選擧として一括し、彼ら一五名の出自を見てみると、魏相と平當がいわゆる徙陵の名家ないしは豪族、韋賢は楚王の太傅の子孫、孔光は孔子の子孫でともに名家の出に屬し、于定國と翟方進は郡吏の子弟であるほかは公孫弘・蔡義・匡衡の三人がいずれも家貧しとあるだけで他は全て不明である。しかしながらここで一つ注意すべきことがある。それは趙翼も『二十二史箚記』の中で指摘するように[16]、彼らの多くが郡縣吏の出身であった點である。中央官廳の屬吏もこの中に含めると、察廉の薛宣・朱博・平當の三人は當然としても、他に茂才の于定國、射策甲科の翟方進、賢良に擧げられた公孫弘と魏相、徵召されて博士となった張禹らはいずれも郡縣吏の出身であり、彼らによって實に被選擧者の過半數が占められている。當時の郡や縣の吏の採用は原則として太守や縣令の獨自の裁量にまかされていた。これは官吏の本籍回避の制により太守や縣令など地方長官が他郡縣の出身であるがために、政務を遂行するに當たっては事情に明るい土地の人の協力を仰がねばならなかったからである。しかしその場合に誰でも吏になり得たかというと、そうではない。かつて韓信が若いころ、貧しくかつ見るべき善行もなかったために「推擇されて」吏となることができなかったという有名な話がある（『史記』巻九二）。これによればある程度の財產もあり品行もおさまり、その土地で人望のある者が推薦され選ばれていたことを知る。財產があるということは、衣食足りて禮節を知るからである。しかし吏となる資格はそれだけで十分ではなかった。郡縣の屬吏の多くは書記である。漢代にいわゆる文書行政ないしは帳簿行政がいかに發達していたかは、近年の居延漢簡の諸研究によって明らかにされたところであり、書記の占める比重は大きかった。となると、少なくとも讀み書きのできることが資格として要求されてくる。『漢書』巻七六の王尊傳に王尊が「史書」を能くし、年十三で獄の小吏となり太守府に給事したことが見えており、また同書藝文志には蕭何の法として太史が學童に試驗し、九千字以上をそらんじ書いたものを史とするとある(17)。ここで言う「史書」とは隷書のことである。藝文志の記載によれば、およそ九千字の文字を識っていることが史すなわち書記となる資格とされていたようである。このように財產があり人望があり、かつ讀み書きのできることが吏となる最低の資格となると、これは誰でもというわけにはいかず、ある程度の枠がはめられることにはなるが、恐らく本來の郡縣の吏とは、このような條件を滿たしておれば十分であったと思われる。ところが武帝にいたり、博士弟子員の科の創設によってその資格に大きな變化を生じた。すなわち儒學の習得が官吏になるための主要な條件となって來たことである。それは現實には地方で學問を好む者を博士弟子として推擧することと同時に、射策甲科以外の乙科・丙科の出身も含めて太學および京師で學んだ者が鄕里に歸って仕官するという形をとることによって、いっそう促進されることになった。たとえば

梅福。少學長安。明尙書・穀梁春秋。爲郡文學。（『漢書』巻六七）

張禹。至長安學。從沛郡施讎受易、琅邪王陽、膠東庸生問論語。旣皆明習、有徒衆、擧爲郡文學。（同八一）

とあるのがそれである。その結果は、いわゆる「好學明經」が從來にも增して、郡縣吏となる主要な資格となったのである。

鮑宣。好書明經、爲縣鄕嗇夫。（『漢書』巻七二）

龔勝。少好學明經。爲郡吏。（同右）

王吉。少時學明經。爲郡吏。（同右）

こう見てくると、博士弟子員に推擧される者も含めて郡縣吏となる民の階層というものを想定することができる。それは中には魏相とか平當のように名家、豪族の出の者もあったが、しかし匡衡の場合、父の代までは農夫であったが衡になって學問を志し、家が貧しいために日傭いして學資をかせぎながら勉強したという逸話に端的に見られるように、貧しい庶民でも儒學の教養を身につけることによって吏となる機會が與えられたのである。若い時に縣に給事し功曹となった朱博も貧士貧農の出であったし、また郡吏を父にもつ翟方進も、もとはといえば微賤の出であったと言われている。こうした人たちが選ばれて郡縣の吏となったのである。そして彼らが各種の選擧の適用をうけて昇進していく經過は既に述べたとおりである。被選擧者の中に郡縣吏が多かったことは、選擧權が郡守など直屬の長にあるために、それだけ目に止りやすかったことも理由の一つである。

以上を總合すると、前漢における選擧は或る特定の者に片よることなく、庶民も含めた幅ひろい階層の者を對象に行われ、しかも武帝期を過ぎて時代が降るとともに新しい選擧の適用をうけた者の中から多數の丞相を輩出した。このことは、一方では任子法などの盛行に伴う官僚層の世襲化、したがって固定化への傾向の中にあって、選擧の意圖する目的をかなり達成し、官界に新風と人材を送るにあずかって力があったと見ることができる。

ところで前漢の選擧でいま一つ注意しなければならないことがある。それは表Ⅰを見ても明らかなように、博子弟子員の科と並んで漢代選擧の雙璧とも言うべき孝廉科の選擧によって一名の丞相も出ていないことである。では前漢に孝廉の選擧が實施されなかったかといえば、決してそうではない。既に説明したように孝廉科は武帝の元光元年にはじめて設けられた。しかし當初はあまり忠實に實行されなかったらしく、六年後の元朔元年には詔を下して郡國守相の怠慢を戒めるとともに不擧者の罪を定め、「不擧孝」は不敬罪、「不察廉」は免官とされた。いずれにしろ首を覺悟しなければならなかったことは確かである。このような嚴しい罰則が規定されたからには、孝廉の選擧はこの時以前はともかくとしても以後はいちおう忠實に勵行されたものと考えてよいだろう。事實、『漢書』列傳の中から孝廉に擧げられた者を拾い出すと武・昭時代には王吉（『漢書』卷七二）、路溫舒（同五一）、王駿（同七二）、宣・元時代には蓋寬饒（同七七）、孟喜（同八八）、龔勝（同七二）、京房（同八八）、馮譚（同七九）、馮逡（同七九）、師丹（同八六）、成帝時代には杜鄴（同八八）、劉輔（同七八）、鮑宣（同七二）の十三人を數えることができる。このうち三公まで昇進したのは王駿（御史大夫）と師丹（大司空）の僅か二人で、丞相に就いた者は一人もなかった。これに對して察廉によるものは丞相だけでも三名、博士弟子員の射策甲科出身者は實に四名の多きにのぼっている。前漢時代、毎年郡國から假に孝廉一名を推擧したとするならば、全國で一年におよそ一〇〇人にのぼる郎が誕生することになる。博士弟子員で射策甲科は年に四〇人であるから、一〇〇人といえばその二・五倍の人數である。このように數字の上では多數を占めながら、しかも孝廉科が榮達の道につながらなかったことは、いったい何を意味するであろうか。從來は特に元朔元年の詔敕發布の事情などからして、孝廉の選擧は前漢ではまだ法制的に完備しておらず、そのために選擧として定着していなかったとか、また孝廉の選擧は稀にしか行われなかったと考えられてきた。恐らく法制的に十分完備していなかったことは事實であろう。しかし、そのこと以前により根本的な問題がひそんでいた。それは言わば當時の期待される官僚像につながる問題である。これを解く手がかりとして『漢書』薛宣傳に次のような話がある。[18]

薛宣が左馮翊に就任したときのことである。治下の頻陽縣は北は上郡・西河郡など數郡と境を接していて盜賊が多く、難治の地方であった。ところがその縣令の薛恭は孝に擧げられて官となり、功次により遷轉して縣令となった人物で、いまだかつて民を治めたことがなく、その職に不慣れであった。一方、同じく治下の粟邑縣は小さいうえに山の中にあり、民の氣風も謹樸で治め易く、しかも縣令の尹賞は郡吏から察廉によって樓煩縣の長となり、茂材に擧げられて粟邑縣の令に遷ってきた人物であった。そこで薛宣はこの二人の任地を交替させたところ、數箇月で雙方ともによく治ったという。

この插話の薛恭は孝に擧げられたいわゆる孝廉の出身である。治民の職に不慣れであったとあるから、郡縣吏の經驗もなく在野無官の地位から孝廉に擧げられて郎中となり、功次によりいくつかの郎官等を經たのち縣令に轉出したものであろう。これに對して尹賞は郡吏をふり出しに察廉によって縣長となり、茂才に擧げられて縣令となった、いわば實地でたたきあげた生えぬきの官吏であった。この薛宣傳の插話は孝廉出身者と、察廉あるいは擧茂才を經た者との間には官吏として能力の差のあったことを傳えていて非常に興味深いが、そのより典型は『漢書』元帝紀に見える次の有名な插話である。[19]

元帝がまだ太子であった時のこと、父宣帝に對して「陛下は刑を持すること太だ深し。宜しく儒生を用うべし」と進言したところ、宣帝は血相をかえ、「漢家おのずから制度あり。本覇王の道を以てこれに雜う。奈何ぞ純《もっぱ》ら德教に任じ、周の政を用いんや。且つ俗儒は時宜に達せず、好んで古を是とし今を非とし、人をして名實を眩《くら》ましめ、守るところを知らざらしむ。何ぞ委任するに足らんや」とこたえ、「我が家を亂す者は太子ならん」と言って歎息したと言う。

われわれはここに漢代、特に前漢において期待された官吏の一つの典型を見ることができる。すなわち學識はゆたかであっても實際の政治にはくらい儒者よりも、學識は乏しくても實務に精通した郡吏出身者の方が、優秀な官吏として期待されたことを知る。選擧を經た丞相の中に郡吏出身の者が多いことは既に指摘したところである。一般に被選擧者の中に郡縣吏が多かったのは、選擧者が直屬の長官であるためにそれだけ目に止りやすかったことは事實である。しかし、それが丞相という最高の官への榮達の途につながるためには、やはり彼らの中に有能とされた官吏の多かったことを認めなくてはならない。こうした傾向は武帝時代にも見られるが、先の宣帝の插話からも知られるように、刑名を重んじた宣帝の時期において特に顯著であり、それは同時に宣帝期前後の丞相の中に郡吏出身者が多かったこととも相い表裏している。しかしこれもせいぜい宣帝の頃までのことであった。宣帝が「我が家を亂す者は太子ならん」といみじくも豫言したとおり、元帝に至って漢は一つの轉換期を迎える。元帝が儒學を好み、傳統的な刑名主義を排して經術主義を政治の基本方針にしたのはその一つのあらわれである。そのため官吏の登用も文吏に代って明經が重要な資格となり、ついには「士は經術に明らかならざるを病《うれ》う。經術苟しくも明らかなれば、其れ靑紫（高位高官）を取ること俛して地芥を拾うが如きのみ」（『漢書』卷七五夏侯勝傳）と言われるように、博士弟子員の科の創設以來、明經によって仕官する風潮はここに至って決定的となったのである[20]。

このように見てくると、前漢の官吏はそれぞれに時期的な要請度の相違こそあれ、郡縣吏出身の吏と儒生の兩者に大別される。そして現實に彼らを選擧する科目は、前者にあっては察廉であり茂才であり、後者にあっては射策甲科であり、賢良方正であり明經であった。したがって德行を資格の規準とする孝廉科の出身者は、官吏としての能力から言っても、また教養や才能から言ってもあまり重視されず、ために孝廉の選擧そのものも榮達の道につながらなかったと見るべきであろう。このことは列傳に名を殘した者の中で孝廉に擧げられたと判明する二二人のうち、德行によって擧げられた者は一名もなく、資格の不明な馮譚と劉輔の兩名を除き、あとは全て經學を修めた者ばかりであることからも、逆に推測されることである。前漢において孝廉科出身者に榮進したものの少ないことは、孝廉科が選擧として確立していなかったからではなく、以上のような理由によるものと考える。

三　後漢の選擧と官僚

（1）　後漢官吏の起家と出自

前節において武帝の創設にかかる各種選擧の內容とその實際について述べてきた。そこでは、かつて官界は高官の子弟や資産家によって占められ、賢者も不肖者も渾殽していずれが能吏であるかわからないとの批判から始まった選擧は、なおも任子法の盛行などにより官僚層の固定化への傾向を示す中にあって、かなり活潑に行われ、官吏の有資格者を庶民にひろげると共に新しい有能な人材を官界に送りこむことによって所期の目的を達成していたことを見てきた。では後漢時代においてはどうであったのか。次に問題として取り上げなければならないのは後漢時代の選擧の實態である。これについては、かつて「後漢の三公にみられる起家と出自について」（『東洋史研究』二四―三、一九六五。本書第Ⅰ部第二章）と題する小論の中で概略を述べておいた。ここではなるべく重復を避け、主として前漢との對比を中心において考えることにしたい。

さて前漢の丞相の例にならい、後漢時代、三公の最上位である大尉の官に就任した六四名について、同様に適用された登用法別に示したのが、表Ⅱである。不明が多く必ずしも精確を期しがたいが、登用經路の判明する者についていえば、孝廉が一九名、茂才・明經・有道・徵召が各一名、辟召が八名、任子が三名となっている。後漢においても任子は盛んに行われているが、この表に關する限り任子は桓焉・黃瓊・黃琬の三人を數えるだけで、起家の判明する者のうちの僅か一割弱にすぎない。これに對して選擧による者は孝廉科をはじめ茂才・明經・有道を含めて二二名と起家の判明する者のうちの七割ちかくを占めており、選擧に準ずる徵召・辟召を加えると、九割強という壓倒的な數字にのぼる。これからしても、後漢時代に選擧がいかに盛んに行われたか、その一端を窺うことができよう。そして更に注目すべきことは、とりわけ前漢の丞相の中には一例も見られなかった孝廉出身者が一九名と辟召まで含めた被選擧者中の七割ちかくを占め、前漢時代の選擧の主流であった博士弟子員の射策甲科や察廉あるいは賢良方正によるものが逆に一名も見えていないことである。

では後漢に入ると射策甲科・察廉・賢良方正といった諸科がなくなってしまったかといえば、決してそうではない。先ず賢良方正についていえば、前漢時代と同様に日蝕・地震などの災異が起こると詔を降して公卿守相に推擧を命じており、『後漢書』の列傳の中からは、魯丕（『後漢書』列傳卷一五）、蘇章（同二一）、李法（同五八）、劉瑜（同四七）、皇甫規（同五五）、張奐（同五五）、劉淑（同五七）、李育（同六九）、戴封（同七一）といった人たちの名を拾い出すことができる。また博士弟子員の科は、順帝の時に一時太學生は三萬人にも達するという隆盛とあいまって、たとえば順帝の陽嘉元年（一三二）には

以太學新成。試明經下第者補弟子。增甲乙科員各十人。

科目＼時代	孝廉	察廉	茂才	射策甲科	賢良方正	明經	有道	徵召	辟召	遷轉	入貲	良家子	任子	不明
光武 2														※吳漢(八)　趙憙(一六)
明帝 1									※虞延(三三)					
章帝 5	※鄭弘(三三)		牟融(一六)						※鄧彪(三四)					鮑昱(一九)　宋由(一六)
和帝 3	張禹(三四)					張酺(三五)								尹睦
安帝 8	徐防(三四)							劉愷	※楊震(四四)					李脩　司馬苞　馬英　馮石(三三)　劉憙
順帝 7	※龐參(四一)　王龔(四六)						施延		朱寵(六)				桓焉(三七)	劉光　趙峻
桓帝 10	李固(五三)　※胡廣(三四)　趙戒(五三)　杜喬(五三)　劉矩(六六)　※陳蕃(五六)								楊秉(四四)　周景(三五)				黃瓊(五一)	袁湯(三五)
靈帝 22	劉寵(六六)　段熲(五五)　※橋玄(四一)　陳球(四六)　※劉虞(六三)								劉寬(一五)　楊賜(四四)					聞人襲　郭禧　李咸　陳耽　孟戫　張顥　許戫　鄧盛　張延　許訓　張溫　崔烈　曹嵩　樊陵　馬日磾
獻帝 6	皇甫嵩(六一)　※朱儁(六一)　楊彪(四四)												黃琬(五一)	周忠　趙謙(一七)
64	19	0	1	0	0	1	1	1	8	0	0	0	3	30

表Ⅱ　後漢太尉の起家一覽（※印は郡縣吏出身、漢數字は『後漢書』列傳の卷數、アラビア數字は人數を示す）

とあり、また質帝の本初元年（一四六）には

令郡國擧明經。年五十以上七十以下。詣太學。自大將軍至六百石。皆遣子受業。歲滿科試。以高第五人補郎中。次五人太子舍人。

とあるように、前漢同樣に施行されたことを知る。また察廉についても『續漢書』百官志の劉昭の注に『漢官目錄』を引いて

建武十二年八月乙未詔書。三公擧茂才各一人。廉吏各二人。光祿歲擧茂才四行各一人。察廉吏三人。中二千石歲察廉吏各一人。廷尉大司農各二人。將兵將軍歲察廉吏各二人。

とあるように、後漢においても明らかに實施されたことがわかる。しかし現存の史料で見るかぎり、博士弟子員の射策甲科や察廉の選擧が實際に行われた具體例は極めて稀で、射策甲科についていえば、惠棟の『後漢書補注』卷九に引く陳群の『汝潁士論』に「汝南袁公署爲甲科郎中」とあるのが唯一の實例である。また一方の察廉についていえば、班彪が司徒の掾から「察司徒廉」によって望都縣の長となり（『後漢書』列傳卷三〇上）、郭仲奇が將軍の掾から「擧廉」によって比陽縣の長となり（『隸釋』卷九）、馮緄が蜀郡廣都長から「察廉吏」によって犍爲郡武陽縣令となった（『隸釋』卷七）僅か數例をかぞえるにすぎない。これからしても一般に後漢におけるこの兩科は、選擧科目として前漢時代ほどの意味を持たなくなったと見ることができよう。そしてこれらに代って大きくクローズアップされたのが、孝廉の選擧であった。

ところで孝廉の選擧が後漢になって隆盛を極めた背景には、前漢以來の儒學の發展と普及さらには浸透に伴って、儒教の定める禮を實踐することが、士風となって來たことによる。すなわち儒學を單に學問として或は教養として學ぶだけではなく、そこに規定された各種の禮を身を以て實踐する行爲こそがより重要なものとしてたっとばれるよう

になり、それが禮教主義を國是とする後漢朝廷の奬勵をうけて發展したものである。顧炎武は『日知錄』卷一三の「兩漢風俗」の中で、この間の事情を次のように表現している。

漢、孝武が六經を表章してより後、師儒盛んなりと雖も、而れども大義は未だ明らかならず。故に新莽攝に居りしとき、德を頌し符を獻ずる者天下に偏ねし。光武此れに鑑みる有り。故に節義を尊崇し、名實を敦厲す。擧げて用いる所の者は經明行修の人にあらざるは莫く、而して風俗之れが爲に一變す。[21]

簡にして要を得た言葉の中に、後漢の孝廉選擧の盛んになった原因を見いだすことができる。このような選擧の傾向は、官吏の性格の上にも當然大きな變化をもたらした。それは桓帝の詔に「孝廉・廉吏は皆當に城を典《つかさど》り民を牧《やしな》い、姦を禁じ善を擧ぐべし。化を興すの本、恆に必ず之れに由る」(『後漢書』卷七)とあるとおりであり、具體的には「政に仁惠あり、民蘇息す」と稱された鄭弘(『後漢書』列傳卷二三)、「禮を以て人を治め、德を以て俗を化」した曹褒(同二五)、「禮讓を以て人を化」した劉矩(同六六)、「仁惠を以て吏民に愛」された劉寵(同六六)、「禮を以て人に訓え、刑罰に任さず」という秦彭(同六六)となって現われ、彼らはいずれも後漢を代表する理想的な官吏とされたものである。

後漢時代の孝廉選擧の種々な法制化は、以上のような孝廉科の重要視と相い關連して行われた。すなわち和帝の時には二十萬人に一人という定員の人口比例制、また順帝の時には被選擧者を四十歲以上とする限年制とか或は被選擧者には中央において經書の章句もしくは章奏について試驗するという課試制などが制定されるに至っている。しかも重要なことは、このような孝廉の選擧の重視に伴って、從來施行されていた各種の選擧が孝廉科の中に吸收されてきたことである。換言するならば、孝廉という名の下に從來の各種の選擧を包括するようになってきたことである。このような孝廉科の性格を端的に示すものとして次のような記載がある。すなわち『續漢書』百官志の太尉の條の劉昭

注に引く應劭の『漢官儀』に光武帝こと世祖の詔を引いて

世祖詔すらく、方今の選擧は賢佞朱紫を錯用す。丞相の故事に四科もて士を取る。一は「德行高妙、志節清白」を曰う。二は「學通行修、經中博士」を曰う。三は「明達法令、足以決疑、能案章覆問、文中御史」を曰う。四は「剛毅多略、遭事不惑、明足以決、才任三輔令」を曰う。皆孝悌廉公の行あり。今より以後は四科を審かにして辟召し、及び刺史二千石にして茂才・尤異・孝廉の吏を察するには務めて實覈を盡くし、英俊賢行、廉潔平端なるものを選擇せよ（下略）[22]。

とある。ここに言う丞相の故事とは前漢時代、恐らくは武帝ないし宣帝ごろのことと思われるが、丞相が掾屬を辟召する時に、四科すなわち四つの基準を設けて選拔していたことを指す。ところでこの四つの基準であるが、今これを個々の選擧科目に對應させてみれば、第一の「德行高妙、志節清白」には、孝廉や廉吏のほか賢良方正・有道・直言といった諸科があてはまるであろう。第二の「學通行修、經中博士」には、明經・博士・茂才の諸科があてはまるであろう。第三の「明達法令、足以決疑、能案章覆問、文中御史」といえば明法・茂才、第四の「剛毅多略、遭事不惑、明足以決、才任三輔令」といえば治劇・案劇の諸科が相當するであろう。すなわち四科といわれる四つの基準からおしていけば單に辟召の時の基準というに止まらず、漢代の選擧とよばれるものは、ほとんどこの中に含まれてしまうことになる。そして更に注目すべきことは、世祖の詔にこの四科を總合して「みな孝悌廉公の行あり」とし、いわゆる孝廉の名のもとに包括していることである。すなわちここで孝廉というものは、賢良方正、茂才などと同列に並ぶ選擧の一科目としてではなく、むしろ賢良方正、茂才といった諸科を包括するものとして設定されており、諸科に對する孝廉科の優位が明確に示されている。事實このことは、孝廉に察擧された個々の具體例からも檢證することができる。先ず孝廉が何にもまして德行を重んずるものであるから、巨孝とか大孝と稱された江革（『後漢書』列傳卷二九）

や姜詩（同七四）、至孝の譽たかい韋彪（同一六）や朱穆（同三三）、或は禮譲を以て鄕里を化した蔡衍（同五七）、施を好み窮民を賑濟した馮緄（同二八）や劉翊（同七一）などはその典型と言うべきものである。しかし「以明經學孝廉」の楊彪の劉寵（同六六）のほか、「好經學、博通書傳、以尚書教授、擧孝廉」の寒朗（同三二）、「少傳家學、擧孝廉」の楊彪（同三四）、「少遊京師、以文章博通稱、擧孝廉」の崔琦（同七〇上）、「少遊太學、習京氏易・韓詩・顏氏春秋、尤好災異星占、後歸鄕里教授、擧孝廉」の唐檀（同七二下）、「少爲諸生、擧孝廉」の杜喬（同五三）は明經に分類されるであろうし、「少清直、有學行、擧孝廉」の羊陟（同五七）はさしずめ賢良、「好律令、擧孝廉」の陳球（同四六）ならば明法、「性嚴厲、好申韓之學、擧孝廉」の陽球（同六七）や「少有才略、擧孝廉」の鄭太（同六〇）らは治劇の對象となるものである。また勞榦氏の研究によっても、後漢時代に孝廉に察擧されたと判明する者のうち、徳行ある處士は全體の二割にも滿たず、多くは儒生もしくは郡吏によって占められている[23]。このように實際に孝廉に擧げられた者を見ても、選擧の基準は單に孝・廉といった徳行だけではなく、明經其の他が多く含まれていることは、まさに以上に述べた後漢の孝廉科の性格を裏書きするものである。

後漢になると選擧はすべて孝廉科一色に塗りつぶされたかの觀を呈し、前漢に盛んに行われた各種の選擧はしだいに影をひそめてしまう。これは前漢以來の各種の選擧が廢絶されたためではなく、後漢に入って孝廉が重視されたことにより、それらが孝廉科の中に吸収されていったことに因るものである。換言するならば、後漢における孝廉科の盛行の原因は、禮教を尊重する國家や社會の風潮にともない、孝廉の名のもとにあらゆる選擧を包括し、かつそれらに優先するものであったからに外ならない。

後漢時代に選擧が盛んに行われたことは以上のとおりであるが、ではいったいどのような人たちが選擧されたのであろうか。先に孝廉に察擧された者は儒生かもしくは郡吏出身者が多かったことを指摘した。この場合儒生とは京師

の太學で學んだ者の外、前漢末より盛んとなる地方の私塾の師や門徒・門生などが含まれる。また郡吏の中には

魏應。建武初。詣博士受業。習魯詩。後歸爲郡吏。擧明經。（『後漢書』列傳卷六九下）

楊仁。建武中。詣師學習韓詩。數年歸。靜居教授。仕郡爲功曹。擧孝廉。（同六九下）

袁安。祖父良習孟氏易。安少傳良學。爲人嚴重有威。見敬於州里。初爲縣功曹。後擧孝廉。（同三五）

のように儒生から仕えた者が多く、これからすると、一般的に言って經學を習得すること明經なることが官吏となる最大の條件となった前漢以來の傾向が、一段と確立していったことを見ることができる。

ではこれら後漢時代に選擧された人たちは、どんな社會階層の出身であったか。今、その具體例を後漢の太尉について見てみると、第一に注目されることは官吏、それも高官の子弟ないしは子孫の多いことである。すなわち太守を祖父に縣令を父にもつ張禹、司徒李郃の子の李固、父は交阯都尉の胡廣、累祖吏二千石といわれる杜喬、司徒劉光の甥に當たる劉矩、祖は河東太守の陳蕃、太守を父にもつ橋玄・陳球・皇甫嵩、太尉楊賜の子の楊彪らがあり、これに西域都護の從孫に當たる鄭弘と段熲を加わえると一二名を數え、表Ⅱの孝廉科から有道科までの被選擧者二二名中の過半數に達する。次に多いのは儒生で、大夏侯尙書を以て教授し門徒數百人といわれた牟融、祖父より尙書をならい聚徒百人の張輔、祖父以來易を以て家學とする徐防、博學經明で門徒に講授した趙戒ら四人を數えることができる。其の外に劉寵は齊悼惠王の後裔、劉虞は東海恭王の後裔といずれも宗室の出であり、また王龔は山陽の豪族の出である。これを見てもわかるように、後漢太尉の場合、實に被選擧者の太半は吏二千石以上の子弟か子孫、或は宗室や豪族によって占められ、貧士の出と推測されるのは施延と朱儁の僅か二人にしか過ぎない。このような傾向は選擧に準ずる辟召の場合についても言えることで、虞延と朱寵が不明のほかは、鄧彪と周景は吏二千石の子弟、楊震は丞相を祖にもつ名門の出であり、楊秉・劉寬・楊賜の三人はいずれも三公の子といった具合である。このことは一面では高

官の子弟とか或は政治的社會的な有力者に再び選擧が集中して來たことを物語るものであり、また一面ではそのような人たちのみが榮達の機會に惠まれたことを推測させるものである。前者に關していえば、特に二千石以上の高官の子弟の多いことは、選擧と任子との間にほとんど區別がなくなったことを示すものである。とすれば今、表Ⅱで不明の項に分類した者のうち二千石以上の高官の子弟および子孫を拾い出すと鮑昱・宋由・馮石・趙峻・袁湯・張顥・許馘・張延・許訓・崔烈・馬日磾・周忠・趙謙ら一三名あるが、彼らの中には任子による外に、選擧された者が相當數含まれていたと見ることができる。また前漢の丞相の場合と比較して後漢の太尉の場合には郡縣吏出身者が少ないことも、むしろ選擧の任子化的傾向として説明されるであろう。

前漢の選擧は、官僚層の固定化への方向におしすすめる任子法の盛行する中にあって、なお庶民を吸いあげる一種のポンプの役を果たし、その固定化を防いだ點に效用と意義を認めることができた。しかし後漢になると、選擧はむしろ任子法化して兩者の間にほとんど區別がつかなくなり、庶民の進出は大幅に制約されて再び官僚層の固定化を促すようになったことを、ここに認めなくてはならぬ。その主たる原因はどこにあったかと言えば、孝廉の選擧制の中に求めることができる。その第一は孝廉が他薦制であることによる。すなわち孝廉は郡國守相の推薦によるため、推薦する側にあって人物を選ぶ基準とするのは、鄕黨の聲望であった。そのために聲望を高めようとして多くの不正が行われたことは枚擧にいとまない(24)。『周禮』地官鄕大夫の鄭注に、後漢時代に孝廉や茂才を選び、鄕飮酒の禮を行うとあり、また『後漢書』郅惲傳によると、汝南地方の慣習で十月に郡の役所で宴會がひらかれ、百里以内の縣の者が牛酒を運んで酒盛りをするという(25)。ここで縣というのは所轄の縣の吏や士人だけではなくもっと廣い庶民層を指すものと思われるが、恐らくこのような機會を利用して人物の評判を聞き、又みずからの目で本人を確かめることによって孝廉とか茂才が選ばれたものであろう。しかも優秀な人物を推擧することは、地方長官としての政績にもかかわることであった。たとえば胡廣傳に南郡太守法雄が人物をよく觀るわが子の意見にしたがって胡廣を推擧したところ、廣の成績拔群なるによって特に勞來された話や、またその胡廣が濟陰太守となったときに選擧不實で免官された話がのっている。[26] このように一口に推薦といっても、實際はなかなか容易なことではなかったらしい。その點、官僚とか豪族は地方鄉黨における發言力とも相いまって本來的に評價が與えられており、彼らが官僚の子弟であり豪族であるということだけで、それなりの聲望を具備しているものであった。したがって彼らが多く選擧の對象となるのは自然の成りゆきであった。

原因の第二は選擧權が郡の太守にあったことである。すなわち彼ら郡の太守は中央から命を受けて派遣されたものであるから、推擧に際しては中央の有力者の干涉や請託を免れず、他方地方長官として郡の治安を維持し政務を遂行するためには、地方の有力者の協力を仰がねばならず、いきおい彼らの請託を無視できないことになる。このように中央と地方との兩者の間にはさまれた郡の太守の地位たるや甚だ不安定なものであり、かかる不安定な太守に選擧權がゆだねられた、と言うよりもむしろ義務づけられていたところに問題があった。そのため彼らは保身のためにも高官の子弟や豪族を選ぶことになり、やがてはそうすることがかえって無難な策と考えられるに至ったものである。[27] これはまた彼らが郡縣の屬吏を辟召する場合にも通じることである。

主として以上の二つが原因となって後漢の選擧が特定の階層の者に集中し、しだいに固定化していったものと考える。そしてこのような固定化とともに、更に後漢の官界への庶民の進出を困難にしたのは、孝廉の選擧そのものが榮達のための十分條件たり得なくなったことである。これは漢代郎官の特異な性格から發して辟召にもつながる問題である。

（2）孝廉と辟召

孝廉の選擧が官位昇進のための十分條件たり得なくなったとは、どういうことか。それは孝廉に擧げられても應ぜずして他の登用をうけたり、または應じてのちに官を去ったり免官されたりして改めて別の登用をうけたり、あるいは更に連續して他の登用をうけるなど、複雜な登用の過程を經るようになる結果、孝廉のみで高官たとえば三公にいたることがほとんど不可能に近くなったことを言う。今、具體的に後漢の太尉のうち孝廉に擧げられた一九名について見てみると、先ず（一）孝廉に應じなかったいわゆる不就・不應の例としては、孝廉に擧げられても就かず大將軍梁商の辟召に應じた李固と、同じく孝廉に應ぜず徵召に應じた楊彪の二人がある。ついで（二）孝廉に擧げられたのちに官を去ったいわゆる去官・棄官の例としては、劉矩・陳蕃・劉寵・橋玄・劉虞・皇甫嵩の六人があり、このうち劉矩は改めて辟召され、陳蕃と劉虞と皇甫嵩は徵召されている。また（三）免官のケースとしては、孝廉に擧げられて就官したのち罪によって免官され、改めて徵召された龐參と段熲の二人がある。最後の（四）連續の場合とは、先ず孝廉に擧げられ、引き續いて司徒府に辟召された杜喬と陳球がそれである。

このうち（一）および（二）の不就と去官は、いわゆる反體制の行動であり、中央集權的專制國家のもとにあっては本來許容されるべきものではなかったはずである。しかも不就についていえば、右の例はいずれも孝廉の選擧ばかりであるが、これが命令的意志を含む三公の辟召においても、更には天子の徵召の場合においてさえも、それに應じないという例がしばしば見られる。徵・辟いずれにも應ぜず、徵君と呼ばれた黃憲や姜肱（ともに『後漢書』列傳卷四三）らはその典型である。このような行爲は、まさに天子ひいては國家の權威を否定する何ものでもなかったはずである。『後漢書』周黨傳に次のような話がある。[28] 太原の周黨は建武中に徵されて議郎となったが、病のために官を辭した。妻子とともに黽池で暮らしていたところ、またまた徵召をこうむった。黨はやむを得ずして參内し、光武帝が引見すると、平伏したままで挨拶も申さず、ただ仕官の辭退を願いあげた。そこで帝もついに願いの儀を許した。これを見た博士の范升が、周黨は虛名を盜み高位を求める者だと非難し、大不敬の罪で罰すべきであると上奏すると、帝はその上奏文を公卿に示し、詔を下して「古來、聖王の世には臣として仕えない士があった。伯夷や叔齊は周の粟を口にしなかったし、今また太原の周黨は朕の祿を受けようとしない。これもそれぞれに志があってのことであろう。黨に帛四十匹を下賜せよ」と命じたという。ここでは光武帝は聖王に、徵召を拒絕した周黨は伯夷叔齊にたとえられ、周黨の態度を許容し、かつ恩惠を加えることによって聖王たる光武帝の德を高めていることをうかがうことができる。すなわち專制君主たる皇帝の權威を傷つけることなく、かえって德を加えることによって皇帝の權威を高めているのであって、これこそまさに禮教主義のみごとな實踐にほかならない。

同樣なことは去官、棄官の場合についても言えることである。元來、官吏がその官職をしりぞくときは「事に坐して免官」とか「病を以て職を去る」の二つのケースしかなく、その他の事由による勝手な辭職は許されなかった。後漢時代の去官・棄官の多くは父母の喪に服するためであった。先の（二）の太尉の去官の例についてみても、皇甫嵩が單に喪とあるほか劉矩・陳蕃・劉寵らは母憂で官を去っている。趙翼も『二十二史箚記』の中で「兩漢の喪服に定制なし」と指摘するように、漢代の喪服にはこれといった定制はなかった。しかし後漢に入って儒教の普及と浸透に伴い、禮の規定に從って親の喪に服することが盛んになると、この喪に服することが孝の第一義となり、それがまた選擧における重要な資格となるに及んで、ますますこの風潮に拍車をかけることになった。江巨孝と異名をとった江革が母の喪に服し、三年の服が終っても除くにしのびず、ために郡守が丞掾を派遣して服を除かせ、やがて孝廉に擧げられた話はその典型である。このような喪服の一般的盛行の中で、禮を重んじ孝道を尙ぶ後漢朝廷としては官吏についても結局は默認せざるを得なかったために、官吏が職を棄てて喪にはしることが頻繁に行われるようになったのである。これまた禮教主義を看板とする後漢王朝の一つの特徴ではある。[29]

以上に擧げた（一）不就、（二）去官、（三）免官、（四）連續の四つのケースはそれぞれに事情の相違はあるが、これらは改めて孝廉以外の別の登用をうけるか、あるいは孝廉に加わえて更に別の登用をうけるものであり、いずれも孝廉だけで三公の地位に達したものでないところが共通している。そして後漢太尉のうち、これらの諸ケースに該當する者は先ず順帝期の龐參にはじまり、桓帝期の李固・杜喬・劉矩・陳蕃、靈帝期の劉寵・段熲・橋玄・陳球・劉虞、獻帝期の皇甫嵩・楊彪と、後漢の後半期に集中していることは注目される。このことは後漢も中期を過ぎると孝廉だけではもはや高官にいたる絶對的な條件とはならず、孝廉に代る別の登用法、すなわち辟召とか徵召を經なければならなくなったことを物語るものである。それはまた表Ⅱにおいて辟召が盛んになる時期とも一致している。

ところで、このような後漢中期以後の現象は孝廉の選擧とともに漢代郎官の制度とも密接な關係があった。既に述べたように孝廉の選擧は二百石の關門をこえて郎官に登用する、中央任命官への登龍門として重きをなしたものであった。漢代の郎官は比六百石の議郎・中郎と比四百石の侍郎、比三百石の郎中の四段階に分けられるが、それにはいずれも定員がなく、また議郎を除き他は宮殿の宿衞と車騎として出充するほかは特にこれといった役職もなく、この期間に才能を試みられる幹部候補生といった性格のものであった。彼らが六百石以上の中央官および地方官に任ぜられるには、（一）功次により下級の郎から上級の郎へと昇進して轉任する場合と、（二）光祿勳の茂才とか四行（敦厚・質朴・遜讓・節儉）に擧げられ拔擢されてなる場合とがあり、後者についての資格は「高功久次、才德尤異」とあり、人數も建武十二年の詔には歲ごとに各一人と定められていた（『續漢書』百官志太尉注）。したがって拔擢の門は非常に狹く、いずれにしても郎が才能を試みられる期間はかなりの歲月にわたったことが想像される。『後漢書』樊儵傳に子の梵のことを述べて「郎と爲りて二十餘年、三署其の重愼に服す」と見えている。明帝から章帝期にかけての話である。しかも郎官の無定員制から、孝廉科だけで年間およそ二〇〇名（二十萬人に一人）といわれる郎をはじめ、そのほかに賢良方正・明經・有道・直言といった選擧や、任子などによって補任される郎を加えると毎年誕生する郎はかなりの數にのぼったと考えられる。『後漢書』揚秉傳には桓帝の頃のこと「三署の見郎七百餘人」とあり、陳蕃傳には「三署の郎吏二千人」とある。恐らく後漢も中期を過ぎると、積り積って千人から時には數千人にのぼる郎が待機していたらしい。そのために今度は多數の郎の中からいかにして昇進の途をひらくかが深刻な問題となって露呈されてくるのである。二百石の中央任命官待遇をうけるのが官僚出世街道の第一の關門とすれば、これはいわば第二の關門とでも言うべきものであった。そこで大きく浮び上ってくるのが辟召であり、辟召の特殊例としての徵召であった。(30)

前節において述べたように、辟召されて太傅・大將軍・三公など、いわゆる公府の掾屬となれば、掾で比四百石から比三百石、屬でも比二百石と中央任命官なみの待遇であった。そのため『續漢書』百官志に「漢初、掾史の辟には皆上言す。故に秩有りて命士に比するなり」とあるように、公府の掾屬を辟召する際にはいちいち上言を要したものである。したがって大將軍霍光が「ほしいままに幕府の校尉の數を益して選任している」として彈劾され、また司空劉援や太尉桓焉のように「辟召其の人に非ず」として罷免されることもあった。しかし、霍光の場合は不問に附され、また「辟召其の人に非ず」というのも陳蕃のように罷免の口實に使われる場合もあり、必らずしも嚴密なものではなかったらしい。上言するといっても、恐らくは事後報告の形式的なものであり、辟召はほとんど召者の自由裁量にまかされ、掾屬の定數の枠の中では、何の掣肘も受けることなく、自己の意のままに擧用することができるものであった。(31)一方、辟召されて公府の掾屬となればどうかといえば、その段階で既に中央任命官待遇である上に、辟召者たる太傅・大將軍・三公にはそれぞれ茂才・廉吏・高第などの選擧權が與えられていたため、掾屬は相對的に少ない人數の中から非常に有利な條件で昇進する機會に惠まれていたと言うことができる。若干の例を擧げてみよう。

楊震。年五十。乃始仕州郡。大將軍鄧騭聞其賢而辟之。擧茂才。四遷荊州刺史。東萊太守。（『後漢書』列傳卷四四）

衞颯。建武二年。辟大司徒鄧禹府。擧能案劇。除侍御史。襄城令。政有名迹。遷桂陽太守。（同六六）

种暠。擧孝廉。辟太尉府。擧高第。順帝末爲侍御史。出爲益州刺史。遷漢陽太守。（同四六）

魯恭。太傅趙憙聞而辟之。擧恭直言。待詔公車。拜中牟令。（同一五）

繆肜。辟公府。擧尤異。遷中牟令。（同七一）

これからしても辟召者に茂才・能案劇・高第・直言・尤異といった選擧權があったことが知られよう。そしてたとえば

魏霸。建初中擧孝廉。八遷。和帝時。爲鉅鹿太守。（『後漢書』列傳卷一五）

鄲彪。仕州郡。辟公府。五遷桂陽太守。永平十七年。徵入太僕。（同三四）

とあって、後漢も前期に屬する明帝章帝期においてさえも、擧孝廉と辟召とでは太守に至るまでに既に三遷のひらきがあり、辟召の有利なことが知られる。そして、章帝期以後になると、辟召された者の一般的な出世コースは先の种暠の場合で、辟召→擧高第→侍御史→刺史→太守のコースがほぼ確立していったと思われる。同類は列傳の中では何敞（『後漢書』列傳卷三三）、李恂（同四一）、羊陟（同五七）、朱穆（同三三）、張綱（同四六）、陳球（同四六）、李膺（同五七）、桓典（同二七）、趙咨（同二九）、陳翔（同五七）、陽球（同六七）、徐璆（同三八）、王允（同五六）等に見ることができる。种暠の例で言えば、辟召されて公府の掾屬になってから僅か三遷で太守になることになり、その昇進のいかに

早かったかがわかる。そして辟召が何にもまして有利な登用法であったのは、被辟召者は終身辟召者の故吏としてその將來までも保證されていたことにあり[32]、その點、孝廉が原則として郎官までの選擧であったのと格段に相違するところである。

そもそも辟召は、公府の掾屬に優秀な人材を集めるためのものであった。崔寔の『政論』に

三公は天子の股肱、掾屬は則ち三公の喉舌なり。天子は當に己を恭しくして三公に南面し、三公もまた策を掾屬に委ねて以て天子に答う[33]。

とあるように、掾屬の地位と職は非常に高くかつ重いものであった。宰府の辟召は士の高選と言われ、非常な名譽とされたゆえんである。しかも彼らは一生を掾屬で終わるのではなく、既に見てきたように功次のほか各種の選擧によって中央や地方の官となって轉出していくため、世に人材を送る一種のバイパスとしての役目を果たしていたのである。

後漢の辟召の盛行は、孝廉などの選擧の行きづまり、具體的には選擧の任子化的傾向による固定化と不正による腐敗と、それに伴って人材を發掘するすぐれた方法とはならなくなっていったこと、また郎官の無定員制のために昇進の十分條件たり得なくなってきたことなどが原因となり、人材を推擧する別の方法として、またそれは異例の出世の早さとも相いまって、大きく表面に現われ出たことによる。王龔傳に「其の辟命する所は皆海内の長者」（『後漢書』列傳卷四六）と言い、劉矩傳に「辟召する所は皆名儒宿德」（同六六）と言い、また順帝の外戚ではあるが大將軍梁商の辟召のことを述べて

商自ら戚屬を以て大位に居るも、每に謙柔を存し、己を虛しくして賢を進め、漢陽の巨覽・上黨の陳龜を辟して掾屬となし、李固・周擧を從事中郎と爲す。是に於て京師翕然として稱して良輔と爲し、帝これに委重す[34]。

とある。一方應ずる側でも

時に梁冀貴盛なり、其の徵命を被りし者、敢て應ぜざるはなし。(35)

とあるのは、その間の事情を物語るものである。そしていずれも順帝のころであるが

張綱。擧孝廉。不就。司徒辟高第。爲御史。（『後漢書』列傳巻四六）

玉暢。初擧孝廉。辭病不就。大將軍梁商特辟。擧茂才。四遷尙書令。（同右）

のように孝廉を辭して辟召に應じることが一つの風潮となって現われてくるのである。

しかし重要なことは、辟召がほとんど召者の自由裁量にまかされており、召者の意志によってどのようにでもなしえたという點である。そこには先の王龔らが名儒・宿德・長者・賢者を辟召したとはまさに正反對の現象も當然起こりうることであった。安帝の時、太尉楊震の上疏の中に侍中周廣や中常時樊豐らのことを述べて、

周廣・謝惲の兄弟、……樊豐・王永らと威を分かち權を共にし、州郡に屬託し、大臣を傾動し、宰司辟召して旨意に承望す。海內貪汙の人を招來し、其貨賂を受く。臧錮棄世の徒にして、復た顯用を得ること有るに至る。(36)

と言っているのは、その一例である。そしてついには、梁冀のように大將軍府の高第や茂才の數を增して「官屬は三公に倍す」と言われ、冀が誅殺されると連坐して殺された公卿列校刺史二千石は數十人、免黜された故吏賓客は實に三百餘人にも達し、ために「朝廷空となる」といった事態までひき起こしたのであった（『後漢書』列傳巻二四）。これなどは辟召が召者の自由裁量にまかされ、召者の意志でどうにでもなし得るといういわば辟召の盲點をついて起きた現象であり、それだけにまた悪用もされやすかったことがわかる。こうした梁冀の例からも知られるように、後漢も後半期に入り、外戚および宦官が進出して來るようになると、彼らは辟召を利用して政界の勢力の伸長をはかったために、辟召は本來の使命とか機能を全く失って專ら勢力擴大のための方便と化し、これに對抗して士人官僚層もまた辟召によって團結を固め、ついには後漢末の大黨爭へと發展していったのである。

ともあれ後漢も中期を過ぎると、孝廉に代って辟召が官吏登用の中心となってきた。しかしこのことから直ちに孝廉の選擧が官吏登用法の中でその價値を失い、無用のものとなったと言うのではない。なぜならば、辟召において、孝廉に擧げられたということが一つの有利な資格となったからである。すなわち世祖の詔に引く丞相の故事にも見られるように、辟召には四科とよばれる四つの資格規準が定められていたが、實際にはあまり嚴守されず、「その賢なるを聞きて辟す」（『後漢書』列傳巻四四楊震傳）とか「その名を聞きて辟す」（同四一陳禪傳）とあるように、孝廉の場合と同様專ら聲望がその標準となったため、孝廉に擧げられたということが既に有利な資格であった。したがって孝廉の選擧が官位榮達の十分條件とはならなくなっても、必要條件としての價値はあったのであって、いわば孝廉によって仕官のきっかけを作り、辟召によって昇進するという官僚の出世コースが完成したのである。それはまさに孝廉に擧げられても就かず辟召されてはじめて仕官するという後漢後期の風潮とも相い應ずるものである。そして被選擧者の特定の階層の者への固定化から、このコースに便乘できない人は自然と陶汰され、下は「世仕州郡爲冠蓋」（『後漢書』列傳巻五六王允傳）「家世衣冠族」（同五七羊陟傳）から「繼世郎吏」（『隷釋』巻四李翕西狹頌）となり、上は「家世二千石」（『後漢書』列傳巻六三公孫瓚傳）から更には「累世三公」（同三五袁逢傳）のように、官位はしだいに家柄として固定され、ここに官僚貴族を生み門閥社會を形成するに至ったのである。

むすび

以上、兩漢にわたり選擧と官僚の關係を考えて來た。今、要點を述べれば、漢代の選擧は、武帝の時に至り中央集權的官僚國家の成立にともない、膨大な數の官僚を確保し、有能な官僚を選拔することの必要性から問題となり、その結果、博士弟子員・孝廉・茂才・賢良方正等の諸科が設置された。この漢代選擧制の制定は、文治主義の確立と共に中國史上特筆すべきことである。就中、官吏養成を目的とした博士弟子員の創設により、學問とくに儒學が官吏となる主要な資格となったことは、ひとり漢代にかぎらず以後の中國社會に大きな影響を與えた。

ところで前漢においては、官吏の固定化を促す任子法のなおも盛行する中にあって、博士弟子員の射策甲科をはじめ賢良方正・茂才・廉吏といった各種の特色ある選擧が比較的まんべんなく行われ、廣く下級官吏や庶民の中から優秀な人材を吸收するポンプの役目を果たしていた。內治を謳われた宣帝の治世は、一つにはこのような選擧の運營のよさに負うところが多かったと言えるであろう。しかし反面、儒學の習得が官吏となるための資格となった結果、前漢末になると明經の名を得ることによって仕官する傾向が顯著になって來た。

後漢に入って選擧は一變した。前漢以來の儒教の普及と浸透にともない、儒教の定める禮を實踐するのが士風となり、朝廷もそれを奬勵したため、德行を重んじる孝廉の科が特に重視され、前漢では選擧科目の一つであった孝廉が、後漢ではあらゆる選擧を包括しかつ優先する、いわば選擧の代名詞となった。後漢における孝廉の選擧の盛行の原因はここにある。ところで孝廉の場合、その選擧の規準となったのは鄕黨の聲望であった。鄕擧里選とよばれるゆえんである。これは共同體意識の強い古代都市國家時代の傳統をくむものである。そのため、地方鄕黨で大きな發言權を有する官僚を中心とする名家や豪族が多く推擧されることになった。選擧者が政治的に不安定な立場にあった太守であったことも、それに拍車をかけた。そして特に豪族が選擧によって官僚へと昇格することにより、官僚と豪族が一體となって政治的經濟的社會的力によって鄕黨の世論を支配するに至り、選擧の形骸化がはじまる。加えて漢代郎官の制度的缺陷から、孝廉の選擧はしだいに榮達のための十分條件とはならなくなり、そのため選ぶ者は人材を確保する方法として、また應ずる者はより有利な榮達の方途として、前漢以來の辟召が利用されるに至ったのである。但し辟召の場合でも選ぶ標準は聲望によっていたため、孝廉に擧げられたということが既に有利な條件であった。したがって官僚の出世コースは、起家からはじまって昇進の過程にいたるまで全てがしだいに家柄として確定しかつ固定され、累世二千石からついには累世三公という官僚貴族の出現を見るに至ったのである。

以上の兩漢の選擧を比較する時、前漢は博士弟子員や廉吏や茂才などに代表されるところのいわば賢才主義であり能力主義であったのに對して、後漢の場合は孝廉による門閥主義であったと言える。これが兩者の最大の相違點でもあれば、また特色でもあった。後漢時代、孝廉科の盛行とともに選擧の不正や不實を責める詔敕が頻發され、ついに順帝の陽嘉元年（冬十一月辛卯）に至り尙書令左雄の發議によって、被選擧者の年令を制限するとともに孝廉に擧げられた者のうち儒生には經書の章句を文吏には奏案の試驗を實施することにした（『後漢書』列傳巻五一）。これは、いわば孝廉の選擧による門閥主義への斜傾を抑えて賢才主義・能力主義への回復をはかろうとするものであった。この限年・課試の制は、張衡の

初めて孝廉を擧げてより、今に至るまで二百歲。皆孝行を先にし、行に餘力有りて、始めて文法に及ぶ。辛卯の詔に能く章句奏案を宣ぶるを以て限と爲す。至孝有りと雖も、猶お科に應ぜざるがごとし。此れ本を棄てて末に就くもの……孝廉を選擧するの制に違う。[37]

という主張に代表される胡廣・郭虔・史敞ら多くの反對を押し切って實行されたものであった。しかし効果のあったのは左雄が尙書令の地位に在った僅か十餘年にしか過ぎなかったと言う。

禮教主義から脫しきれず、孝廉の選擧の缺陷や形骸化を目のあたりにしながら、しかもそれを至上のものとして固執しつづけたところに、漢王朝の特質とまた限界を見ることができる。

注

（1）漢代の選擧については古くは『通典』や『會要』等の選擧の部に詳しい。近年における主要な研究としては、次のようなものがある。

市村瓚次郎「後漢の儒教經學及び孝廉選擧と士風との關係」（同『支那史研究』所收）一九三四

濱口重國「漢代の孝廉と廉吏」『史學雜誌』五三―七、一九四二

鎌田重雄「漢代の孝廉について」『史學雜誌』五五―七、一九四四

森三樹三郎「漢初の選擧」『支那學』一二―三・四、一九四六

勞　榦「漢代察擧制度考」『中央研究院歴史語言研究所集刊』一七、一九四八

嚴耕望「秦漢郎吏制度考」『中央研究院歴史語言研究所集刊』二三上、一九五一

等がある。また選擧と官僚の關係を論じたものに

江幡眞一郎「西漢の官僚階級――官吏の登用法と、官吏の出自について――」『東洋史研究』一一―五・六、一九五二

五井直弘「後漢時代の官吏登用制「辟召」について」『歴史學研究』一七八、一九五四

等がある。

（2）『漢書』巻五六董仲舒傳。仲舒對曰。（上略）今之郡守縣令。民之師帥。所使承流而宣化也。故師帥不賢。則主德不宣。恩澤不流。今吏既亡教訓於下。或不承用主上之法。暴虐百姓。與姦爲市。貧窮孤弱。冤苦失職。甚不稱陛下之意。是以陰陽錯繆。氛氣充塞。群生寡遂。黎民未濟。皆長吏不明。使至於此也。夫長吏多出於郎中中郎。吏二千石子弟選郎吏。又以富貲。未必賢也。且古所謂功者。以任官稱職爲差。非所謂積日累久也。故小材雖累日、不離於小官。賢材雖未久。不害爲輔佐。是以有司竭力盡知。務治其業。而以赴功。今則不然。累日以取貴。積久以致官。是以廉恥貿亂。賢不肖渾殽。未得其眞。

（3）大庭脩「漢代における功次による昇進について」（『東洋史研究』一二―三、一九五三）、佐藤達郎「功次による昇進制度の形成」（『東洋史研究』五八―四、二〇〇〇）を參照。

（4）『漢書』卷五六董仲舒傳。仲舒對曰。（上略）陛下親耕藉田。以爲農先。夙寤晨興。憂勞萬民。思惟往古。而務以求賢。此亦堯舜之用心也。然而未云獲者。士素不厲也。夫不素養士而欲求賢。譬猶不琢玉而求文采也。故養士之大者。莫大虖太學。太學者賢士之所關也。教化之本原也。今以一郡一國之衆。對亡應書者。是王道往往而絕也。臣願陛下興太學。置明師。以養天下之士。數考問以盡其材。則英俊宜可得矣。（中略）臣愚以爲。使諸列侯郡守二千石。各擇其吏民之賢者。歲貢各二人。以給宿衞。且以觀大臣之能。所貢賢者有賞。所貢不肖者有罰。夫如是。諸侯吏二千石皆盡心於求賢。天下之士。可得而官使也。偏得天下之賢人。則三王之盛易爲。而堯舜之名可及也。毋以日月爲功。實試賢能爲上。量材而授官。錄德而定位。則廉恥殊路。賢不肖異處矣。

（5）『禮記』王制第五。命鄕論秀士。升之司徒。曰選士。司徒論選士之秀者。而升之學。曰俊士。升於司徒者。不征於鄕。升於學者。不征於司徒。曰造士。（中略）大樂正論造士之秀者。以告于王。而升諸司馬。曰進士。司馬辨論官材。論進士之賢者。以告于王。而定其論。論定然後官之。任官然後爵之。位定然後祿之。

（6）『漢書』卷二四食貨志。於里有序。而鄕有庠。序以明教。庠則行禮。而視化焉。（中略）八歲入小學。學六甲五方書計之事。始知室家長幼之節。十五入大學。學先聖禮樂。而知朝廷君臣之禮。其有秀異者。移鄕學于庠序。庠序之異者。移國學于少學。諸侯歲貢少學之異者於天子。學于大學。命曰造士。行同能偶。則別之以射。然後爵命焉。

（7）『禮記』射儀第四六。古者天子之制。諸侯歲獻貢士於天子。

（8）『國語』齊語。正月之朝。鄕長復事。君親問焉曰。於子之鄕。有居處好學。慈孝於父母。聰惠質仁。發聞於鄕里者。有則以告。有而不以告。謂之蔽明。其罪五云云。

（9）注（7）の文につづいて

天子試之於射宮。其容體比於禮。其節比於樂。而中多者。得與於祭。其容體不比於禮。其節不比於樂。而中少者。不得與於祭。數與於祭而君有慶。數不與於祭而君有讓。數有慶而益地。數有讓則削地。

（10）『漢書』卷六武帝紀。元朔元年冬十一月。詔曰。（上略）今或闔郡而不薦一人。……其與中二千石禮官博士。議不舉者罪。有司奏議曰。（上略）今詔書昭先帝聖緒。令二千石舉孝廉。所以化元元。移風易俗也。不舉孝。不奉詔。當以不敬論。不察廉。

不勝任也。當免。奏可。
(11)『漢書』巻六武帝紀。元封五年。其令州都。察吏民有茂材異等。可爲將相及使絶國者。
(12)『漢書』巻四文帝紀。十一月癸卯晦。日有食之。詔曰。朕聞之。天生民。爲之置君。以養治之。人主不德。布政不均。則天示之災。以戒不治。乃十一月晦。日有食之。適見于天。災孰大焉。(中略)唯二三執政。擧賢良方正。能直言極諫者。以匡朕之不逮。
(13)一例を擧げると
『漢書』巻六四嚴助傳。郡擧賢良。對第百餘人。武帝善助對。繇是獨擢助爲中大夫。

『後漢書』列傳巻一五魯丕傳。建初元年。肅宗詔。擧賢良方正。大司農劉寬擧丕。時對策者百有餘人。唯丕在高第。除爲議郎。
(14)一例を擧げると
『漢書』巻七二貢禹傳。以明經契行著聞。徴爲博士。

『後漢書』列傳巻二九淳于恭傳。肅宗下詔。美恭素行。告郡賜帛二十匹。遣詣公車。除爲議郎。
(15)大庭脩「漢代官吏の辭令について」(『關西大學文學論集』一〇―一、一九六〇)は選擧と辟召との相關關係を明解に論じている。
(16)『二十二史箚記』巻二、「賢良方正茂材直言多擧現任官」の條を參照。
(17)『漢書』巻三〇藝文志。漢興。蕭何草律。亦著其法曰。太史試學童。能諷書九千字以上。乃得爲史。
(18)『漢書』巻八三薛宣傳。頻陽縣北當上郡西河。爲數郡湊。多盜賊。其令平陵薛恭。本縣孝者。功次稍遷。未嘗治民。職不辦。而粟邑縣小。辟在山中。民謹樸易治。令鉅鹿尹賞。久郡用事吏。爲樓煩長。擧茂材。遷在粟。[薛]宣卽以令奏賞典恭換縣。二人視事數月。而兩縣皆治。
尹賞には別に本傳があり、それによると
『漢書』巻九〇尹賞傳。鉅鹿楊氏人也。以郡吏察廉爲樓煩長。擧茂材粟邑令。左馮翊薛宣。奏賞能治劇。徙爲頻陽令。

とある。

(19)『漢書』巻九元帝紀。太子……嘗侍燕。從容言。陛下持刑太深。宜用儒生。宣帝作色曰。漢家自有制度。本以覇王道雜之。奈何純任德教。用周政乎。且俗儒不達時宜。好是古非今。使人眩於名實。不知所守。何足委任。迺歎曰。亂我家者太子也。

(20) 鎌田重雄「漢朝の儒術と經術」(同『秦漢政治制度の研究』所收、一九六二)を參照。

(21)『日知錄』巻一三兩漢風俗。漢自孝武表章六經之後。師儒雖盛。而大義未明。故新莽居攝。頌德獻符者。徧於天下。光武有鑑於此。故尊崇節義。敦厲名實。所擧用者。莫非經明行修之人。而風俗爲之一變。

(22)『續漢書』百官志注。應劭漢官儀曰。世祖詔。方今選擧。賢佞朱紫錯用。丞相故事。四科取士。一曰德行高妙。志節淸白。二曰學通行修。經中博士。三曰明達法令。足以決疑。能案章覆問。文中御史。四曰剛毅多略。遭事不惑。明足以決。才任三輔令。皆有孝悌廉公之行。自今以後。審四科辟召。及刺史二千石察茂才尤異孝廉之吏。務盡實覈。選擇英俊賢行。廉潔平端。

(23) 注(1)を參照。

(24) 注(1)の市村論文を參照。

(25)『後漢書』列傳巻一九郅惲傳。汝南舊俗。十月饗會。百里內縣。皆齎牛酒讌飮。

(26)『後漢書』列傳巻三四胡廣傳。廣……隨輩入郡。爲散吏。太守法雄之子眞。從家來省其父。眞頗知人。會歲終應擧。雄敕眞助求其才。雄因大會諸吏。眞自於牖間密占察之。乃指廣以白雄。遂擧孝廉。既到京師。試以章奏。安帝以廣爲天下第一。李賢注。續漢書曰。故事。孝廉高弟。三公及尙書輒優之。特勞來其擧將。於是公府下詔書。勞來雄焉。(中略)廣典機事十年。出爲濟陰太守。以擧吏不實免。

(27) 豪族と選擧については楊聯陞「東漢的豪族」(『淸華學報』一一―四、一九三六)を參照。

(28)『後漢書』列傳巻七三周黨傳。黨……建武中。徵爲議郞。以病去職。遂將妻子居黽池。復被徵。不得已乃著短布單衣。穀皮綃頭。待見尙書。及光武引見。黨伏而不謁。自陳願守所志。帝乃許焉。博士范升奏毀黨曰……。書奏。天子以示公卿。詔曰。自古明王聖主。必有不賓之士。伯夷叔齊。不食周粟。太原周黨不受朕祿。亦各有志焉。其賜帛四十匹。

(29) 就官の拒否と去官については、鈴木啓造「後漢における就官の拒絶と棄官について」(中國古代史研究會編『中國古代史研究』第二所收、一九六五）のすぐれた研究がある。
(30) 拙稿「後漢の三公にみられる起家と出自について」（本書第Ⅰ部第二章）を參照。
(31) 漢代三公の組織と機構については周道濟『漢唐宰相制度』（文化基金會、一九六四）を參照。
(32) 鎌田重雄「漢代の門生・故吏」（同『秦漢政治制度の研究』所收、一九六二）及び注（1）五井論文參照。
(33) 『太平御覽』卷二〇九崔寔政論。三公天子之股肱。掾屬則三公之喉舌。天子當恭己南面於三公。三公亦委策掾屬。以答天子。
(34) 『後漢書』列傳卷二四梁商傳。商自以戚屬居大位。每存謙柔。虛己進賢。辟漢陽巨覽・上黨陳龜爲掾屬。李固・周擧爲從事中郎。於是京師翕然稱爲良輔。帝委重焉。
(35) 『後漢書』列傳卷五一周䫻傳。時梁冀貴盛。被其徵命者。莫敢不應。
(36) 『後漢書』列傳卷四四楊震傳。震上疏曰。……周廣謝惲兄弟。……與樊豐王永等。分威共權。屬託州郡。傾動大臣。宰司辟召。承望旨意。招來海內貪汙之人。受其貨賂。至有臧錮棄世之徒。復得顯用。
(37) 袁宏『後漢紀』卷一八。自初擧孝廉。迄今二百歲。皆先孝行。行有餘力。始及文法。辛卯詔。以能宣章句奏案爲限。雖有至孝。猶不應科。此棄本而就末。……則違選擧孝廉之制矣。

第四章　漢代の集議について

はじめに

集議とは、いわゆる會議のことである。漢代、朝廷において集議がさかんに行われたことは史書の記載によって知られており、それについての研究も古來少なからず發表されている。(1)ところで一般に官僚制ないしは官僚機構について論ずる場合に特に重要な問題となるのは、皇帝の命令である制詔がいかなる過程をへて發布されるのかということ、或はまた法令がどのようにして立案され效力をもつようになるかといった點であり、しかもそうした制詔の發布及び立法の過程において官僚に發議權ないしは發言權があったのか無かったのか、若しあったとすればどの程度の範圍の者がそれに參畫し發言することができたのかといった事實が明らかにされねばならない。これは同時に皇帝權の機能ともかかわる問題である。こうした觀點からすれば、漢代、朝廷で行われた集議は實に皇帝と官僚とが接觸しまた對決する、いわば兩者の接點として大きな意味をもつものであった。したがって朝廷における集議の實態を明らかにすることは、かかる漢の皇帝權並びに官僚制の問題を解く一つの重要な鍵になると考えられるが、從來の諸研究においてはこうした視點からは多く論じられていない。そこで本章では、この點に留意しながら前漢の朝廷における集議の實態について考察し、併せてそのよって來る傳統的な性格について考えてみたい。このことはまた漢王朝の歴史的な性格を明らかにすることにもつながるであろう。なお時期を前漢に限定したのは、漢代獨自の集議形態が完成され、またそれが十分に機能を發揮したのが、この時代の大きな特色だと考えられるからである。

一　制詔と集議

蔡邕の『獨斷』によると、漢代、皇帝の命令には策書、制書、詔書、戒書の四種があったとして次のように述べている。

策書は、策とは簡なり。禮に曰わく、百文に滿たざれば策に書せず。其の制、長さ二尺、短きものは之れに半ばす。其の次は一長一短、兩編、下に篆書を附す。年月日を起て、皇帝曰わくと稱し、以て諸侯王、三公に命ず。其れ諸侯王、三公の位に薨ずる者も、亦策書を以て其の行を誄謚して之れに賜うこと、諸侯の策の如くす。三公罪を以て免ずるときも亦策を賜う。文體は上の策の如くにして隷書し、尺一の木を以て兩行す。唯此れのみ異と爲すなり。

制書は、帝者の制度の命なり。其の文に三公に制詔すと曰う。赦令、贖令の屬是れなり。刺史、太守相い劾奏し、下土に申し、文書を遷すときも、亦之の如し。其れ徵されて九卿と爲り、若しくは京師の近臣に遷れば、則ち官を言い、姓名を具言す。其れ免ぜられ若しくは罪を得れば、姓無し。凡そ制書には印使符有り。遠近に下すに皆璽もて封じ、尙書令の印もて重封す。唯赦令、贖令のみは、三公を召し、朝堂に詣らしめて制書を授け、司徒の印もて封じ、露布して州郡に下す。

詔書は、詔は誥なり。三品有り。其の文に某官某に告ぐ、故事の如くせよ、と曰うは是れ詔書と爲す。群臣奏請する所有り、尙書令之れを奏し、有司に下すを制と曰い、天子之れに答えるに可と曰う。若し某官に下して云云とあるも、亦詔書と曰う（下略）。

戒書は、刺史、太守及び三邊の營官を戒敕す。敕を被る文に、詔有りて某官を敕すと曰えば、是れ戒敕と爲すなり。世皆此れを名づけて策書と爲す。之れを失すること遠し(2)。

これによると策書、制書、詔書、戒書それぞれに書式や用途が異なり、また書寫される材料や書體などについても細かい規定のあったことが知られる。このことは一見、漢代のそうした制詔の復元を可能にし、また制詔の具體例を知りうるかのようではあるが、現實には困難な多くの障碍が横たわっている。その理由は、先ず書寫される材料とか或は書體といっても、完全にオリジナルなものが殆んど残っていない現在からすると、これが分類の規準にならないことは言うまでもない。そこで次の規準として書式や命令の内容があるが、書式についても現存の文獻には節略や改變があって、必ずしも當時のものを忠實に傳えているとは言えず、同様に石刻も貴重な資料ではあるが、原石が破損するなどで不完全なものが多い。また内容から言っても、先にあげた『獨斷』に、たとえば策書は諸侯王を封じたり三公を任命するときに用いるとか、制書は赦令を發布するときに用いるなどのように、一例として擧げられているものはよいとしても、それ以外は全く手がかりをつかむことができないという缺陷をもっている。このように見てくると、今日という時點において實際に『獨斷』の記事にもとづいて漢代の制詔を分類することは、ほとんど不可能に近い困難さがある。

ところで、こうした困難を克服して文獻その他の資料から制詔を丹念に集めて復元し、その形態と内容の両面から新しく漢代の制詔の分類を試みたのが、大庭脩氏である。氏は自身の詔書研究を集大成した「漢代詔書の形態について」において(3)、それを第一、第二、第三の三形式に分類された。先ず第一形式であるが、これは皇帝が自發的な意志により一方的に出される命令で、内容的には官僚に政治の方針や心得を示す場合とか、また特定の官僚に封爵、存問などの恩典を與えたり、また一般庶民に赦とか民爵、復除といった恩典をほどこす場合に主として用いられるもので、特徴的な文辭としては「布告天下使明知朕意」とか「以稱朕意」が擧げられている。たとえば景帝後二年の「二千石に職を修む」べきことを戒めた詔とか、元帝初元元年の「使を遣わして天下を循行せしむる」詔が、これに該當する。第二形式は、官僚が委任されている權限内で自己の職務を遂行するために發意して獻策し、皇帝がそれを認可した結果、皇帝の命令として發布されるもので、「制曰可」という文言をもつことを特徴とする。この形式に屬するものとしては、たとえば『隷釋』に見える「孔廟置守廟百石卒史」の碑の詔、居延出土の元康五年の兵を寢め水火を改める行事に關する詔がある。(4) この第一形式と第二形式が漢代の制詔の基本形と言うべきものであるが、更にこの兩形式を併用したものとして第三形式をあげる。すなわち氏の言う第三形式とは、皇帝自らの意志で命令を下すが、下命の對象は一部の特定官僚に限られ、それら特定官僚の答申を必要とする場合で、皇帝の下命が第一形式でなされ、答申が第二形式をとり、兩者が合して一つの詔を構成するものである。これを内容から言えば、一つには政策に關する意見を官僚から徵するとき、二つには政策の大綱或は皇帝の意志の指向を示し、その實現のための詳細な立法を官僚に委託するときで、特に後者の場合には下命する第一形式の詔の末尾に「具爲令」、「議爲令」、「議著令」の文言をもつことを特徴とする。『漢書』刑法志に載す文帝の肉刑廢止の詔、及び武帝の博士弟子員設置の詔などが、その一例として擧げられている。そして結論として、第一形式は『獨斷』に言うところの制書であり、第二形式は詔書の一形態であるとし、したがって第三形式は制書と詔書の複合形であるとすると共に、漢代の立法は第一形式及び第三形式によってなされたことを論證した。

以上の大庭氏の研究で特に重要なのは、いわゆる第三形式の詔である。すなわち政策の決定並に立法には先ず特定の官僚に對して答申を求め、彼らの答申に對して皇帝が裁可を下した時、それは直ちに制詔としてまた法令として效力を發するという點である。これによれば、政策とか立法といった國政の基本方針の決定には、ほとんどすべてが官僚の協議をへる建前になっていたわけで、朝廷における官僚の集議は單にこれのみに止まらないが、とりわけこの點に漢代の集議のもつ重要性と意義が認められ、それは同時に、漢代の政治の一つの大きな特徴を示すものである。

漢代の集議の重要なことは以上の通りであるが、ではこうした集議は一體どのように行われたのであろうか。その典型は『史記』三王世家に見ることができる。三王世家は武帝の三皇子を諸侯王に封ずるにいたる顚末を記したもので、最初、大司馬霍去病が皇子の位號を定めるべきことを上疏してから、高級官僚による集議が開かれ、最後に諸侯王の位が決定するまでの上奏と批答の往復が記録されていて、制詔が發布される過程、それはとりもなおさず漢代における立法過程ひいては政治の遣り方を如實に示す恰好の資料である。三王世家については、また大庭脩氏の古文書學よりするユニークな研究があり(5)、そこでは全體を文書の種類によっていくつかに區分し、各文書について詳細な說明がほどこされている。しかし同氏の研究の重點は、あくまでも文書の形式におかれており、集議という觀點からは餘り觸れられていない。そこでここに再び三王世家の全文を擧げ、ついで本文に卽しながら集議という點を中心に若干の說明を加えることにする。ただ相互の對照に便利なように、大庭氏の區分をそのまま踏襲することにした。

A　大司馬臣去病昧死再拜し、皇帝陛下に上疏す。陛下過ちて聽き、臣去病をして罪を行間に待たしむ。宜しく邊塞の思慮を專らにし、骸を中野に暴すべきも、以て報いること無きに、乃ち敢て他議を惟い、以て事を用いる者を干《おか》さんとす。誠に見るに、陛下、天下を憂勞し、百姓を哀憐し、以て自ら忘れ、膳を虧《か》き樂を貶《しりぞ》け、郎員を損ず。皇子、天に賴り、能く衣に勝えて趨拜するも、今に至るまで號位師傅の官無し。陛下、恭讓して恤《あわれ》まず。群臣私かに望むも、敢て職を越えて言わず。臣竊かに犬馬の心に勝えず。昧死して願わくは、陛下、有司に詔し、盛夏の吉時に因り、皇子の位を定めんことを。唯だ陛下、幸に察せよ。臣去病昧死再拜し、以て皇帝陛下に聞す。

B　三月乙亥、御史臣光守尚書令、未央宮に奏す。

C　制して曰わく、御史に下せ。

D　六年三月戊申朔乙亥、御史臣光守尚書令、丞非、御史に下す。書到らば言《もう》せ。

E　丞相臣青翟、御史大夫臣湯、太常臣充、大行令臣息、太子少傅臣安行宗正事、昧死して上言す。大司馬去病上疏して曰わく、陛下過ちて聽き、臣去病をして罪を行間に待たしむ。宜しく邊塞の思慮を專らにし、骸を中野に暴すべきも、以て報いること無きに、乃ち敢て他議を惟い、以て事を用いる者を干さんとす。誠に見るに、陛下、天下を憂勞し、百姓を哀憐し、以て自ら忘れ、膳を虧き樂を貶け、郎員を損ず。皇子、天に賴り、能く衣に勝えて趨拜するも、今に至るまで號位師傅の官無し。陛下、恭讓して恤まず。群臣私かに望むも、敢て職を越えて言わず。臣竊かに犬馬の心に勝えず。昧死して願わくは、陛下、有司に詔し、盛夏の吉時に因り、皇子の位を定めんことを。唯だ陛下、幸に察せよ、と。制して曰わく、御史に下せ、と。臣謹んで中二千石、二千石の臣賀等と議す。古に地を裂き國を立て、諸侯を並建し、以て天子を承くるは、宗廟を尊び社稷を重んずる所以なり。今臣去病上疏し、其の職を忘れず、因りて以て恩を宣べ、乃ち天子卑讓して自ら貶け、以て天下を勞するを道《い》い、皇子の未だ號位有らざるを慮る。臣青翟、臣湯等、宜しく義を奉じ職に遵うべきも、愚憧にして事に逮ばず。方今盛夏の吉時なり。臣青翟、臣湯等昧死して、皇子臣閎《こう》、臣旦《たん》、臣胥《しょ》を立てて諸侯王と爲さんことを請う。昧死して立つる所の國名を請う。

F　制して曰わく、蓋し聞くに、周八百を封じ、姫姓並び列するも、或は子男附庸あり。禮に支子は祭らずと。諸侯を並び建つるは、社稷を重んずる所以と云うは、朕これを聞く無し。且つ天は君のために民を生ずるには非ざるなり。朕の不德、海內未だ洽《あまね》からざるに、乃ち未だ教成らざる者を以て、彊いて連城に君とす。卽ち股肱何ぞ勸めんや。其れ更めて議し、列侯を以て之れを家とせしめよ。

G 三月丙子、未央宮に奏す。

H 丞相臣靑翟、御史大夫臣湯昧死して言《もう》す。臣謹んで列侯臣嬰齊・中二千石・二千石臣賀・諫大夫・博士臣安等と議す。曰わく、伏して聞くに、周八百を封じ、姫姓並び列し、天子を奉承す。康叔は祖考を以て顯われ、而して伯禽は周公を以て立ち、咸《み》な建國の諸侯と爲り、相・傅を以て輔と爲り、百官憲を奉じ、各おの其の職に遵い、而して國統備われりと。竊かに以爲えらく、諸侯を並び建つるは社稷を重んずる所以とは、四海の諸侯、各おの其の職を以て貢祭を奉ずればなり。支子、宗祖を奉祭するを得ざるは禮なり。封建して藩國を守らしむるは、帝王の德を扶け化を施す所以なり。陛下、天統を奉承し、明らかに聖緒を開き、賢を尊び功を顯らかにし、滅びたるを興し絶えたるを繼ぎ、蕭文終の後を酇に續がしめ、群臣平津侯等を褒厲し、六親の序を昭らかにし、天施の屬を明らかにし、諸侯王封君をして私恩を推して、子弟に戶邑を分かつを得しめ、號を錫いて尊建すること百有餘國なり。而るに皇子を家して列侯と爲せば、則ち尊卑相い踰《こ》え、列位序を失い、以て統を萬世に垂るる可からず。臣請うらくは、臣閎、臣旦、臣胥を立てて諸侯王と爲さんことを。

I 三月丙子、未央宮に奏す(6)。

J 制して曰わく、康叔は親屬十有り、而して獨り尊きは、有德を褒むるなり。周公は天を祭り郊を命ぜらる。故に魯に白牡騂剛の牲有り。群公毛せざるは、賢と不肖の差なり。高山は之れを仰ぎ、景行は之れに嚮《むか》う。朕甚だこれを慕う。未だ成らざるを抑うる所以なり。家するに列侯を以てすれば可なり。

K 四月戊寅、未央宮に奏す。

L 丞相臣靑翟、御史大夫臣湯、昧死して言す。臣靑翟等、列侯・吏二千石・諫大夫・博士臣慶等と議し、昧死して奏し、皇子を立てて諸侯王と爲さんことを請う。制して曰わく、康叔は親屬十有り、而して獨り尊きは、有徳を褒むるなり。周公は天を祭り郊を命ぜらる。故に魯に白牡騂剛の牲有り。群公毛せざるは、賢と不肖の差なり。高山は之れを仰ぎ、景行は之れに嚮う。朕甚だこれを慕う。未だ成らざるを抑うる所以なり。家するに列侯を以てすれば可なり、と。臣青翟、臣湯、博士臣將行等、伏して聞くに康叔は親屬十有り。武王は體を繼ぎ、周公は成王を輔け、其の八人は皆祖考の尊を以て、建てられて大國と爲る。康叔の年は幼なり。周公は三公の位に在り、而して伯禽は國に魯に據る。蓋し爵命の時、未だ成人に至らず。康叔は後に祿父の難を扞ぎ、伯禽は淮夷の亂を殄《た》てり。昔、五帝は制を異にし、周の爵は五等、春秋は三等なり。皆時に因って尊卑を序す。高皇帝は亂世を撥《おさ》め、これを正に反《かえ》し、至徳を昭らかにし、海内を定め、諸侯を封建し、爵位は二等なり。皇子或は繦緥に在りて、而も立ちて諸侯王と爲り、天子を奉承す。萬世の法則たれば、易《か》う可からず。陛下、躬《みずか》ら仁義に親しみ、體に聖徳を行ない、文武を表裏にし、慈孝の行を顯らかにし、賢能の路を廣め、内に有徳を褒め、外に彊暴を討ち、極《とお》く北海に臨み、西は月氏に湊《いた》り、匈奴西域は國を擧げて師に奉ず。輿械の費は民に賦《ふ》せず、御府の藏を虚しくして以て元戎を賞し、禁倉を開きて以て貧窮を賑わし、戍卒の半ばを減ず。百蠻の君、風に鄉《むか》い流を承けて意に稱わざるは靡く、遠方殊俗、譯を重ねて朝し、澤、方外に及ぶ。故に珍獸至り、嘉穀興り、天應甚だ彰《あき》らかなり。今諸侯の支子、封ぜられて諸侯王に至る。而るに皇子を家して列侯と爲さんとす。臣青翟、臣湯等、竊かに伏して之れを執計するに、皆以爲えらく、尊卑序を失い、天下をして望を失わしむ。不可なりと。臣請うらくは、臣閎、臣旦、臣胥を立てて諸侯王と爲さんことを。

M　四月癸未、未央宮に奏す。

N　中に留めて下さず。

O　丞相臣青翟、太僕臣賀行御史大夫事、太常臣充、太子少傅臣安行宗正事、昧死して言す。臣青翟等前に奏すらく、大司馬臣去病上疏して皇子に未だ號位有らざるを言い、臣謹んで御史大夫臣湯・中二千石・二千石・諫大夫・博士臣慶等と、昧死して皇子臣閎等を立てて諸侯王と爲さんことを請えり。陛下、文武を譲り、躬《みずか》ら切にし、皇子の未だ教えざるに及ぶ。群臣の議、儒者其の術を稱し、或は其の心に誖《もと》る。陛下、固く辭して許さず、皇子を家して列侯と爲さんとす。臣青翟等竊かに列侯臣壽成等二十七人と議するに、皆曰わく、以爲うに尊卑序を失うと。高皇帝、天下を建てて漢の太祖と爲り、子孫を王とし、支輔を廣む。先帝の法則、改めざるは、至尊を宣《の》ぶる所以なり。臣請うらくは、史官をして吉日を擇び禮儀を具えて上らしめ、御史をして輿地圖を奏せしめん。他は皆前の故事の如くせん。

P　制して曰わく、可なり。

Q　四月丙申、未央宮に奏す。

R　太僕臣賀行御史大夫事、昧死して言す。太常臣充言すらく、卜《ぼく》するに、四月二十八日乙巳に入れば、諸侯王を立つ可しと。臣昧死して輿地圖を奏す。立つる所の國名を請う。禮儀は別に奏せん。臣昧死して請う。

S　制して曰わく、皇子閎を立てて齊王と爲し、旦を燕王と爲し、胥を廣陵王と爲さん。

T　四月丁酉、未央宮に奏す。

U　六年四月戊寅朔癸卯、御史大夫湯、丞相に下す。丞相は中二千石、二千石に下し、郡太守、諸侯相に下せ。書を承けて事に從い、當に用うべき者に下すこと、律令の如くせよ。

V　維れ六年四月乙巳、皇帝、御史大夫湯をして廟に子閎を立てて齊王と爲さしめて曰わく、於戲《ああ》、小子閎よ、茲《こ》の青社を受けよ。朕、祖考を承け、維れ古を稽《かんが》え、爾の國家を建て、東土に封ず。世よ漢の藩輔と爲れ。於戲、念えよ哉。朕の詔を恭めよ。惟れ命は常に于てせず。人の德を好むは、克く明らかにして顯光なり。義を之れ圖らざれば、君子をして怠らしむ。爾の心を悉し、允に其の中を執らば、天祿永く終えん。厥れ愆《あやまち》有りて臧《よ》からざれば、乃ち而《なんじ》の國に凶あり、爾の躬に害あらん。於戲、國を保ち民を乂《おさ》むるは、敬《つつし》まざる可けんや。王其れ之れを戒めよ。

W　右は齊王の策なり。[7]

この後に燕王旦、廣陵王胥に賜う策書の文がつづくが、以下省略する。

先ずAは大司馬の霍去病が、武帝の皇子である閎、旦、胥の三人の位を定めることを有司、すなわち當該擔當官に下命するよう皇帝に要請した上疏文である。

Bは三月乙亥、すなわち元狩六年三月二十八日に御史で尙書令心得の光が、右の霍去病の上疏を未央宮で奏上したという記録である。

Cは霍去病の上疏に對して、御史に下して協議せしめよという皇帝の命令である。「下せ」とか「下す」とは、實際には上疏を下げ渡して協議にかけることを命令したものであるが、一般には皇帝が當該問題について評議することを命令する文辭とみてよい。同樣な文辭としては「其の議を下す」「某官に下して議せしめよ」とか或は「某官、某官と議せよ」といった用例がある。

Dは皇帝の制Cを尙書が取りつぎ、尙書令と丞との連名で霍去病の上疏文を御史に下げ渡し、「書到らば言《もう》せ」として、覆奏を求めた命令である。B・Dによって臣下からの上奏や皇帝の命令はすべて尙書を經由していることがわかるが、このことは尙書がいかに樞要な地位にあったかを物語るものである。三月乙亥はBと同じ二十八日である。上疏文は尙書令が皇帝の前で讀みあげるものであったらしい。武帝は未央宮で尙書令の讀みあげる霍去病の上疏を聞き、即座にCの制を發したものであろう。BからDまでは同日のうちに處理されている。

Eは D をうけて丞相莊靑翟、御史大夫張湯、太常趙充、大行令李息、太子少傅で宗正を兼任する任安の五人の連名で、霍去病の上疏を中二千石、二千石らと協議した結果を覆奏したもの。霍去病の上疏を支持し、三皇子を立てて諸侯王に封ずることを進言している。丞相・御史大夫は行政上の最高責任者であり、太常は宗廟や儀禮を掌るもの、大行令のちの大鴻臚は諸侯や歸順した蠻夷を掌るもの、宗正は宗室のこと一切を掌るもので、いずれも諸侯王の封建に關しては特に關係が深く、中二千石・二千石をまじえた集議の代表者として名を連ねているのである。Gの「三月丙子、未央宮に奏す」をはじめ、以下K・M・Q・Tの同類の記載はBの形式を省略したもので、いずれもその前の奏、すなわちGの場合で言えばこのEの覆奏が尙書によって未央宮にて奏上された日附の記録である。尙書が文書を整理する段階で書いたものと推測されているが、或は日附を書いた楬《けつ》のようなものを奏の簡牘に附したものであろうか。Gの三月丙子は三月二十九日に當たる。三皇子を諸侯王に封ずる件について協議せよとの皇帝の制が發せられたのが乙亥の二十八日であったから、翌日には協議の結果を奏上していることになる。

Fより以下Oまでは皇帝の批答と群臣の上奏の往復である。FはEの上奏に對して、皇子を王とするのは不適當であり、列侯とするよう更めて協議せよとの皇帝の命令である。HはFをうけて、Eでの參議者のほかに更に列侯・諫大夫・博士らを加えて協議し、再び諸侯王に立てることを奏請したもの。Kの四月戊寅は四月一日に當たる。前回の上奏Eからなか一日おいて再び覆奏したものである。

JはHに對して、あくまでも皇子は列侯でよいという制。

Lは重ねて諸侯王に封ぜんことを請う上奏である。Mの四月癸未は六日に當たり、前回の上奏Hからなか四日を經過している。このことは皇帝と群臣との意見の對立から皇子封建問題が膠着狀態にきたことを示すものであるが、群臣の強い要請に對して皇帝の批答が遲れたことに原因するようである。果たしてLの上奏はNに「中に留めて下さず」とあるように、皇帝のもとに留めおかれたまま、まったく返事がかえってこなかった。

そこでOでは更めて三皇子を諸侯王に封ぜられんことを列侯ら二七人の合意として奏請し、かつ封建に關する具體的な手續について進言している。Qに四月丙申とあるから四月十九日のことである。

Pにおいてはじめて「可なり」として皇帝の裁可が下り、この時點で三皇子を諸侯王に封ずることが決定したわけである。

RはPの決定にもとづいて具體的な手續の段階に移行する。すなわち太常の職務に屬する封建の日どりの報告を御史大夫が取りついで上奏し、併せて封建される國名の指示を奏請したものである。Tの四月丁酉は二十日で、Oの上奏があった翌日に當たっており、O・P・Rと非常にすみやかに行われたことがわかる。

SはRに對する具體的な皇帝の命令で、ここにおいて閎は齊王、旦は燕王、胥は廣陵王となることが正式に確定したことになる。このRとSは大庭氏のいわゆる制詔の第二形式に屬するものである。

Uは四月二十八日に三皇子を諸侯王に封ずるという皇帝の命令を通達し、萬事に手ぬかりがないよう中央や地方の各官署に下命する執行命令で、四月癸卯すなわち二十六日に御史大夫から發せられている。

Vは齊王に賜った策書の全文である。

以上が三王世家の內容の概略であるが、今全體をまとめてみると、先ずAで上疏があり、Cで皇帝から協議せよとの命令が下り、これをうけてFからOまで上奏と批答がくりかえされ、ついにPの「制して曰く可なり」として決定が下され、R以下はその決定にもとづく具體的な手續という構成になっている。全體に複雜な形をとってはいるが、P以前は大庭氏の制詔の分類から言えば、いわゆる第三形式に當たるもので、全體が長文のために實際にはO・Pで一つの制詔として發布されたものであろう。

このように『史記』三王世家は全體が公文書によって綴られている非常に特異な一篇であるが、われわれはこれによって漢代における制詔發布の過程、もしくは立法から實施に移される仕組みについて詳細に知ることができるのである。そして既に見てきたように、この中で丞相・御史大夫・太常・大行令・宗正の五官を中心に、たとえばEの「臣謹んで中二千石・二千石の臣賀らと議す」とか、Hの「臣謹んで列侯臣嬰齊・中二千石・二千石臣賀・諫大夫・博士臣安らと議す」などとあるのが、本論でとりあげようとする集議、すなわち漢代の朝廷における高級官僚會議に外ならない。この場合に、Eでは中二千石・二千石が集議に加わっているのに對し、Hになると更に列侯をはじめ諫大夫・博士らが參議しているのは、諸侯王に封ぜよという群臣の上奏に對して、Fの制で「諸侯王は適當でない。列侯とすることを議せよ」と命令されたためであり、議事の内容によって適宜に關係者ないし專門家の意見を幅廣く取りいれていく仕組みも、またうかがうことができる。そして重要なことはPにおいて明らかなように、こうした集議の結果上奏した群臣の意見は、裁可されるとそのまま法として效力を發するわけであって、この點にこそ漢代集議のもつ大きな意味を認めることができるのである。

ただここで一つ注意しなければならないのは、集議召集權の問題である。三王世家ではCの「御史に下せ」という制すなわち皇帝の命令をうけて開催されているように、一般にこの種の集議を開くためには「下せ」「下す」とか「議せよ」という皇帝の命令を必要とした。そのため若しも臣下において集議したいことがあれば、豫めそのことを上奏して裁可をうけなければならず、(8)これに違反すれば「ほしいままに高官を召して集議した」かどで罪の對象となった。(9)このことはこの種の漢代の高級官僚會議が、あくまでも諮問機關として機能していたことを示すものである。

二　集議の諸形態

前節において、漢代の制詔と集議との關係を『史記』三王世家に例をとって見てきた。そこでは集議が制詔もしくは立法と不可分の關係にあったことが明らかとなった。しかしこの三王世家に見られる集議は、あくまでも漢代集議の一形態にすぎず、この外にも參議者とか議事内容によって、或はまた集議の場所とか時代などによって集議には更にいくつかの形式があった。そこで本節では、こうした漢代の集議の諸形態について考えていくことにしたい。

先ず漢代の朝廷の集議は、それに皇帝が參加するかしないかによって、（一）朝議と（二）廷議の二つに大きく分けることができる。

（1）朝　議

朝議の事例としては次のようなものがある。

時に方めて西南夷と通じ、巴蜀之れに苦しむ。詔して〔博士〕弘を使わしてこれを視しむ。還りて事を奏し、盛んに西南夷は用いること無しと毀《そし》る。上聴かず。朝ごとの會議に其の端を開陳し、人主をして自ら擇ばしめ、肯《あえ》て面折庭争せず[10]。（『漢書』公孫弘傳）

建始三年秋、京師の民、故なくして相い驚き、大水至ると言う。百姓奔走して相い蹂躙し、老弱號呼し、長安中大いに亂る。天子親ら前殿に御し、公卿を召して議す[11]。（『漢書』王商傳）

前者は定例の朝における會議の例であり、後者は臨時に召集して開かれた朝議の例である。漢代の朝は、毎月の朔日と歳首に諸侯王以下吏六百石以上の者が奉賀する大朝（賀朝）の外に五日に一度の治朝があり、丞相以下百官が參内して各自の職務についての報告を行った。その折に、意見を述べたり、また會議が開かれたことは、公孫弘の傳に見えるとおりである。しかし朝議で重要なのは、このような定例のものではなく、臨時に召集された場合である。王商傳の例は、妖言によって人心が動揺し、都長安が大混亂に陥ったときに特に公卿を召集して開かれたものである。また

たまたま單于當に來朝すべきに、使を遣わして病と言い、明年に朝せんことを願う。〔光祿大夫〕躬、是に因りて上奏して以爲えらく、單于は當に十一月を以て入塞すべし。後れて病を以て解と爲すは、疑うらくは他變有るならん。……書もて奏す。上、躬を引見し、公卿・將軍を召して大いに議せしむ。(12)（『漢書』息夫躬傳）

とあるのは、匈奴單于が病氣を理由に來朝を一年延期してほしいと申し出てきたのは何か下心があるに違いないとの上奏をうけ、これまた特別に公卿や將軍を召集して開かれた朝議の例である。妖言による社會不安とか匈奴の謀反の氣配といった問題は、いずれも緊急の大事であり、臨時の朝議は、皇帝がこのような國家の大事に對處するために直接に群臣の意見を聽取しようとする目的をもって開かれるものである。元帝の永光二年、隴西の羌が反亂したとき、また成帝の晩年、立太子の問題をめぐって、いずれも丞相・御史大夫・大司馬車騎將軍・右將軍・後將軍又は左將軍が禁中に招かれて集議したいわゆる五府の會議は、こうした朝議の特殊なケースと言うべきものである。(13)

政治の方針を示す時などに用いられるという大庭氏のいわゆる第一形式の制詔すなわち制書は、恐らくはこうした朝議の論議が背景になることもあったと考えられる。また臨時の朝議の參議者は、公卿および將軍が中心で、定例の朝の有資格者全員が參加したものでないことは、先の事例から見て明らかである。

このように朝議は群臣の意見を直接に聽取することを主たる目的として、皇帝臨席のもとに開催されるものである

が、しかし漢代における朝廷の集議で特に注目すべきものは、次のいわゆる廷議である。

（2）廷　議

ここで廷議と言うのは、前節で分析した『史記』三王世家に見られるような集議の形態を言う。[14] すなわち廷議とは、基本的には皇帝が政治上もしくは政策上の問題を群臣に示し、群臣はそれをうけて協議し、結果を上奏という形で答申するやり方で、若し答申に裁可が與えられたならば、それは直ちに皇帝の命令として效力をもつ、極めて重要な集議である。したがってこれは當然、皇帝を除外した場所で開かれることになる。昌邑王賀の廢位と宣帝擁立の廷議が未央宮で行われたことは有名な事實であるが、『周禮』地官の稾人の鄭玄注に「今、司徒府中に百官朝會の殿あり云々」と見え、恐らく未央宮のほかに外朝の總元締めである司徒府すなわち丞相府中の朝會の殿が、廷議の主たる議場であったと思われる。これは廷議の主議者が多く丞相であったことと關係がある。[15]

また廷議に參加する者としては、丞相、御史大夫を中心に太尉（大司馬）、大將軍、將軍、宗室、諸侯王、列侯、中二千石（太常、光祿勳、衞尉、太僕、廷尉、大鴻臚、宗正、大司農、少府、執金吾など）、二千石（太子太傅、太子少傅、將作大匠、詹事、大長秋、典屬國、水衡都尉、司隷校尉、京兆尹、左馮翊、右扶風など）、大夫、博士、議郎などがあり、廷議に附される議事としては、たとえば『西漢會要』集議の項に立君、儲嗣、宗廟、郊祀、典禮、封建、功賞、民政、法制、同姓、大臣、邊事、其の他に大別しているのが參考になる。徐天麟の分類の中には朝議のケースも含まれており、必ずしも廷議だけに限ったものではないが、ごく大ざっぱに言っても、國家の主要な問題が國の樞要な地位にある人たちによって公の討議にかけられていたことを知る。しかしこれはあくまでも概括的な表現にすぎず、議事と參議者との具體的な關係については、改めて檢討しなければならない。すなわち、あらゆる廷議に上述の參議者がすべて參加したかどうかという問題であるが、この點の解明は單に廷議の實態を明らかにするというに止まらず、廷議のよって來たる傳統的な性格を明らかにする上において、重要な鍵を提供するものと考える。

廷議の參議者と議事の關係については、先ず陶希聖氏は「議事の範圍と參議人員には定まった法律制限はなく、全て皇帝の詔敕によって決定する」と言い[16]、楊樹藩氏は「詔敕によって參議者を指定する場合と、指定しない場合とがある。後者の場合は丞相が決める」としている[17]。陶氏のごとく參議者がすべて詔敕によって決定されるというのは誤りで、このことは先に引用した『史記』三王世家の例からみても明らかである。その點、楊氏の指摘が事實に近いようである。しかし楊氏においても、參議者を指定しないときは丞相が決めるというが、その場合にいっさいが丞相にまかされていたかどうかは疑問である。貝塚茂樹氏は、すべて慣習法に従って運營されていたという見解である。參議者が決定していないときには主議者たる丞相が勝手に決めるのではなく、そこには基本的なルールのようなものがあったと考えられる。『漢書』平當傳に成帝の時のこと昌陵の工事の中止をめぐるいきさつを述べて

衛尉淳于長、白して言えらく、昌陵は成る可からずと。有司に下して議せしむ。〔平〕當以爲えらく、作治すること連年、遂には就す可しと。上既に昌陵を罷む。〔淳于〕長の首めて忠策を建てたるを以て、復た公卿に下して長を封ずることを議せしむ[18]。

とあり、ここには「有司に下して議せしむ」と「公卿に下して議せしむ」のように異なる二種の廷議の形式が見えている。私見よりすれば、廷議はその參議者によって、それはとりもなおさず協議される内容によって有資格者全員――あくまでも原則としてである――による集議と、有司の議とに大別される[19]。

イ　有資格者全員による集議

公卿の議　有資格者全員による集議を代表するのは公卿の議であり、これはまた廷議の中で最も基本となるものである。この場合の公卿であるが、韓延壽傳に御史大夫蕭望之が、かつて彼を劾奏した延壽を逆に官物横領、公費の不正使用等で彈劾したときのこと、處罰の公正を期するために特に丞相、中二千石、博士に延壽の罪を議することを願い出たところ、願いはとりあげられて「事、公卿に下された」とある。[20] これによれば、公卿の中には丞相、中二千石のほかに博士が含まれている。また公卿の議に明らかに大夫や議郎が參議しているケースがあり、[21] 公卿が單にいわゆる三公九卿を指すものでないことは確かである。ではいったい公卿の議における公卿とはどの程度の範圍のものを指すのかということになるが、その構成員は漢の官僚制の發展、官僚機構の完備に伴って變化してきている。すなわち、漢初においては主として諸侯王、相國（丞相）が中心で、それに列侯が加わり、時に二千石も加えられることもあった。

〔十一年〕王・相國に詔して立てて淮南王と爲す可き者を擇ばしむ。[22]　（『漢書』高帝紀）

〔十一年〕詔して曰わく、王・相國・通侯・吏二千石は立てて代王と爲す可き者を擇べ。[23]　（同右）

〔十二年〕諸侯王に詔して立てて燕王と爲す可き者を議せしむ。[24]　（同右）

〔二年〕詔して曰わく、高皇帝は天下を匡飭し、諸て功有る者は皆分地を受けて列侯と爲る。……今、列侯の功を差次して以て朝位を定め、高廟に臧《おさ》め、世世絶ゆること勿く、嗣子に各おの其の功位を襲がしめんと欲す。其れ列侯と議定して之れを奏せよ。[25] 丞相臣平言う。謹んで絳侯臣勃、曲周侯臣商等と議す（下略）。[25]

（『漢書』高后紀）

とあるのがその例である。これに對して二千石や博士の官が常時廷議に參加するようになるのは、およそ文帝ごろのことである。文帝の後元年の詔に

このごろ數年、比《しき》りに登《みの》らず、又水旱疾疫の災有り。朕甚だ之れを憂うるも、愚にして不明、未だ其の咎に達せず、……其れ丞相・列侯・吏二千石・博士と之れを議せよ。(26)

（『漢書』文帝紀）

として丞相、列侯、吏二千石、博士に庶政に對する意見を求めているのが見えている。そしてこれ以後は從來の諸侯王らに代わり、基本的には丞相、御史大夫、列侯、二千石、博士が中心となり、それに大夫、議郎を加えたものが廷議を代表する公卿議の主要な構成メンバーとなったと考えられる。彼らは最初から全員が會議に參加する場合もあれば、問題に應じて全員の參加へと擴大していく場合もあった。『史記』三王世家はまさに後者のケースであり、そうした細部についての判斷はすべて主議者たる丞相の裁量にまかされていたと思われる。ただ議事の內容によっては、以上のほかに專門家や關係者を特別に召集することもあった。景帝元年の詔に

其れ孝文皇帝の廟のために昭德の舞を爲り、以て休德を明らかにして、然るのち祖宗の功德、萬世に施され、永々窮り無し。朕甚だ之れを嘉す。其れ丞相・列侯・中二千石・禮官と禮儀を具にして奏せよ。(27)

（『漢書』景帝紀）

とある禮官や、また成帝の河平年間の詔に

今、大辟の刑、千有餘條あり、律令煩多なること百有餘萬言あり。奇請它比、日び以て益々滋し。其れ中二千石・二千石・博士及び律令を明習する者と、死刑を減じ及び蠲除約省す可きものを議し、較然と知り易からしめて條奏せよ。(28)

（『漢書』刑法志）

と見える中の律令を明習する者などがその例である。しかし公卿の議の中心となる參議者はあくまでも丞相、御史大

夫、列侯、二千石、博士それに大夫、議郎で、その數は三〇人から五〇人程度であった。(29) 丞相、御史大夫と二千石は實際の政治における責任者として加わり、博士や大夫、議郎は古今に通じた學識を以て集議に參加するのである。この中に列侯が入っているのは、彼らは漢と地を分けた侯國の支配者として參加しているのであり、恐らく都長安に留っている列侯はすべて參加することになっていたものであろう。したがって公卿の議すなわち廷議というのは、爲政者の現實的な立場からと學識者の理想的な立場からとの兩者によって論議をつくし、そこに一つの中道を求めんとしたものであると言うことができる。

このような公卿の議にかけられる議題としては、先に引用した諸侯王の封建、庶政に對する意見の聽取、宗廟儀禮などの他に、たとえば

江都王建……其の父の賜う所の將軍の印を佩し、天子の旗を載せて出ず。積むこと數歳、事發覺す。漢、丞相長史を遣わして江都の相と雜案せしむるに、兵器・璽・綬・節の反具を索得す。有司、建を捕えて誅せんことを請う。制して曰わく、列侯・吏二千石・博士と議せよ。(30)（『漢書』江都王建傳）

のように謀反者の罪を決めることもある。また

〔中大夫〕偃、盛んに言う。朔方は地肥饒にして外、河を阻つ。蒙恬は城《きづ》いて以て匈奴を逐い、内に轉輸戍漕を省く。中國を廣くして、胡を滅ぼすの本なり。上、其の説を覽、公卿に下して議せしむ。皆、不便を言う。(31)（『漢書』主父偃傳）

この議は朱買臣の贊成を得て結局朔方郡が設置されることになったが、このような新しい政策の方針を決定するに當たっては、先ず公卿の議が開かれたのである。また外交上の問題も公卿の議の主要な議題であったことは、次の例からも知られる。

〔建元六年〕匈奴來りて和親を請う。上、其の議を下す。大行王恢は燕の人なり、數々邊吏と爲り、胡事に習えり。議して曰わく、漢と匈奴と和親するに、率ね數歳に過ぎずして、卽ち約に背く。許すこと勿く、兵を擧げて之れを撃つに如かず。〔御史大夫〕安國曰わく……今、匈奴は戎馬の足を負み、鳥獸の心を懷き、遷徙鳥集す、得て制し難し……漢、數千里に利を争えば、則ち人馬罷《つか》れん。虜は全を以て其の敝を制す、勢として必ず危殆ならん。臣故に以爲えらく、和親するに如かず。群臣の議、多く安國に附く。是に於て上、和親を許す。(32)

（『漢書』韓安國傳）

以上は、およそ武帝の末年ごろまでの公卿の議に視點をしぼって考察してきた。しかし武帝の沒後より、こうした公卿の議にも一つの變化が生じて來る。すなわち、霍光が遺詔によって幼主昭帝を輔け、大司馬大將軍領尙書事となって國政の實權を掌握するに及んで皇帝の側近に權力が集中し、丞相を中心とする外朝に對して皇帝とその側近による中朝（内朝）が形成されてくるが、(33)このことは當然ながら廷議の上にも大きな變化をもたらした。それは新しく中朝官による集議ができあがるとともに、從來の公卿の議と稱してきた集議が外朝官の集議という性格をもつようになってきたことである。元封三年、謀反罪で處刑された桑弘羊の子遷を匿まった侯史吳の罪をめぐって、時の丞相車千秋が中二千石と博士を未央宮の公車門に集めて會議したところ、大將軍霍光により「擅《ほしいまま》に中二千石以下を召集し、外内言を異にした」として、危く獄につながれそうになった事件がある。(34)これは皇帝もしくはそれに代わる者の許可なくしては集議することができなかったことを示す一つの史料であるが、同時に「外内言を異にす」とあるように、丞相が主議者となった中二千石以下博士の集議、いわゆる公卿の議が、明らかに外朝官による集議として意識されていたことを物語るものである。

昭帝以後、外朝官の集議という性格を帶びてきた公卿の議の主要な議題は、先ず國家の政策ないし施政の方針があげられるが、史料で見る限りにおいては、それは先ず對匈奴など異民族との外交に關するものが多い。

烏孫昆彌翁歸靡、長羅侯常惠に因りて上書し、漢の外孫元貴靡を以て嗣と爲し、復た少主を尙することを得て結婚内附し、匈奴に畔去せんことを願う。詔して公卿に下して議せしむ。[35]
（『漢書』蕭望之傳）

河平元年、〔復株絫若鞮〕單于、右皐林王伊邪莫演らを遣わし、奉獻して正月に朝せしむ。既に罷め、使者を遣わし、送って、蒲反に至らしむ。伊邪莫演言えらく、降らんと欲す。即し我を受けざれば、我自殺せんと。終に敢て還歸せず。使者以て聞す。公卿に下して議せしむ。[36]
（『漢書』匈奴傳）

そのほか宗廟の儀禮に關するものに

宣帝初めて卽位し、先帝を褒せんと欲す。丞相・御史に詔して曰わく……孝武皇帝……功德茂盛、盡くは宣ぶる能わず。而るに廟樂未だ稱わず、朕甚だこれを悼む。其れ列侯・二千石・博士と議せよ。是に於て群臣大いに廷中に議す。[37]
（『漢書』夏侯勝傳）

とあるのは、景帝のときに文帝廟の禮儀を定めたケースと同樣であり、また韓延壽と陳湯が郅支單于を斬ったとき「公卿に詔して封ずることを議せしむ」とか、或はまた廣川王去の暴虐な行爲の數々に對して有司が王を誅することを奏請したとき「制して曰わく、列侯・中二千石・二千石・博士と議せよ」[38]とあって、功賞や王の謀反に對する判決が公卿の議にかけられているのも、從來と同樣であった。また本始四年の天災に際しては、丞相、御史大夫以下列侯、中二千石に對して庶政に對する忌憚のない意見をのべるよう求められている。[39]

以上、廷議を代表する公卿の議は、昭帝以後になると外朝官の集議としての性格をもつようになるが、しかし協議される問題は既に見てきたように前漢を通じて諸侯王の封建をはじめとする功賞及び諸侯王などの謀反罪に對する判決、宗廟の儀禮、外交問題並びに庶政に對する方針などが主たるものであった。これらはいずれも國家の最重要問題ばかりである。こうした國家の重要事項が、たとえ皇帝の諮問という形をとるにしろ、すべて公卿による公の集議にかけられていることは、特に注目しなければならない。

中朝官の議　昭帝以後、中朝の形成に伴って中朝官による集議が現われてくることは先に述べたところであるが、これが史料に見えるのは、成帝の時のこと

司隷校尉涓勳奏して言すらく……臣幸に使を奉ずるを得、公卿以下を督察するを以て職と爲す。今、丞相〔薛〕宣は掾史を遣わし、宰士を以て天子の使命を奉じたる大夫を督察せんことを請う。甚だ逆順の理に誖《そむ》く。……願わくは中朝の特進列侯・將軍以下に下し、國の法度を正されよ。議者以爲えらく、丞相の掾は宜しく移書して司隷を督趣すべからず(40)。（『漢書』翟方進傳）

とあるように、司隷校尉からの丞相を彈劾する上奏をうけて中朝の官に特進の列侯、將軍らを加えて開かれたのが最初である。また哀帝のときに、丞相朱博と御史大夫趙玄が、傅太后の意をうけた傅晏のさしがねで高武侯傅喜を彈劾した一件について

上、傅太后素より常に〔傅〕喜を怨むを知り、疑うらくは〔朱〕博・〔趙〕玄が指を承けしならんと。卽ち玄を召し、尚書に詣らしめて狀を問わしむ。玄、辭服す。左將軍彭宣に詔有りて、中朝者と雜問せしむ。宣ら劾奏すらく、博は宰相、玄は上卿、晏は外親を以て封ぜられ、位は特進なり。股肱の大臣にして上の信任する所なるも、誠を竭して奉公し、務めて恩化を廣め、百寮の先と爲るを思わず……博は左道を執り、上の恩を虧損して以て信を貴戚に結び、君に背きて臣に鄕い、政治を傾亂す。姦人の雄なり。下に附きて上を罔《な》みす、臣たりて不忠不道なり。玄は博の言う所、法に非ざるを知るも、義を枉げて附從す。大不敬なり。晏は博とともに喜を免ぜんことを議す。禮を失して不敬なり。臣請うらくは、謁者に詔し、博・玄・晏を召して廷尉の詔獄に詣らしめよ。

制して曰わく、將軍・中二千石・二千石・諸大夫・博士・議郎と議せよ。右將軍蟜望ら四十四人以爲えらく、宣らの言の如く許す可しと。諫大夫龔勝ら十四人以爲えらく……宜しく博と玄は同罪なるべし、罪みな不道なり。上、玄の死罪三等を減じ、晏の戸四分の一を削り、謁者に節を假し、丞相を召して廷尉の詔獄に詣らしむ。博自殺す(41)。

（『漢書』朱博傳）

とある。この朱博と同様なケースは、いずれも哀帝のときの丞相である王嘉と師丹の場合にも見られる。すなわち王嘉は、免官させられたもと廷尉の梁相らを推擧したところ、帝の怒にふれて「事、將軍・中朝者に下」され、「廷尉の詔獄に詣らしめよ」という中朝の奏請をうけて更に「驃騎將軍・御史大夫・中二千石・二千石・諸大夫・博士・議郎の議」にかけられて獄につながれたものであり(42)、師丹は奏事を漏泄した罪で將軍と中朝の臣による集議にかけられて策免された(43)。これらは、いずれも皇帝の命令をうけて外朝の責任者であり統轄者である丞相や御史大夫の非違を審議し、その處罰もしくは取り扱いを協議する場として中朝官の議が開かれている。

この中朝官の議に參加するのは、先の例からも明らかなように將軍と中朝の官であった。中朝の官については『漢書』劉輔傳に見える孟康の注に「大司馬、左右前後將軍、侍中、常侍、散騎、諸吏は中朝と爲す」とあるが、『漢書』百官公卿表によると、「侍中、左右曹、諸吏、散騎、中常侍は皆加官なり。加うる所は或は列侯、將軍、卿大夫、將、都尉、尙書、太醫、太官令より郎中に至る。員亡く多くは數十人に至る」とあり、侍中以下は加官で、加官の對象には將軍も含まれているから、孟康の說は必ずしも十分ではない。勞榦氏は侍中、左右曹、諸吏、散騎、常侍、給事中を加官された者及び尙書を以て中朝官としている(44)。ただ加官には更に列侯に加えられる特進とか奉朝請もある。恐らくは將軍のほか、以上の加官を賜わった列侯、卿大夫以下郎中に至るまでの者及び尙書が、中朝官の議の有資格者として參加したものであろう。そして朱博の例でも明らかなように、中朝官の議も公卿の議と同樣に皇帝の命令をうけて開催されており、その限りにおいては中朝官の議もいわゆる廷議の一形式であったと言える。相違點は議事内容にある。すなわち公卿の議が外朝における施政・施策の基本方針について協議するのに對して、中朝官の議は外朝の責任者たる丞相や御史大夫の非違、非法を糾彈する一種の監察機關としての役割をもっていた點にある。ただ、こうした中朝官の議の存在は、中朝の權力が增大すればする程、外朝に對する抑壓機關として働くことは當然のなりゆきであって、先の王嘉と師丹の場合はその色彩が特に濃厚である。

大議　昭帝以後、外朝の公卿を中心とする公卿の議と、中朝官を中心とする中朝官の議の二つの廷議が併存していたことは以上のとおりであるが、では廷議の形式において兩者が一堂に會することがなかったかと言えば、決してそうではない。いわば中朝と外朝の兩朝合同の集議で、楊樹藩氏はこれを大議と呼んでいる(45)。その典型は、昭帝歿後の新帝擁立時、及びこの時迎えられて立った昌邑王賀の廢位と、つづく新帝（宣帝）の擁立という、一連の皇帝の廢立をめぐる集議である。中でも廢位という王朝はじまって以來の重大事件に際しては、內外の實權を握る霍光によって丞相、御史大夫以下諸將軍、列侯、中二千石、二千石、大夫、博士の面々が未央宮に召集され、合議の結果を上奏文にまとめ、皇太后の裁可をうけて昌邑王の廢位を斷行したのである(46)。集議自體には霍光の策謀があり、議場では霍光の息のかかった田延年が劍を按じて參議者に威壓を加えたとはいえ、これは漢代の廷議史上最大の事件であり、形の上では兩朝官合同の大集議であった。こうした例を前漢においてさかのぼれば、文帝擁立のときの集議がある。すなわちここでは丞相陳平、大尉周勃、御史大夫張蒼を中心に大將軍、宗室、諸侯王、列侯に吏二千石の集議によって代王のちの文帝に皇帝の位に卽くことを奏請している(47)。參議者の範圍は公卿の議よりもはるかに擴大されていることは、昌邑王廢位の場合と同じである。しかし會議の形式という點から言えば、後者は公卿の議を擴大したものであり、前者は中外兩朝官合同の大議であった(48)。なお前漢ではこのあと新帝擁立のケースとしては平帝があるが、ここでは太皇太后と王莽とによって進められており、いわゆる大議の傳統は無視されている。また立君を議すること以外にも兩朝合同の大議が開かれている。今、中朝官の議の有力な參議者である將軍が加わっている點に注意して見てみると、元帝の時の郡國の宗廟廢止に關する議及び宗廟の大禮を定める議(49)、或は成帝の時の郊祀の位置設定に關する議(50)などがあるが、中でも先に見てきた中朝官の議において、朱博と王嘉の場合は、その後に將軍を含めた兩朝官の大議がひらかれていることが注目される(51)。これはいずれも丞相を廷尉の詔獄に下せという中朝官の奏請をうけて、皇帝が改めて兩朝官の大議にかけることを命じたものである。立君のほか宗廟、郊祀などの祭祀といった特に國家の最重大事に兩朝の群臣が參議している例から言えば、或は丞相を獄につなぐことが、それらにも劣らぬ最重大事として扱われたことを物語るものか、或は別に意圖があったのか、この點に關しては更に檢討しなければならない(52)。ともあれ昭帝以後、從來の公卿の議が外朝官の議としての性格をもつ一方で、中朝官の議及び兩朝官合同の大議という新しい廷議の形式を生み出した。中朝官の議にしろ兩朝官合同の大議にしろ、いずれも特別な問題に際して開かれる特別な廷議であるが、有資格者が全員集議に加わるという點では、公卿の議と同じ範疇に屬するものである。

なお中朝官議及び兩朝官合同の大議における參加者の數であるが、中朝官議では大體二〇名前後、大議では平帝の時に王莽が主議者となって宣帝の皇考廟について協議した一四七名という記錄は極端で、普通は六〇名前後から九〇名餘りであったと推定される(53)。

ロ　有司の議

次に有司の議であるが、はじめに若干の例を擧げてみよう。前(一二九頁)に衞尉淳于長が昌陵の工事中止を進言したのに對して「有司に下して議せしむ」とある史料を引いたが(54)、その他にたとえば

(1)京兆尹張敞上書して言すらく、國兵外に在り、軍は以て夏を經たり。隴西以北安定以西の吏民を發して、並びに轉輸に給し、田事頗る廢す。素より餘積なければ、羌虜以て破ると雖も、來春の民食は必ず乏しかるらん。窮辟の所なれば、買うにも得る所なし。縣官の穀、度るに以て之れに振するに足らず。願わくは諸の罪あるも、盗み、受財、殺人及び法を犯して赦を得ざる者に非ざれば、皆差を以て穀を此の八郡に入れ、罪を贖することを得しめよ……。事、有司に下す。〔左馮翊〕望之、少府李彊と議して以爲えらく……今、議して利路を開き、以て既成の化を傷《そこな》わんとす。臣竊かに之れを痛むと。是に於て天子復た其の議を兩府に下す。丞相、御史以て張敞を難問す……。遂に敞の議を施さず。[55]

（『漢書』蕭望之傳）

(2)たまたま上書するもの有りて言すらく、古は龜貝を以て貨と爲す。今は錢を以て之れに易う。民故を以て貧し。宜しく幣を改むべしと。上以て丹に問う。丹對えて言わく、改む可しと。章有司に下して議せしむ。皆以爲えらく、錢を行いて以來久し、卒かに變易し難しと。[56]

（『漢書』師丹傳）

(3)宣帝……是の時、美陽〔縣〕より鼎を得て之れを獻ず。有司に下して議せしむ。多くのもの以爲えらく、宜しく宗廟に薦見し、元鼎の故事の如くせんと。[57]

（『漢書』郊祀志）

(4)〔甘〕延壽と湯、上疏して曰わく、臣延壽、臣湯、義兵を將いて天誅を行う。陛下の神靈に賴り、陰陽並びに應じ、天氣精明なり。陳を陷し敵に克ち、郅支の首及び名王以下を斬る。宜しく頭を槀街の蠻夷の邸の間に縣け、以て萬里に示し、彊漢を犯す者は、遠しと雖も必ず誅するを明らかにすべしと。事、有司に下す。丞相匡衡、御史大夫繁延壽以爲えらく……宜しく縣くる勿かるべしと。車騎將軍許嘉、右將軍王商以爲えらく……宜しく縣くること十日にして、乃ち之れを埋むべしと。詔有り、將軍の議、是なりとす。[58]

（『漢書』陳湯傳）

といった諸例がある。右に列擧した最初から見れば、(1)は隴西以北安定以西の八郡の穀物不足を補うために入穀贖罪を許可するかどうかの件、(2)は貨幣を改める件、(3)は發見された寶鼎の取り扱いに關する件、そして(4)は匈奴單于の首を見せしめのために街にさらすかどうかといったことが、有司の議にかけられている。これらはいずれも議事内容という點で、國政や國策一般を論ずるものからすれば、かなり特殊な事例ばかりであり、當事者の專門的な知識ないしは經驗的な判斷を要するものばかりである。皇帝の命令をうけて官僚が集議するのであるから、公卿の議と同樣に、いわゆる廷議の範疇に入ることには變りがない。しかし公卿の議と相違するところは、たとえば入穀贖罪に關する有司の議のように、丞相や御史大夫など公卿の議の主要メンバーが時に加わらないこともあれば、逆に單于の首さらしの議のように、中朝官の議の主要メンバーである將軍が時によって公卿の中に加わることもあるなど、有司の議においては參加者が一定していない點にある。これはいずれも當該問題の關係者もしくはその道の專門家によって參議者が構成されるからにほかならない。したがって有司の議とは、ごく一般的に言って、專門的な知識とか經驗或は技術などを必要とする問題に對處するために、それに最も適した專門家や關係者を召集して開かれる廷議だと言うことができるだろう。もし有司の議をこのように定義づけることができるとすれば、たとえば宣帝の時に酒泉太守の辛武賢が羌の不意をついて攻擊することを上奏したとき

天子、其の書を〔後將軍〕充國に下し、校尉以下吏士の羌事を知る者と博く議せしむ[59]。（『漢書』趙充國傳）

とあるのも有司の議であり、また景帝のとき

〔元年〕秋七月、詔して曰わく、吏の監臨する所を受けて以て飲食すれば免ずは重く、賤く買いて貴く賣るものは、論ずること輕し。廷尉は丞相と更めて議して令に著せよ[60]。（『漢書』景帝紀）

とあるのも有司の議で、それはまた

〔綏和二年六月〕又た曰わく、節を制し度を謹み、以て奢淫を防ぐは、政を爲すの先とする所、百王不易の道な

り。諸侯王・列侯・公主・吏二千石及び豪富の民は、多く奴婢を畜《たくわ》え、田宅限り亡く、民と利を争う。百姓職を失い、重困して足らず。其れ限列を議せよ。有司條奏すらく（下略）(61)。（『漢書』哀帝紀）

の有司條奏と相應ずるものであったと考えられる。そしてこうした法令の制定に關連して有司の議と公卿の議の關係を言えば、公卿の議が施政、施策についての或る一つの方向づけを行うに止まるのに對し、その決定にしたがって具體的な詳細について協議し立案するのが、有司の議であった(62)。たとえば『史記』三王世家において、段落Ｏの丞相らの上奏中に「臣請うらくは史官に令して吉日を擇ばしめ、禮儀を具えて上らしめん」とある史官は有司であり、Ｏ・ＰをうけたＲにおける太常の日どりの決定及び輿地圖の作成はすべて史官である有司の職掌であって、その間に行われる集議がいわゆる有司の議にほかならない。したがって基本的には、漢代の政事の方針は公卿の議に代表される有資格者全體の集議で協議検討され、各種立案を含む具體的かつ専門的な實務上の問題は多く有司の議で協議されたのであった。そしていわゆる有司の議における有司は、たとえば「議して令に著する」場合の丞相と廷尉のごとく、議事内容によって慣習的に定められていたものと思われる。

三　集議の特色

哀帝が寵臣の董賢らを封じようとしたとき、丞相王嘉と御史大夫賈延が上った奏の一節に次のように言っている。

竊かに見るに董賢ら三人、始めて爵を賜いしとき、衆庶匈匈として咸な曰わく、賢は貴し、其の餘も幷せて恩を蒙れりと。今に至るまで流言未だ解けず。陛下、賢らに仁恩已まざれば、宜しく賢ら本奏の語言を暴して公卿・大夫・博士・議郎に延問し、古今に考合し、明らかに其の義を正し、然る後に乃ち爵土を加えられよ。然らざれ

ば恐らくは大いに衆心を失わん。(63)

（『漢書』王嘉傳）

後でふれるように、この進言は全體として廷議を利用する一種の技巧を述べたものではあるが、一面では漢代の集議の本質をうかがうに足るものがある。すなわち政治を行うものは、何よりも民、大衆の心を失い、大衆に背を向けられることを恐れるのである。したがって民の心を失わず萬民に納得のいく政治を行うためには、たとえば物事が公平で一方に片よらず、すべてに利益があって、かつ古今の義にかなっていることなどが要求される。そうした最善の策を求めるために多くの者から意見を聽取し論議をつくすのである。漢代の集議は、いわばよろず政治に中道を得るために、多數の者から意見を聽取するという一つの基本方針で貫ぬかれていた。しかしそれも單に頭かずだけを多くするというのではなく、議事の内容に應じてその道の專門家や識者の意見を幅ひろく聞くという配慮がなされていた。廷議を代表する公卿の議が執政の責任者と學識者で構成されているのが何よりの證據であるが、それは現役の人ばかりとは限らず

〔董〕仲舒、家に在り。朝廷に如し大議あれば、使者及び廷尉張湯をつかわし、其の家に就きて之れに問わしむ。(64)

（『漢書』董仲舒傳）

〔趙充國〕罷めて第に就く。朝庭に四夷の大議有る毎に、常に兵謀に與參せしめ、これに籌策を問う。(65)

（『漢書』趙充國傳）

といったケースもあった。こうして論議が白熱すれば會議は連日にわたることもあり、(66)またこのように集議が活潑に行われる裏附けとして、原則として議事の範圍内における言論の自由が保證されていた。たとえば廷議においても、公卿の議にしろ有司の議にしろ、必ずしも意見の全員一致をみるとは限らず、しばしば對立する意見が出てくる。しかしその場合に、いかに少數意見であっても、それも一つの意見として答申するのが建前であった。そのことは前に

擧げた朱博傳をはじめ、他にも多くの例を見ることができる。(67) また反對者は直接書面を以て上奏することができた。成帝の河平元年、來朝した匈奴の使者の投降の願いを入れるか否かの廷議において、多數の者が贊成を主張したのに對し、光祿大夫谷永と議郎杜欽は反對して「對奏し」、結局は谷永らの意見が採用されたケースがある。(68) また丞相王嘉の判決をめぐる中朝官の議において光祿大夫諸吏給事中の龔勝は他と意見を異にし、「獨り議を書」したとある。(69) 蔡邕の『獨斷』のいわゆる駮議が、これに該當する。(70) そしてこうした自己の信ずる意見をあくまでも主張する典型は、夏侯勝に見ることができる。すなわち宣帝の初め、武帝廟の廟樂を改定する件について公卿に協議せよとの詔が下されたときのことである。

是に於て群臣大いに廷中に議す。皆曰わく、宜しく詔書の如くすべしと。長信少府勝獨り曰わく、武帝は四夷を攘い、土を廣め境を斥《ひら》くの功有りと雖も、然れども多く士衆を殺し、民の財力を竭し、奢泰度なし。天下虚耗し、百姓流離し、物故する者半ばを過ぐ。蝗蟲大いに起こり、赤地數千里、或は人民相い食む。畜積は今に至るまで未だ復せず、民に德澤なし。宜しくために廟樂を立つべからずと。公卿共に勝を難じて曰わく、此れ詔書なりと。勝曰わく、詔書用う可からず。人臣の誼、宜しく直言正論すべし。苟も意に阿《おもね》り指に順うに非ず。議已に口より出づ、死すと雖も悔なし。(71)

（『漢書』夏侯勝傳）

夏侯勝は「詔書を非議し先帝を毀謗した」として不道の罪に問われ、一時獄に繋がれることになったが、當時の參議者の軒昂たる意氣をうかがうに足るものがある。

では、このような廷議をへて答申された結論もしくは意見に對して皇帝はどのように對處したかと言えば、そもそも廷議そのものが皇帝の命令によって開かれる集議であり、それは一種の諮問機關としての存在であったから、皇帝自身が廷議の結論もしくは意見に何ら束縛されることはなかった。したがってまた多數の意見が採擇されるとは限らなかった。そうした觀點からすれば完全に皇帝獨裁であり、多數決の原則はなかったと言わねばならない。國策の決定が古代の合議制によらず、すべて諮問という形をとっている點、專制君主としての皇帝權の確立を物語るものである。しかしながら現實においては、廷議は尊重され、廷議における多數の意見もまたよく尊重されていた。先の『史記』三王世家で見たように、皇子の封建に再三にわたって反對する武帝の意志をひるがえさせたのは、實に廷議の力であった。また成帝の初め、甘泉の泰畤と河東の后土の祠を都長安に徙すかどうかを協議した兩朝官の大議において、大司馬車騎將軍許嘉ら八人は從來のままでよいと言い、他方右將軍王商ら五〇人は長安に徙すべしと主張した。この廷議の結果を丞相匡衡と御史大夫張譚は上奏して

陛下の聖德、忽明上に通ず。天の大を承け、群下を典覽し、各おのをして心を悉し慮を盡して郊祀の處を議せしめらる。天下の幸甚し。臣聞くに、廣く謀りて衆に從えば天の心に合すと。故に洪範に、三人占えば則ち二人の言に從うと曰う。言うこころは少は多に從うの義なり。論、往古に當たり、萬民に宜しければ則ち依りて之れに從い、道に違いて與《くみ》するもの寡なければ則ち廢して行わず。今、議する者五十八人なり。其の五十人は當に之れ徙すべしの義を言う。皆經傳に著われ、上世に同じく、吏民に便なりとす。八人は經藝を案じ古制を考えず、而して以て宜しからずと爲す。無法の議、以て吉凶を定め難し（中略）。宜しく長安に於て南北郊を定め、萬世の基と爲すべし。天子之れに從う。(72)

（『漢書』郊祀志）

と、多數意見に從うことを述べ、成帝はそれを採用しているのがその一例である。ただ、いつの世でも多數意見が正しいとは必ずしも言い難い。宋の洪邁は『容齋隨筆』の中で少數意見の通った幾つかの事例を擧げ、漢の天下がよく治ったのは、こうした少數意見が採擇された點にあるとして絶大な讚辭をおくっている。(73)それは確かに一面の眞理ではある。しかしそれにもまして多數の意見が多くの場合に採用されたという事實は、やはりそれなりに十分評價しな

ければならない。したがって漢代に多数決の原則が確立していなかったことをもって、漢代の集議の民主制を否定するのは當たらない。外交であれ祭祀であれ、功賞であれ裁判であれ、政治を行う上での重要な事柄、主要な問題がほとんどすべて廷議にかけられており、またそこでの多數意見が多く尊重されているという事實が、何よりもそのことを裏がきしている。以上は主として朝廷の集議に焦點をあてて見てきたが、こうした集議の慣習は何もひとり朝廷の高級官僚のみに限った現象ではなかった。たとえば齊の相となった曹參は「長老や諸先生を盡く召して、百姓を安集する所以」をたずね、(74)東郡太守となった韓延壽は「至るところで必ず賢士を召聘し、禮を盡くしてもてなし、謀議を廣くし、諫争を納れ」たとある。(75)これなども、いわゆる廷議と同じ集議の精神につながるものであり、こうした集議の尊重、集議によって問題を解決するのが、漢代を通じて見られる、また大きな特色でもあった。

しかしながら反面、前漢も末期に近くなると集議の上にも弊害が現われてくる。本節の冒頭に引用した王嘉らの上奏文は既述のように董賢を封ずる件を廷議にかけることを説いたあと、つづいて

> 海内領《えり》を引いて議するに、暴かに其の事を下せば、必ず當に封ずべしと言う者有りて、陛下に従う所在らん。天下説ばずと雖も、咎は分つ所有りて、獨り陛下のみに在らず。前に定陵侯淳于長初めて封ぜられしとき、其の事また議せり。大司農谷永おもえらく、長は當に封ずべしと。衆人、咎を永に歸し、先帝（成帝）は獨り其の譏を蒙らず。(76)　（『漢書』王嘉傳）

と述べている。『容齋隨筆』に、これを以て「委曲遷就、恩を君上に出し、過を下に歸せしむ」ものだと非難しているが、(77)これなどは明らかに廷議の悪用である。だが集議の弊害は單にこれのみに止まらない。時には集議を利用して故意に世論をつくりだすことも可能であり、事實王莽の政權奪取は或る意味では集議を利用し、自己に有利な民意を形成して行われたものだと考えることができる。(78)こうした集議、就中廷議の悪用は當然のことながら廷議の權威を失

墜せしめ、廷議を形骸化せしめるものだったが、このことはまた前漢末の尙書を中心とする皇帝側近の權力の伸長と密接な關係があった(79)。かくして王莽の頃になると廷議は全く形骸化し、あげくのはては

莽、意に以爲えらく、制定まれば則ち天下自ら平かならんと。故に思を地里（理）に鋭くし、禮を制し樂を作り、六經の說を講合す。公卿旦に入り暮に出で、論議すること連年なるも決せず。獄訟の冤結、民の急務を省るに暇あらず(80)。（『漢書』王莽傳）

といった狀態であった。廷議をはじめとする各種の集議は、形の上では後漢に入っても引きつづき行われている。しかし後漢の章帝の有名な話に、禮制を改定するに當たり、班固が廣く儒者を招集して得失を論議せしめるよう進言したところ、章帝は

諺に言く、舍を道の邊に作るに三年にして成らずと。禮の家を會するは名づけて訟を聚《あつ》むると爲す(81)。（『後漢書』曹褒傳）

と言ったと傳えられる。この章帝の言に端的に見られる集議輕視の態度は、後漢全體に通じるものであり、それが前漢末から王莽期にかけての集議の權威の失墜、それに伴う形骸化に原因していることは言うまでもない。

むすび

以上、前漢時代の朝廷を中心に漢代の集議について考察を加えてきたが、それを要約すると次のとおりである。

漢代、皇帝の命令は制詔として發布されるが、中でも國家の政策の決定とか立法といった問題はすべて朝廷の高級官僚による集議をへるのが建前であった。漢代の朝廷における集議は大別して二種あった。すなわち皇帝臨席のもと

に行われる朝議と、高級官僚のみによって行われる廷議である。朝議は皇帝が直接に官僚の意見を聴取するものであり、そこでの意見は皇帝の制詔發布の上においては助言として參考に供せられるに止まる。朝廷の集議として、より重要なのは廷議の場合である。廷議は『史記』三王世家にその具體例が見られるように、先ず皇帝が諮問の形で命令を下し、それをうけて始めて開かれる集議で、官僚は集議の結果を答申するが、その答申は皇帝の裁可をうければそのまま制詔となり法として發效するもので、實際の政治に直接かかわる大きな影響力をもっていた。この廷議も參議者ひいては議事内容によって、更に有資格者全員による議と有司の議とに分けられる。前者を代表するのは公卿の議であり、それは廷議の最も基本となるものであった。參議者は議事内容に應じて時に擴大されることもあったが、漢初においては王侯、相國（丞相）が中心となり、およそ文帝頃からは丞相、御史大夫、列侯、二千石、博士、大夫、議郎を中心とする集議としてほぼ確立され、國の重要な施政、施策の基本方針を協議する場として設定された。しかし昭帝以後、皇帝の側近に權力が集中し、彼らによって中朝が形成されてくると、廷議の上にも一つの變化が現われてきた。すなわち、公卿の議は參議者及び議事内容ともほぼ從來の形式を踏襲しながら、性格としては外朝官の集議として明確に意識されはじめ、これに對するものとして將軍や中朝官による中朝官の議が新しい廷議として誕生獨立し、專ら外朝の責任者である丞相や御史大夫の非違の糾彈と罪名を審議する一種の監察機關として作用することになった。そして特に國君の廢立とか宗廟・郊祀といった祭祀など兩朝に關係の深い國の最重要事項においてのみ、兩朝官合同の大議が開かれる建前となっていた。以上の公卿の議に代表される有資格者全員の集議に對して、有司の議とは、ごく一般的に言って專門的な知識とか經驗或は技術などを必要とする問題に對處するために、それに最も適した專門家や關係者を召集して開かれる廷議だと言える。したがって公卿の議に代表される有資格者全員による集議が主として政治の基本方針を協議檢討するのに對し、各種立案を含む具體的かつ專門的な實務上の問題について協議するのが有司の議であり、その際の參議者は議事内容に應じて慣習的に定められていたと考えられる。

漢代、朝廷の集議の中心となる廷議は以上のようにいくつかの形態がとられたが、そこでは先ず何よりも自由な討議がたたかわされた。また廷議そのものが皇帝の諮問機關であったことは皇帝權の強化を物語るものであるが、そうした中でも廷議の意見及び多數意見はかなり尊重されていることが注目される。このように言論の自由があり、多數意見が尊重され、更には國の重要問題がほとんど公の討議にかけられているという諸事實は、萬民の納得のいく政治を行うという集議本來の精神につらなるものであり、ひいては漢代の政治の底を流れる民主度の大きさをうかがうに足るものがある。前漢末になって廷議を利用して事をはこぼうとする傾向から、廷議の權威が失われ、しだいに廷議の形骸化が現われてくるが、前漢一代を通じて、こうした集議の精神はほぼ貫ぬかれていたと見ることができる。

ところで、以上のような特色をもつ漢代の集議は、漢をさかのぼる古代の集議の傳統を受けついでいることは、言うまでもない。この古代の集議に關しては、貝塚茂樹氏に「中國古代都市における民會」と題するすぐれた研究がある。(82) それによると、中國古代の都市國家には治朝と外朝の二つの集會があった。治朝は宮廷内に卿大夫を召集して一般行政についての意見を求め、その結論にもとづいて國政を運營する常時の集會である。これに對して外朝は都市の守護神である社を中心とした廣場で國人を集めて開かれるもので、ここでは國危（和戰）、國遷、立君などの國の最重要問題が相談され決定されたと言う。この外朝の議が、いわゆる民會とよばれるものである。このように民間の人びとを召集して集議するのが民會の一形式だとするならば、昭帝の始元六年二月、朝廷において鹽鐵榷酤の廢止をめぐり、郡國から推擧された賢良・文學と丞相・御史大夫ら政府主腦との間で一大論爭を展開した有名な鹽鐵會議は、漢代における唯一記錄の殘る民會の例である。したがって既に本論で見てきたような漢の各種の集議は、中國古代の集議の系列から言えば、いずれも治朝であり、卿大夫の集議の傳統をひくものであることは明らかである。では全く治朝だけの傳統によって漢代の集議が生まれたかというと、決してそうではなさそうである。特に廷議について言えば、私見よりするに基本的には治朝の系列に屬するものには違いないが、しかしその中になお外朝的な換言すれば民會的な要素を見ることができるのではないかと思う。その理由は、一つには廷議において丞相、御史大夫、列侯、二千石といった高官の執政者にまじって博士、議郞などいわゆる議臣とよばれる人達が參議していることであり、二つにはたとえば國君の廢立を議するときのように、國の重要な議事内容に應じて參議者の範圍が擴大されている事實である。すなわち、構成メンバーから言えば廷議の中に博士、議郞が加わっている點に民會的な要素の取り入れが認められ、議事内容から言えば擴大公卿會議或は中外兩朝官合同の大議という集議のもちかたに、往古の民會の遺制が認められるのではないかと考える。

注

（1）漢代の集議についてまとまったものとしては古くは宋の徐天麟『西漢會要』があるが、近人の研究としては次のものがある。

柳詒徵「漢官議史」『學衡』一、一九二二
陶希聖・沈巨塵『秦漢政治制度』第二章第一節皇帝の條。商務印書館、一九三六
楊樹藩「西漢中央政府議事制度」『大陸雜誌』一六―九、一九五八
周道濟『漢唐宰相制度』第四章第一節朝議權。嘉新水泥公司文化基金會、一九六四
貝塚茂樹「漢代の高級官僚會議制度（公卿集議）について」第二七回國際東洋學者會議大會發表要旨、アメリカ、一九六七
大庭脩「漢王朝の支配機構」岩波講座世界歷史四、一九七〇

なおこのほかに周道濟氏の參考文獻の中に勞榦「漢代的政制」（『中國政治思想與制度史論集』第三册所收）があげられているが、未見である。

（2）『獨斷』。策書、策者簡也、禮曰、不滿百文、不書於策、其制、長二尺、短者半之、其次一長一短、兩編、下附篆書、起年月日、稱皇帝曰、以命諸侯王三公、其諸侯王三公之薨于位者、亦以策書誄謚其行而賜之、如諸侯之策。三公以罪免、亦賜策、文體如上策而隸書、以尺一木兩行、唯此爲異也。

制書、帝者制度之命也、其文曰制詔三公、赦令贖令之屬是也、刺史太守相劾奏、申下土、遷文書、亦如之、其徵爲九卿、若遷京師近臣、則言官、具言姓名、其免若得罪、無姓、凡制書、有印使符、下遠近皆璽封、尙書令印重封、唯赦令贖令、召三公詣朝堂受制書、司徒印封、露布下州郡。

詔書者、詔誥也、有三品、其文曰告某官某、如故事、是爲詔書、群臣有所奏請、尙書令奏之、下有司曰制、天子答之曰可、若下某官云云、亦曰詔書（下略）。

戒書、戒敕刺史太守及三邊營官、被敕文曰有詔敕某官、是爲戒敕也、世皆名此爲策書、失之遠矣。

（3）『史泉』二六、一九六三。

（4）大庭脩「居延出土の詔書册と詔書斷簡について」『關西大學東西學術論叢』五二、一九六一。

（5）大庭脩「史記三王世家について——漢代公文書の樣式よりみた研究覺書——」『史泉』二三・二四合併號、一九六二。

（6）前掲注（5）大庭氏論文で、この一文を衍文とするのに從う。

（7）『史記』卷六〇三王世家。

A　大司馬臣去病昧死再拜、上疏皇帝陛下、陛下過聽、使臣去病待罪行間、宜專邊塞之思慮、暴骸中野、無以報、乃敢惟他議、以干用事者、誠見陛下憂勞天下、哀憐百姓、以自忘、虧膳貶樂、損郎員、皇子賴天、能勝衣趨拜、至今無號位師傅官、陛下恭讓不恤、群臣私望、不敢越職而言、臣竊不勝犬馬心、昧死願陛下詔有司、因盛夏吉時、定皇子位、唯陛下幸察、臣去病昧死再拜、以聞皇帝陛下。

B　三月乙亥、御史臣光守尙書令、奏未央宮。

C　制曰、下御史。

D　六年三月戊申朔乙亥、御史臣光守尚書令、丞非、下御史、書到言。

E　丞相臣青翟、御史大夫臣湯、太常臣充、大行令臣息、太子少傅臣安行宗正事、昧死上言、大司馬去病上疏曰、陛下過聽、使臣去病待罪行間、宜專邊塞之思慮、暴骸中野、無以報、乃敢惟他議、以干用事者、誠見陛下憂勞天下、哀憐百姓、以自忘、虧膳貶樂、損郎員、皇子賴天、能勝衣趨拜、至今無號位師傅官、陛下恭讓不恤、群臣私望、不敢越職而言、臣竊不勝犬馬心、昧死願陛下詔有司、因盛夏吉時、定皇子位、唯願陛下幸察、制曰下御史、臣謹與中二千石・二千石臣賀等議、古者裂地立國、並建諸侯、以承天子、所以尊宗廟重社稷也、今臣去病上疏、不忘其職、因以宣恩、乃道天子卑讓自貶以勞天下、慮皇子未有號位、臣青翟臣湯等、宜奉義遵職、愚憧而不逮事、方今盛夏吉時、臣青翟臣湯等昧死、請立皇子臣閎・臣旦・臣胥爲諸侯王、昧死請所立國名。

F　制曰、蓋聞周封八百、姫姓並列、或子男附庸、禮、支子不祭云、並建諸侯、所以重社稷、朕無聞焉、且天非爲君生民也、朕之不德、海内未洽、乃以未教成者、彊君連城、卽股肱何勸、其更議以列侯家之。

G　三月丙子、奏未央宮。

H　丞相臣青翟、御史大夫臣湯昧死言、臣謹與列侯臣嬰齊・中二千石・二千石臣賀・諫大夫・博士臣安等議曰、伏聞周封八百、姫姓並列、奉承天子、康叔以祖考顯、而伯禽以周公立、咸爲建國諸侯、以相傅爲輔、百官奉憲、各遵其職、而國統備矣、竊以爲並建諸侯、所以重社稷者、四海諸侯、各以其職奉貢祭、支子不得奉祭宗祖、禮也、封建、使守藩國、帝王所以扶德施化、陛下奉承天統、明開聖緒、尊賢顯功、興滅繼絶、續蕭文終之後于酇、褒厲群臣平津侯等、昭六親之序、明天施之屬、使諸侯王封君得推私恩、分子弟戸邑、錫號尊建、百有餘國、而家皇子爲列侯、則尊卑相踰、列位失序、不可以垂統於萬世、臣請立臣閎・臣旦・臣胥爲諸侯王。

I　三月丙子、奏未央宮。

J　制曰、康叔親屬有十、而獨尊者褒有德也、周公祭天命郊、故魯有白牡騂剛之牲、群公不毛、賢不肖差也。高山仰之、景行嚮之、朕甚慕焉、所以抑未成、家以列侯可。

K　四月戊寅、奏未央宮。

L　丞相臣青翟、御史大夫臣湯、昧死言、臣青翟等與列侯・吏二千石・諫大夫・博士臣慶等議、昧死奏、請立皇子爲諸侯王、制曰、康叔親屬有十、而獨尊者褒有德也、周公祭天命郊、故魯有白牡騂剛之牲、群公不毛、賢不肖差也、高山仰之、景行嚮之、朕甚慕焉、所以抑未成、家以列侯可、臣青翟、臣湯、博士臣將行等、伏聞康叔親屬有十、武王繼體、周公輔成王、其八人皆以祖考之尊、建爲大國、康叔之年幼、周公在三公之位、而伯禽據國於魯、蓋爵命之時、未至成人、康叔後扞祿父之難、伯禽殄淮夷之亂、昔五帝異制、周爵五等、春秋三等、皆因時而序尊卑、高皇帝撥亂世反諸正、昭至德、定海內、封建諸侯、爵位二等、皇子或在襁褓而立爲諸侯王、奉承天子、爲萬世法則、不可易、陛下躬親仁義、體行聖德、表裏文武、顯慈孝之行、廣賢能之路、內褒有德、外討彊暴、極臨北海、西湊月氏、匈奴西域、擧國奉師、輿械之費、不賦於民、虛御府之藏、以賞元戎、開禁倉以賑貧窮、減戍卒之半、百蠻之君、靡不鄉風承流稱意、遠方殊俗、重譯而朝、澤及方外、故珍獸至、嘉穀興、天應甚彰、今諸侯支子、封至諸侯王、而家皇子爲列侯、臣青翟、臣湯等竊伏孰計之、皆以爲尊卑失序、使天下失望、不可、臣請立臣閎・臣旦・臣胥爲諸侯王。

M　四月癸未、奏未央宮。

N　留中不下。

O　丞相臣青翟、太僕臣賀行御史大夫事、太常臣充、太子少傅臣安行宗正事、昧死言、臣青翟等前奏、大司馬臣去病上疏言、皇子未有號位、臣謹與御史大夫臣湯・中二千石・二千石・諫大夫・博士臣慶等、昧死請立皇子臣閎等爲諸侯王、陛下讓文武、躬自切、及皇子未教、群臣之議、儒者稱其術、或誖其心、陛下固辭弗許、家皇子爲列侯、臣青翟等竊與列侯臣壽成等二十七人議、皆曰、以爲尊卑失序、高皇帝建天下、爲漢太祖、王子孫、廣支輔、先帝法則弗改、所以宣至尊也、臣請令史官擇吉日、具禮儀上、御史奏輿地圖、他皆如前故事。

P　制曰可。

Q　四月丙申、奏未央宮。

R　太僕臣賀行御史大夫事昧死言、太常臣充言、卜入四月二十八日乙巳、可立諸侯王、臣昧死奏輿地圖、請所立國名、禮儀別奏、臣昧死請。

S　制曰、立皇子閎爲齊王、旦爲燕王、胥爲廣陵王。

T　四月丁酉、奏未央宮。

U　六年四月戊寅朔癸卯、御史大夫湯下丞相、丞相下中二千石・二千石、下郡太守諸侯相、承書從事、下當用者、如律令。

V　維六年四月乙巳、皇帝使御史大夫湯、廟立子閎爲齊王、曰、於戲、小子閎、受茲青社、朕承祖考、維稽古、建爾國家、封于東土、世爲漢藩輔、於戲念哉、恭朕之詔、惟命不于常、人之好德、克明顯光、義之不圖、俾君子怠、悉爾心、允執其中、天祿永終、厥有僁不臧、乃凶于而國、害于爾躬、於戲保國艾民、可不敬與、王其戒之。

W　右齊王策（下略）。

（8）『漢書』巻二五下郊祀志に

成帝初卽位、丞相〔匡〕衡、御史大夫〔張〕譚奏言、……甘泉泰畤、河東后土之祠、宜可徙置長安、合於古帝王、願與群臣議定、奏可。

のように先ず上奏し、皇帝の裁可をうけて集議を開いている。

（9）注（34）を參照。

（10）『漢書』巻五八公孫弘傳。時方通西南夷、巴蜀苦之、詔使弘視焉、還奏事、盛毀西南夷無所用、上不聽、毎朝會議、開陳其端、使人主自擇、不肯面折庭爭。

（11）『漢書』巻八二王商傳。建始三年秋、京師民無故相驚、言大水至、百姓奔走、相蹂躪、老弱號呼、長安中大亂、天子親御前殿、召公卿議。

（12）『漢書』巻四五息夫躬傳。會單于當來朝、遣使言病、願朝明年、躬因是而上奏、以爲單于當以十一月入塞、後以病爲解、疑有他變……書奏、上引見躬、召公卿將軍大議。

（13）『漢書』巻七九馮奉世傳。永光二年秋、隴西羌彡姐旁種反、詔召丞相韋玄成・御史大夫鄭弘・大司馬車騎將軍王接・左將軍許嘉・右將軍奉世入議。

『漢書』巻八一孔光傳。綏和中、上卽位二十五年、無繼嗣、……上於是召丞相翟方進・御史大夫光・〔大司馬車騎將軍王根〕・右將軍廉褒・後將軍朱博、皆引入禁中、議中山定陶王誰宜爲嗣者。

(14) 廷議にしろ先の朝議にしろ、漢代にこうした熟語があったかどうかはなお疑問であり、また假りにあったとしても、ここに使用するような意味内容をもっていたかどうかは更に問題であろう。しかしここではいちおう楊樹藩氏の用法にしたがい、朝議と廷議は既述のような意味内容をもった熟語として區別して用いることにする。

(15) 丞相の職務や權限等については周道濟氏の前掲著書を參照されたい。

(16) 注（1）を參照。

(17) 注（1）を參照。

(18) 『漢書』巻七一平當傳。衞尉淳于長、白言昌陵不可成、下有司議、當以爲作治連年、可遂就、上旣罷昌陵、以長首建忠策、復下公卿議封長。

(19) 宣帝の甘露二年、匈奴呼韓邪單于の來朝を控えて單于の待遇など儀禮をとりきめるための集議が開かれたが、その際のことを記して蕭望之傳には「詔公卿議其儀」とあり、一方宣帝紀では「詔有司議」とあって公卿と有司とが全く同じに使用されている例がある。しかしこうしたケースは非常に稀で、一般に公卿と有司との間には明確な區別がつけられていたと考える。

(20) 『漢書』巻七六韓延壽傳。延壽又取官銅物、候月蝕、鑄作刀劍鉤鐔、放效尙方事、及取官錢帛、私假繇使吏、及治飾車甲三百萬以上、於是望之劾奏延壽上僭不道、又自陳前爲延壽所奏、今復擧延壽罪、衆庶皆以臣懷不正之心、侵寃延壽、願下丞相・中二千石・博士、議其罪、事下公卿。

(21) 注（36）を參照。

(22) 『漢書』巻一高帝紀。〔十一年〕詔王相國、擇可立爲淮南王者、群臣請立子長爲王。

(23) 『漢書』巻一高帝紀。〔十一年〕詔曰、……王・相國・通侯・吏二千石、擇可立爲代王者、燕王綰・相國何等三十三人、皆曰、子恆賢知溫良、請立以爲代王。

(24)『漢書』巻一高帝紀。〔十二年〕詔諸侯王、議可立爲燕王者、長沙王臣等請立子建爲燕王。

(25)『漢書』巻三高后紀。〔二年〕詔曰、高皇帝匡飭天下、諸有功者、皆受分地爲列侯、……今欲差次列侯功、以定朝位、臧于高廟、世世勿絶、嗣子各襲其功位、其與列侯議定奏之。丞相臣平言、謹與絳侯臣勃・曲周侯臣商・潁陰侯臣嬰・安國侯臣陵等議、列侯幸得賜餐錢奉邑、陛下加惠、以功次定朝位、臣請臧高廟、奏可。

(26)『漢書』巻四文帝紀。〔後元年〕詔曰、間者數年比不登、又有水旱疾疫之災、朕甚憂之、愚而不明、未達其咎、……其與丞相・列侯・吏二千石・博士議之（下略）。

(27)『漢書』巻五景帝紀。元年冬十月詔曰、……其爲孝文皇帝廟爲昭德之舞、以明休德、然后祖宗之功德、施于萬世、永永無窮、朕甚嘉之、其與丞相・列侯・中二千石・禮官、具禮儀奏。

(28)『漢書』巻二三刑法志。成帝河平中、復下詔曰、……今大辟之刑、千有餘條、律令煩多、百有餘萬言、奇請它比、日以益滋、……其與中二千石・二千石・博士及明習律令者、議減死刑、及可蠲除約省者、令較然易知條奏。

(29)丞相、御史大夫、列侯、二千石、博士及び大夫、議郎をもって公卿の議の參議者とした。このうち丞相、列侯、二千石、博士が主要なメンバーであることは注(26)(27)(28)(29)をはじめとして多く見られるところであるが、御史大夫についてはその名をあまり見かけない。たとえば注(26)では「其與丞相・列侯・吏二千石・博士議」とあり注(27)では「其與丞相・列侯・中二千石・禮官、具禮儀奏」とあって丞相の名は見えていても御史大夫の名が見えない。しかしこれが公卿の議の主要なメンバーの一員であることは既に三王世家において知るところである。では何故見えないのかということであるが、それはこれらの制詔がいずれも御史大夫に對して下されたものだからである。すなわち、注(37)に「詔丞相御史曰、……其與列侯・二千石・博士議」とあるように本來は詔の下に御史を補うべきものであって、そうしてこそ初めて「其與……議」の文脈が意味をもってくるのである。皇帝の命令が先ず御史大夫に下されることは既に三王世家において見てきたところであり、このことは單に監察機關としてではなく、皇帝の祕書としての御史の性格をうかがうに足るものがある。次にはこの公卿の議の中に太尉（大司馬）と將軍が入っていたかどうかの問題である。先ず太尉は武事を掌る最高の官であるが、漢初では時に置かれる程度で、武帝の時に至って大司馬に改められ將軍號を冠せられた。のち成帝の時にはじめて官屬をもち三公の一員に數えられるようになるが、恐らくは武帝以前及び成帝以後將軍號を冠せられない限りにおいては公卿議の參議資格はあったと思われる。また將軍は常置の官ではなかったが、霍光が大司馬大將軍となって攝政していらい、ほとんど常置の狀態となる。ここに定義した公卿の議の參議資格について言えば、將軍は恐らく武帝以前においては時に參加したこともあったと思われるが、霍光以後は後述するように中朝官議の主要メンバーとなり、議題が戰爭や外交といった特別な場合を除き、公卿の議には參加しなかったと考える。

またこの公卿の議における參議者の數であるが、漢初の相國・列侯・二千石を中心とした注（23）の例では三三人、三王世家では二七人、また淮南王長及び淮南王安の謀反に對して判決を下した公卿の議の例（『漢書』卷四四）ではいずれも四三人を數えている。したがって參議者は大體三〇人から五〇人といったところであっただろう。

（30）『漢書』卷五三江都王建傳。建時佩其父所賜將軍印、載天子旗出、積數歲、事發覺、漢遣丞相長史、與江都相雜案、索得兵器・璽綬・節反具、有司請捕誅建、制曰、與列侯・吏二千石・博士議、議皆曰、建失臣子道、積久、輒蒙不忍、遂謀反逆、所行無道、雖桀紂惡、不至於此、天誅所不赦、當以謀反法誅、有詔宗正廷尉、即問建、建自殺。

（31）『漢書』卷六四上主父偃傳。偃盛言、朔方地肥饒、外阻河、蒙恬城、以逐匈奴、內省轉輸戍漕、廣中國、滅胡之本也、上覽其說、下公卿議、皆言不便、公孫弘曰、秦時嘗發三十萬衆、築北河、終不可就、已而棄之、朱買臣難詘弘、遂置朔方、本偃計也。

（32）『漢書』卷五二韓安國傳。〔建元六年〕安國爲御史大夫、匈奴來請和親、上下其議、大行王恢、燕人、數爲邊吏、習胡事、議曰、漢與匈奴和親、率不過數歲、即背約、不如勿許、擧兵擊之、安國曰、……今匈奴負戎馬足、懷鳥獸心、遷徙鳥集、難得而制、……漢數千里爭利、則人馬罷、虜以全制其敝、勢必危殆、臣故以爲不如和親、群臣議多附安國、於是上許和親。

（33）中朝の形成及び中朝と外朝との關係について論じたものに次のような研究がある。

勞　幹「論漢代的內朝與外朝」『國立中央研究院歷史語言研究所集刊』一三、一九四八。

王毓銓 *"An Outline of the Central Government of the Former Han Dynasty"* Harvard Journal of Asiatic Studies, vol.12, 1949.

増淵龍夫「漢代における國家秩序の構造と官僚」『一橋論叢』二八―四、一九五二（同『中國古代の社會と國家』所收）。西嶋定生「武帝の死」學生社刊『古代史講座』一一所收、一九六五。

（34）『漢書』卷六〇杜延年傳。御史大夫桑弘羊子遷亡、過父故吏侯史吳、後遷捕得、伏法、會赦、侯史吳自出繫獄、廷尉王平與少府徐仁、雜治反事、皆以爲桑遷坐父謀反、而侯史吳臧之、非匿反者、乃匿爲隨者也、卽以赦令除吳罪、後侍御史治實、以桑遷通經術、知父謀反、而不諫爭、與反者身無異、侯史吳故三百石吏、首匿遷、不與庶人匿隨從者等、吳不得赦、奏請覆治、劾廷尉少府縱反者、少府徐仁卽丞相車千秋女壻也、故千秋數爲侯史吳言、恐光不聽、千秋卽召中二千石・博士、會公車門、議問吳法、議者知大將軍指、皆執吳爲不道、明日千秋封上衆議、光於是以千秋擅召中二千石以下、外內異言、遂下廷尉平・少府仁獄、朝廷皆恐丞相坐之、延年乃奏記光爭、以爲吏縱罪人、有常法、今更詆吳爲不道、恐於法深、又丞相素無所守持、而爲好言於下、盡其素行也、至擅召中二千石、甚無狀、延年愚以爲丞相久故、及先帝用事、非有大故、不可棄也、間者民頗言獄深、吏爲峻詆、今丞相所議、又獄事也、如是以及丞相、恐不合衆心、群下讙譁、庶人私議、流言四布、延年竊重將軍失此名於天下也、光以廷尉少府弄法輕重、皆論棄市、而不以及丞相。

（35）『漢書』卷七八蕭望之傳。烏孫昆彌翁歸靡、因長羅侯常惠上書、願以漢外孫元貴靡爲嗣、得復尙少主、結婚內附、畔去匈奴、詔下公卿議、望之、以爲……非長策也、天子不聽、神爵二年、遣長羅侯惠、使送公主、配元貴靡、未出塞、翁歸靡死、其兄子狂王背約自立、惠從塞下上書、願留少主敦煌郡、惠至烏孫、責以負約、因立元貴靡、還迎少主、詔下公卿議。

（36）『漢書』卷九四下匈奴傳。河平元年、〔復株絫若鞮〕單于、遣右皐林王伊邪莫演等、奉獻朝正月、旣罷、遣使者送至蒲反、伊邪莫演言欲降、卽不受我、我自殺、終不敢還歸、使者以聞、下公卿議、議者或（咸）言、宜如故事受其降、光祿大夫谷永、議郎杜欽、以爲……今旣享單于聘貢之質、而更受其逋逃之臣、是貪一夫之得、而失一國之心、擁有罪之臣、而絕慕義之君也、……不如勿受、……對奏、天子從之。

（37）『漢書』卷七五夏侯勝傳。宣帝初卽位、欲褒先帝、詔丞相御史曰、……孝武皇帝……功德茂盛、不能盡宣、而廟樂未稱、朕甚悼焉、其與列侯・二千石・博士議、於是群臣大議廷中、皆曰、宜如詔書、長信少府勝獨曰、武帝雖有攘四夷、廣土斥境之功、然多殺士衆、竭民財力、奢泰亡度、天下虛耗、百姓流離、物故者過半、蝗蟲大起、赤地數千里、或人民相食、畜積至今未復、亡徳澤於民、不宜爲立廟樂、公卿共難勝曰、此詔書也、勝曰、詔書不可用也、人臣之誼、宜直言正論、非苟阿意順指、議已出口、雖死不悔、於是丞相義、御史大夫廣明、劾奏勝非議詔書、毀先帝、不道、……下獄。

(38)『漢書』巻五三廣川王去傳。本始三年……天子遣大鴻臚・丞相長史・御史丞・廷尉正、雜治鉅鹿詔獄、……有司復請誅王、制曰、與列侯・中二千石・二千石・博士議。

(39)『漢書』巻八宣帝紀。〔本始四年〕郡國四十九地震、或山崩水出、詔曰、蓋災異者、天地之戒也、朕承洪業、奉宗廟、託于士民之上、未能和群生、……丞相御史、其與列侯・中二千石、博問經學之士、有以應變、輔朕之不逮、毋有所諱。

(40)『漢書』巻八四翟方進傳。司隷校尉涓勳奏言、……臣幸得奉使、以督察公卿以下爲職、今丞相宣、請遣掾史、以宰士督察天子奉使命大夫、甚誖逆順之理、……願下中朝特進列侯・將軍以下、正國法度、議者以爲丞相掾不宜移書、督趣司隷。

(41)『漢書』巻八三朱博傳。上知傅太后素常怨喜、疑博玄承指、卽召玄詣尚書問狀、玄辭服、有詔左將軍彭宣、與中朝者雜問、宣等劾奏、博宰相、玄上卿、晏以外親封、位特進、股肱大臣、上所信任、不思竭誠奉公、務廣恩化、爲百寮先、……博執左道、虧損上恩、以結信貴戚、背君鄉臣、傾亂政治、姦人之雄、附下罔上、爲臣不忠不道、玄知博所言非法、枉義附從、大不敬、晏與博議免喜、失禮不敬、臣請詔謁者、召博玄晏詣廷尉詔獄、制曰、將軍・中二千石・二千石・諸大夫・博士・議郎議、右將軍蟜望等四十四人、以爲如宣等言可許、諫大夫龔勝等十四人以爲……宜與博玄同罪、罪皆不道、上減玄死罪三等、削晏戸四分之一、假謁者節、召丞相詣廷尉詔獄、博自殺。

(42)『漢書』巻八六王嘉傳。〔丞相〕嘉奏封事、薦相等明習治獄、……書奏、上不能平、後二十餘日、嘉封還益董賢戸事、上乃發怒、召嘉詣尚書責問、……嘉免冠謝罪、事下將軍・中朝者、光祿大夫孔光・左將軍公孫祿・右將軍王安・光祿勳馬宮・光祿大夫龔勝、劾嘉迷國罔上、不道、請與廷尉雜治、……遂可光等奏、光等請謁者召嘉詣廷尉詔獄、制曰、票騎將軍・御史大夫・中二千石・二千石・諸大夫・博士・議郎議、衛尉雲等五十人、以爲如光等言可許、議郎龔等、以爲……宜奪爵土、免爲庶人、永信少府猛等十人、以爲……宜示天下以寬和、……有詔假謁者節、召丞相詣廷尉詔獄、……嘉繫獄二十餘日、不食、歐血而死。

(43)『漢書』巻八六師丹傳。〔丞相〕丹使吏書奏、吏私寫其草、丁傅子弟聞之、使人上書、告丹上封事、行道人偏持其書、上以問將軍・中朝臣、皆對曰、忠臣不顯諫、大臣奏事、不宜漏泄、令吏民傳寫、流聞四方、臣不密則失身、宜下廷尉治、事下廷尉……遂策免。

(44) 前掲注(33)の勞榦氏論文を參照。

(45) 前掲注(1)の楊樹藩氏論文を參照。但し、黄霸傳の「公卿大議廷中」に顏師古は注して「總會議也」としているが、史料に見える大議とは大きな會議という普通名詞か或は大いに議するという動詞として用いられており、楊氏のごとく特別の集議を指すものとして必ずしも使用されていない。したがってここで大議という呼稱を使うのは、あくまでも便宜上としてである。

(46) 『漢書』卷六八霍光傳及び前掲注(33)の西嶋氏論文を參照。

(47) 『漢書』卷四文帝紀。〔高后八年〕閏月己酉、〔代王〕入代邸、群臣從至、上議曰、丞相臣平、太尉臣勃、大將軍臣武、御史大夫臣蒼、宗正臣郢、朱虚侯臣章、東牟侯臣興居、典客臣揭、再拜言、大王足下、子弘等皆非孝惠皇帝子、不當奉宗廟、臣謹請陰安侯、頃王后、琅邪王、列侯吏二千石議、大王高皇帝子、宜爲嗣、願大王卽天子位。

(48) 後に述べる宗廟や郊祀といった祭祀關係及び丞相關係の議事が皇帝の命令で協議されるのに對して、國君の廢立は皇帝から下命されて開かれるものではないため、嚴密な意味ではいわゆる廷議の範疇には入らぬかもしれないが、廷議の特殊例ということでは承認することができるであろう。

(49) 『漢書』卷七三韋玄成傳。至元帝時、貢禹奏言、古者天子七廟、今孝惠孝景廟、皆親盡、宜毀、及郡國廟不應古禮、宜正定、天子是其議、未及施行、而禹卒、永光四年乃下詔、先議罷郡國廟曰、……其與將軍・列侯・中二千石・二千石・諸大夫・博士・議郎議、丞相玄成、御史大夫鄭弘、太子太傅嚴彭祖、少府歐陽地餘、諫大夫尹更始等七十人、皆曰、……臣等愚以爲宗廟在郡國、宜無修、臣請勿復修、奏可、……罷郡國廟後月餘、復下詔曰、蓋聞明王制禮、立親廟四、祖宗之廟、萬世不毀、所以明尊祖敬宗、著親親也、朕獲承祖宗之重、惟大禮未備、戰栗恐懼、不敢自顓、其與將軍・列侯・中二千石・二千石・諸大夫・博士議、玄成等四十四人、奏議曰……、大司馬車騎將軍許嘉等二十九人以爲……、諫大夫尹更始等十八人以爲……、於是上重其事、依違者一年、乃下詔曰(下略)。

(50)『漢書』巻二五下郊祀志。成帝初卽位、丞相衡、御史大夫譚奏言、帝王之事、莫大乎承天之序、承天之序、莫重於郊祀、故聖王盡心極慮、以建其制、……甘泉泰畤、河東后土之祠、宜可徙置長安、合於古帝王、願與群臣議定、奏可、大司馬車騎將軍許嘉等八人、以爲所從來久遠、宜如故、右將軍王商・博士師丹・議郎翟方進等五十人、以爲……天地以王者爲主、故聖王制、祭天地之禮、必於國郊、長安聖主之居、皇天所觀視也、甘泉河東之祠、非神靈所饗、宜徙就正陽大陰之處……、於是衡、譚奏議曰、陛下聖德、悤明上通、承天之大、典覽群下、使各悉心盡慮、議郊祀之處、天下幸甚、臣聞廣謀從衆、則合於天心、故洪範曰、三人占、則從二人言、言少從多之義也、論當往古、宜於萬民、則依而從之、違道寡與、則廢而不行、今議者五十八人、其五十人言當徙之義、皆著於經傳、同於上世、便於吏民、八人不案經藝考古制、而以爲不宜、無法之議、難以定吉凶、……宜於長安定南北郊、爲萬世基、天子從之。

(51)注（41）（42）を參照。

(52)丞相の免官、就中下獄の場合にすべてこうした大議を經たかどうかは疑問である。丞相の免官については前掲周道濟氏の研究があるが、この點についてはまったく觸れられていない。そこで推測であるが、丞相の下獄に關する大議が哀帝の時に見えていること、またこの時期が中朝の優勢期に當たっていることとつき合わせると、これらの大議は外朝を彈壓するための策謀を隱蔽する手段として用いられたのではないかと思われる。

(53)中朝官議については注（66）で少なくとも一五名の參議者が知られるのが唯一の例である。大議は王莽の一四七人という人數が韋玄成傳に見えているが、これは例外に屬する。他では、注（41）と（50）に五八人、（42）に六〇人以上、（49）の郡國廟廢止の議は七〇人、後の宗廟の大禮に際しては九一人となっている。大體六〇人前後から多くて九〇人餘りというところであろう。公卿の議の參議者が三〇人から五〇人であるから、この概數は妥當な數字と思われる。

(54)注（18）を參照。

(55)『漢書』巻七八蕭望之傳。京兆尹張敞上書言、國兵在外、軍以〔經〕夏、發隴西以北安定以西吏民、並給轉輸、田事頗廢、素無餘積、雖羌虜以破、來春民食必乏、窮辟之處、買亡所得、縣官穀度不足以振之、願令諸有罪、非盜受財殺人及犯法不得赦者、皆得以差入穀此八郡贖罪、……事下有司、望之與少府李彊議、以爲……今議開利路、以傷既成之化、臣竊痛之、於是天子復下其議兩府、丞相御史以難問張敞……、遂不施敞議。

(56)『漢書』卷八六師丹傳。會有上書言、古者以龜貝爲貨、今以錢易之、民以故貧、宜可改幣、上以問丹、丹對言可改、章下有司議、皆以爲行錢以來久、難卒變易。

(57)『漢書』卷二五下郊祀志。宣帝……是時美陽得鼎、獻之、下有司議、多以爲宜薦見宗廟、如元鼎故事。

(58)『漢書』卷七〇陳湯傳。〔甘〕延壽、湯上疏曰、……臣延壽、臣湯將義兵、行天誅、賴陛下神靈、陰陽並應、天氣精明、陷陳克敵、斬郅支首及名王以下、宜縣頭槀街蠻夷邸間、以示萬里、明犯彊漢者、雖遠必誅、事下有司、丞相匡衡、御史大夫繁延壽、以爲……宜勿縣、車騎將軍許嘉、右將軍王商、以爲……宜縣十日、乃埋之、有詔將軍議是。

(59)『漢書』卷六九趙充國傳。酒泉太守辛武賢奏言、郡兵皆屯備南山、北邊空虛、勢不可久、……以七月上旬、齎三十日糧、分兵並出張掖酒泉、合擊罕开在鮮水上者、……雖不能盡誅、亶奪其畜產、虜其妻子、復引兵還、冬復擊之、大兵仍出、虜必震壞、天子下其書〔後將軍〕充國、令與校尉以下吏士知羌事者博議。

(60)『漢書』卷五景帝紀。〔元年〕秋七月、詔曰、吏受所監臨、以飲食免、重、受財物、賤買貴賣、論輕、廷尉與丞相更議著令。

(61)『漢書』卷一一哀帝紀。〔綏和二年六月〕又曰、制節謹度、以防奢淫、爲政所先、百王不易之道也、諸侯王・列侯・公主・吏二千石及豪富民、多畜奴婢、田宅亡限、與民爭利、百姓失職、重困不足、其議限列。有司條奏（下略）。

(62)ただ、あらゆる法令の具體的な詳細が有司の議で協議立案されたわけではなかった。たとえば武帝の元朔元年のこと、郡國の守相らが孝廉や廉吏を推擧しないために丞相・御史大夫に詔を下して「其與中二千石・禮官・博士、議不擧者罪」と命じ、それをうけて「不擧孝、不幸詔、當以不敬論、不察廉、不勝任、當免」とした答申が裁可されている例がある。また法令ではないが宗廟の儀禮の制定が公卿の議にかけられているのは、注（27）（37）に見るところである。

(63)『漢書』卷八六王嘉傳。〔哀帝〕欲封〔董〕賢等、上心憚嘉、乃先使皇后父孔鄉侯傅晏、持詔書視丞相御史、於是嘉與御史大夫賈延上封事言、竊見董賢等三人始賜爵、衆庶匈匈咸曰、賢貴、其餘幷蒙恩、至今流言未解、陛下仁恩於賢等不已、宜暴賢等本奏語言、延問公卿・大夫・博士・議郎、考合古今、明正其義、然後乃加爵土、不然、恐大失衆心、海內引領而議、暴下其事、必有言當封者、在陛下所從、天下雖不說、咎有所分、不獨在陛下、前定陵侯淳于長初封、其事亦議、大司農谷永、以長當封、衆人歸咎於永、先帝不獨蒙其譏（下略）。
(64)『漢書』卷五六董仲舒傳。仲舒在家、朝廷如有大議、使使者及廷尉張湯、就其家而問之。
(65)『漢書』卷六九趙充國傳。〔趙充國〕罷就第、朝庭每有四夷大議、常與參兵謀、問籌策焉。
(66)『漢書』卷七二龔勝傳。丞相王嘉上書、薦故廷尉梁相等、尙書劾奏嘉……下將軍・中朝者議、左將軍公孫祿、司隸鮑宣、光祿大夫孔光等十四人、皆以爲嘉應迷國不道法、勝獨書議曰、嘉資性邪僻、所擧多貪殘吏、位列三公、陰陽不和、諸事並廢、咎皆繇嘉、迷國不疑、今擧相等、過微薄、日暮、議者罷、明旦復會。
(67)注（41）（42）（49）（50）などを參照。
(68)注（36）を參照。
(69)注（66）を參照。
(70)『獨斷』。凡群臣上書於天子者有四名、一曰章、二曰奏、三曰表、四曰駮議、……其有疑事、公卿百官會議、若臺閣有所正處、而獨執異意者曰駮議、駮議曰、某官某甲議以爲如是、下言臣愚戇議異、其非駮議、不言議異。
(71)注（37）を參照。
(72)注（50）を參照。
(73)『容齋隨筆』卷二「漢采衆議」の條。
(74)『漢書』卷三九曹參傳。孝惠元年、除諸侯相國法、更以參爲齊丞相、參之相齊、齊七十城、天下初定、悼惠王富於春秋、參盡召長老諸先生、問所以安集百姓。
(75)『漢書』卷七六韓延壽傳。〔延壽〕徙爲東郡太守、……爲吏上禮儀、好古敎化、所至必聘其賢士、以禮待用、廣謀議、納諫爭。
(76)注（63）を參照。
(77)『容齋隨筆』卷一三「漢世謀於衆」の條。
(78)前揭注（1）の貝塚氏論文を參照。

（79）鎌田重雄「漢代の尙書官——領尙書事と錄尙書事を中心として——」（『東洋史研究』二六—四、一九六八）を參照。

（80）『漢書』卷九九王莽傳。莽意以爲制定則天下自平、故銳思於地里、制禮作樂、講合六經之說、公卿旦入暮出、論議連年不決、不暇省獄訟冤結、民之急務。

（81）『後漢書』列傳卷二五曹襃傳。詔召玄武司馬班固、問改定禮制之宜、固曰、京師諸儒、多能說禮、宜廣招集、共議得失、帝曰、諺言、作舍道邊、三年不成、會禮之家、名爲聚訟。

（82）『東方學論集』二、一九五四。

第五章　中國古代における文官優位制について

ここで言う中國古代とは漢代（およそ紀元前二世紀から紀元二世紀）を指し、文官優位とは、武官に對して文官が優位であったことを言う。すなわち中國の漢代においては、武官に對して文官が優位であったという實態と、そうした文官優位制が成立する背景について私見を述べようとするのが、本題の目的である。

本論に入るに先立って、まず官秩について説明をしておく。漢代・官職の上下は官秩によって示された。時期によって若干の變更はあるが、最高の萬石から最下位の一〇〇石まで十五等、一〇〇石の下に更に斗食・佐史を加えると十六等に分かれる（表1を參照）。

表1　漢代官秩の等級と月俸

官　秩	月俸	官　秩	月俸	官　秩	月俸
10000石	350斛	比1000石	80斛	300石	40斛
中2000石	180	600石	70	比300石	37
2000石	120	比 600石	60	200石	30
比2000石	100	400石	50	比200石	27
1000石	90	比 400石	45	100石	16

1斛＝10斗＝19.4リットル

石は容量の單位で、年間に俸祿としてもらう穀物の容量によって地位の上下を示したものである。しかしその穀數は實際の俸祿を示すのではなく、しだいに官の上下を指す名稱に變わっていった。また表1の官秩に對應する月俸は、後漢時代のものである。この月俸については、半錢半穀と言って全部が穀物支給ではなく、現錢と穀物の二本立てで支給されたというような問題があるが、本論には直接關係がないので、これ以上は深入りしないことにする。

ところで、この官秩の等級を見て氣づくことは、二〇〇〇石以下の場合、數字の前に比の字を附した官秩のあることである。この比は次の意味で、たとえば比一〇〇〇石ならば一〇〇〇石に次ぐ官秩を意味し、したがって比一〇〇〇石は一〇〇〇石の下位に置かれるものである。

以上で前置きを終わり、筆者が漢代の文官優位制について最初に關心を抱くようになったのは、郡における太守と都尉との關係である。漢代は地方行政組織として郡縣制が施行されるが、そのうち郡には行政全般を統轄する太守と、軍事を統轄する都尉が置かれている。そして太守、都尉ともに丞（次官）以下の官屬を率い、治所に府を置いて相い拮抗する力を持っていた。このような太守と都尉の關係は、相互に牽制し合って、一方の暴走を防ぐ巧妙な統治システムとして後世から高く評價されるものである。しかしここで注意すべきことは、都尉は郡の軍事を司って行政には關與することなく、しかもその官秩は太守の二〇〇〇石に對して、都尉は比二〇〇〇石であったことである。つまり太守と都尉とは決して同格ではなかった。このことは太守と都尉との間には明らかに差があり、行政を擔當する太守すなわち文官が、軍事を擔當する都尉すなわち武官よりも優位であったことを如實に示す一例である。

そこで、官秩に比の字の附く職官は一體どのようなものがあるのかということを、『漢書』百官公卿表を中心に『通典』『通考』等を參照して抽出したのが表2の一覽表である。

光祿勳は九卿すなわち大臣の一つで、その職務は宮殿の出入りの取り締りから皇帝の身邊の警護に當たるもので、武官が主體であり、したがって配下の屬官の官秩は全て比が附いている。但し、この中には大夫という皇帝の顧問官ないしは論議擔當官が入っていることに疑問があるかもしれないが、このばあい大夫も光祿勳の屬官に含まれていることからして、大夫も郎官と同じく本來は皇帝の私臣として皇帝の身邊警護に當たるものであったと見ることができよう。

表２　官秩に比の附く職官一覽

【郡】		【校尉】
（太守　2000石）		司隷校尉　比2000石
都尉　比2000石		城門校尉　比2000石
		中壘校尉　比2000石
【太常】		屯騎校尉　比2000石
博士　比600石		歩兵校尉　比2000石
【太子太傅】		越騎校尉　比2000石
太子洗馬　比600石		長水校尉　比2000石
【都尉】		胡騎校尉　比2000石
奉車都尉　比2000石		射聲校尉　比2000石
駙馬都尉　比2000石		虎賁校尉　比2000石
【光祿勳】		
太中大夫　比1000石		【將軍の軍營】
中大夫（光祿大夫）　比1000石		校尉　比2000石
諫大夫　比600石		軍司馬　比1000石
五官中郎將　比2000石	中郎　比600石	軍校　比600石
左中郎將　比2000石	議郎　比600石	屯長　比200石
右中郎將　比2000石	侍郎　比400石	
車將　比1000石		
戸將　比1000石	郎中　比300石	
騎將　比2000石		
謁者僕射　比1000石		
期門僕射（虎賁中郎將）　比1000石		
羽林中郎將・騎都尉　比2000石		

校尉は、校という特殊部隊をひきいる指揮官で、そのほとんどは漢の武帝時代に設けられた、れっきとした武官である。ところがこの校尉の官秩は、文獻によって二〇〇〇石とするものと、比二〇〇〇石とするものとの二種類がある。すなわち前者は『漢書』百官公卿表の記事であり、後者は『續漢書』百官志の記事である。この問題については、大庭脩氏に「漢の中郎將・校尉と魏の率善中郎將・率善校尉」（同氏『秦漢法制史の研究』所收、創文社）の論文があり、校尉の官秩を比二〇〇〇石としている。説明は省略するが、大庭氏の考證にしたがい、筆者も校尉の官秩は比二〇〇〇石と見る。

次は將軍の軍營であるが、軍營は

五部に分かれて各部には校尉・軍司馬、部の下の曲には軍校、曲の下の屯には屯長が置かれるが、何れも官秩は比の字の附く官秩である。その他、太子太傅（東宮侍從長）の屬官で皇太子の先導隊長を務める太子洗馬や、皇帝の車馬を擔當する奉車都尉、駙馬都尉は郡の都尉と同じ都尉で比二〇〇〇石である。

このように見てくると、比の附く官秩は武官であるという假説が立てられそうであるが、しかしそうとは言えない事例が少なくとも一つある。それは太常の屬官の博士である。九卿の一つである太常は宗廟の祭祀を擔當する大臣で、その屬官の博士は學問や故實掌故を專門とする官である。官秩が比六〇〇石で比が附くからと言って、博士を武官の中に加えることはできない。また逆に、武官であれば比の附く官秩になるかと言うと、これも決してそうではなく、若干の例外がある。たとえば宮門内の警備に當たる衛尉の屬官で公車司馬令とか衛士令は武官の筈であるが、官秩はともに六〇〇石で比は附いていない。また首都防衛司令官である執金吾の屬官の中壘令や左・右中候などは武官であるが、官秩は六〇〇石で比は附いていない。

このように若干の例外はあるが、概して武官は比の附く官秩が多いことは疑いなく、比の附く官秩を一ランク下位の官秩と見るならば、武官は文官よりも下位に置かれていた、換言するならば文官が武官よりも優位であったことを示していると見ることができるのではなかろうか。そして、このような漢代の文官優位制度を、中國における一種のシビリアン・コントロールとして捉えることができるのではなかろうか、と言うのが筆者の考えである。

そこで武官は、一體どのような權限を持っていたのか。そのことを武官の最上位に位置する將軍について見ることにする。(1)

『漢書』百官公卿表に將軍のことを述べて「位は上卿、金印紫綬。漢は常には置かず」とある。このように「常には置かず」とされた將軍にはどのような權限があったのか。そのことをよく表したものとして『漢書』周亞夫傳中の周亞夫の有名な話がある。その部分は以下のとおりである。

文帝の後六年、匈奴大いに邊に入る。宗正の劉禮を以て將軍と爲して霸上に軍し、祝茲侯の徐厲を將軍と爲して棘門に軍し、河内の守の亞夫を以て將軍と爲して細柳に軍し、以て胡に備えしむ。上、自から軍を勞い、霸上及び棘門に至るに、直ちに馳せ入り、將以下、騎して出入送迎す。已にして細柳の軍に之《ゆ》く。軍の士吏は甲を被、兵刃を鋭《と》ぎ、弓弩を張って滿を持せり。天子の先驅至るも入るを得ず。先驅曰わく「天子まさに至らんとす」と。軍門の都尉曰わく「軍中は將軍の令を聞き、天子の詔は聞かず」と。しばらく有りて、上、至る。又入るを得ず。是において上、使をして節を持ち將軍に詔げしめて曰わく、「吾、軍を勞わんと欲す」と。亞夫乃ち傳言して壁門を開かしむ。壁門の士、車騎に請いて曰わく、「將軍の約に、軍中は驅馳するを得ず」と。是に於て天子乃ち轡（手綱）を按じて徐に行く。中營に至る。將軍亞夫揖《ゆう》して曰わく、「介冑の士は拜せず、請うらくは軍禮を以て見えん」と。天子爲に動《かん》じ、容を改め車に軾《しょく》す。人をして謝を稱せしめ、「皇帝敬しく將軍を勞う」と。禮を成して去る。既に軍門を出で、群臣皆驚く。文帝曰わく、「ああ、此れ眞の將軍なり。さきの霸上、棘門は兒戲の如き耳。其の將、固より襲われて虜となる可し。亞夫に至りては得て犯す可けんや」と。善を稱する者、之れを久くす。[2]

文中の節とは、皇帝の使者であることを示す旗印で、漢代では長さ八尺の竹棒の先に、から牛の尾で毛飾りをほどこしたものを言う。また將軍の約とは、約束すなわち取り決めであり命令である。周亞夫の話は、本來將軍が如何に大きな權限を持っていたかということを示すものである。すなわち軍中においては、皇帝さえも將軍の命令に従わねばならず、また軍の吏卒にとっては、皇帝の詔よりも將軍の命令の方が優先したのである。

では、そのような将軍の絶大な権限は、どこから來ているかと言うと、それは将軍を任命する儀式の中に認めることができる。次の『淮南子』兵略訓の記事は、将軍を任命する際の儀式を述べたものである。

凡そ國に難有れば、君、宮より将を召し、之れに詔《つ》げて曰わく、「社稷の命は将軍に在り、卽ち今、國に難有り、願わくは子に請う、将として之れに應ぜよ」と。将軍、命を受け、乃ち祝史・太卜をして齋宿すること三日、太廟に之き、靈龜を鑽《や》き、吉日を卜せしめ、以て鼓旗を受く。君、廟門に入り、西面して立つ。将、廟門に入り、趨《はし》りて堂下に至り、北面して立つ。主、親から鉞を操り、頭を持ちて、将軍にその柄を授けて曰わく、「此れより上《かみ》、天に至るまで、将軍之れを制せよ」。復た斧を操り、頭を持ちて、将軍にその柄を授けて曰わく、「此れより下《しも》、淵に至るまで、将軍之れを制せよ」と。将、已に斧鉞を受け、答えて曰わく、「國は外より治む可からざる也、軍は中より御す可からざる也。二心以て君に事う可からず、疑志以て敵に應ず可からず。臣、既に制を前に受く。鼓旗斧鉞の威、臣、還《ま》た請うこと無し。願わくは君も亦た一言の命を臣に垂《た》るる無かれ。君、若し許さざれば、臣、敢て将たらず。君、若し之れを許さば、臣、辭して行かん」と。[3]

将軍が授かる鼓旗は軍隊のシンボルである。また斧鉞は人を殺す道具であるが、その際の殺す對象は決して敵ではなく、将軍の命令に従わない者を殺すのである。天子が斧鉞の頭を持って柄を将軍に渡すのは信頼の表現であり、また斧鉞を授けること自體が専殺権をはじめとするあらゆる権限の委譲である。その結果、将軍は皇帝からの束縛を脱して、皇帝の上位に立つことができるのである。そして、その實例は、先の周亞夫のところで見てきたところである。つまり将軍は、いったん任命されると、任命者である皇帝の統制の枠を超えて絶大な権限と獨立性が與えられるのである。だからこそ、将軍は「常には置かなかった」のである。これは将軍そのものに對する強い警戒心の現れにほかならなかった。

『漢書』黃霸傳に次のような記事がある。

〔宣帝〕五鳳三年、黃霸、丙吉に代わりて丞相と爲る。（中略）樂陵侯の史高は、外屬の舊恩を以て、中に侍して貴重たり。霸、高を薦めて太尉とす可しとす。天子、尙書をして召して霸に問わしむ。「太尉の官は罷めて久し。丞相、之れを兼ねるは武を偃めて文を興こす所以なり。如し國家不虞にして、邊境に事有らば、左右の臣は皆將率なり。夫れ敎化を宣明し、幽隱を通達し、獄をして寃刑無からしめ、邑に盜賊無からしむるは、君の職なり。將相の官は、朕が之れを任ず。侍中の樂陵侯の高は、帷幄の近臣にして、朕の自から親しき所なり。君、何ぞ職を越えて之れを擧ぐるや」と。(4)

この宣帝の詰問に對して黃霸は一言もなかったと言われる。黃霸傳の記事は、將軍ではなくて太尉について述べたものである。太尉は軍の最高責任者で、總理大臣の丞相、祕書官長の御史大夫と並んで三公の一つに數えられているポストである。また「武を偃めて文を興こす（偃武興文）」とは、一般には戰爭を止めて戰爭のない平和な世の中をつくり出すことを言う。(5)しかし黃霸傳では、軍事の最高責任者である太尉の官を罷めて、國政の最高責任者である丞相に兼務させることを指して「武を偃めて文を興こす」と言っている。これは明らかに武官を抑えて文官を重視するものであって、文官優位を裏づける發言である。更にまた宣帝のころには、そうした文官優位の考え方があったことを示す何よりの證據となるものである。

では以上に見てきたような文官優位制は、一體何時から始まるのか、という問題が次に生じてくる。これは換言するならば表2で示したような文官優位と見られる官秩を內容とした職官制度は何時の時點のものであったのかという問題でもある。

この點については、現在のところ、これと言った明確な解答を持ってはいない。したがって推測の域を出ないが、一般に漢代の官制は秦代の官制を繼承したものだと言われている。では秦代において既に文官優位制度が確立していて、それを漢が繼承したかというと、管見では今のところ、その確たる證據を見出すことができない。そうなると前漢時代、遲くとも宣帝以前ということになるが、そこで注目したいのは董仲舒の存在である。中でも彼が武帝に奉った對策である。

周知のごとく漢の武帝は卽位の初め、すなわち建元元年（前一四〇）に人材登用の一環として全國から學識、人物ともに優れた者を都に集めて策問した。このとき武帝が董仲舒に出した問題は、如何にすれば古典に見られるような理想社會を再現することができるか、というものであった。これに對して、董仲舒は孔子の歷史哲學の書といわれる「公羊春秋」の理論に基づいて自説を展開するわけであるが、その中で以下のような提言を行っている。すなわち「世の中をよくするためには學問の教養のある者が官吏とならなければならない。何が學問かといえば、それは孔子の説く道（儒教）であり、何が教養かといえば、それは孔子が人間に必須のものであるとした易、書、詩、禮、樂、春秋の六つの經典、すなわち六藝である」とし、更に「この六藝と孔子の道に合致しないものは、全て排斥すべきである」と主張したのである。そして董仲舒の進言は武帝の採用するところとなり、漸次實行に移される。先ず建元五年（前一三六）には太學に五經博士を置いて太學で經書の講義をさせ、かつ太學の卒業生を官吏とする道を開いた。すなわち儒教の國教化と博士弟子員科の制定である。他方、太學卒業生以外の人材を確保するために、儒學の教養のある者を全國から推擧させ、天子自から試驗するという、いわゆる孝廉の制度（科擧の前身）も確立されたのである。しかもこれらの諸制度や方針は、ただ單に武帝の時代のみならず以後も繼承され、中華民國の成立する二十世紀の初頭に至るまで中國二千年の歴史を貫く理念となり、かつまた實踐されて來たものである。そしてこの重大な決定が、直接的には董仲舒の進言に端を發しているのである。

以上述べたように、董仲舒は、政治は教養のある人間によって執られねばならず、その教養は儒學でなければならないと主張する儒者であり、また彼の進言によって國教となった儒教は人間を重視し、文化を重視する思想を内にもつ學說であることを考える時、中國古代における文官優位制の成立は、漢の武帝時代以後に始まると見るのが穩當ではなかろうか。一月を歳首とする太初暦が制定された太初元年（前一〇四）に大幅な官名改稱が行われているが、これなどは有力な時期であろう。

中國史を研究している立場から言えば、たとえば日本における武家政治とか武家社會などは、たいへん奇異なものに感じられる。と言うのも、中國では日本のような武家政治も武家社會もついぞ存在しなかったからである。しかし、世界史に目を向けると、中國の文官優位制こそ、むしろ特異な制度であることに氣づく。では一體、そのような中國の制度が何時、どのようにして始まったのかということが、筆者の年來の關心事であった。多くの推測を交えながらではあったが、筆者の考えの一端を述べた次第である。

注

（1）将軍については、大庭脩「前漢の将軍」（『秦漢法制史の研究』所收）を參照した。

（2）文帝後六年、匈奴大入邊。以宗正劉禮爲將軍軍霸上、祝茲侯徐厲爲將軍軍棘門、以河内守亞夫爲將軍軍細柳、以備胡。上自勞軍、至霸上及棘門軍、直馳入、將以下騎出入送迎。已而之細柳軍、軍士吏被甲、鋭兵刃、張弓弩、持滿。天子先驅至、不得入。先驅曰、天子且至。軍門都尉曰、軍中聞將軍之令、不聞天子之詔。有頃、上至、又不得入。於是上使使持節詔將軍曰、吾欲勞軍。亞夫乃傳言開壁門。壁門士請車騎曰、將軍約、軍中不得驅馳。於是天子乃按轡徐行。至中營、將軍亞夫揖曰、介冑之士不拜、請以軍禮見。天子爲動、改容式車。使人稱謝、皇帝敬勞將軍。成禮而去。既出軍門、群臣皆驚。文帝曰、嗟乎、此眞將軍矣。鄉者霸上・棘門如兒戲耳、其將固可襲而虜也。至於亞夫可得而犯邪。稱善者久之。

（『漢書』周亞夫傳）

（3）凡國有難、君自宮召將、詔之曰、社稷之命在將軍、卽今國有難、願請子、將而應之。將軍受命、乃令祝史太卜、齋宿三日、之太廟、鑽靈龜、卜吉日、以受鼓旗。君入廟門、西面而立。將入廟門、趨至堂下、北面而立。主親操鉞、持頭授將軍其柄曰、從此上至天者、將軍制之。復操斧、持頭授將軍其柄曰、從此下至淵者、將軍制之。將已受斧鉞、答曰、國不可從外治也、軍不可從中御也。二心不可以事君、疑志不可以應敵。臣既以受制於前矣。鼓旗斧鉞之威、臣無還請。願君亦無垂一言之命於臣也。君若不許、臣不敢將。君若許之、臣辭而行。

（『淮南子』兵略訓）

（4）〔宣帝〕五鳳三年、黃霸代丙吉爲丞相。（中略）樂陵侯史高、以外屬舊恩侍中貴重、霸薦高可太尉。天子使尙書召問霸、太尉官罷久矣、丞相兼之、所以偃武興文也。如國家不虞、邊境有事、左右之臣皆將率也。夫宣明教化、通達幽隱、使獄無寃刑、邑無盜賊、君之職也。將相之官、朕之任焉。侍中樂陵侯高、帷幄近臣、朕之所自親、君何越職而擧之。

（『漢書』黃霸傳）

（5）『史記』留侯世家、『漢書』匡衡傳などに見える。

〔附記〕本章は一九九五年七月一日、東北大學で開催の一九九五年度日本歷史學協會總會における公開講演の要旨である。

第Ⅱ部　出土文字資料篇

第一章　新居延漢簡の概觀

一

甘肅省博物館などを中心にして組織された甘肅居延考古隊は、一九七二年からかつて西北科學考査團の團員フォルケ・ベリイマンが居延漢簡を發見したエチナ河流域の漢代烽燧遺址を再調査し、一九七二年～七四年にかけて約二萬枚の漢代簡牘を新たに發見した。この新發見の居延漢簡を新居延漢簡もしくは新簡とよび、かつて一九三〇年代にベリイマンの發見した居延漢簡を舊居延漢簡もしくは舊簡とよぶことにする。

さて、この新居延漢簡の發掘の概略は、甘肅居延考古隊「居延漢代遺址的發掘和新出土的簡册文物」（『文物』一九七八年、第一期。以下『概報』と略稱）に見えている。ただしそこでは發見された簡牘は僅かに數十枚が寫眞とともに紹介されているに過ぎず、それ以外の簡牘についてはまったく知ることができなかった。そのために新居延漢簡の一日も早い公開が望まれていたところ、一九九〇年になって甘肅省文物考古研究所・甘肅省博物館等編『居延新簡――甲渠候官與第四燧――』（文物出版社）が出版されたのである。新居延漢簡は居延漢簡出土一覽表（表1）に示すように甲渠候官の置かれた破城子、甲渠第四燧の置かれた保都格、それに肩水金關の三箇所で合計約二萬枚の簡牘が發見されているが、この『居延新簡』に收められている簡牘は、そのうち破城子出土の約八〇〇〇枚と保都格出土の約二〇〇枚だけで、大半を占める肩水金關は取り上げてなく、しかも簡牘はいずれも釋文ばかりで肝心の寫眞は未發表のま

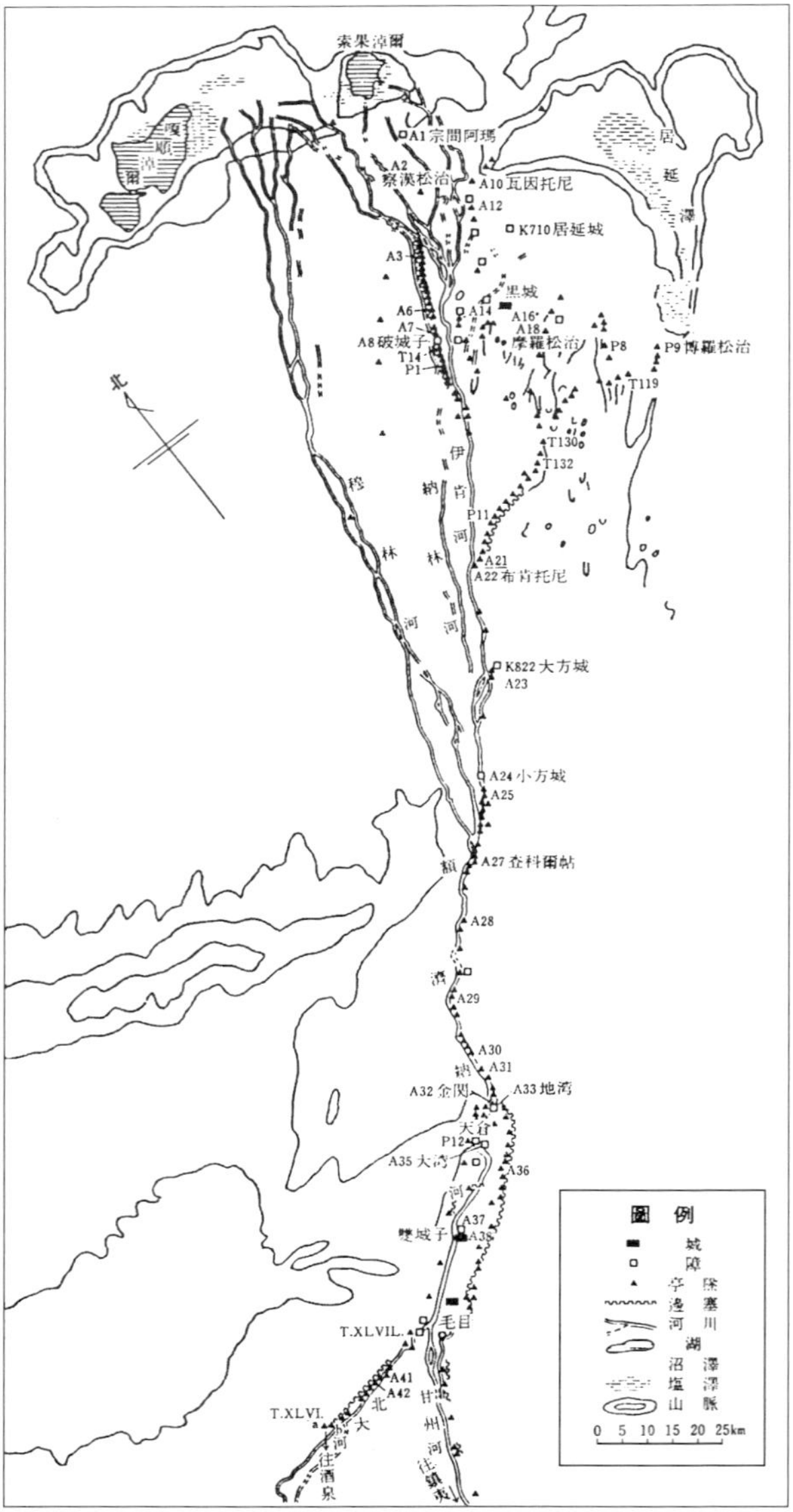

圖1　エチナ河流域の漢代烽燧遺址圖
（佐原康夫『漢代都市機構の研究』
〔汲古叢書31〕汲古書院、2002年）

まであり、研究材料としては必ずしも十分であるとは言えない。しかし十分ではないまでも一部釋文の公表されたこの段階で、新居延漢簡を概觀しておくことは決して無意味なことではない。そこで『居延新簡』を取り上げて、筆者の研究關心から出土地點の問題および簡牘の內容等について氣づいたこと等を述べ、將來の新居延漢簡研究の導入としたい。

表１　居延漢簡出土一覧表

地　名	遺址番號	漢代の官署名	舊簡の數	新簡の數	計
瓦因托尼	A10	通澤第二亭	約　300		約　300
破城子	A 8	甲渠候官	約 5,000	7,944	約13,000
保都格	P 1	甲渠第四燧	1	195	196
博羅松治	P 9	卅井候官	346		346
金　關	A32	肩水金關	約　850	約11,500	約12,350
地　灣	A33	肩水候官	約 2,000		約 2,000
大　灣	A35	肩水都尉府	約 1,300		約 1,300
其の他			約 1,000		約 1,000
計			約10,800	約19,600	約30,400

二

『居延新簡』を手にして先ず氣のつくことは、出土した簡牘は全て探方（五メートル四方の發掘單位で、略號はT）と、房屋（略號はF）ごとに整理されていることである。換言するならば、今次出土の居延漢簡は全てが出土地點ごとに整理されているのである。これは一九三〇年～三一年時のいわゆる舊居延漢簡においては出土地點がはなはだ不明確であったのとは對蹠的で、今回の發掘が科學的に行われたことを如實に物語るものである。出土する簡牘は一般に斷簡が多く、そうした斷簡を綴合したり、また簡牘を本來の册書の形に復元するうえでも、このことは極めて重要なことと言わねばならない。

そのような出土地點からして特に注目されるのは、破城子のF22の地點である。ここは六平米にも足りない場所であるが、ここからは復元された册書約四十點を含む八八九枚の簡牘が發見されている。その中の一つ「候粟君所責寇恩事」册によって、破城子が甲渠候官の遺址であったことが判明するとともに、F22は甲渠候官の文書收藏庫であったと考えられているところである。この文書收藏庫と多數の册書の發見は、何と言っても今回の最大の收穫と言わねばならない。破城子の房屋出土の簡牘すなわちF記號のつく簡牘にはF22の他にF8、F16、F19、

Ｆ25、Ｆ31の五つがある。このうちＦ16からは「塞上蓬火品約」冊すなわち敵が來襲したときに出す各種の信號の規則集が發見されており、この部屋が甲渠候官の責任者甲渠鄣候の執務室ではないかと推測されているものの、Ｆ８以下の房屋ではいずれも數枚から數十枚の簡牘が發見されているに過ぎず、房屋出土の簡牘で數量的にも、また內容的にも注目されるのはＦ22だけである。これに對して破城子の探方すなわちＴ記號のつく簡牘になると、枚數も內容も一段と豐富である。

探方は、破城子ではＴ１から始まって最も大きい番號としてはＴ68を確認することができる。このうちＴ１～Ｔ49、Ｔ61、Ｔ65、Ｔ68は甲渠候官の城塞である塢とその周邊に屬する。いっぽうＴ50～Ｔ59の十地點は、塢の東ないし東南約三〇メートルほど離れたところに、東西約七〇メートル、南北約四〇メートルにわたって廣がる灰堆である（圖3を參照）。灰堆というのは、先の『概報』では柴草や糞便その他廢棄物を含有する灰と砂礫の堆積地と説明しているが、要するにごみ捨て場である。破城子の探方は、こうした灰堆と塢の二つに大別することができる。

ところでこれら探方出土の簡牘には紀年簡がかなり多數見出される。そこで破城子の探方ごとに紀年簡を取り出して、塢と灰堆（Ｔ50～Ｔ59）に分けて時代別に集計したのが表2である。

この表2を見て氣のつくことは、先ず塢の場合であるが、Ｔ２～Ｔ49では宣帝期から後漢の和帝期初年までの紀年簡が見える。このうち王莽期に屬するものが三九％を占めていることが目を引くほかは、紀年簡は宣帝期から後漢の光武帝期にかけて、かなり滿遍なく分布していることが知られる。また障のＴ61を除き、Ｔ65とＴ68の正確な場所が何處であるのか不明であるが、Ｔ65は宣帝期から光武帝期までのものがあり、またＴ68は王莽期と光武帝期に限定されている。

これに對して灰堆中から出土した紀年簡に目を移すと、ここでも宣帝期から後漢光武帝期初年までの年代が見られる。そこで更にこれを圖2の發掘區分にしたがって時代的分布狀況を見てみると、先ず灰堆南部のT50とT51では成帝期が紀年簡の五五%、元帝期が同じく二九%で、兩者合わせて當該發掘區の紀年簡の八四%に達する。同樣にその北のT59では王莽期が全體の五五%を占め、更に北のT52では成帝期四八%、元帝期三五%で兩者合わせて八三%、東のT53~T58では宣帝期だけで實に七八%に達している。これを要するに灰堆出土の紀年簡からして、灰堆の發掘

表2　破城子出土紀年簡の集計表

時代／探方	昭帝	宣帝	元帝	成帝	哀帝	平帝	孺子	王莽	更始	光武	章帝	和帝	安帝	計
T 2		2						1						3(47)
T 3				1										1(11)
T 4				4				8						12(130)
T 5		1	3	5	2			8						19(300)
T 6		1						7	2	2				12(152)
T 7				1			1	4						6(53)
T 8					1		1							2(46)
T 9				1										1(20)
T10						1		1						2(57)
T11			1	1										2(12)
T14			1							2				3(24)
T17								1						1(39)
T20										2				2(31)
T21				1										1(35)
T26								2		2				4(29)
T27							1	2		3				6(72)
T40				2	5	1		2						10(227)
T43				1	9		1	8	3	1				23(395)
T44										1				1(68)
T48			2	2	1			5	2	1	2			15(162)
T49								1	1			1		3(95)
T61												1	1	2(13)
T65		1	2	6	13		1	8	3	5				39(546)
T68								5		20				25(235)
T50		1	2	27	1	1	1	1						34(261)
T51		10	28	29	1									68(753)
T52	1	8	23	31				2						65(824)
T53		16	4	2		1								23(321)
T54				2	1									3(37)
T55				1	2									3(19)
T56		35	2	1										38(440)
T57		12			1			1						14(135)
T58		9	1	1										11(129)
T59		5	5	4	3	3	4	32			2			58(937)

(　)内の數字は各探方の總出土簡數を示す。
劉盆子の年號建世の紀年簡は便宜上光武の中に加えた。

區は先ずT53～T58が一番古くて大體宣帝期ごろ、ついでT50とT51の地區およびT52は元帝期から成帝期ごろにかけて、T59は一番新しくて王莽期ごろに、それぞれ主たる時期があったと推測することができるのではなかろうか。紀年簡のみによる時代の推測は必ずしも正確であるとは言えないまでも、ひとつの傾向を示していることは間違いない。(1)

次に各探方における簡牘について、内容的な特色の有無を見ると、先ず塢とその周邊のうちT65とT68の場所が判明しないのは先に述べた通りであるが、このうちT65では例えば候官への出頭記錄（詣官簿の類）、戍卒及び家族への食糧支給關係の簡、更には暦譜などに簡牘の比較的まとまりを見ることができる。またT68では戍卒の食糧支給關係の簡のほか、とくに劾狀の多いことが注目される。しかし塢とその周邊に屬するこれ以外の探方、すなわちT2～T44、T48、T49では大部分が斷簡（釋文では文の上下に☐印を附して簡の上下が折斷していることを表示している）で、しかも短いものが多く、また内容から見ても、強いて言えばT5では人事や戍卒の食糧、T40では「相利善劍刀」冊書の他見錢出納や卒家族關係、そしてT43では詣官簿が若干多い程度で、他はこれといった簡牘のまとまりは見られない。

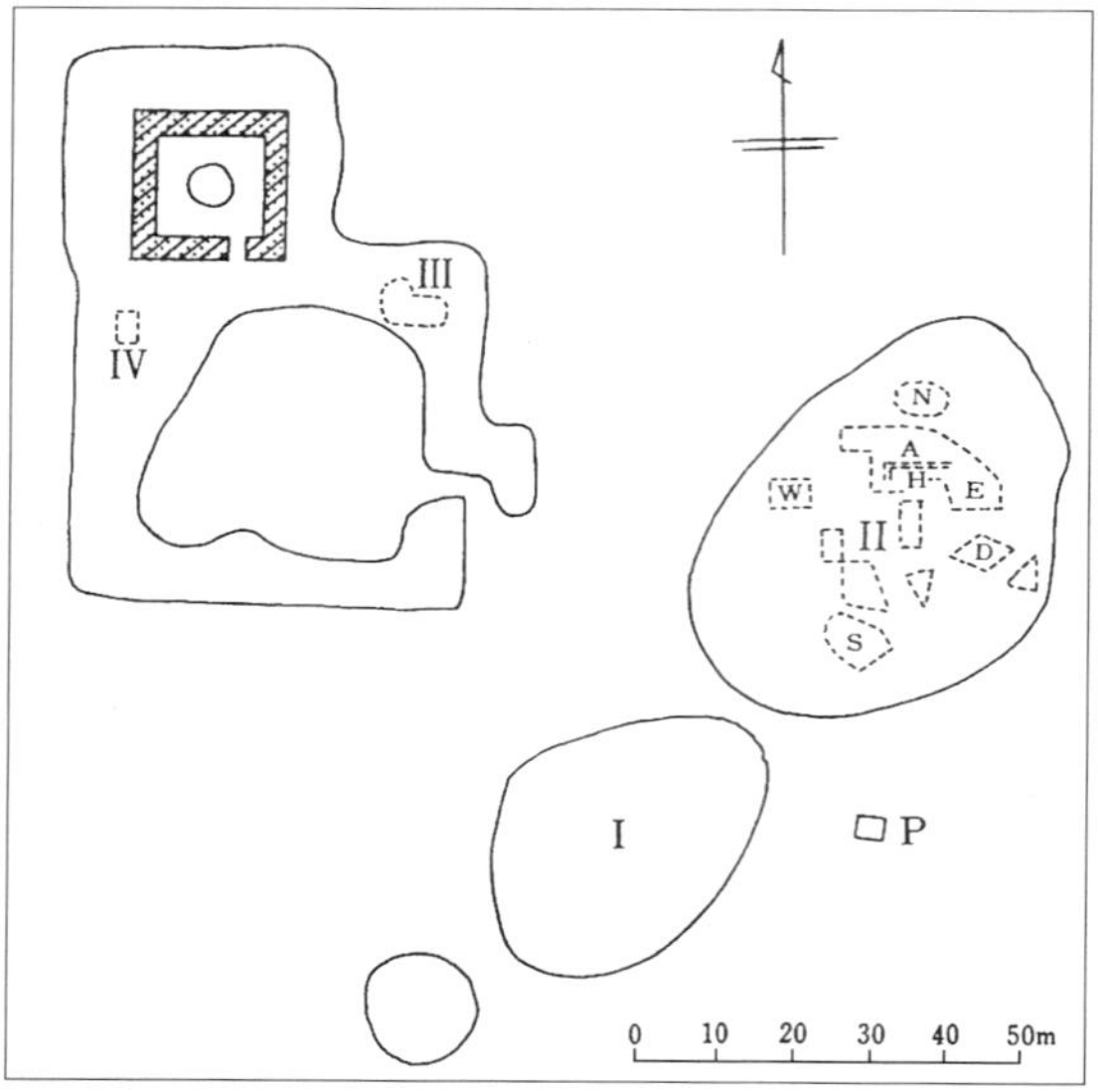

圖2　甲渠候官遺址發掘區の分布1（1930～31）
Ⅰ～Ⅳは發掘區
A～E、N、P、S、Wは試掘坑

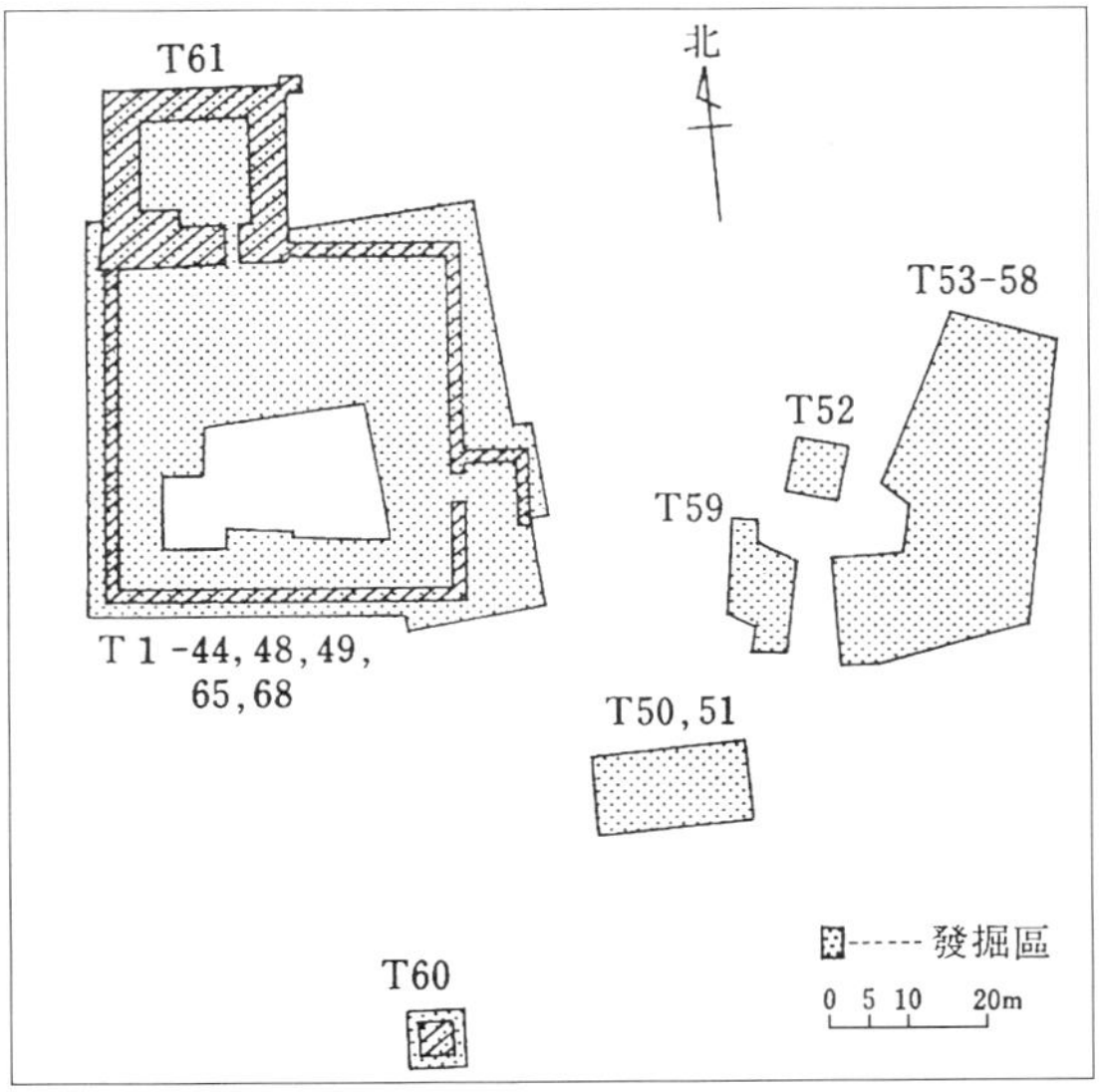

圖３　甲渠候官遺址發掘區の分布２（1973〜74）
Ｔは探方

これに對して塢東の灰堆中から出土した簡牘を見ると、多くの斷簡に混じって上下完好な簡も比較的多いことが先ず目を引く。また簡牘の内容も各種の文書や簿籍がその中にあり、しかも數量的にもかなりまとまった形で見出されるのである。例えばＴ52を取り上げてみても、戍卒の食糧、日迹簿、作簿、發信受信の記録、遞傳の記録、被兵簿、奉錢のほか人事關係といったものが、かなりまとまって見出される。中でも目につくのは甲渠候官の封檢、すなわち甲渠候官宛の郵便の宛名書きの簡で、この封檢はＴ51、Ｔ53、Ｔ56で特に多數發見されている。

以上、破城子の探方について塢と灰堆とに分けて簡牘の年代、形狀および内容にわたって見てきたが、これらを總合して全體的に言えば、先ず塢東の灰堆は、堆積物からも知られるように、明らかにここはごみ捨て場であった。これを簡牘に即して言えば、簡牘は一定期間保管された後おそらく不要になると廢棄方法の如何を問わず塢外に廢棄されたものである。それも長期間では、一箇所に多くなると他に場所をかえるといった具合にである。灰堆から出土した簡牘には、發掘區によって年代的にも内容的にもかなりまとまりのあることが、何よりもそのことを示している。いっぽう塢およびその周邊から出土した簡牘は、Ｔ65とＴ68を除いて他の多くは灰堆中の簡牘のように意識的に廢棄されたというよりは、むしろ何かの原因で散亂した

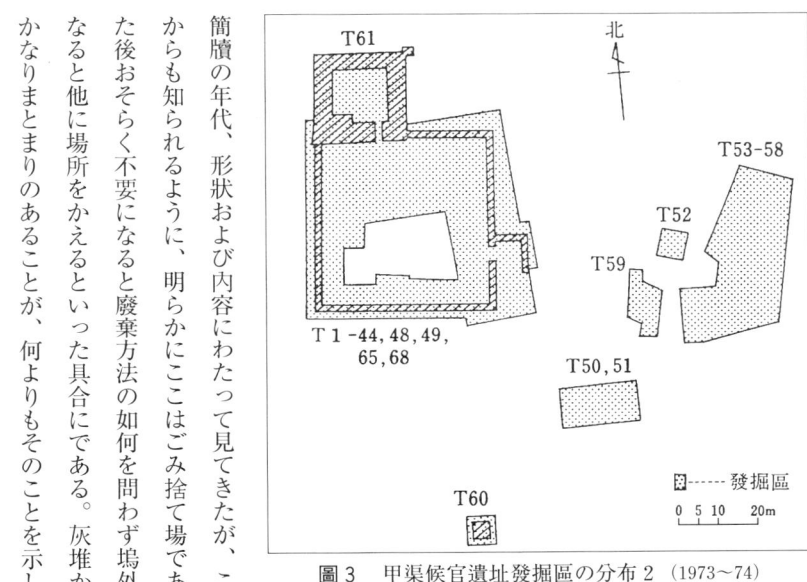

ものであった。それが發生する場合といえば、例えばその城塞が放棄され、使用されなくなったときなどが想定される。塢出土の簡牘は、全體に斷片が多いこと、また内容的にも數量的にもまとまりが見られないことなどが、それを物語っているように思う。

破城子における簡牘と出土地點とのこのような關係は、いろいろと多くの示唆を與えてくれる。例えば、中國で現在大量の簡牘が發見されて注目をあつめている遺址に、懸泉置の遺址がある。場所は敦煌市の東約六〇キロメートルのところである。これは漢代邊境の遺址の中では大變珍しい置《ち》（郵驛）の遺址で、一九九〇年の秋から發掘が開始され、翌年にかけて遺址の總面積約二萬二五〇〇平方メートルのうち、およそ一割強の二四〇〇平方メートルが發掘調査されて一萬五千餘枚にのぼる簡牘が發見された[2]。中國では今後更に大量の簡牘の發見を豫想しているようであるが、既發掘の地區には懸泉置の塢の西側に廣がる廢棄物の堆積地が含まれており、したがって未發掘の殘り九割弱の中に廢棄物の堆積場所か、もしくは置の文書收藏庫のようなものが存在しないかぎり、單純に殘る未發掘の面積に比例して大量の簡牘の發見を期待することはできないのではなかろうか。これなどはその一例である。

また簡牘そのものについて言えば、灰堆出土の簡牘は發掘區を單位に、場合によっては册書の復元や簡牘の綴合なども含めて、相互に關係のある簡牘を見出す可能性が十分にあることを豫測せしめる。しかもそれは、新居延漢簡だけの話ではなく舊簡も含めて檢討の對象にし得る性質のものである。

今、一九三〇年代と七〇年代の發掘區の分布圖（圖2と圖3）を對比してみると、灰堆は一九三〇年代ではローマ數字のⅠとⅡに相當する[3]。これを一九七〇年代の發掘區に當てると、ⅠはT50と51、ⅡはT52～T59までを包括しているようである。そこでローマ數字Ⅰ出土の簡牘、すなわち舊居延漢簡の簡番號でいえば上番號八、三〇、三五、四九、一〇三、一二七、一二九、一三六、一五七、一五八、一七六、一七八、二一四、二五七、二五八、二六二、二六四、

二九八、三一三、三一八、三二六、四七七でまとめられる計五四五枚と、新居延漢簡T50とT51出土の計一〇一四枚とを比較検討してみると、兩者の簡牘群の中には共通するさまざまな様式の文書や簿籍類が見られる。しかしそれはただ單に様式が同じであると言うだけで、新居延漢簡の寫眞を見られない現時點では、それ以上の兩者の關連を追求することはできない。その點この場合は甲渠候官であるが、文書の發信や受信の記録には人名の記載があり、手がかりを得るには好都合である。この様式の簡牘は舊簡では全部で十九枚あり、そのうち人名の見えるものは十四枚、新簡は十一枚全てに人名が見える。今それを列擧すると次のとおりである。

(1) 第廿三候長趙備責居延陽里常池馬錢九千五百移居延收重責●一事一封　十一月壬申令史同奏封　（三五・四）

（第廿三候長趙備、居延陽里の常池に馬錢九千五百を責む。居延に移して收重責せしむ。一事一封。十一月壬申、令史同、奏封す）

(2) ☐□□言府●一事一封　七月辛丑令史並奏封　（三五・一一）

(3) ●□月候長候史日迹簿言府●一事集封　十月癸巳令史弘封　（一三六・三九）

(4) ☐卒胡朝等廿一人自言不得鹽言府●一事集封　八月庚申尉史常封　（一三六・四四）

(5) ☐自言責亭長董子游等各如牒移居延●一事一封　五月戊子尉史彊封　（一五七・一七）

(6) ☐北候長●一事一封　八月乙丑令史弘封　（一五八・六）

(7) ☐　三月丙申尉史蒲封　（一五八・一六）

(8) 卅井移驩喜燧卒鄭柳等責木中燧長董忠等錢謂候長建國等●一事二封　三月辛丑令史護封

(9) ⧄一事集封　十一月甲申令史根封　(二一四・三四)

(10) 第十八燧長鄭彊徙補郭西門亭長移居延●一事一封　六月戊辰尉史憙⧄　(二五八・三)

(二五八・一五)

(以上舊簡の發信記録)

(11) ⧄居延尉丞　其一封居延倉長 一封王憲印　十二月丁酉令史弘發　(二三六・四二)

(12) ⧄　其一封居延都尉章 一封王充印　五月戊戌尉史彊奏發　(一五八・八)

(13) 書五封檄三　二封王憲印 二封呂憲印 一封成宣印 一封孫猛印 一封王彊印 一封王充印　二月癸亥令史唐奏發　(二一四・二四)

(14) 書二封檄三　其一封居延卅井候 一封王憲　十月丁巳尉史蒲發　(二一四・五一)

(以上舊簡の受信記録)

(15) 重追木中隊長徐忠同產姊不幸死寧日盡移居延●一事一封　正月丙戌尉史忠封　(E.P.T50:9)

(16) ⧄三月丙戌掾昌封　(E.P.T50:192)

(17) 殄北候令史登不服負臨木候長憲錢謂臨木候長憲●一事集封　四月己卯尉史彊奏封　(E.P.T51:25)

(18) ⧄燧長昌持牛詣殄北候官以牛畀備北卒呂方政移殄北候官●一事一封　四月庚午掾常封　(E.P.T51:65)

(19) ⧄斥免言府●一事一封　四月壬申令史嚴奏封　(E.P.T51:72)

(20) 大守府書塞吏武官吏皆爲短衣去足一尺告尉謂第四守候長忠等如府書方察不變更者●一事二封　七月庚辰掾曾佐嚴封　(E.P.T51:79)

(21) 士民薛幼蘭錢百一十四不服謂吞遠候長弘●一事集封　十月己未令史弁封　(E.P.T51:304)

(22) ⧄七月己未功曹佐同封　(E.P.T51:320)

(23) 十月盡十二月吏奉用錢致●一事一封　十月戊午尉史彊封　(E.P.T51:340)

(24) ☐尉史并奏封　(E.P.T51:505)

(以上新簡の發信記錄)

(25) 書三封檄一　其一封居延都尉章 一封廣地候印　一封孫根印　十二月丁丑掾博奏發　(E.P.T51:81)

(以上新簡の受信記錄)

右の諸例からもわかるように發信記錄とは、この場合は甲渠候官であるが、ここから他の官署へ文書を發送する際に、發送する文書の用件と文書數を記錄し、下段に某月某（干支）日に吏の某が封印したとして、文書を發送した責任者名を記錄したものである。また受信記錄とは、文書が甲渠候官に到着した際に、到着した文書の内譯、封泥に見える印章の文を記錄し、下段に某月某（干支）日に吏の某が開封したとして、文書を受取った責任者名を記錄したものである。それぞれに統一された記載樣式で記錄されている。中に奏封、奏發とあるのは、特別に上申して封印や開封したことを示す。

さて右の諸例の中から發信・受信責任者名を舊簡と新簡に分けて見てみると、先ず舊簡では令史同、令史並、尉史常、令史護、令史根、尉史憙、令史唐が各一枚のほか、尉史彊と尉史蒲は各二枚、令史弘に至っては三枚を數える。このことは發掘區Ⅰ出土の舊居延漢簡に、年代と内容にまとまりのあることを示していると見てよいだろう。同樣に新簡では尉史忠、掾昌、掾常、令史嚴、掾曾、佐嚴、功曹佐同、掾博各一枚の中にあって尉史彊と尉史并については各二枚あり、このことは先に述べたT50とT51の簡牘にまとまりが認められるという特色を傍證するものと言えるだろう。しかも更に新舊兩者を通じて見れば、尉史彊は雙方に見え、かつ

(26) 〼令史弘、尉史彊　（三二六・二）

の簡によって令史弘と尉史彊は同時代の書記であることが明らかである。そうすると、先に舊簡、新簡に分けて列擧した發信記録や受信記録は、本來册書であった可能性が大きく、場合によっては册書に復元することも不可能ではないことになる。ただ册書の復元までは困難だとしても、このことは灰堆出土の簡牘は發掘區を單位に舊簡、新簡相互に密接な關係のあることを示しており、それはまた同時に廢棄方法をも暗示していると言える。

しかしここで疑問に思うのは、かくも簡牘が時期には關係なく大量に廢棄處分されている事實である。從來、砂漠地帶にあっては書寫材料である木は貴重であり、文書政治下で大量に簡牘を必要とする當時においては、簡牘は幾度も再生利用されたに相違ないと考えてきた。しかるに廢棄の仕方の如何を問わずかくも大量に處分されているのである。このことは裏を返せば書寫材料としての木材や簡牘が豊富に存在したということになるが、果たして單純にそう片附けてしまってよいであろうか。單に簡牘のみならず廣く書寫材料全體の上から何か深い事情があったのではないかとも推測するが、この點は今後の課題としたい。

三

次に新居延漢簡を、その内容について見ることにする。

先ず全體的に言えることは、簡牘の内容は一九三〇年代の舊居延漢簡と大體同じで、そう大きな變化はないということである。しかし、破城子に例をとると、舊簡の約五〇〇〇枚に對して新簡はその一・六倍の約八〇〇〇枚であるから、今まで見たことのない內容の簡も當然あり、それによって今回はじめて具體的な事實を知ることもある。今回知り得た新事實としては、例えば甲渠候官の所轄內では河北塞と河南塞の二系列の防衛線がはられていたこと（F16:2〜3）、また王莽期の甲渠候官には萬歲部、第四部、第十部、第十七部、第二十三部、鉼庭部、推木部、誠北部、呑遠部、不侵部の十部が存在していたこと（F22:175〜185）、甲渠候官所轄の吏の總數は一〇八人であったこと（T52:376）などがある。また珍しい內容の簡牘としては、例えば次のような里程表も發見されている。

（27）長安至茂陵七十里　月氏至烏氏五十里　媼圍至居延置九十里　删丹至日勒八十七里
茂陵至茯置卅五里　烏氏至涇陽五十里　居延置至觻裹九十里　日勒至鈞著置五十里
茯置至好止七十五里　涇陽至平林置六十里　觻裹至揟次九十里　鈞著置至屋蘭五十里
好止至義置七十五里　平林置至高平八十里　揟次至小張掖六十里　屋蘭至氐池五十里（E.P.T59:582）

その他にも興味ぶかい內容の簡牘が發見されているが、以下においては特に筆者の研究關心のある簿籍簡牘について述べることにする。

舊居延漢簡中には簿籍簡牘すなわち簿書や名籍類の簡牘が多數含まれていたが、その點新居延漢簡においても同樣である。しかも新居延漢簡で特に注目されるのは、そうした簿籍の表題を知る簡が非常に多いことである。

從來の研究によってすでに明らかなように、簡牘の簿籍の體裁は、先ず表題の簡があり、次に簿籍の內容を構成する簡がきて、最後に尾題の簡でしめくくるというのが一般的な構成であった。[4] したがって表題もしくは尾題の簡に記された名稱によって、それが當時何とよばれていた簿籍であったかを知るわけである。またその他にも楬《けつ》（附け札）とか簿籍送達文書中からも、簿籍の名稱を知ることができる。しかし舊居延漢簡では、簿籍の本文を構成する簡牘に比べて表題簡や尾題簡なども含めて簿籍の表題を知る手がかりが少なく、明らかに簿籍を構成していたと見られる多數の簡牘が、當時いったい何とよばれた簿籍の簡牘であったのか判明しないという憾があった。舊簡によって知られた簿籍の表題としては、およそ次のようなものがあった。

吏卒日迹簿（一三九・五）　迹候簿（二八〇・一五）　鄣卒日作簿（一三六・一七）　省卒日作簿（一一三・三）　卒作簿（三六・四）　伐茭簿（五五・一四）　守御器簿（一二六・一一）　兵簿（五〇一・一一）　兵釜磑簿（一二八・一）　什器簿（八一・三）　折傷兵簿（一七九・六）　受具弩簿（一二三・三二）　卒被兵簿（一九八・一九）　卒被簿（八二・三九）　錢出入簿（二八一・一一）　穀出入簿（八二・六）　穀簿（二八六・七）　食簿（二七五・一七）食麥簿（一三一・五七A）　餘穀出入簿（一四二・八）　官茭出入簿（四・一〇）　茹出入簿（四九・三五）　伐閱簿（二五八・一一）　驛馬具閱簿（五〇二・七）　責券簿（二七四・三二）　四時簿（三一〇・一）　四時雜簿（五・一）月言簿（一二八・一）　入關簿（五一六・二九）

吏卒名籍（一二六・三）　吏名籍（一二九・二二）　卒名籍（二六二・一四）　鄣卒名籍（一四三・一＝二〇六・三〇）車父名籍（一五七・四）　卒家屬名籍（五八・一六）　卒家屬在署名籍（一八五・一三）　病卒名籍（四五・一五）戍卒病死衣物名籍（四九・一七＝二一七・二六）　吏受奉名籍（一五四・三四）　吏奉賦名籍（二三六・一A）　吏卒廩名籍（二八七・九）　食名籍（七五・九）　卒家屬廩名籍（二七六・四）　卒家屬當廩名籍（二三・一九＝二一一）廩鹽名籍（一四一・二）　賜勞名籍（四九・一四）　屬國胡騎兵馬名籍（五一二・三五）　驛馬名籍（二〇三・三九）傳驛馬名籍（二八四・二A）　吏民出入籍（二九・三）　亭卒不貫買名籍（五六四・二五）　告劾副名籍（二五五・二一）

などである。ところが新居延漢簡では、その他にざっと見ただけでも、およそ以下のような簿籍の存在したことを知る。なお新簡で破城子出土簡は探方（T）、房屋（F）の記號のみで記す。S4は甲渠第四燧である。

吏員簿（T51:23）　罷卒簿（T2:2）　迹簿（T51:116）　□部日迹簿（T58:105）　候長候史日迹簿（T58:92）　卒日迹簿（T51:13）　燧卒日迹簿（S4T2:4）　省卒伐茭積作簿（T50:138）　省卒茭日作簿（T52:51）　茭積別簿（T5:9）　亭日作簿（T58:47）　燧兵簿（T59:303）　兵弩簿（T65:126）　見鐵器簿（T52:488）　全兵簿（F25:5）　官兵卒留兵簿（T56:105）　吏卒被兵燧別簿（T53:189）　吏卒被兵及留兵簿（T53:36）　完兵出入簿（F22:460）　折傷兵□簿（T52:453）　折傷牛車出入簿（T52:394）　折傷兵出入簿（F25:2）　稍入錢出入簿（T5:124）　錢財物出入簿（T50:35）　錢財物直錢出入簿（T51:88）　財物簿（T50:28）　奉祿簿（T5:47）　吏奉秩別用錢簿（T56:6）　賦錢出入簿（T4:79）　賦錢簿（T59:584）　鹽出入簿（T7:13）　米糒簿（T59:180）　枲蒲及適槧諸物出入簿（T59:229）　出茭簿（T52:19）　肸出入簿（F25:1）　臨渠官種簿（T56:29）　卒出入簿（T6:44）　牛車出入簿（T52:394）　計簿（T52:576）　官簿（T52:185）　刺史奏事簿（T51:418）　奏事簿（T59:332）　吏比六百石定簿（T51:306）　二千石以下至佐史及卒當勞賜簿（T51:491）　亭間道里簿（S4T2:159）　出席簿（T59:74）　累重訾直伐閱簿（T65:482）　累重訾直官簿（T43:73）　伐閱訾直累重官簿（T17:3）　訾直伐閱簿（T7:9）

居署名籍（T7:32）　燧名籍（T51:148）　罷卒籍（T52:219）　戍卒家屬居署名籍（T65:134）　家屬妻子居署名籍（T40:18）　卒始（伐?）茭名籍（T43:25）　假兵姑臧名籍（T52:399）　什器校券名籍（T51:180）　吏肄射傷弩名籍（T58:32）　卒被兵名籍（T52:86）　罷卒留兵名籍（T57:94）　閣卒市買衣物名籍（T65:56）　閣卒所具□□名籍（T65:110）　戍卒定罷物故名籍（T53:37）　戍卒物故衣名籍（T59:12）　受祿錢名籍（F25:14）　戍卒貰賣衣財物名籍（T59:47）　戍卒行道貰賣衣財物名籍（T53:218）　卒行道貰買衣物名籍（T56:265）　卒行道貰賣名籍（T3:2）　責籍（T56:134）　功勞墨將名籍（T5:1）　以赦令免爲庶人名籍（T5:105）　證任名籍（T53:182）　戍卒受庸錢名籍

（T59:573）　卒所齎承名籍（T57:65）　吏妻子出入關致籍（T51:136）　倉穀車兩名籍（T52:548）　以詔書增勞名籍
（T6:4）　增勞名籍（T5:32）　秋以令射爰書名籍（T56:276）

右に列擧したごとく、新居延漢簡の發見により、實に多數の簿籍の名稱を知ることができるようになった。これもまた新簡の大きな收穫と言うべきである。したがって今後は簿籍の表題と本文をいかに組み合わせるかが大きな課題となってくる。ただ一口に組み合わせると言っても、本來の册書がばらばらになっている現在では大きな困難を伴うが、しかし中には本文と表題とを合わせ得るものもある。その一例を示してみたい。

（28）候長觻得廣昌里公乘禮忠年卅　小奴二人直三萬　用馬五匹直二萬　宅一區萬
大婢一人二萬　牛車二兩直四千　田五頃五萬
軺車二乘直萬　服牛二六千　●凡訾直十五萬　（三七・三五）

（29）三[土焦]燧長居延西道里公乘徐宗年五十　妻　宅一區直三千
子男一人　田五十畝直五千
男同產二人　用牛二直五千
女同產二人　（二四・一B）

右の二簡はいずれも舊居延漢簡で、簡（28）は假に禮忠簡、簡（29）は徐宗簡とよんでいるものである。兩簡は先ず上段に官職名、本籍、爵位、姓名、年齢の順で記し、下段に家族構成や奴婢の數、宅地や田地の面積、用牛や牛車の數それに各價格を記している。すなわち候長や燧長の家族構成並びに資產を記したものである。そのため、かつてはこの兩簡を以て漢代財產税の申告書だという見解が示されたことがある。（5）しかしその後の檢討では、財產税の申告書説には問題が多く、これを單純に中告書だと認めるわけにはいかない。むしろ禮忠や徐宗といった吏の身上書の一種ではないのか、という見解が示された(6)。しかしその場合でも身上書だとする決め手はなく、兩簡の性格については兩説がなお並存したままであった。ところが新居延漢簡中にこれに關係のある表題簡が發見されたのである。すなわち

(30) 第二燧長建平五年二月累重訾直官簿　(E.P.T43:37)

がそれである。ここに見える累重は『漢書』匈奴傳に

漢使貳師將軍六萬騎、步兵七萬、出朔方。(中略) 匈奴聞、悉遠其累重於余吾水北、而單于以十萬待水南、與貳師接戰。

とあり、顏師古の注に

累重謂妻子資產也。

としている。すなわち累重とは妻子つまり家族と資産を指すのである。また訾直とは簡(28)の禮忠簡にも見えているが、資產價格のことである。したがって簡(30)の累重訾直官簿というのは、家族と資産およびその價格を記した簿書のことで、徐宗簡はまさにそのものであり、禮忠簡も廣い意味でそれに該當するものと見られ、ここに至って徐宗簡および禮忠簡の表題を見出すことができたのである。

累重訾直簿は、新居延漢簡中には他にも次のような簡がある。

(31) 第卅三燧長始建國元年五月伐閱訾直累重官簿　(E.P.T17:3)

（32）☐甲溝累重訾直伐閲簿　(E.P.T65:482)

（33）始建國二年四月丙申朔丁巳☐
　　訾直伐閲簿一編敢言之☐　(E.P.T7:9)

（34）始建國天鳳一年六月宜之燧長張惲伐閲官簿累重訾直　(E.P.T6:78)

簡（31）は訾直累重の他に伐閲が見える。伐閲とは吏の功勞を意味し、伐閲簿という吏の功勞を記錄した單獨の簿書も存在している。したがって簡（31）は、家族構成や資産とその價格の他に功勞を併記した簿書と言うことになる。簡（30）と（31）は、いずれも燧長個人の簿書であるが、簡（32）は甲渠候官（甲溝は王莽時代の名稱）を單位に吏の累重、訾直、伐閲をまとめた簿書である。簡（33）は下半分を缺失しているが累重訾直伐閲簿の送り狀で、甲渠候官の下部組織から送られてきたものか、さもなければ甲渠候官から上級の都尉府に送った送り狀の控えである。最後の簡（34）は宜之燧長の功勞を記した伐閲簿に累重訾直を附記したと言うことであろうか。

徐宗簡と禮忠簡については別に稿を改めて論じなければならないが[7]、伐閲簿ともセットになる累重訾直簿の存在が明らかになったからには、これは財産税のための申告書ではなく、吏の任用もしくは資格に關係のある記錄の一種と見るべき性質のものである。當時、吏になるためには資産のあることが條件であった。そこで想起されるのは韓信と劉邦の話である。韓信は貧家に生まれて暮らしが立たず、人に寄食する生活をしていたために吏になれず、いっぽう自作農出身の劉邦は、農業は性に合わないと放り出して游俠の徒と交わり、放蕩生活に明け暮れしながらやがて吏に取り立てられ、泗水亭長となって出世するエピソードは、その間の事情を如實に物語っている。また景帝の後二年には吏となるための訾算の下限を十算（十萬）から四算（四萬）に下げているが、いずれの場合も『管子』牧民篇の「衣食足りて榮辱を知る」という思想が背景にあったことをうかがわしめるものである。

以上徐宗簡と禮忠簡の內容を手がかりに、その表題簡として累重訾直簿をさぐり當てた。これはほんの一例であるが、新居延漢簡中に數多く見る各種の簿籍の表題と、簿錄とを組み合わせて簿籍を復元していく研究が、特に寫眞版の公表とともに開始されなければならない。ただ先にも述べたように、本來の册書が原型を殘していない現狀では、一口に組み合わせるといってもそう簡單にいくものではないが、しかしそうした基礎研究を行うことによって箇々の簡牘のもつ史料的價値が始めて活かされるのである。新居延漢簡の寫眞版の公表とともに、中國簡牘研究は確實に新しい時代に入っていくと確信する。そして、そこで得られる研究成果はただ單に邊境の制度を解明するだけに止まらず、廣く漢代の文書政治の實態を解明する上で大きく貢獻することは疑いない。

なお最後に一つだけ注目しておきたいことがある。それは一九七二年～七四年の發掘で甲渠第四燧が對象となり、今回はじめて燧の簡牘がまとまって發見されたことである。その中の一枚、すなわちE.P.S4.T2:59Aの簡に次のようなものがある。

（35）☐甲辰甲渠候長壽以私印行候事下士吏……☐
　　☐承書從事下當用者如詔書☐

これは詔書册、正しくは詔書とそれに附けられた執行命令書から成る册書の最後の一枚で、甲渠鄣候が發した執行命令書である。命令の對象は士吏の下が缺けているが、士吏のほかは候長らであった。實はこの甲渠第四燧には燧の上級機關である第四候（部）が併置されており、したがって簡（35）は實際には甲渠鄣候から第四候長に詔書を傳達して執行を命じたものである。從來は候官に殘された控によって候（部）にも詔書が傳達されたことを推測するだけであったが[8]、簡（35）は明らかに候官から候（部）に詔書が傳達されたものである。しかも「書を承けて事に從い、當に用うべき者に下せ」とある最後の文言によって、この詔書は實際の傳達方法はともかくとして形の上では更に最末端組織の燧にまで傳達されたことを知る。この事實は、漢代の政治を考える上で非常に興味ぶかいものがある。

注

（1）『概報』では灰堆を北と南の二區に分ける。先ず北區の北、東、南部出土簡の主要な時期を昭、宣帝期とし、西北部は元、成帝期が比較的多く、西部は王莽期が主であるとする。また南區は大多數が元、成帝期だとしている。

（2）「漢懸泉置遺址發掘獲重大收獲」（『中國文物報』一九九二年一月五日號）にかなり詳しい發掘の記事が見える。

（3）舊居延漢簡の發掘についてはBo Sommerström, *Archaeological researches in the Edsen-gol region, Inner Mongolia.*（2vols. Stockholm 1956-58）を參照。本章一八二頁に掲載の分布圖は同書による。

（4）簡牘の簿籍については拙著『居延漢簡の研究』（東洋史研究叢刊41、同朋舍、一九八九年）の第1部を參照。

（5）平中苓次「居延漢簡と漢代の財産税」（同氏『中國古代の田制と稅法——秦漢經濟史研究』東洋史研究叢刊16所收）。

（6）拙稿「禮忠簡と徐宗簡について——平中苓次氏の算賦申告書説の再檢討——」（前掲拙著『居延漢簡の研究』所收）。

（7）禮忠簡、徐宗簡と累重訾直簿との關係については、最近に邢義田氏が「從居延簡看漢代軍隊的若干人事制度——讀『居延新簡』札記之一——」（『新史學』三—一、一九九二年）において論及し、かつ注（6）の拙論を取り上げていくつかの問題提起を行っている。

（8）大庭脩氏の復元にかかる「元康五年詔書册」による。

〔附記〕本章は、一九九一年五月二十五日開催の第36回國際東洋學者會議關西部會における講演原稿に加筆したものである。

第二章　新居延漢簡中の若干の册書について

一九七二年から七四年にかけて居延のエチナ河流域の漢代烽燧の遺址の考古調査ならびに發掘が行なわれ、その結果三年間に破城子の甲渠候官遺址、保都格の甲渠第四燧遺址および地灣の北の肩水金關遺址の三箇所で總計およそ二萬枚にちかい木簡が新たに發見された。一九三〇年にスウェン・ヘディンのひきいる西北科學考査團（The Sino-Swedish Expedition）によって最初に居延漢簡が發見されたとき、その數はおよそ一萬枚餘りであるから、約二倍の數の木簡がこのたび發見されたことになる。

この新發見の居延漢簡、いわゆる新居延漢簡においては、史料的にも注目すべきものが多く含まれているようであるが、しかし簡牘研究という立場からして特に重要な點は、この中には册書のもとの姿をとどめているもの、あるいはまた册書に復元可能なものなどが、かなりの件數みられることである。新居延漢簡について概略を報じた甘肅考古隊の「居延漢代遺址的發掘和新出土的簡册文物」（『文物』一九七八年一期。以下「概報」と略稱）によって、名稱の見える册書の主要なものを列擧すると以下のとおりである。

（イ）詔書や法令の類では詔書册や詔書輯錄の殘册のほか、甘露二年の「丞相御史律令」（金關出土）、建武六年の「甲渠部吏毋作使屬國秦胡盧水士民」、建武三年の「居延都尉吏奉穀秩別令」（以上破城子出土）などがある。

（ロ）屯戍制度や條例に關するものとしては、建武初年の「塞上烽火品約」（破城子出土）などがある。

（ハ）官吏の任免については、建武五年の「居延令移甲渠吏遷補牒」（破城子出土）などがある。

(ニ) 軍紀、賞罰關係では、河平三年の「斥兎將軍行塞所擧燧長」、同年の「驗問候史无追逐器」、天鳳三年の「米糒少簿」、同年の「兵物少不足」、地皇四年の「驗問燧長不在署」「貧寒燧長罷休當還食」、復漢元年(1)の「候長私去署、教敕吏卒无狀」、建武三年の「審閱器物不具簿」「誤死馬駒案」、建武四年の「燧長失鼓」「推辟丁宮入官檄留遲」、建武六年の「召問渠長失亡」、建武七年の「燧長詣官失符」「詣官誤時當坐」(以上破城子出土)などがあるほか、建武初年の各種の「劾狀」(破城子出土)も發見されている。

(ホ) 日常の公文の類では、宣帝期の「作治鄣塞」(破城子出土)、元康二年の「皇帝璽書驛錄」(金關出土)、陽朔三年の「肩水士吏卽日視事」(破城子出土)、居攝三年の「官大奴杜同出入牒」(金關出土)、地皇四年の「使者移詔書錄」、更始二年の「甲渠督盜賊督藻」、建世二年(2)の「將軍行塞、候長渠長並居」、建武三年の「燧長病書牒」(以上破城子出土)などがある。

(ヘ) 名籍、兵器、奉稟、錢糧簿關係では、元鳳五年と六年の「金關財物出入」「通道厩糧穀出入」(ともに金關出土)、始建國二年の「橐他莫當燧守御器簿」、同時期の「騎士名籍」、地皇三年の「勞邊使者過界中費」(以上金關出土)、地皇四年の甲渠各部の「兵器折傷簿」(破城子出土)、建武三年と六年の「甲渠兵器出入」「胡虜所盜兵器」「官兵器核計簿」(ともに破城子出土)、同時期の「稟食」「臘肉錢簿」(ともに破城子出土)などがある。

(ト) 爰書の類では、三六枚からなる建武三年の「候粟君所責寇恩事」(破城子出土)があり、これは今回の發見の中ではもっとも完備した册書であると言われている。

(チ) その他、書籍の類では、王莽時代もしくは建武の初年のものと推定される「相利善劍刀」(金關出土)なる一種の刀劍の鑑定書などがある。

以上が「概報」に見える册書の主要なものであるが、この報告によれば、ごく初歩的な整理を終えた段階ではあるが復元可能なものも含めて新發見の冊書の數は、およそ七〇餘種にのぼると言われる。從來の居延漢簡の中で、冊書のもとの形をとどめていたのは、永元五年から七年にかけてのいわゆる永元の兵釜磑簿と、永光二年の候長鄭赦の予寧文書の僅かに二種のみで、他はことごとく斷簡零墨であり、それをいかに冊書の形に復元するかということが大きな課題であっただけに、今回の大量の冊書の發見は漢代簡牘研究史の上から言って大きな收穫であったと言わねばならない。

これら新發見の冊書の詳細については將來に待たねばならないが、『文物』の一九七八年一期の誌上には、そのうち數件の冊書について全文の寫眞が掲載されている。本章ではこのうち「橐他莫當燧守御器簿」「勞邊使者過界中費」「居延令移甲渠吏遷補牒」の三件について掲載の寫眞にもとづいて釋讀を行ない、併せて内容を検討してみたい。

一　橐他莫當燧守御器簿

肩水金關で出土したこの冊書は二二枚からなる。寫眞は『文物』一九七八年一期の圖四一（二四頁）、圖四二（二五頁）に掲載されており、その釋文はおよそ次のようである。なお（　）内の數字は『文物』に掲載の寫眞番號で、ここでは配列しなおしたものに從った。また簡1は冊書の最初か最後におかれる簡である。この冊書はとじ紐が切れてばらばらになっていたものを集めて復元したもので、簡1は實際に何處に置かれていたかは不明であるが、ここではいちおう最初に置くことにする。

1 (1)　始建國二年五月丙寅朔丙寅、橐他守候義、敢言之。謹移莫當燧守御器簿一編、敢言之。

1'（2）　（1の裏面）　令史恭

2（3）　●槖他莫當燧始建國二年五月守御器簿

3（4）　驚□□石　深目六　大積新三

4（17）　□□三糒九斗　轉射十一　小積薪三

5（6）　驚糒三石　□□　汲器二

6（10）　馬矢橐一　□□□　□□□二

7（14）　□蘭一　布蓬三　……

8（22）　弩長臂二　⧄

9（16）　⧄羊頭石五百　戸關二　狗二

10（15）　長杆二　鎗卌　狗籠二

11（20）　連梃四　芮薪二石　⧄

12（18）　長棓四　木薪二石　小苣三百⧄

13（19）　長椎四　……　□□□⧄

14（5）　長斧□　□二石　瓦□二

15（12）　鉆□斤　鼓一　木椎二

16（9）　蓬火□□七　□□一　播一

17（13）　木置衣二　破釜一　鐵戊三

18（7）　皮置?草菓各一　□□二

19（8）　承□□　瓦箕二

20（21）　⍁……　……　……

21（23）　⍁二具　⍁

22（11）　●槖他莫當燧始建國二年五月守御器簿

簡1の槖他守候とある槖他は槖他（佗）候官のことである。漢代の張掖郡ではエチナ河に沿って南に肩水都尉府、北に居延都尉府をおいて二大軍事基地とし、都尉府の下に候官、候官の下には候、燧を配置して邊境の守備をかためていた。槖他候官は、肩水候官や廣地候官と並んで肩水都尉府に屬する候官である。この候官の長官が候であり、守候とは候官の長官心得のことである。義は人名。莫當燧は槖他候官の管轄する燧であるが、舊居延漢簡中にはこの燧の名を見ず、今回が初見である。守御器簿とは、烽燧における兵器や什器などの設備品名とその數量を明記した帳簿を指す。すなわち簡1の内容は、王莽の始建國二年（紀元一〇年）五月一日附で槖他候官の長官心得の義が、所轄の莫當燧の守御器簿一編を送付する旨が記されている。文中の「敢言之」とか「謹移」といった文言、および背面には槖他候官の令史すなわち書記の恭の署名があり、簡1は完全な上行文書の書式をそなえている。これは帳簿のいわゆる送り状であり、その送り先は槖他候官の上級官廳である肩水都尉府である。

簡2から簡22までは守御器簿そのものである。そのうち簡2と簡22は守御器簿の表題簡で、いわば表紙と裏表紙に相當し、そのことを明示する●印が簡頭につけられている。なお裏表紙に當たる簡22の場合には、●印の下に「右」の字が入り、「●右槖他莫當燧云云」と書かれるのが一般である。[3] これらの表題により、槖他候官から肩水都尉府に送られた守御器簿は莫當燧の始建國二年五月の守御器簿であったことが知られる。ただこの守御器簿を見るに、たとえば簡21が獨立した一簡をなすものかどうか疑問であるし、また中には缺落した簡も或はあるかもしれず、帳簿としてこれが完璧であるとは言えないが、帳簿を送付する公文（送り狀）と帳簿とが一つのセットになって發見されたという點で、極めて大きな意味を有する。

舊居延漢簡で、こうした帳簿の送り狀の公文と帳簿とがセットになった例としては、先にも觸れた永元の兵釜磑簿がある。これは正確には廣地南部候長から廣地候官へ送達された所轄の破胡燧と河上燧の永元五年六月と同年七月および翌永元六年七月の「見官兵釜磑月言簿」三編と、永元七年正月から三月まで、および同年四月から六月までの「見官兵釜磑四時簿」二編を編綴したもので、總數七七簡（うち二簡は無字）からなる長大な册書である。今、例として最初の永元五年六月の部分を示すと次のとおりである。

A　●廣地南部言、永元五年六月〔見〕官兵釜磑月言簿。
　承五月餘官弩二張、箭八十八枚、釜一口、磑二合。
　今餘官弩二張、箭八十八枚、釜一口、磑二合。
　　●具弩一張、力四石、木關。
　　　陷堅羊頭銅鍭箭卌八枚。
　　　故釜一口、鍉有錮口呼、長五寸。
　　　磑一合、上蓋缺二所、各大如踈。
●右破胡燧兵物

●具弩一張、力四石、五木破、故繫往往絶。
　寅矢銅鍭箭五十枚。
　　磑一合、敝盡不任用。
●右河上燧兵物
●凡弩二張、箭八十八枚、釜一口、磑二合。毋入出。
永元五年六月壬辰朔一日壬辰、廣地南部
候長信、叩頭死罪敢言之。謹移六月見官兵物
　月言簿一編、叩頭死罪敢言之。

見官兵釜磑月言簿とは、烽燧で現有する官物の兵器や釜、磑（いしうす）の狀態を記した毎月の帳簿のことであり、これが四時簿であれば三箇月をまとめたものを意味する。この册書Aは、帳簿が先にきて帳簿を送達する公文（送り狀）が後に置かれているが、これが舊居延漢簡中に見える唯一の例であり、これに上述の册書が新しく發見されたことは、この種の册書の體裁を知る上において極めて貴重である。

またこれら二つの册書を見るに、莫當燧守御器簿は候官から都尉府へ、永元の器物簿は候から候官への報告であり、それぞれに報告さきの上級官廳は異なるが、いずれも當該月の一日附で報告がなされている。從來の研究ですでに明らかにされたように、漢代の帳簿行政システムは非常にゆきとどき、各機關においては各種の帳簿を定期的にまとめて報告することが要求されていた(4)。ここに擧げた烽燧の設備器物の報告はその一つの典型である。そしてそれが通常の定期的報告であれば、そこには當然報告の期日が定められていたものと考えられるが、それを知る資料は極めて少

なく、現状では未だ確認するまでには至っていない。今回新發見の莫當燧守御器簿および永元の兵釜磑簿の送り狀が當該月の一日附となっていたからといって、ただちにこれを以て期日と斷定するわけにはならず、それを確認するためには更に多方面からの考證を要するであろう。しかしこれらの資料が今後この問題を解明し、漢代の帳簿行政の實態を明らかにする有力な手がかりを提供していることは疑いない。

次に守御器簿に關していえば、册書Aも一種の守御器簿であるが、舊居延漢簡の中にも守御器簿と題した一簡がある。新出土の莫當燧のような册書ではなく、幅三・五センチ、長さ約二三センチの幅廣の一枚の木簡で、上段中央に守御器簿と題し、その下に六段に分けて內容が記されている。すなわち簡Bがそれである。

B　守御器簿

具弩四皆破却	芀馬矢槖各一毋	芮薪木薪各二石	□苣九	狗龐□	槖門轂三百
長椎四	鉆十斤	瓦箕柳各二斗少一	傅卄	狗二少一	門上下合各一
長棓四	出火遂二具	沙馬矢各二百	深目四	門闕二	僻水甖二
長杆二	皮置枲草各一毋	羊頭石五百	布蓬三一不事用	樓樸四	汲□二
木置二	案壘二	槍四十	布表一	木椎二	大積薪三
弩長臂二	破釜一	小苣三百	鼓一	戶戊二	藥盛槖四

篇一

五〇六・一　圖八一　甲一九九一(5)

莫當燧の守御器簿は、端正な隸書體で書かれているにもかかわらず模糊とした部分が多く、寫眞を見ただけでは十分に判讀しかねる箇所があるが、しかしこれを簡Bと比較するとき、品名および數量等において一致するものが多いことに氣づく。たとえば長椎（長つち）四本、長棓（長い棒）四本、長杆（長さお）二本、弩の長臂（腕木）二本、馬矢槖（燃料用の馬糞ふくろ）一個、芮薪（葦や葭などの燃料）二石、木薪三石、羊頭石（羊頭大の石）五百箇、槍四十本、小苣（たいまつ）三百本、布蓬（信號用の旗）三枚、鼓一箇、狗籠（犬かご）二箇、狗二匹、木椎（木づち）二本、大積薪（信號用に薪を積みかさねたもの）三、木置衣（?）二があり、そのほかに品名の合致するものとしては深目（照準器）、戸關（かんぬき）、鈶（とりもち?）、瓦箕（?）等々がある。簡Bは大灣の肩水都尉府の遺址において發見されたものである。しかし燧名の記載がなく、いったいどの程度の規模の烽燧の守御器簿であったのかわからなかったが、ただ主要な武器である弩の數が前掲の册書Aの破胡燧や河上燧と比較して多いところから、燧よりも一ランク上の候（部）の裝備ではなかろうかと推測されていた(6)。新發見の莫當燧守御器簿では弩の數は不明であるが、しかし全體の裝備の內容が簡Bの內容と多く一致することからして、簡Bは燧の守御器簿と認めてよいであろう。すなわち邊境防衛の最前線に位置する燧にも、こうした裝備をもつものもあったことを知り得たことも、一つの收穫である。かつて舊居延漢簡の帳簿の集成を試み、廣い意味での守御器簿の簿錄をａａ'〜ｇまでの八種類に分けて整理したことがある(7)。今、莫當燧守御器簿をみると、中でもｆとして分類したうちにはこうした守御器簿の斷簡が含まれているように考えられる。

しかし新發見のこの册書について疑問が全くないわけではない。それは先ず橐他候官から肩水都尉府に送達された守御器簿であるのに、莫當燧のものだけであるという點である。と言うのは橐他候官の管轄する燧は單に莫當燧のみならず他にもいくつかの燧があった筈であり、實際に舊居延漢簡中で明らかに橐他候官に所屬していたと確認できる燧としては延壽燧（二九・一　圖六〇）、呑胡燧（二九・二　圖六〇）などがある。とすれば、單に莫當燧のみならず他の燧の守御器簿も、たとえば册書Aのごとく同時に送達されてしかるべきだと考えられるのに、何故莫當燧のものだけ單獨で送られているのかという疑問が殘る。また關連して言えば、肩水都尉府に宛てたこの册書が何故金關から出土したのかということも疑問である。肩水都尉府は、現在のところ大灣の地すなわち肩水金關から西南へ約一〇キロ程度離れたところに置かれていたと推定されている。この册書が肩水都尉府に宛てられたものであるいじょう、册書は大灣の地で發見されてしかるべきではないかという疑問もまた當然生じるであろう。こうした疑問點についての推測はいろいろと可能であろうが、ここではいちおう疑問として指摘するにとどめ、すでに見てきたように帳簿の送り狀と帳簿とがセットになっている點と、さらには燧の守御器簿の具體的な内容を知り得たという點において、この貴重な册書の發見を評價したい。

二　勞邊使者過界中費

肩水金關から出土したもので、九枚の木簡が上下二箇所を紐で編綴された完整な册書である。寫眞は『文物』一九七八年一期の圖版八の二にあり（圖1）、その釋文はおよそ次のとおりである。(8)

1　●勞邊使者過界中費
2　粱米八斗　直百六十
3　□米三石　直四百五十
4　羊二　直五百
5　酒二石　直二百八十
6　鹽豉各一斗　直卅
7　□將薑　直五十
8　●往來過費凡直千四百七十

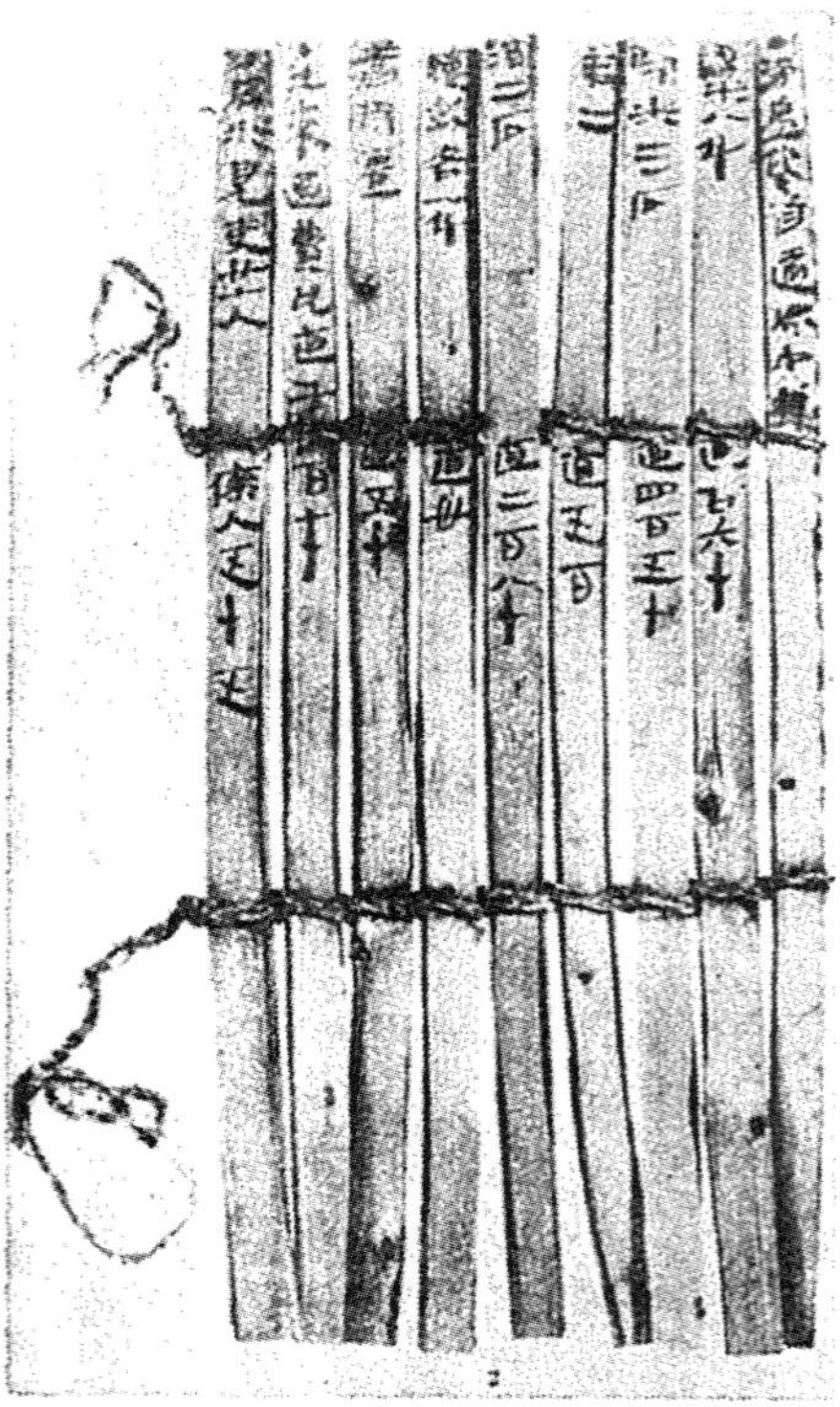

圖1

9 ●肩水見吏廿七人　倖人五十五

簡1の「勞邊使者過界中費」とあるのは、この冊書の表題である。前記「概報」によると、この冊書に根據は不明であるが地皇三年（紀元二二年）という年代を與え、ここに見える使者を王莽の使者としている。地皇三年といえば王莽の末年で、理想主義にもえて着手された王莽の諸改革、諸政策はことごとく行きづまりを露呈し、山東の赤眉や南陽の劉氏をはじめとする大小の反亂軍が各地に蜂起して天下騷然としていた時期である。『漢書』王莽傳によると、地皇三年には、王莽は民の信頼を失い事態が切迫していることを痛感し、風俗大夫の司國憲らを天下各地に派遣して改革した土地制度や奴婢制度、專賣制度等を撤廢し、その他卽位いらいの詔令で民情にそぐわないものは撤回させたとある。概報がこの冊書に地皇三年の年代を與えているのは、多分に『漢書』王莽傳の記事にもとづいて推定したものと思われる。

簡2～簡7は上段に食料品名と數量を記し、中段にはその金額が記入されている。食料としては米、羊、酒、鹽、豉（みそ）のほかに薑（はじかみ）などが見える。そして簡8には「往來過費」として簡2～簡7までの金額を合計した金額が記されている。したがって簡2～簡8までは、邊境へ派遣された使者が界中すなわち或る特定の境域内を通過した際の食料關係の支出の明細とその合計を記したものであることが知られるが、更に興味のあるのは、最後の簡9の「肩水見吏廿七人、倖人五十五」という記載である。倖というのは崒の意と解され、「倖人五十五」とは一人につき五五の割合という意味である。今、食料の支出が合計で一四七〇錢、吏の現在員が二七名であるから、頭割りにすると五四・四錢、端數を切り上げると一人につき五五錢ということになる。すなわち簡9の「肩水見吏廿七人、倖人五十五」とは、肩水の現任の吏二七人が一人につき五五錢を醵出する、もしくは醵出したと解される。このように見てくると、簡9は簡2から簡8までの支出に對するその處置を記したものにほかならず、この册書は全體として收支簿の性格をもつものと言えるであろう。こうした現錢を取り扱った帳簿類は舊居延漢簡中に多數見ることができるが、しかしそれらはいずれも一簡一簡ばらばらになったものであり、このように册書の形で發見されたのは今回がはじめてである。それと同時に、簡1の表題に見える勞とは單に使者を慰勞するという抽象的な意味としてではなく、具體的に酒食を供してねぎらい、もてなすという意味で使用されていることを知るのみならず、そうした使者をねぎらう酒食費が公的な財源を使用することなく、關係の吏の平等な負擔によってまかなわれていたという非常に興味ある事實を知り得たことも、一つの收穫と言えるであろう。

この册書に見える食料について言えば、主食としての米、副食としての羊二匹にはじまり、酒のほかに調味料の鹽や豉、さらには薑の類までふくまれている。當時の邊境兵士の場合、主食は粟や麥であり、副食としては菜園で栽培したり時には購入する野菜のほか、若干の動物性蛋白質（牛、羊、豚並びにその臓物類）といった食事と比較すると、はるかに豪奢な食事であり、その食事の内容からしても使者をねぎらう意圖を十分うかがうことができる。

またここに見える食料品の中で單價の判明するものを換算して示すと、粱米は一石二〇〇錢、□米は一石一五〇錢、羊は一匹二五〇錢、[9]酒は一石一四〇錢となる。居延漢簡の中には物價を記した簡が多く見られるが、時期の判明するものはほとんどなく、したがって物價を比較するといっても、それは漢簡の示す前漢中期から後漢の初期ごろまでということで、あくまでも相對的な比較しかできなかった。しかし、この新出土の册書に見える物價は地皇三年の物價であり、邊境とはいえ史書などに記載されている物價と比較する際の一つの基準となるものとして貴重である。ところでこの册書で使者が通過した界中はどの範圍を指すのか。換言すればこの册書はどこの機關において作成されたものであろうか。この點について「概報」では、使者は金關において食したとして金關を重視している。説明がないためにそれ以上のことは不明であるが、この册書が金關で出土したことを考慮するならば、金關を重視することは或は當然かもしれない。しかし私見よりするに、この册書は肩水候官で作成されたものではないかと考える。その理由は、簡9の「肩水見吏廿七人」とある記載による。ここに肩水とあれば、考えられる主要な機關は肩水都尉府、肩水候官、肩水候（正しくは部）、肩水金關の四つであろう。先ず肩水都尉府であるが、その構成は都尉とその佐官である丞を頂點に門下および諸曹の吏（掾、卒史、屬、書佐）があり、更に武官系列として司馬や千人が加わると、その數は優に二七名を上回る。また肩水候の場合、一般に候の吏は候長一人に候史一人の構成であるからこれも該當しない。次に肩水金關であるが、假にもしこの册書が肩水金關獨自のものであれば、先ず簡9の「肩水見吏」という表現は甚だ不正確で、そこには「肩水金關見吏」とか或は「肩水關見吏」のように少なくとも關という名稱が入ってしかるべきだという疑問がある。また肩水金關の吏としては、關嗇夫と關佐の存在が知られている[10]。肩水金關において實際に關嗇夫と關佐がどの程度の人數存在していたかは不明であり、また關嗇夫や關佐以外にも吏が存在したかもしれないが、邊境の各機關における吏の人員構成などからみて、金關が重要な關所ではあったとしても、これらの吏の合計が二七名という數は多すぎるように判斷される。したがって殘るのは肩水候官ということになる。ただ肩水を肩水候官に當てみても實際に肩水候官に幾人の吏がいたかは、これまた正確にはわからない。一般に候官所轄の候や燧の吏を加えると、吏の數は一〇〇人を超すことになるが、候官に勤務する吏に限定していえば、長官の候（鄣候）と佐官の尉（塞尉）のほかに武官系列の吏として士吏があり、文官系列の吏としては令史、尉史といった吏の存在が知られており、その數はおよそ十數名、多くてもおそらく二〇名まではなかったかと考えられる[11]。今これを簡9の「肩水見吏廿七人」と比較すると、候官だけの吏の數としてはいささか多いきらいがある。そこで考えられるのは、この吏の中には肩水候官のほかに肩水金關の吏が含まれていたのではないかということである。肩水候官と肩水金關との關係も

十分に明らかではないが、肩水候官は金關の南數キロのところにあって地理的にも近く、また距離的に近いだけではなく、たとえば

C　閏月庚子、肩水關嗇夫成、以私印行候事。　一〇・六　圖一三　甲七〇

D　□元年十一月壬辰朔甲午、肩水關嗇夫光、以小官印兼行候事、敢言之。□
□出入簿一編、敢言之。　一九九・一　甲一一二五A

のように肩水關の嗇夫が肩水候官の長官の職務を代行したり兼任している例があり、兩者はかなり緊密な關係にあったことがうかがわれる。そして更にこの帳簿が金關で出土したことも、この推測を大きくしている。しかし「肩水見吏」の中に肩水金關の吏が含まれるからといって、この册書が肩水金關作成と言うのではない。この册書はあくまでも肩水候官で作成されたものであり、したがってこの册書の表題の中に見える界中とは、肩水候官の管轄區域内を指すと見るのが、私見よりする結論である。

三　居延令移甲渠吏遷補牒

破城子の甲渠候官遺址から出土した、五枚からなる册書である。寫眞は『文物』一九七八年一期の圖版五の一～五に掲載されており（圖2）、釋文は次のとおりである。[12]

1　牒書吏遷斥免給事補者四人、人一牒。
建武五年八月甲辰朔丙午、居延令　丞審告尉、謂鄉、移甲渠候官、聽書從事如律令。

2　甲渠候官尉史鄭駿　　遷缺
3　故吏陽里上造梁普年五十　　今除補甲渠候官尉史　　代鄭駿
4　甲渠候官斗食令史孫良　　遷缺
5　宜穀亭長龍山里大夫孫沈年五十七　□事　　今除補甲渠候官斗〔食〕令史　　代孫良

この冊書は人事異動通達の公文と四件の異動内容とがセットになったものである。簡1の第一行目は、轉任斥免、給事補任者四名、各自一通と記されたあと、第二行目には建武五年八月丙午（三日）の日附で、居延令と丞の審の名で尉に下し、鄕に命じ、甲渠候官へ通達し、通達の内容どおりに執行することを命じている。居延令は言うまでもなく居延縣令である。縣令の下に名前がなくて空白になっているのは、恐らく縣令のポストが空席だったためと考えられるが、公文でそうした場合には代行者や兼任者の名が入るのが普通であり、空欄のままになっているのは珍しい。尉は居延縣の尉である。簡2～簡5までは箇々の通達で、該當者はいずれも甲渠候官に所屬する吏ばかりであり、この冊書が甲渠候官の遺址である破城子で出土したのは當然である。

圖2

さて簡2であるが、上段に「甲渠候官尉史鄭駿」と官職名と姓名が記され、下に「遷缺」とある。この遷缺の缺は文献にも見えており、たとえば『史記』の荀卿列傳に

　齊尙脩列大夫之缺、而荀卿三爲祭酒焉。

とあるように、缺員の官職の意として解される。舊居延漢簡中にも次のような例がある。

E　〼光二年六月丙戌除　遷缺令史□□〼　四九八・一三　圖八五　甲一九〇一

F　〼　徙補缺□〼　一一六・五二　圖四八

いずれも殘簡で完全ではないが、人事異動の簡である。簡Fの場合は「徙して缺員のポストに補す」ということで、それは

G　居延穀胡燧長龍山里公乘樂憙年卅　徙補甲渠候史、代張赦〼　三・一九　圖五二六　甲四

とあるのと同じである。簡Eの場合、簡Eの本人は恐らく永光二年六月丙戌（二十七日）の日に候官の令史に除せられたものであろう。それが後に轉任（遷）したために令史のポストが空席になったというのが簡Eの內容である。簡2および簡4の遷缺とある缺もこれと同じ內容で、正しくは簡2であれば「遷缺尉史」、簡4は「遷缺斗食令史」と書くべきところであろう。そして轉任に伴いこれら空席となった尉史や斗食令史のポストに簡3、簡5の人物を補充するというのが、この一連の册書である。

　簡3は、簡2の鄭駿の後任として梁普が任命されたことを記す。簡頭に先ず故吏とあり、ついで本籍地の里名（陽里）、爵位（上造）、姓名（梁普）、年齡（五十）の順で記され、中段に甲渠候官尉史に除補する旨が記され、下段に鄭駿に代ると記されている。この書式は敍任の場合の一つの典型である。里名の上には縣名が記載されるのが普通であるが、ここにそれがみえないのは同じ居延縣であるから省略されたものであろう。居延縣に陽里のあったことは、次

の簡からも知られる。

H　居延甲渠却適燧長居延陽里☐　　四〇・八　圖二六六

I　三堆燧戍卒居延陽里莞宣　☐　　七三・一五　圖四二六

また簡頭の故吏とあるのは梁普の身分であるが、この故吏は漢代に辟命者に對して特別の恩義を抱き、やがては一つの官僚勢力を形成していく基盤となったいわゆる門生・故吏の故吏ではなく、それはかつて吏であったというに過ぎない。それはたとえば次の貰買（かけ買い）文書に見える故候史のようなものである。

J　故候史觻得市陽里窜始成、貰買執胡燧卒☐　　一一七・三〇　圖五〇

また舊居延漢簡中にも故吏の呼稱は見えており、たとえば

K　☐二亭長舒、受庠胡主倉故吏建、都丞延壽　　一四八・三　圖三九四　甲八四〇

は第二亭長の舒が庠胡倉から穀物を受取った記録であるが、ここでは庠胡倉の主倉に故吏が任命されている。この新出土の冊書中の簡3も故吏が再任された例として注目されるものである。なお簡3の故吏の梁普に關連して舊居延漢簡に次のような簡がある。

L　二月乙亥、甲溝鄣候放、敢言之。謹寫移、敢言之。　／尉史普　　三一二・三一　圖二五四　甲一六七三

甲溝は甲渠のことで、王莽時代に甲渠を改めて甲溝とよんだ。(13) 鄣は候官のこと、鄣候とは候官の長官のことである。

すなわちこれは、王莽時代に甲渠候官長の放から差し出された上達文であるが、簡の下方に尉史の普という署名がある。この普が簡3の梁普と同一人であるかどうかは確かではないが、想像をたくましくするならば、梁普はかつて王莽時代（紀元八年〜二三年）に甲渠候官の尉史を務めたあと退き、建武五年（紀元二九年）に再び甲渠候官の尉史に任ぜられたものではなかろうか。同じ甲渠候官の尉史というポストと、五十歳という年齢が兩者のつながりを暗示するように思われる。

簡4の孫良は舊居延漢簡中に

M　☒□燧長孫良　☒　　四一二・五　圖五一三

と見えるほか、一七一・八（圖六二）にも孫良の名が見えるが、これらが果たして同一人かどうかは疑問である。

簡5は孫良に代って甲渠候官の斗食令史に任命された孫沈の異動内容である。簡文には斗令史とあるが、これは斗食令史が正しく、食の字が脱落したものと思われる。龍山里は簡3の陽里と同様に居延縣の里で、龍山里の里名は前揭の簡Gに見えている。宜穀亭の名は舊居延簡の中には見えない。なお孫沈の年齢の下に記入されている□事は、彼の經歷か職に關係する事項のように考えられるが、具體的な意味はわからない。

なお居延縣令と丞の連名で下されたこの冊書の通達先は居延縣の尉と鄉、そして甲渠候官である。縣尉は縣の治安の責任者で亭長を統轄しており、また甲渠候官は屬吏の人事であるから當然であるが、鄉がふくまれているのは故吏が人事の對象となっているからである。また通達を意味する動詞として、縣尉は告、鄉は謂、甲渠候官は移が用いられている。このうち謂は上下關係の明確な場合に用いられ、同じ上下關係でも告はやや丁寧な表現である。それにたいして移は被通達者が通達者とほぼ同格の場合に使用されているようである。

以上、「居延令移甲渠吏遷補牒」なる册書の内容について見てきたが、この册書に見られる人事異動と同様式のものは舊居延漢簡中にも比較的多く存在し、かつて拙稿「居延漢簡の集成」においては「その他」のホとして分類し、特に簡3や簡5の様式のものはホbとして區別しておいた(14)。そしてこれらの簡は「除書」とよばれる簿書の簿録をなすものであっただろうと推測した。舊居延漢簡の中には「除書」のほかにも、楬（附札）の類に、たとえば

N　建始二年正月以來、盡十二月、吏除及遷　八四・二〇　圖二七七、二七八

といった簡があり、そこにはこうした異動内容を記録した簡牘が年月日ごとに整理され、まとめられていたと考えられるが、今回の册書の發見により、その前段階として實際に異動が通達されるもとの姿を見ることができたわけである。

ところで、かつて候官に所屬する吏の任免の問題に觸れて、その人事權はいちおう都尉にあったであろうことを推論したことがある(15)。ところが、この册書の簡1の公文によれば、發令者は縣令と縣丞である。もし居延縣が都尉からの通達を受けたものであれば、都尉から縣令に宛てた公文が一枚ある筈であり、假にそれがなくても、縣の通達の公文すなわち簡1の通達文の中に都尉から通達を受けたことが明記される筈である。しかしこの册書にはそうしたものは全くなく、册書はこれで完整なもののようである。とすれば、この册書の構成および簡1の通達文の内容を見るかぎりにおいては、候官所屬の吏の人事權は縣令にあったと考えざるを得ないことになる。そこで、こうした觀點から改めて舊居延漢簡を檢討してみると、若干の注目すべき簡のあることに氣づく。

O　●甲渠言、吏遷缺令居延備補、言府　一事集封　三三一・二　圖一八四　甲二四一六

これは破城子から出土したもので、甲渠候官において公文を發信した記錄、すなわち假に發信日簿と名づける簿書の簿錄である。ここにも「遷缺」の語が見えるが、發信された公文の内容は、吏の缺員は居延に命じて補充せしめられたく府に上申す、と言うものである。この場合の府とは、甲渠候官の直屬上級官廳である居延都尉府を指すと見るのがごく自然であるから、他に居延といえば居延縣をおいてほかにはない(16)。すなわちこれよりすると、甲渠候官は吏の缺員の補充を居延都尉府を通じて居延縣に要請したことになる。また簡Pは全體が縦半分に割れていて文字の左半分を缺いているが、判讀すれば次のとおりである。

P　地節三年十一月癸未朔庚子、觻得守丞臨平移肩水候、利通里□□□除爲肩水（正面）

掾充、令史武光（裏面）

五六〇・一七　圖六四、六五　甲二三四五

觻得は張掖郡觻得縣で、これは地節三年（前六七年）に觻得縣丞心得の臨平の發した通達の公文である。受取人は肩水候であるが、この場合の肩水候は恐らく肩水候官長を指すものと思われる。後半部分を缺いているために推測するしかないが、肩水の下には肩水候官所屬の官職名がつづくものとみられ、觻得縣丞からの通達は、利通里の某を肩水候官の吏に除するという内容が記されていたものと考えられる。もし果たしてそうであるならば、簡Pも更に一つの有力な史料である。

以上は、いずれも縣が候官所屬の吏の人事に關與していたことを推測せしめる史料であり、それらは今回新發見のこの册書に見られるところの、候官の吏の人事權が縣にあったことを裏づけるものであろう。

先にも述べたように、かつて都尉に候官所屬の吏の人事權があったであろうと推論した際に、考え方として先ず邊郡における軍政の統轄系統は太守府―都尉府―候官―候―燧となっていること、しかも都尉は比二千石、候官長の候

（鄣候）は縣令に準ずる比六百石の官であり、郡の太守や縣の令長に屬吏の人事權があるならば、都尉や候にも屬吏の人事權があってもよいであろうということ、ただ候の場合には實際にそうした事實が史料の上で認められないため、いちおう都尉に人事權があったであろうというのが主たる推論の根據であった。しかし今回新發見の異動內容の册書や簡O、簡Pの史料の示すごとく、候官に所屬する吏の人事權が縣にあったとするならば、上述の軍の統轄系統に縣が關與していたことになるが、これは一體どういうことなのか。邊郡という特殊な地域であることを考慮しても、そこには漢代の軍政と民政との關係、ひいては漢代の官制全體にも廣くかかわってくる問題をはらんでいるようである。ただ何といっても史料の少ない現段階では、まだ明確な結論を出すまでにはいたらない。これは將來、關連する史料の出現をまって解明すべき一つの課題となるであろう。

注

（1）　隗囂の用いた紀年で紀元二三年に當たる。『後漢書』隗囂列傳に見える隗囂が郡國に發した檄には「漢復元年七月己酉朔、己巳、上將軍隗囂、白虎將軍隗崔、左將軍隗義、右將軍楊廣、明威將軍王遵、雲旗將軍周宗等、告州牧、部監、郡卒正、連率、大尹、尹、尉隊大夫、屬正、屬令。」とあり、漢復元年となっている。これは木簡の紀年にしたがえば復漢元年を誤ったものと考えられる。

（2）　『後漢書』劉盆子列傳の更始三年六月の條に「（樊崇）遂立盆子爲帝、自號建世元年」とあり、建世は赤眉の用いた年號で、建世二年は紀元二六年に當たる。

（3）　木簡の場合の帳簿の一般的な形や様式については、拙稿「圖書・文書」（林巳奈夫編『漢代の文物』第十一章第二節、一九七六年、京都大學人文科學研究所刊）を參照。本書の第Ⅱ部第9章。

（4）　米田賢次郎「帳簿より見たる漢代の官僚組織について」（『東洋史研究』一四—一・二、一九五五）を參照。

（5）五〇六・一は舊居延漢簡の整理番號、圖八一は勞榦『居延漢簡圖版之部』（中央研究院歴史語言研究所專刊之二十一、一九五七）の頁數、甲一九九一は中國科學院考古研究所『居延漢簡甲編』（考古學專刊乙之八、一九五九）の圖版番號をそれぞれ指す。本文に引用する舊居延漢簡はすべてこれに準ずる。

（6）藤枝晃「長城のまもり――河西地方出土の漢代木簡の內容の概觀――」『自然と文化』別編二、一九五五年。

（7）拙稿「居延漢簡の集成一～三」（『東方學報』京都四六册、四七册、一九七四。五一册、一九七九）を參照。拙著『居延漢簡の研究』第一章と第二章。

（8）この册書については池田溫『中國古代籍帳研究』（東京大學出版會、一九七九）の錄文九四に釋讀が試みられている。

（9）朱楠「漢簡中之河西物價資料」（『簡牘學報』第五期、勞貞一先生七秩榮慶論文集、一九七七）によると、王莽時代の羊一匹の單價九百～千錢という資料として四一三・六（勞圖一〇九）をあげている。

（10）居延漢簡に見える職官については藤枝晃「漢簡職官表」（『東方學報』京都二五、一九五四）を參照。

（11）拙稿「居延漢簡にみる候官についての一試論――破城子出土の〈詣官簿〉を中心として――」（『史林』五六―五、一九七三）を參照。拙著『居延漢簡の研究』第Ⅱ部第六章。

（12）この册書については注（8）の池田著書の錄文九八に釋讀が試みられている。

（13）森鹿三「居延出土の王莽簡」（同『東洋學研究　居延漢簡篇』東洋史研究叢刊二三―二、一九七五所收）を參照。

（14）注（7）の拙稿。

（15）注（11）の拙稿。

（16）簡Oの冒頭の甲渠言という表現は、甲渠候官からの公文をうけて居延都尉府が發信した公文とも考えられる。破城子出土ということで一應ここでは甲渠候官發信文書としたが、或は居延都尉府から張掖太守府に宛てた公文の發信記錄であるかもしれない。しかしその場合でも、ここに見える居延は居延縣を指すことには變りない。

〔補記〕本章第三節「居延令移甲渠吏遷補牒」で、縣に候官の吏の人事權があったと解されることに疑問を表明しておいた。これはその後の研究で、候官の人事において民間人を採用する等、民間人を候官の吏に任命する場合は、候官は都尉府に上申し、太守府から縣に命じて發令されるもので、現在では縣そのものには候官の人事權はなかったと理解している。拙著『居延漢簡の研究』第Ⅱ部第七章「再び漢代邊郡の候官について」を參照。

第三章　甲渠塞第四燧出土簡の分析

はじめに

一九七二～七四年にかけて發見された所謂居延新簡の中に、甲渠塞第四燧すなわち甲渠候官に所屬する第四燧の遺址から出土した簡牘一九五枚が含まれている。敦煌地方においては、候官の下部組織である烽燧からの出土例は知られているが[1]、エチナ河流域の居延地方においては、そのほとんどが候官か、それ以上の官署の遺址から出土したものであった。したがってこれが甲渠第四燧の遺址で出土したものであるならば、居延地方における始めての烽燧からの出土例であり、漢代邊境防衛の最末端組織の機能と實態を知る上で、極めて貴重な簡牘と言わねばならない[2]。居延新簡については未だ寫眞が公表されていないので十分な考察は不可能であるが、最近出版の『居延新簡』(文物出版社、一九九〇)の釋文を手がかりに當該遺址が甲渠第四燧であることを確認し、出土簡について簡牘の樣式よりする分析的考察を加えることにする。

一　第四燧についての考察

先ず甲渠第四燧とされる遺址の場所は、發掘の概報[3]によれば破城子すなわち漢代の甲渠候官の置かれた地の南五・

三キロメートル、蒙古名で保都格の地にある。この地は一九三〇～三一年の西北科學考査團の調査ではP1の番號が附され、當時一枚の簡牘が發見されたところである。遺址の規模は、七・七×八メートルの烽臺と、その南に東西二一メートル、南北は最大で一五メートル餘の塢から成る。この烽臺と塢の部分が發掘區に相當する探方1（E.P.S4.T1　本章ではT1と略稱）、そして塢の東方に位置する灰堆（ごみ捨て場）が探方2（E.P.S4.T2　本章ではT2と略稱）で、發掘の結果、簡牘はT1で三二枚、T2で一六三枚、全部で一九五枚を發見したと言うことである。

この保都格の烽燧遺址を甲渠第四燧と判定する理由は、ここから出土する簡牘の中に第四燧および第四候長に關するものが多いことによる。今、關係の簡牘を列擧すると次のとおりである。

簡1　●第四燧〔建〕昭元年七月卒迹簿　（T2:2）

簡2　●第四燧建昭三年八月卒日迹簿　（T2:4）

簡3　第第第四燧　（T2:10）

簡4　☐……朔辛丑甲渠☐☐護謂第四候長詡
☐……如律令　（T2:30A）

簡4'　☐　／令史鳳掾譚尉史章　（背面）　（T2:30B）

簡5　第四部省卒燧一人　●凡四人省殄北　（T2:34）

簡6　■第四燧弩槀矢銅鍭百其卌二
完●五十八干哻呼左下編　（T2:46）

簡7　☐第四部候長誼敢言之謹移　（T2:63A）

簡7’　☐　　　　候史勝之　（背面）　（T2:63B）

簡8　第四候長　☐　（T2:64A）

簡8’　五月乙未官告第四候長☐　（背面）
　　騎□□□卽不與☐　（T2:64B）

簡9　☐第四部　其十二人養
　　　凡見作七十二人得慈其九百□□☐　（T2:75）

簡10　■䖟矢銅鍭百完　（T2:103A）

簡10’　■甲渠第四燧☐　（背面）　（T2:103B）

簡11　■第四燧戍卒☐　（T2:104A、B）

簡12　☐告甲渠不侵萬歲第四候長☐　（T2:110）

簡13　☐第四燧　（T2:119A）

簡13’　☐豫城毋以□……案□□　（背面）　（T2:119B）

簡14　☐未朔己未第四燧長☐　（T2:123）

簡15　　亭間道里簿
　☐去第四燧九百奇百一十七步　☐
　　去河二百卌三步
　□廣二百二步　（T2:159）

以上が第四燧および第四候長と明記されている簡牘の全部である。出土簡の中には甲渠候官とか臨木候長、臨桐燧、第七燧などの候官、候長、烽燧名が見えるが、それは極めて少數であり、第四燧と第四候長の記載のある簡牘が壓倒的に多いことは、この遺址が第四燧であり、第四候長とも關係のあった可能性を示している。しかしそれはあくまでも可能性であって、數量の多少でもって決定できるものではない。一般に出土簡から烽燧の名稱を特定する際に、その決め手となるのは先ず郵便物である。これを簡牘に卽して言えば封檢すなわち郵便の宛名書き（封筒に相當する）、および一緒に屆けられた文書類である。これが何よりも第一の決め手となる。その次には楬《けつ》すなわち備品類などに取り附けた附札や、更には簿籍すなわち一般に帳簿や名簿の類などである。

そこでこれを基準にして上記の簡1～簡15を見てみると、この中には殘念ながら封檢は一枚も見當たらない。しかし簡4は甲渠鄣候の護から第四候長の詡に宛てた下達文書である。同樣に簡8、簡12も、その姓名は不詳だが甲渠候官から第四候長に宛てた下達文書である。これらの簡は、いずれもこの遺址に第四候長が居たことを示す極めて有力な證據である。次に楬について見ると、簡6は第四燧の弩の槀矢銅鍭に附けたもの、簡10は同じく第四燧の宝矢銅鍭に附けたものであるが、背面の簡10'には甲渠第四燧のように甲渠と明記されている。したがって第四燧は甲渠候官に所屬する燧であることが明らかである。また簡11は物品名は判明しないが第四燧に所屬する戍卒の持ち物に附けてあったものである。更に簿籍では簡1と簡2があり、いずれも第四燧に所屬する戍卒の日迹簿の表題簡である。これらの楬や簿籍の存在、中でも簡6と簡10は、この遺址が甲渠候官に所屬する第四燧すなわち甲渠第四燧であったことを示す有力な證據である。

以上の考察から、保都格の遺址は甲渠第四燧の遺址であり、しかもそこには燧長とともに第四候長が駐屯していたと考えて、まず間違いない。すなわち甲渠第四燧は甲渠候官に所屬する第四燧という烽燧であると同時に、第四候長の治所でもあったのである。このことは、非常に重要な發見である。と言うのは、從來の研究によると、邊郡における軍事組織は太守府のもとに都尉府―候官―候（部）[4]―燧で構成されていたことが判明していたが、この系列の中で燧を統率するところの部の實態が十分に明らかでなく、多くの問題點を殘していたからである。たとえば部には吏としては候長（部候長ともいう）と候史のほかに、まま士吏が候官から派遣されていること、また部が管轄する燧は四～八つ程度であること以外には、その設置場所とか燧との具體的な關係などについては、不明であった。そのために、たとえば王國維氏[5]は烽燧が部とよばれたり燧とよばれるのは職事の相違で、兩者の間に隸屬關係を認めていないのに對し、勞榦氏[6]は候長は燧長の上位におり、部は燧を統率するもので職事の相違では決してないとして王氏の說に反對するといった論議が展開されたりした。これは、その後の研究によって勞氏の理解の正しいことが判明したが、こうした部と燧の關係について、かつて米田賢次郎氏は一つの假說を提示していた[7]。それは甲渠候官所轄の部と燧に同一番號のものがあることに注目して、兩者の關係を次のように述べている。すなわち

第四、第十、第十七、第廿三の各候（部）にいずれも同一番號の燧が出て來る事實を如何に解釋するか。私は、候（部）即燧であって四、十、十七等には燧長と候長が同居していたか、また同一所に併置されていたもので、

燧とは別の處に候（部）が存在していたのではない。

という想定である。またその後陳夢家氏も部と燧の關係を論じ、部の管轄する燧は六～八所であるとした上で、「數所中有一燧爲主燧主所、或爲部治所」としている[8]。米田氏と陳夢家氏とでは部のとらえ方に微妙な相違はあるが、部というものが燧から離れた別の場所に獨立して設置されたものではない、とする點では一致している。しかしながらそれはあくまでも假說であり、推論の域を出なかったが、上述のように今次の居延新簡の發見によって初めて兩氏の假說が實證されたのである。そしてこのことで想起されるのは、かつて宮崎市定氏が漢代の聚落を細胞にたとえ、小さないくつかの亭の中で主要な亭すなわち都亭が鄉になり、更にいくつかの鄉のうち都鄉が縣になるという縣、鄉、

亭の概念圖を示されたが、[9] 邊境における部と燧との關係はまさにその軍政版と言うことができる。
なお最近の現地調査によると、第四燧は周邊の遺址よりも遺構の規模が大きいことが報告されており、これがただ單なる並の燧ではなかったことを實證している。[10] 部に關する問題はこれですべて解決したわけではないが、居延新簡によって解明されたこの新事實は、今後の研究に裨益するところ多大である。

二　出土簡の分析

保都格の遺址が甲渠候官に所屬する第四燧の遺址であり、同時にここは第四候長の治所でもあったことが明らかになった。ではこの遺址からいかなる種類及び内容の簡牘が出土しているのであろうか。

先ず文書關係で注目されるのは

簡16　⧄甲辰甲渠候長壽以私印行候事下士吏…⧄　(T2:59A)
⧄承書從事下當用者如詔書⧄

簡16'　⧄　卅七　⧄　(T2:59B)

がある。この種の簡では士吏の後には候長とつづくのが一般で、これは甲渠鄣候から第四候長に下された詔書の執行命令書である。居延地方における詔書の傳達に關しては、かつて肩水候官の遺址から出土した詔書冊の控えによって候官から部に傳達されたことが分かったが、[11] 簡16は第四候長の治所から發見されたものであり、詔書が確實に候官から下部組織の部へ、そして形の上であれ部から燧へと傳達されたことを知らせる簡である。そのほか簡4、簡8'、簡

12および『居延新簡』に見えるT2:113、T2:118、T2:139、T2:162などは、いずれも甲渠鄣候からの下達文書であり、その内容を構成する簡牘としては、たとえばT2:5~8などが擧げられる。反對に簡7は第四部候長誼の上達文書、簡14は第四燧長某の上達文書である。簡7、簡14はいずれもこれが本文書であれば當該遺址から出土する筈はなく、これらは下書きか控えの類である。また『居延新簡』中のT1:16とT2:30、120、143、144の五枚の上達文書は主語の官職名を缺いているために斷定できないが、後の二枚はおそらく第四候長のもの、前の三枚の中には或は第四部所轄の燧長の上達文書が含まれているかもしれない。

次に簿籍について見てみると、表題簡としては卒迹簿（簡1）、卒日迹簿（簡2）があり、簿籍名の知れるものとしては亭間道里簿（簡15）、省卒日作簿（T2:20）がある。更に簿録から存在が知られる簿籍としては、守御器簿（T1:7、15　T2:58、68、76、138、148）、戍卒被兵簿（T2:11、109、117）、日作簿（T2:75、146、155）、穀出入簿（T2:116、149）があり、ほかにも奉錢及び見錢關係（T1:14　T2:15）、名籍關係（T2:27、121）などがある。これらの簿籍はいずれも烽燧に存在して當然のものばかりで特に珍しいものではないが、その他に次のような一枚がある。

簡17　□餔坐入　（T1:1）

上部が缺けて文字は三字しか殘っていないが、これは假に詣官簿と名づけているものと同じ記載樣式の簡である。詣官の官は候官のことを言い、詣官簿とは吏が候官に出頭した際の出頭記録ないしは到着記録で、候官文書の分類において假に命名したものである[12]。同類の記録は都尉府においても存在したことが確認されており、一般に候官や都尉府ではこの種の記録簿が作成されていたことが知られていた。簡17の發見は、それが下部組織の燧においても作成されていたことになる。私見よりするに當時の警備體制とか記録主義などからして、第四燧は候長の治所でそこには候史という書記もおり、一般の燧とは異ってこうした出頭記録が作成されたとしても不思議ではない。ただ第四燧出土簡の中には第四燧とは直接關係のないと考えられる簡も見出される。たとえば甲渠第卅七燧長趙輔進の俸錢遲拂いの簡（T2:12）とか、また臨桐燧長輔の武器受領記錄（T2:1）などがそれである。これらの簡牘は再生利用された簡か或は人事異動に伴ってもたらされたものかもしれないが、簡17もそうした可能性が全然ないわけではない。今後の檢討課題となる簡である。なお簡15の亭間道里簿は郵便物の遞傳とか日迹を行う上での必需簡である。特に遞傳では所要時間の遲速がつねに査察の對象となっているが、烽燧ではこのような道里簿にもとづいて行動していたことを知る貴重な一簡である。

その他第四燧出土簡とされるものに、漢律と思われる內容を記した簡も見られる。

簡18　以兵刃索繩它物可以自殺者予囚囚以自殺殺人若自傷傷人而以辜二旬中死予者髡爲城旦舂及有　（T2:100）

簡19　移人在所縣道官縣道官獄訊以報之勿徵逮徵逮者以擅移獄論　（T2:102）

また刑徒については

簡20　番和完城旦庄晏　舉　故　坐鬭以大▨
民　永始三年▨　（T2:26）

簡21　番和髡鉗釱左止城旦服涂　故民▨　（T2:25）

簡22　▨故　坐施髡鉗釱左止城旦昌□等剌不□擊□□▨
吏　永始三年五月己酉詣治所　（T2:69）

のように張掖郡の番和縣の刑徒の記錄等がある。刑徒が弛刑（かせや囚人服を免除された刑徒）として戍卒に混じって邊境の烽燧で勞働に從事している簡は從來から知られていたが、簡22のように彼らが烽燧に送られてきたことを記したこの種の簡は、舊簡には見られなかったものである。

更には候長彭祖の妻石君佚の訴えに對する取り調べ書（T2:51）や、また

簡23　☐自言貰買皁絝一兩直九百臨桐燧長解賀所已收得臧治所畢　（T1:21）

のような自言書もあり、これらの簡牘の存在は、候官の下位に屬して燧を統率するところの候長の職掌の一端をうかがわしめるものである。

また烽燧の主要な任務は候望であり、敵が來襲するなどの異常事態が發生すれば直ちに「のろし」や吹き流し等を用いて後方部隊に通報しなければならなかったことは、すでに從來の研究によって明らかにされているところである(13)。その信號の規則集は薰火品約とよばれ、このたびの居延新簡中には甲渠候官の遺址から册書で發見されたものが含まれている(14)。ただそうした規則集はひとり候官のみならず主要な烽燧には常備しておくべきものであった筈である。

簡24　☐來蓬表苣火出入時☐　（T2:137）

は、これと同文は上記の薰火品約册の中には見えないが、第四燧に常備された薰火品約の斷簡ではなかろうか。

同様に烽燧の日常生活に缺くべからざるものとして常備しておくべきものに、暦があった。第四燧では、いずれも斷片ばかりであるがT1:2、17とT2:9、73、74、124、133の七枚が發見されている。T2:133を除いて他はすべて縦軸に月、横軸に日をとり、月と日の交叉するところに當該月日の干支を記した所謂横讀式の暦である(15)。暦の中には夏至とか、また『淮南子』天文訓などに見える日の吉凶をあらわす建除十二神の一つ建の字が記入されているほかに、

「候史視事」とか「有」などの文字も記されており、これらの暦が通常の暦として使用する以外に日常勤務のメモとしても利用されたことをうかがわせる。なお『居延新簡』の釋文によれば、T2:74とT2:124の二枚は表と裏の両面に干支が記入されていて、兩面が暦として使用されている。これは極めて珍しく、再生利用したものでなければ、いったいどのように使用したのか、寫眞さらには實物によって檢討しなければならないが、興味のもたれる簡である。

むすび

以上、甲渠第四燧出土簡について、枚數は決して多くはないが主要な簡牘を取り上げて分析的考察を行ってきた。結果は一口に言って、第四燧は單なる燧という防衛の最末端組織に屬する烽燧ではなく、ここは第四候長の治所でもあったということが、出土簡の種類と內容を豐富にしていると言える。たとえば漢律であるとか自言書などはその好例である。

ところで第四燧出土簡を更に候官出土簡との對比において改めて眺めて見ると、いくつか注目すべきことがある。その第一は、第四燧出土簡全體の中で、文書類の占める割合が相對的に大きいということである。理由は、先にも述べた如く候長の治所がここに置かれていたことによる。すなわち候官に直屬し、かついくつかの燧を統率する部候長は、候官の下達文書をうけて燧などに命令を徹底する一方、燧からの報告をふまえてこれを候官へ上申する。その實務擔當者は候史であるが、部候長のもとにはこうして下達、上達文書が蓄積されるわけで、出土簡中に文書が多いのは、部候長のそうした職掌と機能を反映したものと言うことができよう。注目すべき第二點としては、これも相對的であるが簿籍が少ないことである。中でも簿籍の本文を構成する簿錄類、すなわち毎日の記錄も含めた所謂簿錄簡牘の極めて少ないことが注目される。従來の居延漢簡研究によると、一般に簿籍は燧でも作成されたが、多くは部單位にまとめられて定期的に候官へ提出されたことが明らかにされている。ただその際に、筆者の考えによると、部では烽燧に關するあらゆる記錄を含むあらゆる簿籍をそのまま候官へ提出するのが原則であった、と理解した[16]。その根據は、候官の出土簡中には烽燧に關する毎日の生の記錄類が多數存在していたこと、また部の書記である候史は各部に一人であり、その主たる仕事は簿籍に關していえば專ら記錄をとることであって、それを根本的に整理したり集計したりするだけの能力は無かったと判斷したからである。したがって、勿論簡牘の枚數の多少を根據にして論ずることの危險性は十分に承知しているが、上述のように第四燧出土簡の中に毎日の記錄を含めた簿籍簡牘が殆ど見えないことは、その限りにおいては筆者の推論を傍證するものではなかろうか。

はじめにも述べたように、甲渠第四燧出土簡は居延地方における末端の烽燧からまとまって簡牘が發見された最初のケースである。從來主として上級の候官出土簡を整理してきた目から、下級の烽燧では如何なる種類の、かつ如何なる內容の簡牘が出土しているかという關心で考察を行ってきた。ここで得られた新知識が、他處の烽燧の發掘によって更に充足していくことを期待すると同時に、居延と敦煌の兩地方における烽燧出土簡の比較研究も次の課題となるであろう。

注

（1）最近では一九七七年に發見された玉門市花海の漢代烽燧遺址は、禽寇燧の遺址である（嘉峪關市文物保管所「玉門花海漢代烽燧遺址出土的簡牘」『漢簡研究文集』甘肅人民出版社一九八四年所收）。なおスタインの第二次探檢で發見された敦煌漢簡出土遺址のうち、T.VI.b.i 地點を淩胡燧とする考えもあるが、ここには大煎都候官が置かれていた可能性が大きい。

（2）居延舊簡の中には、ワイン・トレイ出土簡約三〇〇枚が含まれている。この地は殄北第二亭もしくは殄北第二燧が置かれていたと推定されており、舊簡中にも烽燧からの出土簡が全然無かったわけではない。しかし簡牘は第二亭の食簿關係のものがほとんどであり、その點一般の烽燧とはかなり性格を異にしている。したがって本來の防衛を主とする烽燧から出土したものとしては、甲渠第四燧が初めてと言ってよい。

（3）甘肅居延考古隊「居延漢代遺址的發掘和新出土的簡冊文物」『文物』一九七八—一。

（4）候官と燧との中間に在って、いくつかの燧を統率する機關を、候長が主管する機關ということで、王國維・勞榦氏いらい候とよんできた。これにたいして陳夢家氏は、これを部とよんでいる（「漢簡所見居延邊塞與防御組織」同氏『漢簡綴述』所收）。今、實際に簡牘を檢討するに、某某候とあってそれが機關を指す例は管見のおよぶ限り見當たらない。この點については更に檢討を要するが、差し當たって候にかえて部を用い、以下の本文では從來候とよんでいたものは部と改めて表記することにする。

（5）王國維『流沙墜簡』屯戍叢殘考釋、烽燧類三四。

（6）勞榦『居延漢簡考證』戍、邊郡制度、烽燧二。

（7）米田賢次郎「漢代の邊境組織——燧の配置について——」『東洋史研究』一二—三、一九五三年。

（8）注（4）の陳夢家論文。

（9）宮崎市定「中國における聚落形體の變遷について——邑・國と鄉・亭と村とに對する考察——」同氏『アジア史論考』（中）所收。

（10）甘肅省文物工作隊「額濟納河下游漢代烽燧遺址調查報告」甘肅省文物工作隊・甘肅省博物館編『漢簡研究文集』甘肅人民出版社、一九八四年所收。

（11）大庭脩「居延出土の詔書册」同氏『秦漢法制史の研究』所收。

（12）拙著「居延漢簡にみる候官についての一試論——破城子出土の詣官簿を中心として——」拙著『居延漢簡の研究』所收。

（13）藤枝晃「長城のまもり」『自然と文化』別編Ⅱ、一九五五年。

（14）呉礽驤「漢代蓬火制度探索」、初師賓「居延蓬火考述」。ともに『漢簡研究文集』所收。
（15）拙著「圖書、文書」『漢代の文物』所收。本書第Ⅱ部第九章。
（16）拙著『居延漢簡の研究』第Ⅰ部第三章「簿籍簡牘の諸様式の分析」を參照。

〔補記〕漢代邊郡の防衛組織において、現段階の認識では、候官の下部組織としての「候」は存在せず、候長の所管區域を指して「部」と稱したと理解されている。

籾山明氏は『秦漢出土文字史料の研究』（創文社二〇一五年）の第八章「漢代エチナ＝オアシスにおける開發と防衛線の展開」一と二の「部」の項で「部」の編成と機能を詳述しており、參照されたい。

第四章　「候史廣德坐罪行罰」檄について

——兼ねて候史の職掌を論ず——

はじめに

一九七二年から七四年にかけて發見された新居延漢簡の中に通稱「候史廣德坐罪行罰」檄とよばれる特異な形狀をした簡牘（E.P.T57:108）がある。それは木の枝を削って作ったもので、長さは八二センチメートル、直徑は太いところで三・一センチメートル、細いところで一・五センチメートル。上端の文字の書かれている部分を平らに削って觚の形に作るほかは全て元の枝のままで、下端には三槽の切り込みがあるという變った形である。

發見場所は破城子すなわち甲渠候官址の塢の東のごみ捨て場（西北科學考査團の發掘點Ⅱ）の最下層で、同時に出土した紀年簡から簡牘の年代は宣帝の元康三年（前六三）以前のものとされているが、こうした點も含めて當該簡牘の紹介や研究には次のようなものがある。

1　甘肅居延考古隊「居延漢代遺址的發掘和新出土的簡册文物」『文物』一九七八—一（文獻1と略稱）
2　甘肅居延漢簡整理小組「居延漢簡〝候史廣德坐罪行罰檄〟」『文物』一九七九—一（文獻2と略稱）
3　徐元邦・曹延尊「居延出土的〝候史廣德坐不循行部〟檄」『考古』一九七九—二（文獻3と略稱）
4　初師賓「漢邊塞守御器備考略」『漢簡研究文集』（甘肅人民出版社、一九八四年）所收（文獻4と略稱）

などである。それぞれに考察がなされているが、但それも一面的で特に肝心の當該簡牘の中心人物、廣德の職の候史については殆んど觸れられていない憾がある。そこで本稿では當該簡牘の性格を考えるとともに併せて候史の職掌について論及してみたい。

一　簡牘の釋讀

簡牘の文字は木の二つの面に記されている。これを假にA面、B面とすると、その釋文は次のとおりである。

簡1　候史廣德、坐不循行部、塗亭、趣具諸當所具者、各如府都吏舉、部糒不畢、又省官檄書、不會會日、督五十。

（A面）

簡1’
亭不塗　毋馬牛矢　表弊　積薪皆卑　亭不塗　馬牛矢少七石
●第十三　毋非常屋　毋沙　□□□　縣索緩　毋非常屋　狗籠少一
候史廣德　燧長容　毋深目　毋芮薪　毋□□□□　羊頭石少二百　表弊
蓬少二　毋□□　毋□□□□　●第十四燧長光　毋深目　積薪皆卑小

●亭不馬牛矢塗　●狗籠少一　亭不塗
蓬少一　回門壞　毋深目
天田不畫縣索緩　毋深目　積薪皆卑　●第十六　毋非常屋　毋馬牛矢少十五石
●第十五　羊頭石少二百　天田不畫縣索緩　燧長寛　塢毋轉□　積薪皆卑
燧長得　馬牛矢少五石　籠竈少一　羊頭石少二百　天田不畫縣索緩

●第十七　燧長常有

亭不塗　毋非常屋　羊頭石少二百　毋深目　毋馬牛矢　狗籠矢著
芮薪少三百　沙竈少一　表小弊　積薪皆卑　天田不畫
柃柱廿不堅　縣索緩

●第十八　燧長充國

亭不塗　毋非常屋　蓬少一　蓬三弊　毋深目　毋馬牛矢
毋狗籠　毋芮薪　沙竈少一　表小弊　籠竈少一
天田不畫　縣索緩　柃柱廿不堅　積薪六皆卑　小債薪少二

（B面）

先ずA面の簡1であるが、冒頭の候史廣德は、文獻2によれば同時に出土した次の簡すなわち、

簡2　貸甲渠候史張廣德錢三千（中略）廼元康四年四月中、廣德從西河虎猛都里趙武取穀錢千九百五十、約至秋予。（E.P.T59:8）

簡3　鄣北候長邢、候史廣德、三月庚午迹、盡戊戌積廿九日、毋越塞蘭渡天田出入迹。（E.P.T57:89）

により、廣德は張廣德、鄣北候を北部候と釋して甲渠候官所屬の北部候の候史であったとしている。また府都吏については、文獻2では『漢書』文帝紀の文帝元年三月の條の「二千石遣都吏循行、不稱者督之」の文、および注の「如淳曰、律說、都吏今督郵也」を引いて府は太守府を指し、都吏は督郵であるとしている。事實、舊居延漢簡の中にも、

簡4　毋得貰賣衣財物、太守不遣都吏循行☑　（二一三・一五）

とあるから、當該簡牘中の府都吏を太守府の都吏で具體的には張掖太守府の督郵であるとすることも可能かもしれな

いが、私見では太守府ではなく都尉府の吏であったと見る。その理由は當該簡牘が候史廣德の上司である甲渠候官から發せられていることであり、一般に候官作成の文書で府と言えば、それは都尉府を指すからである。先ず當該簡牘が候官から發せられていることは、文中の「又省官檄書、不會會日」（候官の檄書を見て、集合日に會せず）とあることから明らかである。また候官作成の文書で府といえば都尉府を指しているものとして舊居延漢簡中に次のような例がある。

簡5　□月候長候史日迹簿、言府　●一事集封　十月癸巳令史弘封。　（一三六・三九）

簡6　甲渠言、士吏孫猛病者廖視事、言府　●一事集封。☑　（一八五・二二）

いずれも甲渠候官で發信した文書の內容を記した控えの簡で、兩簡に「言府」（府に言う）とある府は都尉府を指している。したがって當該簡牘が候官作成の文書である以上、府といえば都尉府である。それが若しも太守府であれば太守府と明記する筈である。また都吏の都は都亭とか都鄉の都と同じく大の意味であって都吏とは大吏、すなわち主要な吏という普通名詞である。如淳の引く律說に「都吏は督郵なり」と言うのは、郡吏の中で督郵は主要な吏であったことに因る。これを都尉の屬吏でいえば主簿などが都吏に相當するであろう。そのほか擧は過失等を指摘して告發すること、會日は期會で集合日のこと、督五十の督は責の意である。したがってA面の簡1の意味は、候史廣德が部すなわち候の所管內を巡察したり、亭の壁を塗ったり、部署の必需品を具備させるなどの職責を全て怠っていたことは都尉府の大吏の告發のとおりであり、また糒（ほしいい）も不足しており、命ぜられた集合日に候官に出頭しなかった等の罪で、杖打五十回に處する、と言うものである。

そして他の一面、B面の簡1’は、候史廣德が監督の責任を負う第十三燧から第十八燧までの六つの燧長名と各燧における設備や備品の缺如や破損などの不備を具體的に列擧したもので、A面に言う都尉府の大吏が指摘して告發した具體的な內容である。蓬や表は信號用の旗の類、積薪は燃やして信號に用いる葦などを積み上げたもの、馬矢と牛矢は燃料としての馬糞や牛糞、羊頭石は攻擊用の羊頭大の石、枍柱は防御のための杭、天田は烽燧の周圍に設けられた平らな砂地で、夜間の敵の接近を知る裝置である。

以上が「候史廣德坐罪行罰」檄とよばれる簡牘の文の概略である。この簡牘の文からするに、候史廣德はその職責を果たしていなかったことを逐一擧げて咎められ、杖五十回の處罰をうけたことを知る。廣德は甲渠候官に呼び出され、この簡牘で實際に杖打されたのかもしれない。當該簡牘の長さといい、太さといい、全體の形狀がそれを連想させる。

ところでこの簡牘について先に擧げた中國の研究の多くは紹介の域を脫せず、その中で比較的詳細に論じているのは文獻3である。しかしその文獻3も、研究關心は裏面に見える設備品や或は第十三燧から第十八燧までの燧が一體いずれの候に所屬するかといった方面に向けられている(2)。これらのことは漢代の邊境防衞という面では確かに注意しなければならないが、それ以上に筆者の關心は、候史が何故にこのような處罰を受けるのかという點にある。このことについて文獻3は、これら諸燧の設備品の不備缺如は燧の防御能力を消滅させるもので廣德の責任範圍內のことであり、處罰されて當然であるとしている。しかし今日までの簡牘研究からする理解では、候史は候に所屬する一介の書記で、候にはれっきとした責任者として候長が置かれているのである。それにもかかわらずこの簡牘を讀むかぎり、候長ではなくて候史が責任を負わされている。これは邊境の軍事組織における吏の職掌および職務分擔に關する問題であり、明らかにしておく必要がある。そこで候史の職掌は一體何であったかということに視點を据え、次に舊居延漢簡を材料にこの問題を考えてみることにする。

二　候史の職掌　その一

漢代邊郡の防衛組織は都尉府を軍事基地として下に數個の候官を配し、候官の下には候、燧を置き、都尉府―候官―候―燧という一連の緊密な軍事組織でもって構成されていた。候史は、その中の數個の燧を統轄する候に所屬する吏である。(3)その任務として先ず第一に擧げられるのは書記である。

簡7　元康元年十二月辛丑朔壬寅、東部候長長生、敢言之候官。官移太守府所移河南都尉書曰（以下略）　（二〇・一一A、表）

簡7’　候史齊、遂昌。　（二〇・一一B、裏）

簡8　五鳳五年二月丁酉朔乙丑、甲渠候長福敢言之。謹移日迹簿一編、敢言之。　（二六七・一五A、表）

簡8’　／候史定。　（二六七・一五B、裏）

右の二例はいずれも候長からの上達文書で、簡7は東部候長から肩水候官へ、簡8は甲渠候長から甲渠候官へ提出されたものである。それらの裏面に見えるのは書記の署名で、簡7’では候史の齊と遂昌が連名で、簡8’では候史の定が署名していることは、候史が候の書記であったことを明らかに示すものである。

候史の任務としては更に日迹、すなわち所管の燧の天田の見廻りがある。

簡9　候長武光、候史拓　七月壬子盡庚辰積廿九日日迹、從第卅燧北、盡鉼庭燧北界、毋蘭越塞天田出入迹。

これは甲渠候官に所屬する某候の候長とともに候史の拓が某年七月の一箇月間日迹に從事した實績を記錄したものである。候史にとって所管の各燧の天田の見廻りも重要な任務であったことが知られる。

その他候長と所管內を循行するのも候史の任務であった。

（二四・一五）

簡10　五月癸巳甲渠鄣候喜告尉、謂第七部士吏候長等、官移檄到、士吏候長候史循行。

（一五九・一七＝二八三・四六）

これは甲渠候官長からの下達文書で、鄣候すなわち候官長の命令で士吏や候長らとともに巡回したことを知る。ただこの簡10の場合は「官移檄到」（候官の發する命令書が到着したならば）という文言があるので臨時の巡回と考えられるが、たとえ臨時であれ候史が候長と巡回していることは注意すべきである。

また候史は候官に吏の奉錢（俸給）を受け取りに出かけている。

簡11　第廿三候史良、詣官受部吏奉　三月乙酉平旦入。

（一六八・五＝二二四・一三）

これは假に詣官簿とよんでいる候官に出頭した際の用件と到着日時を記した記錄簿である。部とは候の管轄する燧を含めて指す語で、簡11によると第廿三候の候史良は、候長と自己の奉錢の他に所管の燧長の奉錢も受け取りに出かけたことが知られる。

以上、舊居延漢簡の中で候史の任務について判明する事例を見てきた。それによると一つは書記であり、二つは日迹、三つは巡回、四つには候官へ奉錢を受け取りに出かけることであった。勿論その他にも候史の任務はあった筈であり、これが候史の職掌の全てだというわけではない。しかし候史にはその職名に書記を表わす史がついているところからして本務はあくまでも書記であり、文書を書寫したり記錄をとるのが主たる任務であったに相違ない。そこで候史が書記であるという點について今少し掘り下げて考えてみたい。

三　候史の職掌　その二

邊境の軍事機構の最末端組織である燧においても記錄がとられ、燧を單位とした簿籍が作成されていたことは、たとえば燧の戍卒が日迹やその他の雜役作業に從事した毎日の記錄が殘っていることや、また燧名を冠した守御器簿（備品のリスト）が存在していたことなどからして、よく知られているところである。ではそうした燧の記錄を一體誰がとったのか、また燧の簿籍は一體誰が作成したのかという點になると十分に明らかではないが、從來の研究では燧長がその任に當たっていたとする考えがあった。(4) 若し燧で獨自に記錄をとり簿籍を作成したとするならば、確かにその任に當たるものは燧長の他にはいない。しかし燧長が記錄をとり、簿籍を作成したと見ることには疑問がある。その最大の理由は、燧長に文字が書けたということに疑問があるからである。そもそも燧長は燧という邊境の小さな監視哨の責任者であり、二〜三名程度の戍卒をひきいて日夜敵襲に備えて候望（見張り）をするのが任務であった。しかも彼らのほとんどが現地の邊郡の出身者であった。(5) そのような燧長の中には讀み書きのできる者もいなかったわけではないが、(6) 邊境に設けられた何十、何百という燧の燧長が全員讀み書きができたとは、とても考えられないからである。疑問の第二としては、記錄類には記錄をとる對象にしたがって各一定の記載樣式があることである。(7) そうした決まりの書式にしたがって記錄をとることができるのは、やはり專門職の書記以外にはなく、假に燧長に文字が書けたとしても彼らのよく成し得ることではないからである。

以上のように燧の記録を燧長がとらなかったとなると、その擔當者は燧の上級機關である候の專門の書記の候史をおいて他にはいない。ただその場合に問題となるのは、候史は一體どのようにして燧の毎日の記録をとったかということであろう。しかしこの點については、燧から候に毎日報告していたということで説明は可能である。と言うのは燧は最前線に孤立しているために絶えず候と連絡をとる必要があった。異常がないから連絡をとらなくてもよいというわけにはいかない。孤立していればこそ、異常がなければないで毎日報告した筈である。たとえば日迹の異常の有無などは毎日報告する義務があったと考える。そうした燧からの毎日の報告の際に併せて燧のその他の報告を行うことができた。それを候史が記録するのである。更にまた簡9のように候史自身が日迹に從事して所管の燧を巡回しており、その際に候史自身が現場で記録することも十分可能であった。

そして更に注目したいのは、候には複數の候史が置かれていたことである。簡7の裏面の署名によってそのことが知られる。候という機關は、責任者の候長と書記の候史の他には戍卒は五～六人餘りという、言うなれば燧をやや大きくした程度の機關である。そのような候に複數の書記が配置されていること自體が、候史は單に候のみならず燧の書記をも兼ねていたことを示していると言える。そこで先に引用した簡8を今一度ここに取り上げてみたい。

簡8　五鳳五年二月丁酉朔乙丑、甲渠候長福敢言之。謹移日迹簿一編、敢言之。

これは先にも述べたように甲渠候長から上級の甲渠候官へ提出された上達文書で、内容は日迹簿一編を送るというものである。候から候官へ日迹簿を送るというからには、この日迹簿は所管の燧の日迹の記録を集めて送った筈である。そこで發信日であるが、五鳳五年二月丁酉の日が朔日で乙丑の日というと、二月二十九日である。陳垣『二十史朔閏表』によると五鳳五年二月は小月である。となると二十九日は最終日に當たる。甲渠候長の福が送った日迹簿は單に日迹簿とのみあるだけで該當月が不明であるが、一箇月前の正月の日迹簿としては餘りにも遲く、また假に翌月に送るとしても一箇月遲れの月末に送るというのも、不可解である。したがってこの日迹簿は二月分の日迹簿と見なければならない。そうすると候は所管の燧の日迹の記録を集めて當該月の最終日に上級の候官に送ったことになるが、このように候で迅速に處理が可能なのも、候の書記候史が日ごろ燧の記録をとっていたと解釋することによってはじめて理解できるのではなかろうか。

むすび

以上、候史の任務について見てきた。候史は、候では候長に次ぐ吏である。その候史が、候の責任者である候長の巡回や或はまた日迹に同行しているのは、むしろ候長の補佐役としての義務であって、候史の本務はあくまでも書記であった。しかもそれはただ單に候の書記というだけにとどまらず、候の所管の燧を含めて候部全體の書記という重責を擔っていたことを知った。

そこで右の知識の上に立って再び候史廣德の簡牘に目を戻すと、そこに列擧されている罪の内容は、明らかに候史の職掌の範圍を超えている。それらはやはり燧を統轄する候長の責任に屬するものであって、文獻3が指摘するような廣德の責任範圍内であるとは到底考えることはできない。しかるに現實には廣德が候長と同等の責任を問われて處罰されているのである。となるとその背景には何らかの事情、たとえば候長が不在か候長のポストが空席であったというような事情があったとしか考えられない。

したがって結論として、候史廣德がこのような責任を問われて處罰されているのは、候長が不在か或は空席で彼が候長の職務を代行していたためか、さもなければ候長と連帶責任を問われたかのいずれかであり、若し後者だとするならば候史廣德と同様な候長を罰する簡牘が別にもう一本存在した筈である。

注

（1）中國では發見時よりこれを檄として扱っている。これが檄か否かはなお問題であるが今は中國の說にしたがっておくことにする。

（2）陳夢家氏は「漢簡所見居延邊塞與防衞組織」（『考古學報』一九六四—一。同著『漢簡綴述』所收）で甲渠候官に所屬する一連の序數燧について、候は第四、第七、第十、第十一、第十七、第十八、第廿三、第卅七に置かれたとし、それぞれに如何なる序數燧が屬したかという一つの假說を提示した。またこれより先、米田賢次郎氏は「漢代の邊境組織——燧の配置についてーー」（『東洋史研究』一二—三、一九五三年）において候は第四、第十、第十七、第十三に置かれたとし、一つの候は五〜六個の燧を指揮するという假說を提示した。中國では陳夢家說のみを取り上げて議論を進めているが、米田說にしても陳夢家說にしても、第十三燧から第十八燧までを一つのまとまりとする當該簡牘の區分とは合致しない。この問題の解決は現段階では難かしく、新居延漢簡など今後の史料の檢討を俟ちたい。

（3）候史は候に所屬するが燧にも配屬されていた形跡を示す簡として次のような例がある。

イ　敦煌漢簡中の史料

廣昌候史、敦煌富貴里、孫毋憂、未得二月盡五月積四月奉錢二千四百。　（敦六二一）

廣昌は大煎都候官に所屬する燧である。

ロ　舊居延漢簡中の史料

執胡燧長吳宗粟三石三斗三升少世取𠚣　卒柳世三石二斗二升少自取𠚣

候史胡延壽粟三石三斗三升少□取卩　卒楊湯三石二斗二升少廿取卩　候史延壽馬食粟五石八斗卒湯取卩
卒李何傷三石二斗二升少廿取卩
（一五七・二）

八　新居延漢簡中の史料

第三燧長見、卒一人見、候史見、天田皆畫、縣索完、柃柱完。
（E.P.T59:23）

（4）藤枝晃「長城のまもり」（『自然と文化』別編Ⅱ、一九五五年）の第四章、二九七頁を參照。

（5）注（4）の第四章、二九五～二九六頁を參照。

（6）燧長に文字が書けたことを示す例として次のような人事異動の通達や、吏の功勞の記錄がある。

居延殺胡燧長、龍山里公乘樂熹年卅、徙補甲渠候史、代張赦。
（三・一九）

肩水候官執胡燧長、公大夫、累路人、中勞三歳一月、能書會計、治官民、頗知律令、文、年四十七歳、長七尺五寸、底池宜藥里、家去官六百五十里。
（一七九・四）

但、後者の「書、會計を能くする」は、燧長の優秀なことを示す決まり文句でもある。

（7）拙著『居延漢簡の研究』（同朋舍、一九八九年）の第一章、第二章を參照。

〔補記〕

一　本章中の「候」は「部」に改めるべきであるが、舊來の理解に從って執筆しており、そのまま殘して訂正していない。なお「部」については本書の第二部第三章「甲渠塞第四燧出土簡の分析」の補記を參照されたい。

二　候史廣德が不備等を指摘された設備、備品等および漢簡に見える語彙全般については京都大學人文科學研究所簡牘研究班編『漢簡語彙　中國古代木簡辭典』（岩波書店、二〇一五年）が詳細にしてかつ便利である。

第五章　禮忠簡と徐宗簡研究の展開
――居延新簡の發見を契機として――

はじめに

中國内蒙古自治區の西方、エチナ河流域の漢代烽燧の遺址で發見された一群の木簡を、居延漢簡と總稱している。この居延漢簡は、發見の時期によって二つのグループに大別される。すなわち一つは、一九三〇年~三一年にかけてS・ヘディンの率いる西北科學考査團の團員F・ベリイマンが發見した約一萬枚の木簡である。そして二つには、一九七二年~七四年にかけて中國甘肅省文物古研究所や甘肅省博物館等によって組織された居延考古調査隊が發見した約二萬枚の木簡である。そのために現在では、前者を居延舊簡とよび、後者を居延新簡とよんで區別している。

さて居延漢簡が漢代史研究の第一等史料であることは、贅言を要さないだろう。それは全體として極めて貴重な史料であるが、しかし中には單獨で注目される著名な木簡がいくつかある。その代表的なものが、居延舊簡中の一般に禮忠簡、徐宗簡と稱している二枚の木簡である。この二枚は、邊境に勤務する吏の資産や家族構成が記載されており、いずれも興味ぶかい内容によって内外の漢簡研究者のみならず、漢代史研究者の間でも廣く知れわたっているところである。しかしそのように周知の木簡にもかかわらず當該木簡の作成目的や用途や働き等々を含めて、いわゆる木簡の性格については、從來からいろいろと論じられながら未だに定説を見ていない。そのために折角の貴重な史料も漢代史研究史料として十分に活かされることなく、中途半端な状態におかれたままであったが、近年に至り居延新簡の發見によって新たな展望が開けてきた。そこで本論文では、先ず禮忠簡と徐宗簡についての從來の諸研究を概觀し、ついで居延新簡による研究の展開と、併せて關連する問題點等を述べてみたい。なお本論文は一面では中國木簡研究の研究史でもあり、そこに見られる研究の難しさの一斑を浮き彫りにするものである。

一　從來の諸研究

先ず初めに禮忠簡と徐宗簡の各釋文を示しておく。居延舊簡の最初の釋文である勞榦『居延漢簡考釋、釋文之部』（石印本、四川南溪、一九四三年。排印本、上海商務印書館、一九四九年）によると、禮忠簡は次の簡1、徐宗簡は同じく簡2のとおりである。

簡1　候長觻得廣昌里公乘禮忠年卅
小奴二人直三萬　用馬五匹直二萬　宅一區萬
大婢一人二萬　牛車二兩直四千　田五頃五萬
軺車一乘直萬　服牛二六千　●凡訾直十五萬
三七・三五（1）

簡2　二⿰土焦燧長居延西道里公乘徐宗年五十
妻妻　宅一區直三千　妻一人
子男一人　田五十畝直五千　子男二人
男同産二人　用牛二直五千　子女二人
女同産二人　男同産二人
女同産二人
二四・一B

右の簡1禮忠簡であるが、上段簡頭の候長は官職名で邊境の末端組織である燧を統轄する責任者、觻得廣昌里は本籍地、公乘は爵位、禮忠は姓名で年齢は三十歳であることを大書する。ついで第二段目以下には奴、婢、軺車（輕小の車）、用馬、牛車、服牛、宅、田の各數量と價格を記し、最下段末尾に「●凡訾直十五萬」として訾すなわち資産の合計金額を記して締め括っている。簡2の徐宗簡も禮忠簡と同様に上段簡頭から徐宗の官職名、本籍地、爵位、姓名、年齢を大書し、第二段目以下には家族構成と人數および宅、田、用牛の數量と價格を記す。なお禮忠簡や徐宗簡の呼稱は、いずれも簡文中に見える人物の姓名から附けられたものである。

さてこの簡1の禮忠簡と簡2の徐宗簡を最初に注目して取り上げたのは、陳槃「由漢簡中之軍吏名籍説起」（『大陸雜誌』二―八、一九五一年。同氏『漢晉遺簡識小七種』所收）である。陳槃氏によると、禮忠簡も徐宗簡もともに軍吏の戸籍であり、そこに資産や家族を記しているのは、戸籍が算賦（人頭税）や財産税徵收の基礎となったからであるとする。但し、人頭税を徵收するためには年齢の記載がなくてはならないが、そこに妻子の年齢の記載がないのは、軍吏の戸籍にも用途によって幾種類かあり、この場合は年齢には重點がおかれず、適宜これを省略したものであろうと考えた。

右の陳槃説を批判して自説を展開したのが平中苓次「居延漢簡と漢代の財産税」（『立命館大學人文科學研究所紀要』一、一九五三年。同氏『中國古代の田制と税法』所收）である。そこでは先ず陳槃氏の戸籍説について、一般に戸籍には家長および家族の本籍地・爵位・氏名・性別・年齢・形狀・續柄等が記されている筈であるが禮忠簡と徐宗簡ともにそれが記載されていないとして、戸籍説を否定する。そして漢代には訾算（財産税）・口算（人頭税）・緡算（緡錢税）・車算（車税）・舟算（舟税）・畜算（家畜税）など錢で納める税すなわち算賦が徵收されたが、これらは全て納税者自らが資産や家族の口數など課税對象物の明細を申告することになっていた。禮忠簡と徐宗簡はまさにその申告書に他ならなかった。但し、徐宗簡に家族の口數を記して上段に妻および子男一人・男同産二人・女同産二人を擧げているのは十五歳以上の人頭税である口算の課税對象者であり、下段にその他に子男一人・子女二人を擧げているのは十四歳以下の未成人の人頭税である口錢の課税對象者であろうとする。これに對して禮忠簡に家族や口數の記載が見えないのは、禮忠は候長すなわち百石の有秩の軍吏であって一般の民に課せられる口算を負擔せず、また家族も同樣に口算を免除されたものであろうと考えた。

禮忠簡と徐宗簡に關する初期の代表的な研究と言うべき陳槃氏と平中氏の論文の要點は、およそ右のとおりである。中でも平中氏の兩簡を以て算賦の申告書だとする説は特に日本の研究者の注目するところとなり、そののち米田賢次郎、宇都宮淸吉、佐藤武敏、楠山修作等の諸氏(2)が取り上げて論じ、平中説に對する疑問や問題點、更には否定的な見解さえも提起されたが、いずれも決定的なものではなかった。

ところで、ここで一つ注意しておきたいことがある。それは、陳槃氏も平中氏も、いずれも取り上げた禮忠簡と徐宗簡は先の簡1と簡2に示したところの勞榦氏の釋文に全面的に依據していたことである。具體的に言えば、たとえ寫眞であれ兩簡の本來の姿を全く知ることなく、勞榦氏が木簡の隸書を釋讀して楷書體におきかえた釋文を唯一の手掛りとして研究が進められてきたことである。ところが一九五七年に居延舊簡の寫眞版（勞榦『居延漢簡、圖版之部』臺北、中央研究院歷史語言研究所）が公刊されて舊簡全體の姿を見るに至り、その時點までは全く知ることのなかった事實が初めて判明したのである。それは徐宗簡で、從來これを勞榦氏の釋文どおりに完全な文書と信じ込み、過去にさまざまな苦心の解釋が試みられてきたのであるが、寫眞を見ると徐宗簡は習書簡すなわち手習いをした木簡であって、完全かつ正式な内容の木簡ではなかったのである。圖1は禮忠簡、圖2は徐宗簡である。

圖1

圖2

これは特に出土文字資料が公にされる場合に言えることであるが、先ず最初に釋文が公刊され、その後にやがて寫眞版が公開されるという一般的な事情によるものであり、一九五七年以前に寫眞を見ることができなかったのは止むを得ないことであって、勿論研究者には責任はない。しかしこのことは一面において、出土文字資料を材料とした研究では釋文を重視し、釋文のみに頼るという研究法に大きな落し穴のあることを現實に教えるものであった。木簡研究の危險と難しさの一つはここにある。愼重を要する點である。

さて居延舊簡の寫眞が公開されたことから、從來の諸研究の再檢討が迫られたことは言うまでもない。問題となるのは勿論徐宗簡である。しかしその際に留意しなければならないことがある。それは何かと言うと、徐宗簡が習書簡であることは疑いないが、しかしそれは他の多くの習書簡に見られるように一字や二字の文字や短い文言を繰り返し練習したものではなく、明らかに或る樣式に基づいた文書ないしは記録を下敷に習書していたということである。では徐宗簡は本來何を書こうとしていたのか。若し徐宗簡が完全であれば、それは如何なる內容、如何なる種類の文書もしくは記録であったのかを改めて問い直す必要が生じて來た。そしてこの問題を眞正面から取り上げたのが、拙論「禮忠簡と徐宗簡について——平中氏の算賦申告書説の再檢討——」（『東洋史研究』二八—二・三、一九六九年。拙著『居延漢簡の研究』所收）である。内容の詳細については拙論に讓り、要點をかいつまんで述べると次のとおりである。

先ず手續として、通行している勞榦氏の禮忠簡と徐宗簡の釋文を、寫眞に照らして訂正した。それが次の簡1'、簡2'である。

簡1'　候長觻得廣昌里公乘禮忠年卅
小奴二人直三萬　用馬五匹直二萬　宅一區萬
大婢一人二萬　牛車二兩直四千　田五頃五萬
軺車二乘直萬　服牛二六千　●凡訾直十五萬

簡2'　三𡐨燧長居延西道里公乘徐宗年五十
徐宗年五十
妻妻　宅一區直三千　妻　妻一人
子男一人　田五十畝直五千　男子一人　子男二人
男同産二人　用牛二直五千　子女二人
女同産二人　男同産二人
女同産二人

そして問題の徐宗簡については、筆蹟からして同一人の手になるものだと判斷し、墨色の濃淡を時間の先後によるものと見て習書の部分を削除して、本來の姿に修正した。それが次の簡2"である。

簡2"　三𡐨燧長居延西道里公乘徐宗年五十
妻　宅一區直三千
子男一人　田五十畝直五千
男同産二人　用牛二直五千
女同産二人

このような一連の手續の結果、徐宗簡に記錄しようとしたのは燧長徐宗の家族構成と資產であったと考えた。ついで一部訂正した禮忠簡（簡1'）と修正した徐宗簡（簡2"）に基づいて口算の問題、官吏とその家族の稅役免除の問題、算賦の問題、申告や算簿の問題等にわたって平中說に檢討を加え、結論として禮忠簡と徐宗簡は吏の資產や家族構成を記錄した樣式の異なる二種類の吏の身上書であり、平中說の如くこの兩簡を以て財產稅や人頭稅などのいわゆる算賦の申告書だとする考えには、尙問題があるとした。これは、どちらかと言えば軍吏の戶籍にもその用途によって幾つかの種類があったとする陳槃說に近いものである。

しかし右の拙論とても一つの假說にしか過ぎず、これで論爭に決着がついたわけではない。したがって禮忠簡と徐宗簡の性格をめぐっては、算賦申告書說と吏の身上書說の二つが依然として並存したまま持ち越されていたのである。そしてこのような研究の膠着狀態に展望を開いたのが、居延新簡の發見であった。

二　研究の展開

（1）　累重訾直官簿

本論文のはじめにも述べたように、中國甘肅省文物考古研究所や甘肅省博物館等によって組織された居延考古調査隊が一九七二年〜七四年にかけて居延舊簡の出土したエチナ河流域を再調査し、約二萬枚の木簡を發見した。これがいわゆる居延新簡である。この居延新簡のうち破城子（甲渠候官遺址）出土の約八千枚については、先ず釋文『居延新簡、甲渠候官與第四燧』（文物出版社）が一九九〇年に出版され、ついで一九九四年に至って寫眞版『居延新簡、甲渠候官』（中華書局）が公刊された。そしてこの中に問題の禮忠簡と徐宗簡に關係があると推察される表題簡が見出されたのである。すなわち

簡3　第二燧長、建平五年二月、累重訾直官簿　E.P.T43:73[3]

とある累重訾直官簿がそれである。[4] なお第二燧長は官職名、建平五年（前二年）二月は當該簿書の作成年月である。この累重訾直官簿で何よりも注目されるのは、禮忠簡で見てきた訾直の語が見えることである。このことは禮忠簡が簡3の如き表題簡と關係のあることを示唆する極めて有力な證據である。次に累重であるが、これは『漢書』六九、趙充國傳に充國が屯田の利を述べた上奏文中に

臣愚以爲屯田內有亡費之利、外有守禦之備。騎兵雖罷、虜見萬人留田爲必禽之具、其土崩歸德、宜不久矣。……又見屯田之士精兵萬人、終不敢復將其累重還歸故地

と見えており、顏師古は

累重謂妻子也（累重は妻子を謂うなり）

と注を附けている。同様に『漢書』九六下、西域傳下にも

桑弘羊與丞相御史奏言、……臣愚以爲可遣屯田卒詣故輪臺以東……田一歲、有積穀、募民壯健有累重敢徙者詣田所

とあり、顏師古の注にも

累重謂妻子家屬也（累重は妻子家屬を謂うなり）

とあって、累重とは妻子家族を指す語であったことが知られる。ところが同じ『漢書』九四上、匈奴傳上の

〔天漢四年〕漢使貳師將軍六萬騎、步兵七萬、出朔方……。匈奴聞、悉遠其累重於余吾水北

とある累重に顔師古は注を附して

累重謂妻子資產也（累重は妻子、資産を謂うなり）

と説明している。これによると累重の中には妻子のみならず資産も含まれていたことになる。しかし累重訾直官簿のうち訾直は既に簡1によって不動産と動産を含む資産價額であることが知られている。若し累重の中に資産を含むとなると、その資産とは一體何を指すのかが、問題となる。そこで今、改めて『漢書』本文中の累重と顔師古注とを見てみると、累重はいずれも住まいを移すことに關係して見えており、その場合に注で累重を妻子家族としているのは趙充國傳と西域傳で、前者は羌族を、後者は漢人を對象としている。ところが累重を妻子の他に資産も含むとした注は匈奴傳で、對象になっているのは匈奴である。このことから考えられるのは、顔師古の頭の中には匈奴は典型的な遊牧民であり、彼らが移動する際には家族とともに所有する多數の生きもの、すなわち家畜を伴っており、家畜を家族とするわけにはいかないところから、家畜を特に資産と捉えて注記したものではなかろうか。したがって、累重に資産を含むとするのは匈奴傳にのみ見られる例外であり、私見よりするに、累重の本義は妻子家族であると考える。また官簿は、文字どおりには政府の簿書の意味であるが、『漢書』八四、翟方進傳に「陳咸、逢信官簿、皆在方進右」として、陳咸と逢信の兩名の官簿はいずれも翟方進の上位にあった、と見えている。この記事からすると、個人別の記錄簿を官簿と稱したことが知られる(5)。

以上の考察から、簡3の累重訾直官簿とは妻子家族と資産およびその價額を記した個人の記錄簿を意味し、簡3は全體として第二燧長某個人の建平五年二月時點におけるそうした記錄簿の表題簡ということになる。このように見てくると、問題の徐宗簡はその記載内容からして正に徐宗の累重訾直官簿そのものである。また禮忠簡は訾直のみあっ

て累重を缺いてはいるが、これも廣い意味で累重訾直官簿の中に含まれると考えて差し支えないであろう。

この累重訾直に關係のある簡は、居延新簡中には他にも次のようなものがある。

簡4　第卅三燧長、始建國元年五月、伐閱訾直累重官簿　E.P.T17:3

簡5　始建國天寶一年六月、宜之燧長張惲、伐閱官簿累重訾直　E.P.T6:78

簡6　▨甲溝、累重訾直伐閱簿▨　E.P.T65:482

簡7　始建國二年四月、丙申朔丁巳▨
訾直伐閱簿一編、敢言之▨　E.P.T7:9

簡4も先の簡3と同じ表題簡で、第三十三燧長の始建國元年（九年）五月時の伐閱訾直累重官簿とある。簡5も表題簡である。始建國天寶一（元）年（一四年）時の宜之燧長である張惲の伐閱官簿累重訾直とある。簡6は上下を缺いているが表題簡と見てよいだろう。また甲溝は甲溝候官のことで、甲渠候官の王莽時代の呼稱である。したがってこれは表題簡とは言っても先の簡3～5までがいずれも燧長個人の簿書であるのに對して、甲渠候官という機關に所屬する該當者全員の記錄を一括した簿書の表題簡ということになる。簡7は始建國二年（一〇年）四月二日附で訾直伐閱簿一通を送付した上行文書である。出土地が破城子すなわち甲渠候官の遺址であるから、甲渠候官に所屬する吏が候官に宛てて送ったものか、そうでなければ甲渠候官から上級機關の居延都尉府に送った際の控えである。

ところで右の簡3から簡7までを見ると、簡3を除く他の四枚の簡にはいずれも伐閱の文字が記されている。伐閱の語は史書の中にも見えており、たとえば『史記』一八、高祖功臣侯者年表序に

太史公曰、古者人臣功有五品。以德立宗廟定社稷曰勳、以言曰勞、用力曰功、明其等曰伐、積日曰閱（太史公曰

わく、古は人臣の功に五品あり。徳を以て宗廟を立て、社稷を定めるを勳と曰い、言を以てするを勞と曰い、力を用いるを功と曰い、其の等を明らかにするを伐と曰い、日を積むを閱と曰う）

とある。また『漢書』六六、田千秋傳に

田千秋無他材能學術、又無伐閱功勞（田千秋は他の材能學術無く、また伐閱功勞無し）

とあり、顏師古は伐閱に注をつけて

師古曰、伐積功也、閱經歷也（師古曰わく、伐は功を積むなり、閱は經歷なり）

と説明している。また、

簡8　☐元延元年、遠備甲渠令史伐閱簿　　二五八・一一

は伐閱簿という簿書の表題簡である。伐閱簿については大庭脩氏に研究があり[6]、それによると伐は功を積むこと卽ち功、閱は日を積むこと卽ち勞（勤務日數）と解釋し、伐閱簿とは功と勞に基づく吏の經歷を記した簿書とする。

簡9　居延甲渠候史公乘賈通、中功一勞一歲九月□日　☐　　E.P.T56:99

簡10　☐都尉丞何望、功一勞三歲一月十日、北地北部鄣候杜旦、功一勞三歲□☐　　三三六・一三＝三三六・一二

簡9は吏個人の功と勞を記したもの、簡10は吏の功と勞を列記した例である。これよりして、たとえば簡4の伐閱訾直累重官簿とは、家族や資産と價額の他に、吏の功と勞とを記載した簿書ということになる。簡5と簡6も、これと同様である。

以上見てきたように、居延新簡の發見に伴い累重訾直官簿という簿書の存在から、徐宗簡は累重訾直官簿に相當し、禮忠簡も廣い意味で該簿に包括されるものであることが判明したのは、大きな收穫であった。そして更に注目すべき重要なことは、この累重訾直官簿が吏の功と勞とを記した伐閲簿とセットになっているという事實である。伐閲は右に述べた如く純粋に吏個人の經歴である。そのような吏の經歴とセットになっている累重訾直官簿は、税の申告や課税とは無關係であることは明らかである。したがって取り上げた禮忠簡と徐宗簡はいずれも吏の身分や資格、更には任用等に關係のある身上記録と見るべき性質のものである。

では何故、吏の身上記録の中に資産を記載する必要があったのか。次にこの問題を考えてみたい。

（2）吏の任用と資産

秦漢時代において吏になるためには、一定の資産を有することが條件であった。韓信は家が貧しくて暮らしが立たず、人に寄食していたために吏になれず、他方自作農出身の劉邦は農業は性に合わないと家業を放り出して放蕩三昧の生活に明け暮れながら吏に取り立てられ、泗水の亭長となって出世していくエピソードは、その間の事情をよく傳えている。

漢の景帝の後元二年（前一四二年）には、吏になるための資産の下限を一〇算から四算に引き下げる詔が發布されている。すなわち『漢書』五、景帝紀の後元二年五月の條に

詔曰、人不患其不知、患其爲詐也。不患其不勇、患其爲暴也。不患其不富、患其亡厭也。其唯廉士、寡欲易足。今訾算十以上乃得宦、廉士算不必衆。有市籍不得宦、無訾又不得宦、朕甚愍之。訾算四得宦、亡令廉士久失職、貪夫長利（詔に曰わく、人は其の知らざるを患えず、其の詐を爲すを患えよ。其の勇ならざるを患えず、其の暴を爲すを患

えよ。其の富まざるを患えず、其の厭くこと亡きを患えよ。其れ唯だ廉士は、欲寡くして足り易し。今、訾算十以上は乃ち宦を得るも、廉士の算は必ずしも衆からず。市籍有るものは宦を得ず、訾無ければ又宦を得ず、朕甚だ之れを愍む。訾算四にして宦を得せしむ。廉士をして久しく職を失わしめ、貪夫をして利を長ぜしむること亡かれ）

とあり、顔師古の注に應劭を引いて

應劭曰、古者疾吏之貪、衣食足知榮辱。限訾十算乃得爲吏。十算、十萬也。賈人有財不得爲吏、廉士無訾又不得宦、故減訾四算得宦矣（應劭曰わく、古は吏の貪を疾む、衣食足りて榮辱を知る。訾を限り十算にして乃ち吏と爲るを得たり。十算は十萬なり。賈人は財有るも吏と爲るを得ず、廉士は訾無く又宦を得ず。故に訾を減じて四算にして宦を得せしむ）

とある。この應劭の注によると、十算は十萬すなわち一算は一萬で、從來吏になる資格として十萬錢の資産を所有することが必要であったが、廣く清廉な人材を求めるために資産の額を四萬錢に引き下げたと言うのである。このことは、いずれにしても吏となるには一定の資産を有することが必要條件であったことを示している。同様な事例は木簡の中にも見ることができる。

簡11　☐年廿八　富史有鞍馬弓櫝、願復爲候史☐　　二一四・五七

これは百石以下の少吏の場合であるが、年齢二十八歳の某は吏で、鞍馬（鞍つきの馬）と弓櫝（弓入れ）を所持しており、候史の職に復歸することを願い出ていると言う意味である。富史とは資産を有する史（書記）のことで、その彼が更に鞍馬と弓櫝を所有していることを有資格者の條件として願い出たものであろう。木簡11は上下が失われているために確かなことは言えないが、私見では本人の願い出を受けた甲渠候官が居延都尉府に提出した上申文書の一部ではないかと考えている。そして反對に貧寠なるを以て罷免されている事例も、居延新簡によって初めて知るところ

となった。すなわち

簡12　第十燧長田廣　貧寒罷休　當還九月十五日食　E.P.F22:296
簡13　第十一燧長張岑　貧寒罷休　當還九月十五日食　E.P.F22:297
簡14　乘第十二、卅井燧長□□　貧寒罷休　當還九月十五日食　E.P.F22:298
簡15　乘第廿、卅井燧長張翕　貧寒罷休　當還九月十五日食　E.P.F22:301A
簡16　第廿桼燧長薛隆　貧寒罷休　當還九月十五日食　E.P.F22:302
簡17　☐□恭　貧寒罷休　當還九月☐　E.P.F22:303

右の六枚は全て同筆であり、發見場所のＦ22は甲渠候官の文書收藏庫址であることから冊書で保存されていたものと見られる。いずれも貧しいことを意味する貧寒という判定によって罷休、すなわち罷免されたものである。罷休が罷免であることは、邢義田氏も指摘するように(7)、簡16の罷休した燧長薛隆は

簡18　燧長常業代休燧長薛隆、丁卯餔時到官、不持府符・謹驗問隆　E.P.F22:170

の薛隆と同一人物であり、彼に代わって新しく別の燧長常業が任命されていることから知ることができる。このように、吏は貧寒と判定されると罷免されることが初めて明らかになったわけであるが、では右の貧寒罷休の冊書に見られる貧寒は一體何を基準に判定されたものであろうか。そこで想起されるのは、先に引用した景帝後元二年の詔に言うところの訾算四、すなわち資産四萬錢の基準である。しかし貧寒の判定にこの基準が適用されたとは到底考えられない。それは木簡資料を見る限りではあるが、前漢後期から王莽を經て後漢の初期に至るまで邊境に勤務する吏の暮

らしが豊かであったとは、必ずしも言えないからである。

居延漢簡は、漢代邊境に勤務する吏卒の經濟生活の實態を知る上でも極めて貴重な史料である。中でも注目されるのが貰賣（掛け賣り）、貰買（掛け買い）に關わる文書や記錄の存在である。從來よりこれらの史料を用いて漢代邊境の吏卒の經濟生活についての研究が行われてきたが、その一つに角谷常子「居延漢簡にみえる賣買關係簡についての一考察」（『東洋史研究』五二―四、一九九四年）がある。角谷氏は、この論文中に賣手（債權者）と買手（債務者）、取り引き商品とその金額を記した一覽表を掲載している。そこでこの表を借用し、債權者と債務者および物品名等の三者が明らかな事例を抽出して表示したのが、二六二頁の吏卒の貰賣表である。なお表中の番號は角谷論文中の一覽表の通し番號、（　）内の數字は金額である。

角谷論文でも指摘していることであるが、この表を見る限りにおいても、債權者が卒で債務者が吏というケースが二九例中の一四例と壓倒的に多いことが知られる。またその際の取り引きの物品としては裘（かわごろも）、袍（わたいれ）、襲（うわぎ）、絝（ズボン）、襦（はだぎ）などの衣類と、練や縑や布などの帛布の類が大部で、他には劍や刀や鐵斗、粟までが對象となっている。また金額は最高で五一〇〇錢、最低で一四五錢、平均すると一件當たり約二二〇〇錢である。當時の吏の月俸(8)を見ると、候長で二一〇〇錢、燧長や令史や候史で六〇〇錢～九〇〇錢であったから、この金額は候長でおよそ一箇月分、燧長などでは二箇月分の月俸に相當する。

漢代、邊境に勤務する吏卒のうち、卒の多くは内郡の出身者である。これに對して候長や燧長など百石以下の少吏は多くは現地邊郡の出身者である。そして卒には食糧としての穀物や衣服や武器が官給されるほかに、出身地の内郡から送られてくる錢や私物の衣類がある。他方、吏には月俸と食糧が官給される以外、他は全て自辨である。吏卒の貰賣表で見たように卒が債權者で吏が債務者となるケースが壓倒的に多いのは、正に裕福な卒と貧窮した吏の對照的

吏卒の貰賣表

番號	債權者	債務者	物品名ほか	簡番號
1	燧長	亭長	舍錢（2330）	3.　4
2	燧長	亭長	茭	3.　6
3	卒	令史	袠 1（750）	26.　1
4	候長	卒	馬（9500）	35.　4
5	卒	燧長	皁鍊（1200）	35.　6
8	卒	燧長	鶉縷（1000）	112. 27
11	民	燧長	縉布	132. 36
16	卒	燧長	縑 1 丈（360）	217.15＝19
17	卒	燧長	布複絝、複襦	25. 17
18	卒	候史	劍（650）、袠（380）	258.　7
19	候史	卒	皁布章單衣（353）	262. 29
21	卒	民	九稯曲布 3 匹（1000）	282.　5
23	卒	民	八稯布 1 匹（290）	287. 13
24	卒	民	八稯布 8 匹（1800）	311. 20
25	卒	燧長	官袍（1450）	甲附22
28	卒	卒	長襦	E.P.T51:8
30	令史	燧長	粟 3 石	E.P.T51:70
31	卒	民	劍（800）	E.P.T51:84
32	卒	候史	縹複袍（1100）	E.P.T51:122
35	卒	民	絲絮（300）	E.P.T51:249
37	卒	嗇夫	布	E.P.T51:329
41	燧長	燧長	茭（600）	E.P.T52:88
42	卒	燧長	衣物錢（計5100）	E.P.T52:110
43	尉丞	候長	牛（3500）	E.P.T53:73
45	卒	候長	袍、襲	E.P.T56:9
46	卒	民	七稯布 3 匹（1050）	E.P.T56:10
51	卒	燧長	鐵斗（90）、刀（30）、緹績（25）	E.P.T59:7
54	卒	燧長	粟 7 斗、皁布 4 尺	E.P.T59:114
56	卒	燧長	練襦（830）	E.P.T59:645

な姿を浮き彫りにしていると言ってよい。貰賣に關係した文書や記錄の作成過程についてはなお不明な點があり、また資料の殘存する度合いについても問題がないわけではないが、當時の邊境の吏の經濟生活の大體は窺い知ることができるであろう。そうであればこそ、居延漢簡中に見える「部吏多く貧急す」(E.P.T59:56) とか「貧急にして自ら給すること能わず」(E.P.T58:30) とか、また「今、騎士は皆穀三石を出し、以て寒吏に食わす」(E.P.T65:53) といった記事が、現實のことととして迫ってくるのである。

以上述べてきたことから考えるに、吏になるためには何らかの資産のあることが條件であったことは疑いないが、しかし先の簡12〜簡17の如き貧寒罷休の吏は、景帝の後元二年の詔にある資産四萬錢以上の吏とは到底考えられない。詔で意識して對象としている吏は中央任命官の長吏であって、決して百石以下の少吏を對象としたものではなく、したがって少吏の貧寒罷休の判定は資産というよりは、むしろ現實に吏として當然具有すべき衣服や武器を缺くような狀態に陷ったことが明らかになった時點において、下されたものと考える。ではその時期は何時であったのか。

そこで貧寒罷休の判定の時期を考えるに當たって今一度、簡12〜簡17に目を向けてみたい。そこには各人に共通した「當還九月十五日食」の文言が見られる。ここに言う「當に還すべし」とは、既に支給されている食糧としての穀物を返還せよという意味である。食糧は前月の月末か或は當月の初めに、一箇月分が支給された。

簡19　上害燧卒孫同　二月食三石三斗三升少　正月乙酉自取　二七・二

簡20　第六燧長皇隆　正月食三石　正月辛巳自取　E.P.F22:83

簡19は二月の食糧を前月の正月中に受取った例、簡20は正月の食糧を正月に受取った例である。そして吏の罷休が決定し、それが月の前半月内のことであれば、支給濟みの後半月分すなわち半分を返還しなければならなかったことは、次の木簡から知られる。

簡21　貧寒燧長夏□等罷休、當還入十五日食石五斗、各如牒、檄到□付　E.P.F22:294

これは燧長で食糧の月額三石の場合であるが、貧寒と判定された燧長の夏□らが罷免になり、既に支給されていた食糧の半月分すなわち一石五斗の返還を命じた書檄の一部である。支給濟みの半月分であるから後半月の食糧でなければならず、その返還を命じていることからして、貧寒の判定は當該月の十五日もしくはそれ以前であったことは間違いない。この簡21を參考にして先の貧寒罷休の册書を考えると、「當還九月十五日食」とは、九月十五日もしくはそれ以前に貧寒によって罷免になったために、既に支給濟みの九月の後半十五日分の食糧の返還を命じたものと解される。そこで考えられるのは、漢代では九月が會計年度末に當たっており、それに合わせて吏の考課すなわち勤務評定が行われたことである。(9) 關連の簡に次のようなものがある。

簡22　甲渠言、謹驗問尉史張詡、燧長張宗訾產、詡宗各有大車一輛、用牛各一頭、餘以使相☐　E.P.F22:657

これは甲渠候官長である甲渠鄣候の責任において所屬の尉史の張詡と燧長の張宗の訾產を調査し、その結果を報告した上申文書の一部である。私見では、先に取り上げた累重訾直官簿や伐閱訾直累重官簿の作成の時期は少なくとも年に二回あったと考える。一つは今問題にしている年度末である。すなわち九月の年度末になると候官長の責任で所屬の吏の資產調べが行われ、それが考課の資料の一つとして吏の任免に利用されるとともに、その際に家族構成や經歷も併せて記錄された。二つ目は罷免も含めて廣く吏の任用全般に關わる時期である。そこで今、改めて累重訾直簿の作成月を見てみると簡3は二月、簡4は五月、簡5は六月、簡7は四月とあって、知り得る史料を見る限りでは、いずれも年度の中間月ばかりである。このことは該簿が吏の任用に關係する時期に作成されると見る證據になるが、果たしてそうとのみ考えてよいであろうか。先の貧寒罷休の册書は年度末の作成に違いないが、年度末に累重訾直簿は作成されなかったのであろうか。累重訾直簿の作成時期については疑問が殘るが、これは將來の課題としたい。

以上、吏の任用と資產について縷縷述べてきたが、では何故吏となるには資產が必要であったのか。最後にこのことを述べて締め括りとする。先に引用した景帝後元二年の訾算減額の詔の應劭の注に、「古は吏の貪を疾む、衣食足りて榮辱を知る」とある。「衣食足りて榮辱を知る」とは、言うまでもなく『管子』牧民篇に見えることばで、衣食すなわち着ることと食べることが十分に足りて生活に何の心配もなくなれば、おのずと名譽を重んじ恥辱を知るようになる、という意味である。吏の任用に際して資産のあることを條件とする背景には、先ずこのような中國古來の傳統的な思想があった。同時に吏は民の師表となるべき者であり、身分相應の身繕いをしなければならないという思想もあった。『漢書』五、景帝紀の中元六年五月の詔に、次のように見えている。

夫吏者、民之師也、車駕衣服宜稱。吏六百以上、皆長吏也。亡度者或不吏服、出入閭里、與民亡異。令長吏二千石車朱兩轓、千石至六百石朱左轓。車騎從者不稱其官衣服、下吏出入閭巷亡吏體者、二千石上其官屬、三輔擧不如法令者、皆上丞相御史請之（夫れ吏たる者は、民の師也。車駕・衣服は宜しく稱うべし。吏六百石以上は、皆長吏也。度亡き者或は吏の服にあらずして、閭里に出入し、民と異る亡し。長吏二千石をして車は兩轓〈車の兩側のおおい〉を朱にし、千石より六百石に至るまでは左轓を朱にせしむ。車騎の從者にして其の官の衣服に稱わず、下吏の閭巷に出入して吏の體の亡き者は、二千石は其の官屬を上まつり、三輔は法令の如からざる者を擧げ、皆丞相御史に上まつりて之を請え）

民の模範となる吏は身分相應の車に乘りかつ衣服を着用すべきことを命じ、違背した者は罰するとしたこの景帝の詔は、『漢書』によると、當時吏は軍功があっても車や衣服が粗末で輕薄であったために發布されたと言う。このような吏としての威嚴を保つために調達される車や衣服は、全て自辨であった。いずれにしても資産が無ければ吏にはなれなかったのである。

むすび

居延舊簡の釋文公刊時からいち早く注目され、その內容とともに史料の性格が論議されてきた禮忠簡と徐宗簡は、本章で考察した如く居延新簡の發見によって累重訾直官簿を構成する簡であることが判明した。また累重訾直官簿は伐閱訾直累重官簿の如く伐閱簿とセットになっていることから、それは吏の身分や資格更には吏の任用に關係のある身上記錄であったことが明らかになった。このように居延新簡の發見によって、禮忠簡と徐宗簡の性格が明らかになったことは、大きな收穫であった。しかし長年の疑問が解決を見た反面で、新たな疑問や問題もまた生じてきた。本章中で述べたところであるが、たとえば累重訾直官簿や伐閱訾直累重官簿が吏の資格や任用に關係があるとすれば、この簿書は何時の時點で作成されたかという簿書作成時期の疑問がある。また邊境の吏に見られる貧寒罷休となる條件は何だったのか、關連して景帝の詔の資產四萬錢は邊境の吏には適用されなかったと考えたが、では彼らが任用される際の資產の規準は何であったのかといった疑問がある。これらは歷史事實についての疑問であるが、他方木簡の集成という面でも大きな問題を抱えることになった。と言うのは、本來木簡の大部分は紐で上下を編綴した冊書として使用されたものである。それが歲月を經るうちに紐が朽ちて木簡はばらばらになり、かつ簡は切斷されて今日見るものの多くが斷簡である。このような斷簡を有效かつ正確に利用するためには、可能な限り本來の冊書の姿に復元する作業が必須であった。筆者もかつて帳簿を對象として取り上げ、表題簡に基づいてかなりの數の簿書の復元を試みてきたが[10]、その際に原則としたのは一事一簿、すなわち一つの內容について一つの簿書が作成されているとして處理してきた。ところが今回、伐閱訾直累重官簿が發見されたのである。累重訾直は徐宗簡と禮忠簡が該當するとしても、それに伐閱が附加した伐閱訾直累重官簿とは一體どのような様式を備えていたのか。別に伐閱簿が單獨で存在することから、それは累重訾直簿に伐閱簿を足したものなのか、それとも全く様式を異にする今まで見たことのない簿書なのか。木簡整理の基本である集成作業の上でも、新たな問題を抱え込むことになったことは確かである。新資料の發見が問題を解決する一方で、新たな疑問や問題を生み出す。それが木簡研究のもつ宿命であり、また難しさでもある。

注

（1）居延舊簡の簡番號である。以下同じ。
（2）米田賢次郎「居延漢簡とその研究成果」（『古代學』三―二、一九五四年）。宇都宮清吉「僮約研究」（『名古屋大學文學部論集』第五、史學第二、一九五三年。同氏『漢代社會經濟史研究』所收）。佐藤武敏「漢代の戶口調査」（『集刊東洋學』一八、一九六七年）。楠山修作「漢代の賦の意味について――平中說批判――」（『和歌山縣高等學校社會科研究協會會報』一二、一九六八年。同氏『中國古代史論集』所收）。
（3）居延新簡の簡番號である。以下同じ。
（4）累重訾直官簿および後述の伐閱訾直累重官簿等については邢義田氏が「從居延漢簡看漢代軍隊的若干人事制度」（『新史學』三―一、一九九二年）に取り上げている。併せて參照されたい。
（5）官簿は、翟方進傳の記事から後述する伐閱簿を指すと見ることもできるが、しかしこれまた後に擧げる簡4と簡5の史料では伐閱と官簿が併記されており、ここでは官簿は個人の記錄簿と理解しておく。
（6）大庭脩「漢代における功次による昇進について」（『東洋史研究』一二―三、一九五三年、同氏『秦漢法制史の研究』所收）。なお近年の注目すべき功勞の研究に佐藤達郎「功次による昇進制度の形成」（『東洋史研究』五八―四、二〇〇〇年）がある。
（7）注（4）を參照。

（8）吏の月俸については陳夢家「漢簡所見奉例」（『漢簡綴述』中華書局、一九八〇年）、佐原康夫「居延漢簡月俸考」（『古史春秋』五、一九八八年）を參照。

（9）一般的には鎌田重雄「郡國の上計」（『秦漢政治制度の研究』所收、日本學術振興會、一九六二年）で知られるところであるが、居延漢簡でも年度末になると吏にたいして弓射の試驗――秋射という――が行われて勤務評價されていたことが知られている。注（6）の大庭論文を參照。

（10）拙著『居延漢簡の研究』（東洋史研究叢刊四一、同朋舍、一九八九年）の第Ⅰ部。

〔補記〕本章の第二節の（2）「吏の任用と資產」で引用した簡12～簡17に見える「貧寒罷休」を、筆者は「貧しいことを意味する貧寒と言う判定によって罷免させられた」と理解した。しかし近年、冨谷至氏は、「罷休」は休職であり、「貧寒」はたとえば「軟弱不任事」の「不任」の前に置かれた「軟弱」のごとくそれほど意味のない修辭であると解された。すなわち冨谷氏によれば、「貧寒」は「職務が遂行できない」を意味する語（罷休、不任事）の前に置かれる修辭であって「貧寒」の語が本來有している具體的な意味は昇華して、「貧寒罷休」の四字で「職務に就かない」と言うことを意味する常套句となったとされた。（冨谷至編『漢簡語彙考證』岩波書店　二〇一五年一月）。罷休が休職であることは確かに指摘のとおりであり、筆者が罷免と解したのは誤りであった。しかし罷休の前に置かれた貧寒が軟弱と同様の修辭であるとの理解には、にわかには納得しがたい。理由は、定義のあいまいな軟弱に對して、貧寒はきわめて具體的であるからである。また假に貧寒が修辭であったにしても、なぜ罷休とセットになっているのか、その背景には何か意味するところがあったのではないか、そうした疑念を拂拭することができないからである。ただこれらの疑問は簡單に結論の出るものではなく、ここでは本章の第二節の（2）については、全體に再檢討を要することを指摘するに留めておくことにする。

第六章　江蘇尹灣漢墓出土簡についての考察

――とくに「集簿」を中心として――

はじめに

何時、何處で何が發見されるのか全くわからないのが、出土資料である。中國の竹簡や木簡――兩者を併せて簡牘と言う――も、例外ではない。江蘇尹灣漢墓出土簡が、正にその好例である。

中國の考古學雜誌『文物』の一九九六年第八期に掲載された連雲港市博物館の「江蘇東海縣尹灣漢墓群發掘簡報」（以下「簡報」と略稱）によると、尹灣漢墓は江蘇省連雲港市所轄の東海縣溫泉鎭尹灣村の西南約二キロメートルの高臺に位置している（地圖を參照）。現在の江蘇省東海縣は前漢時代の東海郡の屬縣の一つである。一九九三年二月の末に農民がこの高臺で土取り作業中に墓葬群を發見、市と縣の博物館員によって試掘が行われた結果、地中に一〇餘座の墓葬のあることが確認された。そして二月から四月にかけて一號墓から六號墓までの六座の墓の發掘が行われたのである。六座とも墓葬の形制は基本的には同じであるが、時代には先後があり、副葬された遺物等からして、墓葬の時期を前漢時代の中晩期から王莽時代にかかるものと推定した。年代にして紀元前一世紀半ばから後一世紀初めの頃である。そしてこの年代を推定する上でも大きな根據を與えたのが、六號墓から出土した簡牘であった。しかも簡牘の中には今まで全く知ることのなかった、と言うよりもまさかこのような簡牘が發見されるとは思いもよらなかった、地方行政に關係する官文書と見られるものが含まれていたのである。

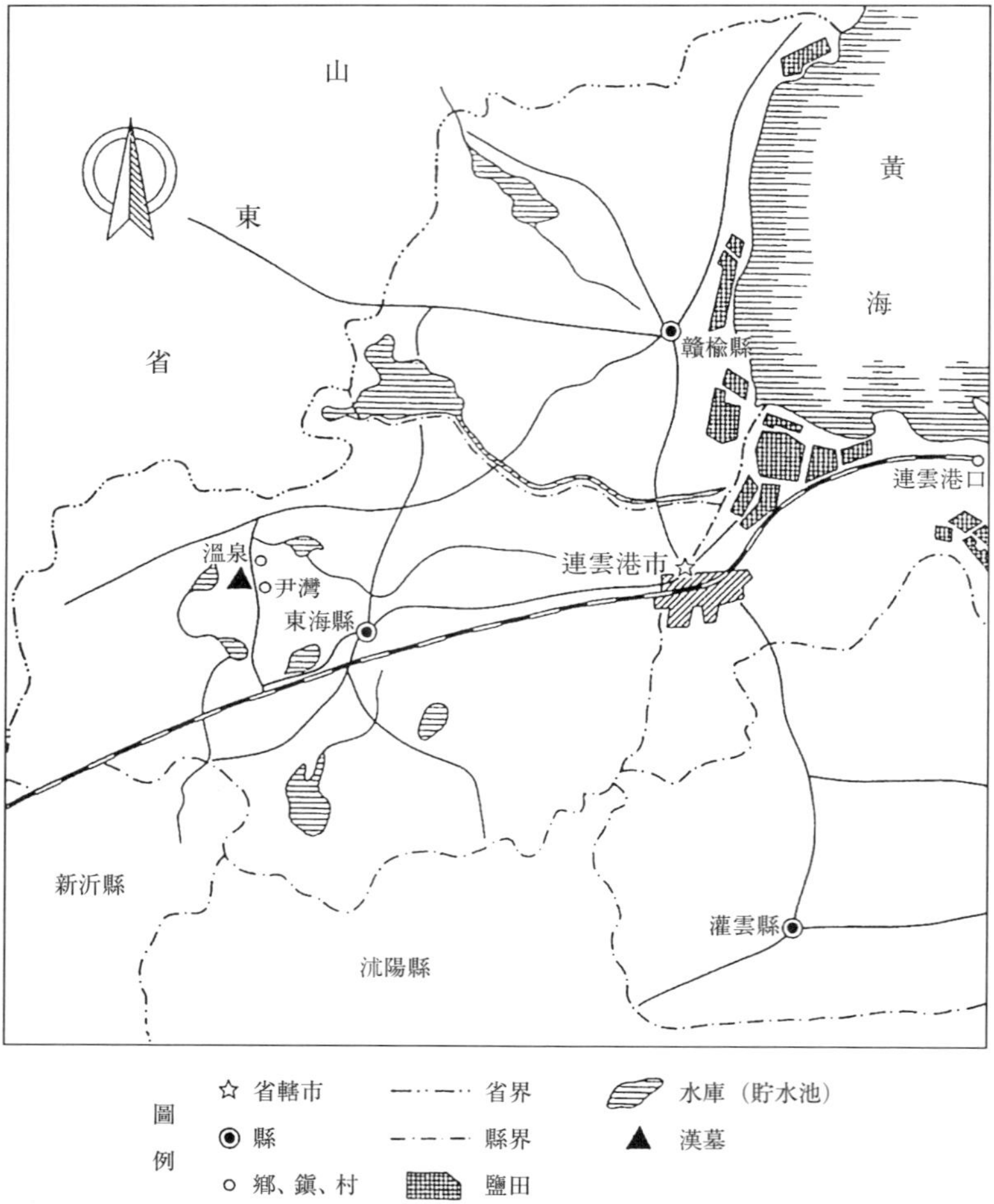

尹灣漢墓地理位置圖（『報告書』から轉載）

この『文物』の一九九六年第八期には、右の「簡報」の他に、滕昭宗「尹灣漢墓簡牘概述」(以下「概述」と略稱)や連雲港市博物館による「尹灣漢墓簡牘釋文選」が掲載されていて六號墓出土の簡牘の内容の一部が紹介され、ついで『文物』一九九六年第一〇期には、連雲港市博物館・東海縣博物館・中國社會科學院簡帛研究センター・中國文物研究所の四機關による「尹灣漢墓簡牘初探」(以下「初探」と略稱)が發表されて、中國は勿論のこと臺灣や日本等の研究者の間に大きな研究關心を惹き起こした。そして簡牘の圖版を含む發掘報告書の一日も早い公刊を待ち望んでいたところ、一九九七年九月に前記「初探」の四研究機關による『尹灣漢墓簡牘』(中華書局。以下『報告書』と略稱)が出版され、翌一九九八年春には日本でも入手することができた。この種の中國の出版物としては異例の速さである。これには「初探」の内容を更に詳述した前言があり、ついで簡牘や遺物の圖版、簡牘の釋文が掲載され、最後に附錄として尹灣漢墓の發掘報告並びに地圖その他の發掘に關係する圖表が載せられている。そしてこの『報告書』の刊行に呼應するかのごとく、一九九九年二月には連雲港市博物館と中國文物研究所の共編になる『尹灣漢墓簡牘綜論』(科學出版社。以下『綜論』と略稱)が出版され、今夏すなわち一九九九年七月には早くも日本にもたらされた。『綜論』の巻頭には中國社會科學院歴史研究所所長の李學勤氏の序があり、執筆者には裘錫圭氏等二二名、掲載論文は二七篇、關係のある中國の研究者の殆どを網羅した尹灣漢墓簡牘の總合研究とも言うべき一大論文集である。(1)この『綜論』の出版は、中國研究者の尹灣漢墓簡牘の現段階における研究水準を示すと同時に、この出土資料の有する史料的價値の大きさと、中國研究者の當該資料にたいする並々ならぬ研究關心と研究意欲を如實に示すものであると言っても、決して過言ではない。

このように尹灣漢墓出土簡については、資料も研究も現在に至ってほぼ出揃ったかの觀がある。しかし尹灣漢墓出土簡の内容は極めて豊富である。内容が豊富であれば當然、研究も多岐にわたることになる。そのことは先の『綜論』

の目次を見ただけでも明らかであろう。したがって出土簡牘全體を研究對象とすることは殆ど不可能と言うほかない。そこで本章では、筆者の研究關心の特に大きい漢代の簿書（帳簿）の制度の觀點から尹灣六號漢墓出土簡中の一號牘「集簿」を取り上げ、「集簿」に關する從來の諸研究を整理しながら私見を述べてみたい。

先ずはじめに六號漢墓の概略を見ておくことにする。

一　尹灣六號漢墓の概要

（1）　墓葬の形制と副葬品

『報告書』によると、今回發掘された六座の尹灣漢墓の墓葬は年代に先後があるが、いずれも長方形の竪穴石坑で、東西の方向に並んでいたと言われる。また合葬と單獨葬の二形式があるも、みな一様に仰身直肢式で納棺されていた。六座の墓のうち、一號墓と三號墓と五號墓の三座は早くに盜掘にあったために副葬品は少なく、副葬品は他の三座の墓に見られるが中でも六號墓が特に豐富であり、簡牘もこの墓中から發見された。なお二號墓からも、衣物疏とよばれる副葬品の品名と數量を記した木牘が一枚發見されている。このように六號墓は、六座の尹灣漢墓の中では保存狀態が最も完全であり、かつ副葬品の最も豐富な墓である。

六號墓の墓坑は東西は四・二メートル、南北は二・七メートル、深さ七・五メートルである。墓坑の底部に墓室があり、一槨二棺と一つの足廂（二棺の足部の外側で槨内に設けられた空間）からなる男女（夫婦）の合葬墓である。足廂より棺の頭部に向かって左側すなわち北側に男性、右側すなわち南側には女性が葬られていた。男女の棺を比較すると、長さにおいては男性の方がやや長く、幅では女性の方がやや大きいという差が見られる。

副葬品は足廂と、男女それぞれの棺内から發見された。

足廂から出土した器物としては、數量は省略して器物名のみを擧げると男女の木俑、陶瓿（かめ）、陶壺、銅尊、耳杯、漆勺、銅の沐盤、木製の劍や弩などの模型、木扇、竹で編んだ篚[2]（はこ）などがある。

男性の棺からは、面罩[3]（漆塗りの箱狀のもので被葬者の頭にかぶせる）、木彫の虎頭、木製の蟬（せみ）、銅の帶鉤、板硏（すずり）、梳篦（細い齒のくし）、鐵製の書刀（長さ二五センチメートル、幅一・五センチメートル）、骨簪（かんざし）、銅鏡、鐵劍（長さ約一メートル、幅二・五〜三・五センチメートル）、刀（長さ約一メートル、幅三〜三・五センチメートル）、五銖錢、玉製の蟬、玉璧、木印（長さ幅とも一センチメートルの方形の完成品。表面に朱で文字が書かれていたが、出土後に消えて見えなくなる）、玉製の耳塞（耳せん）がある。その他にも毛筆と竹簡や木簡があるが、ここでは特に毛筆について紹介しておく[4]。毛筆は二本出土した。いずれも木製の軸に穗をつけたもので、一本は全長が二三センチメートル、うち筆の穗の部分が一・六センチメートル。他の一本は穗先を缺き、やや短くて長さが約二〇センチメートル。軸は、ともに穗のつく部分で徑が〇・七センチメートルあり、先端にいくほど細くなっている。二本一組で筆套（筆入れ）の中に收納されていた。『報告書』の圖錄では判明しないが、筆や筆套ともに精細な工藝がほどこされていたと言われる。また鑑定の結果、穗先の毛は兎の毛だと言うことである。しかも注目すべきことは、二千年を經た今日でも、その尖った穗先は錐のようで、水中に入れて引き上げると、穗先は立ち上がってしかもすぼまり、柔軟でかつ鋭いと言う。『報告書』では、このような筆であればこそ、長さ二三センチメートル、幅七センチメートルの木牘上に、一字の徑が僅か〇・二センチメートルという細字を正面と背面併せて三千四百餘字も書くことが可能であった、と驚嘆の意をこめて報告している。

次に六號墓の女性の棺中から出土した器物のうち、骨簪（かんざし）、銅鏡、五銖錢は男性と同じであるが、女性の棺に固有なものとしては、長さ一一センチメートルで鵝頭の柄のついた小さな銅製の刷（はけ）があった。

六號墓の墓葬と、簡牘を除く副葬品の概略は、以上のとおりである。紀達凱氏は、海州地區（連雲港市管轄下の東海、贛楡、灌雲、灌南の四縣の地）の墓葬を整理し、この地方の前漢武帝期以後のいわゆる前漢の中期から晩期の特徴として、副葬品の多いことと家族墓の多いことを擧げている。六號墓の副葬品の多さにはそのような地方的な傾向が認められるとしても、そこには後述するように墓主の身分にも大いに關係があった。

（2）出土簡牘の概略

六號墓から出土した二三枚の木牘——木牘とは木の札のことで一般には木簡の意味に使用されているが、次に述べるような幅の廣い木の札を特に木牘と稱する場合がある。以後本章で使用する木牘は全て後者を指す——と一三三枚の竹簡は、いずれも男性の棺の中の足もとの部分から發見された。木牘は長さが約二三センチメートル、幅は七センチメートル。竹簡は長さが二二・五～二三センチメートル、幅は廣いものと狹いものとの二種類があり、廣いもので〇・八～一センチメートル、狹いもので〇・三～〇・四センチメートルである。木牘と竹簡のいずれも長さが約二三センチメートルというのは、漢代の一尺に相當する長さである。

以下では、主として『報告書』にしたがいながら木牘（1～12）と竹簡（13～16）の概略を述べることにする。

1　**一號牘**（圖1）　正面の中央上端に「集簿」と隸書の正體で書かれている。これが一號牘の表題である。内容は正面から背面にかけて東海郡の行政建置、吏員の人數、戶口や墾田、錢穀などの年度統計の數量等が草書體で記されている。なお一號牘の詳細については、次節で取り上げる。

2　**二號牘**（圖2）　正面の第1行に本來の表題があった筈であるが、今は「都尉縣鄉」の四文字が見えるだけで

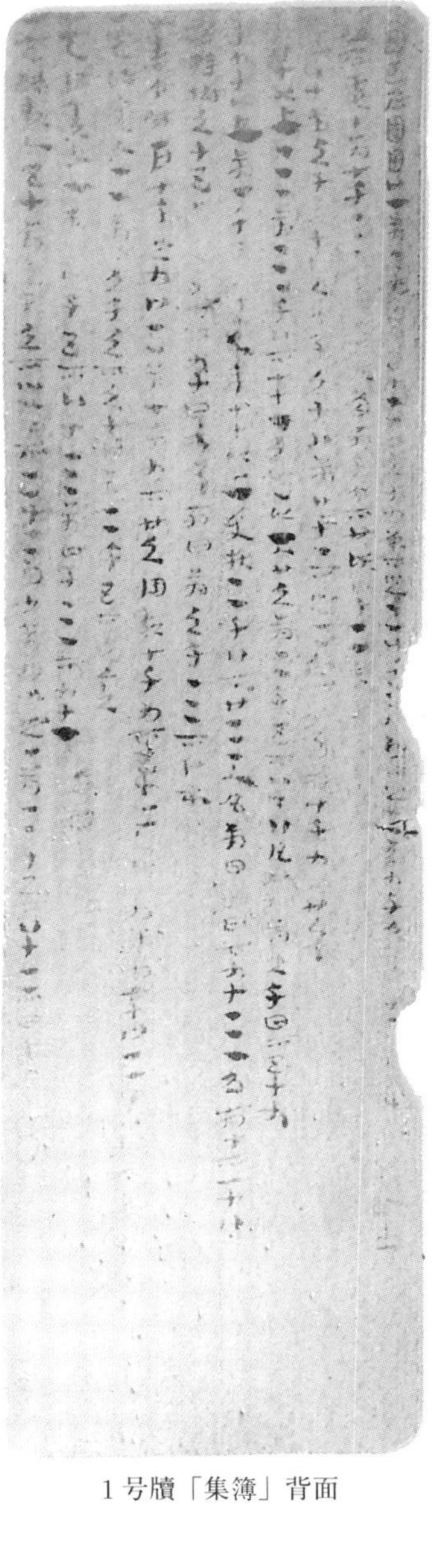

1号牘「集簿」背面

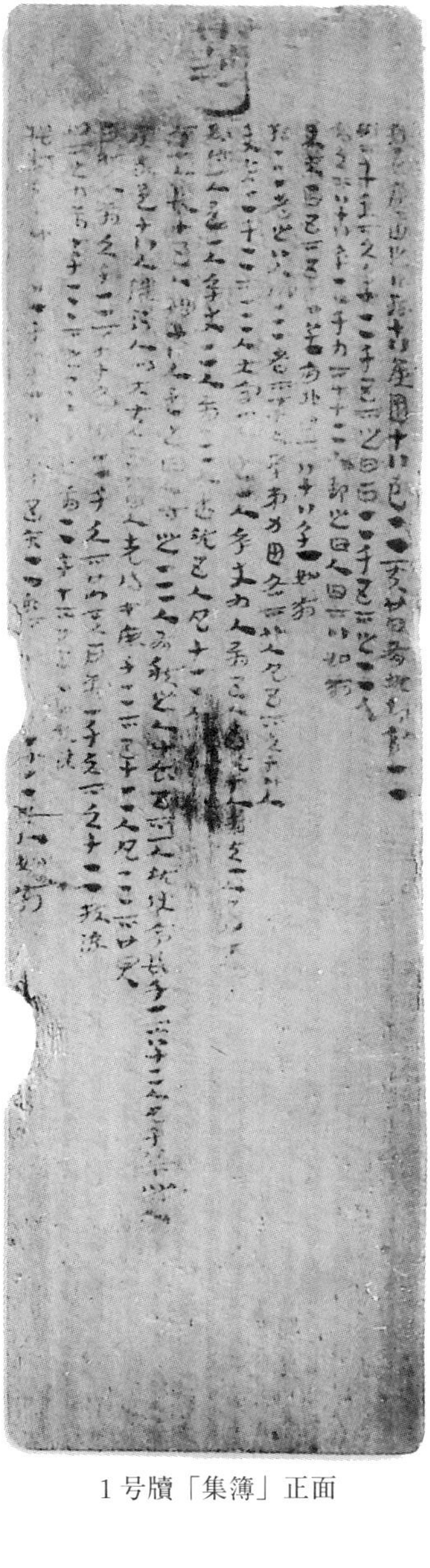

1号牘「集簿」正面

圖1

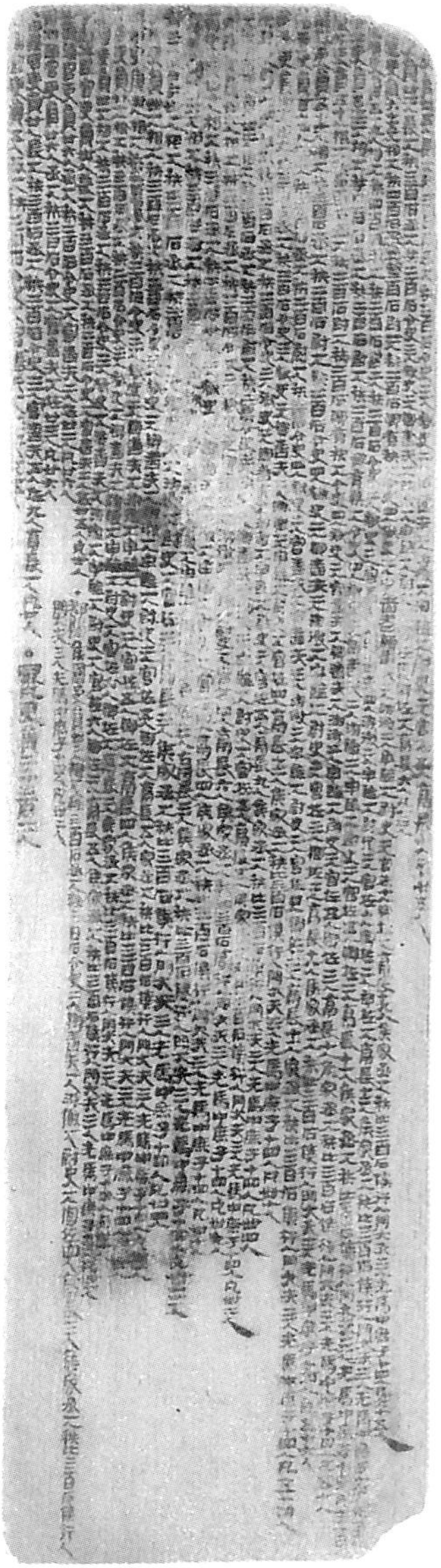

2號牘「東海郡吏員簿」背面

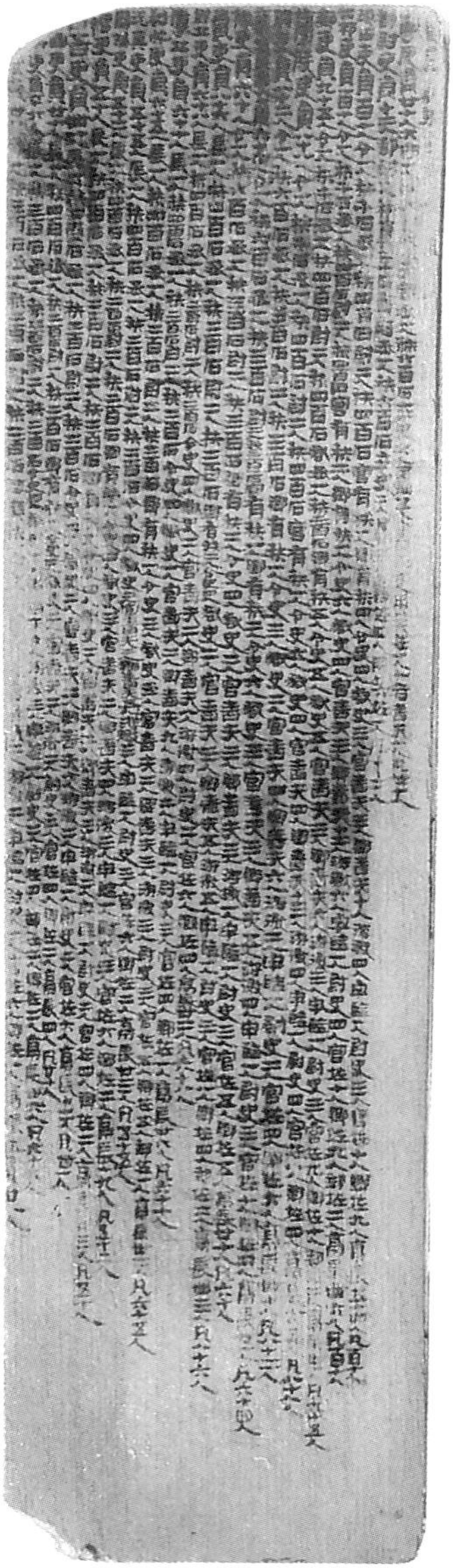

2號牘「東海郡吏員簿」正面

圖2

ある。そこで二號牘を假に「東海郡吏員簿」とよんでいる。正面と背面ともに文字があり、全部で三千四百餘字。端正な隷書體で書かれており、『報告書』では書體の模範となるべきものだと稱讃している。內容は東海郡の太守、都尉に始まり各縣、邑、侯國、更には鹽官や鐵官に至るまでの吏員の人數を記す。二號牘は一號牘の「集簿」と關係があるので、行論の便宜のために中間の一部を省略する形で釋文を掲載しておくことにする。なお（　）內の數字は行の順番で、1とあれば第1行を示す。また1～21は正面、22以下は背面である。

（1）□都尉縣鄉……

（2）太守、吏員廿七人、太守一人、秩（?）□□□□、太守丞一　人、秩六百石、卒史九人、屬五人、書佐九人、用算佐一人、小府嗇夫一人、凡廿七人

（3）都尉、吏員十二人、都尉一人、秩眞二千石、都尉丞一人、秩六百石、卒史二人、屬三人、書佐四人、用算佐一人、凡十二人

（4）海西、吏員百七人、令一人、秩千石、丞一人、秩四百石、尉二人、秩四百石、官有秩一人、鄉有秩四人、令史四人、獄史三人、官嗇夫三人、鄉嗇夫十人、游徼四人、牢監一人、尉史三人、官佐七人、鄉佐九人、亭長五十四人、凡百七人

（5）下邳（邳）、吏員百七人、令一人、秩千石、丞一人、秩四百石、尉二人、秩四百石、官有秩二人、鄉有秩一人、令史六人、獄史四人、官嗇夫三人、鄉嗇夫十二人、游徼六人、牢監一人、尉史四人、官佐七人、鄉佐九人、郵佐二人、亭長卌六人、凡百七人

（6）郯、吏員九十五人、令一人、秩千石、丞一人、秩四百石、尉史二人、秩四百石、獄丞一人、秩二百石、鄉有秩五人、令史五人、獄史五人、官嗇夫三人、鄉嗇夫六人、游徼三人、牢監一人、尉史三人、官佐九人、鄉佐七人、

郵佐二人、亭長卌一人、凡九十五人
(7) 蘭陵、(8) 朐、(9) 襄賁、(10) 戚は省略
(11) 費、吏員八十六人、長一人、秩四百石、丞一人、秩二百石、尉二人、秩二百石、鄉有秩二人、令史四人、獄史二人、官嗇夫三人、鄉嗇夫五人、游徼五人、牢監一人、尉史三人、官佐八人、鄉佐四人、郵佐二人、亭長卌三人、凡八十六人
(12) 即丘、吏員六十八人、長一人、秩四百石、丞一人、秩二百石、尉二人、秩二百石、令史四人、獄史二人、官嗇夫二人、鄉嗇夫八人、游徼四人、尉史二人、官佐六人、鄉佐四人、亭長卅二人、凡六十八人
(13) 厚丘、(14) 利成、(15) 況其、(16) 開陽、(17) 繒、(18) 司吾、(19) 平曲、(20) □□、(21) □□、(22) □□は省略
(23) □、吏□廿二人、長一人、秩三百石、丞一人、秩二百石、令史三人、獄史二人、鄉嗇夫一人、游徼一人、牢監一人、尉史一人、官佐四人、鄉佐一人、亭長六人、凡廿二人
(24) 昌慮、吏員六十五人、相一人、秩四百石、丞一人、秩二百石、尉二人、秩二百石、鄉有秩一人、令史四人、獄史二人、官嗇夫二人、鄉嗇夫二人、游徼二人、牢監一人、尉史二人、官佐七人、鄉佐一人、亭長十九人、侯家丞一人、秩比三百石、僕行人門大夫三人、先(洗)馬中庶子十四人、凡六十五人
(25) 蘭旗、吏員五十九人、相一人、秩四百石、丞一人、秩二百石、尉二人、秩二百石、令史三人、獄史二人、官嗇夫一人、鄉嗇夫四人、游徼二人、牢監一人、尉史二人、官佐七人、鄉佐二人、郵佐一人、亭長十二人、侯家丞一人、秩比三百石、僕行人門大夫三人、先(洗)馬中庶子十四人、凡五十九人
(26) 容丘、吏員五十三人、相一人、秩四百石、丞一人、秩二百石、尉一人、秩二百石、鄉有秩一人、令史四人、獄

史二人、鄕嗇夫二人、游徼二人、牢監一人、尉史二人、官佐五人、鄕佐二人、亭長十一人、侯家丞一人、秩比三百石、僕行人門大夫三人、先（洗）馬車庶子十四人、凡五十三人
(27) 良成、(28) 南城、(29) 陰平、(30) 新陽、(31) 東安、(32) 平曲、(33) 建陵、(34) 山鄕、(35) 武陽、(36) 都平、(37) 部鄕、(38) 建鄕、(39) □□、(40) 建陽は省略
(41) ●都陽侯國、吏員卌二人、相一人、秩三百石、丞一人、秩二百石、令史二人、鄕嗇夫一人、游徼一人、尉史一人、官佐四人、亭長三人、侯家丞一人、秩比三百石、僕行人門大夫三人、先（洗）馬中庶子十四人、凡卌二人
(42) 伊廬鹽官、吏員卅人、長一人、秩三百石、丞一人、秩二百石、令史一人、官嗇夫二人、佐廿五人、凡卅人
(43) 北蒲鹽官、吏員廿六人、丞一人、秩二百石、令史一人、官嗇夫二人、佐廿二人、凡廿六人
(44) 郁州鹽官、吏員廿六人、丞一人、秩二百石、令史一人、官嗇夫一人、佐廿三人、凡廿六人
(45) 下邳（邳）鐵官、吏員廿人、長一人、秩三百石、丞一人、秩二百石、令史三人、官嗇夫五人、佐九人、亭長一人、凡廿人
(46) □鐵官、吏員五人、丞一人、秩二百石、令史一人、官嗇夫一人、佐二人、凡五人
(47) ●䆮凡吏員二千二百二人
各項の「凡」および最後の「䆮凡」は合計、總計の意味である。

3　三號牘と四號牘　本來の表題が不明のために、假に「東海郡下轄長吏名籍」とよばれている。長吏とは官秩二百石以上の中央任命官を指し、これに對して百石以下の吏を少吏と稱する。また名籍とは名簿のことで、帳簿と名簿の兩者を併せて簿籍とよんでいるが、本論文では繁雜を避けるために簿書として一括することにする。記錄は三號牘の正面から始まって背面にまわり、ついで四號牘の正面へと續く。內容は東海郡に所屬する三八の縣・邑・侯國の他

に鹽官と鐵官の長吏の個個について官職名、貫籍（本籍地）、姓名、前任の官職名、そして現在の官職に遷除された過程を記す。

4　**五號牘**　本來は正面の上端に表題があったらしいが殘缺して不明。そこで正面は假に「東海郡下轄長吏不在署、未到官者名籍」とよばれている。内容は

（イ）「●右九人輸錢都內」
（ロ）「●右十三人繇」
（ハ）「●右六人告」
（ニ）「●右六人寧」
（ホ）「●右十人缺、七人死、三人免」
（ヘ）「●右二人有劾」
（ト）「●右六人未到官」

の七項目に分けられる。「●右」は簿書の中間にあって、「以上のもの」とか「以上を締め括る」の意味である。（イ）～（ニ）については長吏各人の官職名と姓名と月日を記し、（ホ）～（ト）については長吏各人の官職名と姓名のみを記す。先ず（イ）の都內とは九卿の一つ大司農の屬官で、見錢の出納を行う役所である。したがって「錢を都內に輸す」とは、東海郡から見錢たとえば賦錢などを中央に輸送したことを指す。（ロ）の繇とは公務による出張のことである。その中には「罰戍（罪を犯した罰として邊境の守備につくもの）を上谷（現河北省懷來縣の東南）に送る」とか、「邑の計（計簿）を上る」とか、「衞士（宮城護衞の兵）を送る」の他、魚や木材などを購入するための出張が見られる。(5)（ハ）の告は休暇のこと、（ニ）の寧は親族の死去に伴う喪の休暇を言う。(6)（ホ）の缺はポストの缺員、死は死亡、免

は免職で、長吏の死亡や免職にともなってポストに缺員の生じていることを記す。（へ）の有効とは、過失や違法行爲等によって告發されたことを指す。（ト）の未到官（未だ官に到らず）とは、人事異動により東海郡の新しいポストに發令されていながら、現時點でなお着任していない者を擧げている。なお邢義田氏は、漢代邊塞において官吏が新ポストに發令された場合に、着任から執務に至る規定がいかに嚴格であったかを、居延舊簡、居延新簡、敦煌漢簡等から數多くの類例を擧げて論じている(7)。そこで筆者も、邢氏の擧げていなくて、しかもたいへん興味ぶかい史料を一つだけ擧げておく。

甲渠鄣候▢　十一月己未、府告甲渠鄣候、遣新除第四燧長刑鳳之官、符到令鳳乘第三、遣騎士召戎詣殄北、乘鳳燧、遣鳳日時在檢中、到課言。(8)（E.P.F22:475）

これは平な板狀の木簡ではなく多面體の棒狀の觚とよばれるものである。長さは約二〇センチメートル。居延都尉府から所轄の甲渠候官長すなわち鄣候に宛てた公文書で書檄とよばれる。先ず上から二センチメートルまでのところに宛先の「甲渠鄣候」とあり、その下三センチメートルにわたって深さ一・五センチメートル餘りの凹狀のくり抜きがある。釋文では▢印で示す。これを封泥匣と稱し、ここに粘土を入れて居延都尉の印章を押し僞物ではないことを證して發送するのである。封泥匣の下の文章は書檄の內容で、要點は第四燧長の刑鳳に符（割り符）を持たせて出頭させるので本人が到着したら第三燧に勤務させるように命令し、そして最後に燧長刑鳳を派遣せし日時は檢中（ここでは封泥匣を指す）に記してあるので、本人が到着したならば、しかと確認して報告するように命じている。そして事實、封泥を除去したあとの封泥匣の底には、「己未下餔遣（己未の日の下餔＝午後三時ころ）に派遣」と記されていた。符を携えて新任地の上級機關に出頭する本人とは別途に、發令者からは右のような書檄が機關宛に郵送されていたのである。ここにも漢代、「到官」「未到官」がいかに嚴重であったか、かつそれはまた官吏の勤務評定にもかかわるものであったに相違なかった。

五號牘の背面は、正面の記載とは直接の關係は認められず、本來の表題があったか否かも不明である。『報告書』では假に「東海郡屬吏設置簿」と名づけている。內容は現任の掾史など屬吏の配置狀況を記錄したもので、ここに記されているのは東海郡太守府の屬吏であろうとの理解である。

5　**六號牘**　「武庫永始四年兵車器集簿」の表題があり、東海郡の武庫（武器收藏庫）に收藏する兵・車器の類を、（イ）乘輿の兵・車器と（ロ）庫の兵・車器の二つに分け、それぞれの兵・車器の名稱と數量を記し、最後に總計を記す。これによると東海郡の武庫に所藏する兵・車器は全部で二四〇種類、二三二六萬四八七件という膨大な數量にのぼっている。東海郡の武庫にこれほどの膨大な武器が收藏されていたこと、またその中に乘輿すなわち王に分類されるものがあることについて、邢義田氏は、東海郡の所轄の地には、かつて楚王の王國があったこと、また吳楚七國の亂後も王國や侯國が東海郡に併合されたことに注目する。(9) すなわち邢義田氏によれば、東海郡の膨大な武器は王國や侯國の併合に伴う結果であり、中に乘輿と稱されたもののあることについては、漢代の早期王國時代の遺留品であろうと推測している。

以上の六枚の木牘は、六號墓から出土した簡牘の中でも特に東海郡の行政に關係する內容のもので、漢代史硏究の貴重な史料として硏究者の高い關心を集めており、ために多少詳しく紹介したが、其の他についてはごく簡單に紹介するにとどめたい。

6　**七號牘、八號牘**　本來の表題は無く、假に「贈錢名籍」とよばれている。この場合の贈錢とは墓主に對する一種の餞別のようなもので、兩牘の正面と背面に原則として贈錢者の姓名と金額を草書體で記している。

7　九號牘　正面は假に「神龜占、六甲占雨」とよばれ、占いに使用したものである。背面は「博局占」とよばれ、これも正面と同様に占いに用いたものである。

8　一〇號牘　正面は前漢の成帝の元延元年（前一二）一年間の暦譜である。背面は、墓主が元延元年三月に錢を貸した際の劵（證文）である。

9　一一號牘　元延三年（前一〇）五月の暦譜と推定されている。

10　一二號牘　表題に「君兄衣物疏」とあり、正面と背面ともに墓主の副葬品中の、衣類關係の副葬品目録である。

11　一三號牘　正面は表題に「君兄繒方緹中物疏」とあり、副葬品の中でも主として文具や書籍などの副葬品目録。背面には「君兄節司小物疏」という表題があり、櫛笥すなわち化粧箱内の梳（くし）や篦（かんざし）の類の副葬品目録である。なお疏とは個條書きにすることで、簿と通じる。

12　一四號牘～二三號牘　この一〇枚の木牘は名謁、すなわち今日言うところの名刺の類である。以上が木牘である。

次に竹簡に目を移すと、

13　簡一～簡七六　この七六枚の竹簡は墓主の元延二年（前一一）の日記である。

14　簡七七～簡八九　この一三枚の竹簡には「刑德行事」の表題があり、日の十干と一日の時刻とによって行事の吉凶を占うものである。

15　簡九〇～簡一一三　この二四枚には「行道吉凶」の表題があり、六〇の干支によって行動の吉凶を占うものである。14と15は或は占いの手引書のごときものかもしれない。

16　簡一一四～簡一三三　この二〇枚の竹簡には「神烏賦」の表題があり、賦すなわち漢代に流行した詩賦の一種で、墓主の創作にかかるものである。

六號墓から出土した簡牘は、これで全部である。簡單に說明を加えただけであるが、その中には官文書と見なされるものがあり、私的な餞別簿があり、數種類の暦があり、副葬品目録があり、占書があり、名謁があり、日記があり、自作の詩賦があるなど、内容は實に多彩である。しかもいずれも第一等資料であるだけに、その研究は自ずと多岐にわたることが理解できるであろう。

（3）　墓主と墓葬の年代

六號墓の墓主の身分と姓名は、東海郡の功曹史（功曹）で姓は師、名は饒、字は君兄である。その根據は六號墓出土の木牘中の名謁と衣物疏によって判明する。例えば二三號牘に

進長安令
兒君　（正面）
東海太守功曹史饒、謹請吏奉謁、再拜
請
威卿足下　師君兄　（背面）

また二二號牘には

東海太守功曹史饒、再拜
謁●奉府君記一封、饒叩頭叩頭

とある。前者は長安令の兒威卿に差し出した名謁で、吏を介して拜謁を賜ることを願い上げたもの。そこには東海郡の功曹史の饒とあり、末尾に師君兄と記す。後者は東海郡の功曹史の饒が東海郡太守の「記」[10]という文書一封を差し出した際の名謁である。これに墓主の副葬品目錄に記された例えば「君兄衣物疏」等の表題等を併せて考えれば、最初に述べたごとく墓主は東海郡の功曹で、姓名は師饒、字は君兄であることは明白である。なお元延二年（前一一）の日記（簡一～簡七六）によると、墓主の師饒は七月五日に郡の法曹に任ぜられ、同年十月十九日に功曹に任ぜられている。

墓主師饒の身分である郡の功曹は、『續漢書』百官志に「主選署功勞（選署、功勞を主どる）」とあるように、一郡の吏の昇遷と考課を主どることを主要な職務としていた。しかもよく引用されるように『漢舊儀』に「督郵、功曹、郡極位（督郵と功曹は郡の極位なり）」と見えており、功曹は百石以下の少吏ではあっても郡吏の中での地位は極めて高く、太守の股肱の吏として大きな力をもっていた。そのことは名謁の中に、東海郡太守、沛郡太守、琅邪郡太守、容丘侯、良成侯などが吏を遣わして墓主の安否をたずねたり、また病氣を見舞わせたりした內容のものが含まれていることからも、墓主の地位の高さを窺い知ることができる。同時に副葬品の豐富なことも、それを裏書きするものである。また墓主の創作にかかる詩賦「神烏賦」（簡一一四～簡一三三）は、儒教の經典である『詩經』や『論語』『孝經』等からの引用があり、かつ他に類を見ない獨特の風格をもった作品であると言われる。[11]墓主の學問、教養の水準の並でないことを示す一資料である。

最後に六號墓の墓葬の年代について觸れておく。六號墓出土簡の中で紀年のあるものは、「贈錢名籍」（七號牘）の永始二年十一月十六日、「兵車器集簿」（六號牘）の永始四年、一〇號牘背面の券（證文）の元延元年三月十六日、それに元延元年の暦譜（一〇號牘）、元延二年の日記（簡一〜簡七六）と元延三年五月の暦譜（二號牘）がある。いずれも前漢晩期の成帝の年號のものばかりであるが、『報告書』では右の紀年簡から、六號墓の墓葬の年代の上限を元延三年（前一〇）と推定している。

以上、尹灣漢墓のうち六號墓について墓葬の形制や副葬品、更には墓主の身分や墓葬の年代について見てきた。中でも漢代史研究の上で史料的價値の高さで注目されるのは、先にも述べたように一號牘から六號牘までの官文書と見なされる六枚の木牘である。いずれも從來は知ることのなかった貴重な史料であるが、中でも一號牘の「集簿」は漢代の簿書の制度から更には上計制度を考える上で極めて重要な史料である。そこで次節では一號牘の「集簿」を中心に、その內容や性格、そして特徵等について考察を進めることにする。

二　「集簿」についての考察

（1）「集簿」の內容

尹灣六號漢墓出土簡のうち、一號牘の「集簿」は正面には十二行、背面には十行にわたって記載があり、その釋文は次のとおりである。なお釋文の上に附したアラビア數字は行の順番を示す。

1　縣邑矦國卅八、縣十八、矦國十八、邑二、其廿四有堠（?）、都官二

2　鄕百七十、□百六、里二千五百卅四、正二千五百卅二人

3　亭六百八十八、卒二千九百七十二人、郵卅四、人四百八、如前

4 界東西五百五十一里、南北四百八十八里、如前
5 縣三老卅八人、鄕三老百七十人、孝弟（悌）力田各百廿人、凡五百六十八人
6 吏員二千二百三人、太守一人、丞一人、卒史九人、屬五人、書佐十人、嗇夫一人、凡廿七人

集簿

7 都尉一人、丞一人、卒史二人、屬三人、書佐五人、凡十二人
8 令七人、長十五人、相十八人、丞卌四人、尉卌三人、有秩卅人、斗食五百一人、佐使（史）亭長千一百八十二人、凡千八百卌人
9 侯家丞十八人、僕行人門大夫五十四人、先（洗）馬中庶子二百五十二人、凡三百廿四人
10 戶廿六萬六千二百九十、多前二千六百廿九、其戶萬一千六百六十二獲流
11 口百卅九萬七千三百卌三、其（?）四萬二千七百五十二獲流
12 提封五十一萬二千九十二頃八十五畝二□……人、如前
（以上は正面）
13 □國邑居園田廿一萬一千六百五十二□□十九萬百卅二……卅五（?）萬九千六……長生
14 種宿麥十萬七千三百□十□頃、多前千九百廿頃八十二畝
15 男子七十萬六千六十四（?）人、女子六十八萬八千一百卅二人、女子多前七千九百廿六
16 年八十以上三萬三千八百七十一、六歲以下廿六萬二千五百八十八、凡廿九萬六千四百五十九
17 年九十以上萬一千六百七十人、年七十以上受杖二千八百廿三人、凡萬四千四百九十三、多前七百一十八
18 春種樹六十五萬六千七百九十四畝、多前四萬六千三百廿畝
19 以春令成戶七千卅九、口二萬七千九百廿六、用穀七千九百五十一石八（?）斗□升半升、率口二斗八升有奇

20　一歳諸錢入二萬〻六千六百六十四萬二千五百六錢
21　一歳諸錢出一萬□四千五百八十三萬四千三百九十一
22　一歳諸穀入五十萬六千六百卌七石二斗二升少□升、出卌一萬二千五百八十一石四斗□□升

（以上は背面）

正面の第6行と第7行にまたがる上部に表題の「集簿」とある。内容が全て草書體で書かれているのに對して、隸書の正體で書かれている。ここにいう集簿とは、『續漢書』百官志の縣・邑・道・侯國の條の劉昭の注に引く胡廣の文に

秋冬歳盡、各計縣戸口墾田、錢穀入出、盜賊多少、上其集簿

秋冬歳盡きれば、各々縣の戸口、墾田、錢穀の入出、盜賊の多少を計って、その集簿を上る

とある集簿のことで、年度末に集計した簿書の意味である。

一號牘の「集簿」の内容については、尹灣漢墓出土簡を取り上げた研究の多くが大なり小なり觸れているところであるが、專論としては筆者の見た範圍内では謝桂華[12]、高敏[13]、高恆[14]の三氏の研究がある。この三研究の中では謝桂華氏の研究が最も詳細である。そこで以下においては謝氏の研究を中心に据えながら、第1行から順を追って内容を檢討することにしたい。

第1行　東海郡に所屬する縣・邑・侯國の總數と、縣・邑・侯國のそれぞれの數および堠（?）と都官の數を擧げる。邑は皇太后・皇后・公主の釆地となった縣、侯國は列侯の釆地となった縣をいう。これによると縣・邑・侯國の總數は三八、内譯は縣が一八、邑が二、侯國が一八とある。これを『漢書』地理志の東海郡の條と比較すると、合計

の三八という數は一致するが、縣・邑・侯國の數は明記していない。そこで謝氏は、二號牘の「吏員簿」に基づき、三號牘の「長吏名籍」を參照しながら、東海郡の邑は二號牘でいえば（8）朐と（15）況其の二つ、侯國は（24）昌慮から（41）都陽までの一八としている。次に原文には「其の廿四に堠（?）有り」とある。其の廿四というからには、上記の縣・邑・侯國三八の中の二四を指すことは疑いないが、堠（?）が何であるかは明らかでない。『報告書』の圖版から文字を確定することはできないが、假に堠と釋讀するならば、居延簡などに見える堠は邊境にあって敵の動向を監視する砦であり見張り臺であるので、内郡でも要所、要所にはそのような施設が設けられていたのかもしれない。「都官二」は、謝氏の說くごとく鐵官と鹽官を指す。これを都官と稱するのは、郡國の鐵官や鹽官が中央の大司農に所屬することからくる呼稱である。『漢書』地理志によると、東海郡には鹽官は見えず、ただ下邳と朐に鐵官が置かれたことになっている。二號牘の「吏員簿」を見るかぎり、下邳に鐵官が置かれたことは認められるが朐には鐵官は置かれず、朐邑に所屬する鄕の一つ伊盧に鹽官が置かれていたことを知る。[15]

第2行　東海郡に所屬する鄕、□、里と里正の總數を記す。但し、鄕と里の間の一字は『報告書』はもとより、謝氏も不明として空白のまま殘している。これにたいして西川利文氏は『後漢書』劉玄列傳の「共攻離鄕聚」の李賢注に

　離鄕聚、謂諸鄕聚離散、去城郭遠者、大曰鄕、小曰聚

　離鄕聚は、諸の鄕や聚の離散して、城郭を去ること遠きものを謂うなり。大なるものを鄕と曰い、小なるものを聚と曰う

を引き、未釋の一字を聚と讀んでいる。[16]同樣に周振鶴氏も聚を採用している。[17]確かに鄕の下位にくる地方單位として聚があることは右に引用した史料のとおりであるが、『報告書』の圖版を見るかぎり、字畫が比較的はっきりしてい

るだけにこの未釋字を聚と讀むことはかなり苦しいように思う。この文字の釋讀は將來の課題としておきたい。

さてこの一號牘によると、東海郡では鄕は一七〇、□は一〇六、里は二五三四、里正は二五三二人である。里正というのは、鄕嗇夫らの下にあって里の行政に關するもろもろの世話役である。今、一里につき里正一人が置かれたと假定すると、單純な計算で里正を二人缺いていたことになるが、これは一人の里正が他の里の里正を兼務していたことも十分に考えられる。

第3行　東海郡に所屬する亭と亭卒、郵と郵人の總數を記す。すなわち亭は六八八、亭卒は二九七二人で、一亭につき平均して四人強の亭卒がいた。また郵は三四、郵人は四〇八人で、一郵につき郵人は一二人平均である。亭は、本來は縣・邑・侯國に置かれた尉（警察を主どる）に直屬する組織で、その責任者である亭長は盜賊を捕えることを主たる任務としていたが、亭は同時に宿驛でもあった。他方郵は文書を傳達するための中繼所で、史書の中では郵亭と熟して使用されることが多い。また「集簿」には亭の數は六八八と記されているが、二號牘の「吏員簿」では亭の責任者である亭長は總計六八九人を數え、「集簿」の亭數より一名多い。このことについて謝氏は、「集簿」の統計は東海郡に所屬する縣・邑・侯國の亭の總數であり、「吏員簿」の數は更に下邳の鐵官に所屬する亭長一名を加算したものだと解している。また文中の「如前（前のごとし）」について、謝氏はこれは統計上の用語で「前年度に同じ」という意味だと說明している。この點については、後で詳述する。

第4行　東海郡が管轄する境域の總距離數を記す。これによると東西は五五一里、南北は四八八里とある。漢代の一里を約四〇〇メートルとすると、東西は約二二〇キロメートル、南北は約一九五キロメートルである。

第5行　東海郡における縣の三老、鄕の三老、孝・悌・力田の各人數と總數を記す。すなわち縣の三老は三八人、鄕の三老は一七〇人、孝・悌・力田はそれぞれ一二〇人で、總計五六八人とある。三老は『漢書』高帝紀二年二月の條に初めて見える。

擧民年五十以上、有脩行、能帥衆爲善、置以爲三老、鄕一人。擇鄕三老一人爲縣三老、與縣令・丞・尉以事相敎、

復勿繇戍。

民の年五十以上にして脩行あり、能く衆を帥いて善を爲すものを擧げ、置きて以て三老と爲す、鄕ごとに一人。鄕の三老一人を擇びて縣の三老と爲し、縣の令・丞・尉と事を以て相い教えしめ、復《ほく》して繇戍すること勿れ。

復すとは賦役を免除することを言う。これによると、民のうち五十歳以上で立派な行いがあり、よく民衆の模範となって善行を行う者一人を擇んで鄕の三老となし、鄕の三老の中から一人を擇んで縣の三老となし、縣の長吏とともに民衆の教化に當たらせるのである。「集簿」の第1行によれば東海郡には縣・邑・侯國が三八あり、したがって縣の三老は縣・邑・侯國それぞれに一人が置かれたことになる。同様に「集簿」の第2行には郡下の鄕の數は一七〇とあるから、鄕の三老も一鄕につき一人の割合いで置かれたことになる。まさに史書の述べるとおりである。孝悌力田は『漢書』惠帝紀四年正月の條に

擧民孝弟力田者、復其身

民の孝弟（悌）力田なる者を擧げ、其の身を復す

とあるのが初見である。孝は親に仕えて孝行な者、悌は長幼の序をわきまえ兄弟仲むつまじい者、力田は農業に精勵する者をいい、いずれも民の模範となる人達である。三老以下力田にいたるまで、彼らは鄕官と總稱される人達であるが[18]、この一號牘の記事で明らかになったことは、一つには孝悌力田は孝悌と力田ではなく、孝と悌と力田の三者であること、二つには次の第6行〜第8行と關係してのことであるが、彼ら鄕官は吏ではなく、吏の員數外であることの二點である。

第6行　東海郡の吏員の總數と、太守府における長吏と屬吏の各人數及び太守府の吏員の總數を記す。既に述べたところであるが長吏とは官秩が二百石以上の中央任命官を指し、これにたいして百石以下の下級の屬吏が少吏である。第6行の記録によると、東海郡全體の吏員の總數は二二〇三人とある。この數字は二號牘の「吏員簿」に見えている總人數よりも一名多い。また太守府の構成員は、太守一人、丞一人（以上は長吏）、卒史九人、屬五人、書佐一〇人、嗇夫一人の總數二七人である。

第7行　都尉府の長吏と屬吏の人數、及び總數を記す。都尉府は都尉一人と丞一人（以上長吏）、卒史二人、屬三人、書佐五人の總計一二人の構成である。なお二號牘の「吏員簿」によると、都尉の官秩は眞二千石となっており、一般に知られている都尉の官秩比二千石と相違している。このことについて紀安諾氏は『漢書』元帝紀の建昭三年（前三六）の詔令に

　令三輔都尉、大郡都尉秩皆二千石

　三輔の都尉と大郡の都尉をして秩皆二千石ならしむ

に該當すると解している(19)。『漢書』地理志に見える元始二年（紀元二）の人口統計では、前漢の一〇三の郡國のうち東海郡は、首位の汝南郡以下、潁川郡、沛郡、南陽郡、河南郡、東郡に續いて第七番目にランクされる大郡であり、紀安諾氏の說のごとく建昭三年の適用をうけたもので、前漢晩期の特例と見るべきである。

第8行　東海郡に所屬する縣と邑と侯國等の長吏と屬吏の人數および總數を記す。これによると先ず令は七人、長は一五人、相は一八人である。既に見てきたように「集簿」の第1行により東海郡には一八縣、二邑、一八侯國があった。侯國の長官は相であり、侯國の數と相の數は共に一八で、一致する。ところが縣と邑の數は合計二〇であるにもかかわらず令長の數は二二で、實際よりも二つ多くなっている。このことについて、謝氏は二號牘の「吏員簿」の記

載と照合し、長の一五人の中には伊盧の鹽官の長と下邳の鐵官の長の二人を加えたものだと解している。ついで次官の丞であるが、ここでは四四人とある。ところが「集簿」の第1行では、東海郡の縣・邑・侯國に鹽官と鐵官を加えて總數は四〇であり、したがって丞のポストは四つ多いことになる。この點についても謝氏は二號牘の「吏員簿」と照合し、その結果、鹽官には更に二つ、鐵官には一つ、また東海郡の治所であった郯縣には別に獄丞の置かれていたことを確認し、丞の總數四四人は正しいことを實證している。また尉四三人についても、謝氏は同樣に「吏員簿」を參照し、一八の縣・邑・侯國には各二名、七つの縣・邑・侯國には各一名が配置されており、他方二縣と一一侯國それに鹽官と鐵官には尉が置かれていなかったことを明らかにして、東海郡下の尉四三人は正しいことを實證している。更に第8行には、以上の長吏につづいて屬吏である有秩三〇人、斗食五〇一人、佐史・亭長一一八二人とし、東海郡には長吏と屬吏併せて一八四〇人がいたことを記す。謝氏によると、有秩三〇人と斗食五〇一人は二號牘の「吏員簿」中の令史、獄吏、官嗇夫、鄉嗇夫、游徼の合計數と一致するが、佐史と亭長の一一八二人は「吏員簿」では一一八一人であり、「集簿」の數よりも一名少ないことを指摘している。したがって總數においても「集簿」の方が一名多いという結果を生じているとしている。

さてここで一つ特記しておきたいことがある。それは右に見てきたところの謝桂華氏の採った照合の方法である。すなわち「集簿」中の集計を「吏員簿」の具體的な個個の記載と照合しながら檢討を加え、一つ一つ確認していくという方法である。今、假に「集簿」の集計のみがあって「吏員簿」が無かったとするならば、集計の當否を判斷することは不可能である。「集簿」の一方に「吏員簿」という詳細な記錄簿があってこそ初めて「集簿」の具體的な內容や記錄の當否の判斷が可能となるのである。しかも「集簿」と「吏員簿」との關係でいえば、ただ單に「集簿」の第8行のみにとどまらず、第4行の郡の境域を除き、第1行から第9行までの記載は全て「吏員簿」と密接な關係を有している。つまり「集簿」と「吏員簿」はまさに表裏一體をなすものであった。このように種類の異なる複數の簿書を作成し、相互に照合することによって誤りを正して精確を期する、これが漢代の簿書作成上の一つの大きな特徴であった。(20)

第9行　侯國内における列侯の家吏の人數と、その總數を記す。侯家丞一八、僕と行人と門大夫五四人、先（洗）馬と中庶子二五二人は、いずれも二號牘の「吏員簿」の記載と一致し、總數で三二四人となる。

第10行　東海郡の戶數と戶數の年度增加數および獲流の戶數を記す。郡の全戶數は二六萬六二九〇戶。「多前（前より多し）」とは前年度よりも多いの意味で、謝氏は「如前」と同樣に統計用語とする。前年度より增加した戶數は二六二九戶。また郡の全戶數のうちで、一萬一六六二戶は獲流とある。獲流の流とは鄕里を離れて各地を流亡する農民、いわゆる流民を指して言う。前漢の晩期になると流民が多發してくる。哀帝の時、諫議大夫の鮑宣は民が鄕里を見すてて流亡する七つの原因を擧げている。『漢書』七二鮑宣傳に

凡民有七亡。陰陽不和、水旱爲災、一亡也。縣官重責更賦租税、二亡也。貪吏並公、受取不已、三亡也。豪強大姓、蠶食亡厭、四亡也。苛吏繇役、失農桑時、五亡也。部落鼓鳴、男女遮迣、六亡也。盜賊劫略、取民財物、七亡也。

凡そ民に七亡あり。陰陽和せず、水旱災を爲す、一亡なり。縣官重く更賦租税を責む、二亡なり。貪吏公によりて、受取已まず、三亡なり。豪強大姓、蠶食して厭くことなし、四亡なり。苛吏繇役して、農桑の時を失う、五亡なり。部落鼓鳴し、男女遮迣す、六亡なり。盜賊劫略して、民の財物を取る、七亡なり。

この七つの原因は相互に關係するが、中でもその引き金となるのは一番目に擧がっている水害や旱魃などの自然災害であろう。それは前漢晩期でも特に成帝期に多いことが目を引く。(21)獲流とは、このような流民に田宅を貸與して保

護し、戸籍に編入したことを指す。

第11行　東海郡の口數と獲流の口數を記す。郡全體の口數は一三九萬七三四三人、そのうち獲流は四萬二七五二人である。

ところでこの「集簿」の第10行と第11行について疑問がある。先ず第10行では、東海郡の戸數は獲流の一萬一六六二戸を含めて戸數は二六萬六二九〇戸とあり、この戸數は前年度より二六二九戸多いとある。このことは裏を返せば、獲流を加えなかったら郡全體の戸數は前年度よりも減少していたことになる。第11行の口數については前年度との比較に言及していないので實際のところは不明であるが、戸數の場合と同樣と見てよいであろう。このことは、東海郡内においてもかなりの數の流民が發生していたことになるが果たして實態はどうであったのか。これが疑問の一つである。二つには『漢書』地理志に見える平帝の元始二年（紀元二）の東海郡の戸數と口數は、戸數は三五萬八四一一戸、口數は一五五萬九三五七人である。「集簿」の作成年代を假に成帝の元延二年（前一一）ころとするならば、東海郡は僅か十三、四年の間に戸數にして九萬二〇〇〇餘戸、口數にして一六萬二〇〇〇人餘りが增加したことになる。若しこれらの數字に誤りがないとするならば、そこに一體何が起こったのか。何が原因でこのような增加を見たのか。一、二共に疑問として殘し、今後の解明を待つことにする。

第12行　東海郡の頃畝（面積）を記す。謝氏はこれを東海郡の墾田の總面積だと解している。他方、高敏、高恆の兩氏は東海郡の總面積を記したものとする。ここに見える提封については、例えば『漢書』八一匡衡傳に衡が臨淮郡僮縣の樂安鄉に封ぜられたときのことを述べて

鄉本田隄（提）封三千一百頃、南以閩伯爲界

鄉の本田は提封三千一百頃、南は閩伯を以て界と爲す

とあり、顔師古は

提封、擧其封界內之總數

提封は、其の封界內の總數を擧げるなり

と注している。これよりしても、第12行は東海郡の境域内の全面積を記したものである。なお第12行によると、その面積は五一萬二〇九二頃八五畝□で、この数字は「如前（前のごとし）」として前年度と變更のないことを記している。

第13行　この一行は文字の殘缺が多くて文意が通じないが、謝氏は東海郡の□國、邑居、園田の總數を記録したものとする。高敏氏は東海郡全土の面積に含まれる侯國や邑の園田の總面積を記したものと見る。高恆氏も缺字が多いので理解が困難であるとした上で、『漢書』地理志下において漢の土地の「提封田（總面積）」を記した後、「邑居道路、山川林澤」など開墾できない土地や、また「可墾不可墾（開墾が可能なるも未開墾）」地と「定墾田（實際の開墾田）」を記録していることを參考にして、一號牘「集簿」の記載もそれに準じたものであり、第13行も東海郡の總面積を記した後、「□國、邑居、園田」の占有する土地の面積を記録したものではないかと見る。國の上の缺字は、おそらく侯の字が入っていたと思われる。邑居はむらざとで民の居住地、園田は蔬菜を植える畑である。したがって第13行は、東海郡における列侯の采地と民の居住地、それに園田の面積の總數を記したものと考えられる。なお、この三者の總面積を二一萬一六五二頃として第12行に見える東海郡の全面積に占める割合を計算すると、約四割という数字を得る。

第14行　東海郡の宿麥、すなわち秋に種を播き年を越して翌年に收穫する麥の、植え付け面積を記す。それによると一〇萬七三□□頃とあり、「多前」として一九二〇頃八二畝と記す。宿麥を植えることは、漢代では災民救濟政策として特に奬勵されたものである。

第15行　東海郡の男女の各人數の總數と、女子の年度增加數を記す。すなわち男子は七〇萬六〇六四人、女子は六八萬八一三二人。女子は「多前」として七九二六人とある。但し、これは謝氏、高敏氏らも指摘しているところであるが、第15行に見える男女數を合計すると一三九萬四一九六人となり、第11行に見える東海郡の總人口數よりも三一四七人少なくなっている。何故このような差が生じたのか、不可解というほかない。

第16行　東海郡の年齢八十歳以上の者と、六歳以下の者の各人數および兩者の合計人數を記す。これによると八十歳以上の者は三萬三八七一人、六歳以下の者は二六萬二五八八人、兩者併せて二九萬六四五九人である。彼らは、謝氏や兩高氏が指摘するように、政府の徵税や傜役等の各種の負擔免除や、また刑法上の適用も免除される特別扱いの人達である。殊に六歳以下を擧げているのは、漢代では十五歳以上五十六歳までの成人には年額一二〇錢の算賦すなわち人頭税が課徵されるのに對して、前漢武帝の時に至り、七歳以上十四歳以下の未成人からも毎年二三錢を徵收することになった。これを口賦と稱しているが、六歳以下は口賦徵收の對象外の者である[22]。居延出土簡中では六歳以下の男女を特に區別して男は「未使男」、女は「未使女」とよんでいる。正にこれに對應するものである。

第17行　東海郡の年齢九十歳以上の者と、年齢が七十歳以上でかつ受杖すなわち杖を受けし者の人數および兩者の合計數と、年度の增加人數を記す。それによると九十歳以上は一萬一六七〇人、七十歳以上で杖を受けし者は二八二三人、兩者併せて一萬四四九三人で、この人數は「多前」として七一八人の人數を擧げている。ここでいう杖とは、先端に鳩の形の飾りのついた長さ九尺（二メートル餘）の王杖のことで、玉杖とも鳩杖とも稱される。漢代では七十歳に達した老人に與えられ、この杖を授けられた人には特別に優遇して政府の養老の意志を示したものである[23]。なお第17行に擧げられた數字を見ると、七十歳になると全員に王杖が與えられたわけではなく、杖を授かるにはそれなりの條件や資格などのあったことが知られる[24]。

第18行　東海郡の春季種樹の面積と、年度の增加數を記す。すなわちその面積は六五萬六七九四畝で、「多前」として四萬六三二〇畝としている。ところでこの春に植える樹であるが、謝氏と高敏氏はともに樹木と解している。これにたいして高恆氏は、この項目の面積が頃ではなくて畝を單位に記録されていることに注目して、通説となっている樹木説を否定する。その上で、この畝數を郡全體の戶數二六萬六二九〇戶で割ると一戶當たり二畝半（約四・五アール）の計算となり、毎年各戶が二畝半の割合いで植える樹といえば桑樹に相違ないとする。漢代では農桑と稱されて、養蠶は國家にとって農業とともに重要な產業として常に奬勵されてきた。そのような漢代の勸農桑政策からしても蓋し妥當な說と言えるであろう。

第19行　東海郡の春令を以て形成されたところの戶口の數、並びに支給穀物の總量と一人の平均支給量を記す。謝氏は皇帝が春季に發布する詔令すなわち春令に基づいて新しく增加した戶口の數と見る。高敏氏は流民の中で新しく戶籍に登記されたものを指すと見る。また高恆氏は『禮記』月令を引き、漢代の太守が春季に「振救乏絶（乏絶を振救する）」政策を實行するところの仁政の一つだと解している。他方邢義田氏は、毎年春になると民に結婚を奬勵して一家を形成させることで、人口の增加を奬勵する政策だとしている。(25) いずれが是とも、いずれが否ともにわかに斷定し難いが、一戶當たりの口數約四人という數字を考慮すると謝桂華氏と高恆氏との折衷說が穩當のように思う。

第20行　東海郡の當該年度の見錢の總收入額で、金額は二億六六六四萬二五〇六錢とある。この中には勿論、算賦や口賦や更賦など各種の見錢收入が含まれる。

第21行　東海郡の當該年度の見錢の總支出額で、金額は一億四五八三萬四三九一錢とある。第20行の總收入から差し引くと、餘剩金は一億二〇八〇萬八一一五錢となる。

第22行　東海郡の當該年度の穀物の收入と支出の總數を記す。これによると收入は五〇萬六六三七石二斗二升三分の一、支出は四一萬二五八一石四斗□□升とあり、餘剩穀物は計算すると約九萬四〇五五石八斗となる。

以上が一號木牘「集簿」の内容である。その内容を改めて整理して列擧すると、次のようになる。すなわち東海郡における

（1）所轄の縣・邑・侯國、鄕・里、亭・郵の數
（2）境域
（3）縣三老、鄕三老、孝、悌、力田の人數
（4）郡、縣、邑、侯國の吏員の人數
（5）戶口の數
（6）郡の全面積と、侯國・邑居・園田等の面積
（7）宿麥の植え付け面積
（8）男子と女子の各人數
（9）八十歲以上、六歲以下の人數。九十歲以上と、七十歲以上の受杖者の人數
（10）春の桑樹の植え付け面積
（11）春季の詔令によって戶を形成せし戶口の數
（12）一歲の見錢の出納の總額
（13）一歲の諸穀の出納の總量

のおよそ13項目にわたっている。因みに高恆氏は「集簿」を（一）地區面積と行政機關、（二）農業經濟、（三）財政、（四）民政、（五）三老・孝悌力田の五類に大別し、（四）の民政を更に①戶口、②賑救貧困、③矜老養・尊高年の三項目に分けて解説をしているが、要を得た分類である。

（2）「集簿」の性格と特徴

前節において一號牘「集簿」の内容を検討してきたが、この簿書をいかなる性格のものと見るかについては、この簿書が何故墓中から發見されたのかということと絡めて、研究者の間でさまざまな意見が提起されている。

まず「集簿」が全體として、先に引用した『續漢書』百官志の注に引く胡廣の文に、集簿の內容として戶口、墾田、錢穀の數の他に、盜賊の數を擧げているにもかかわらずそれが見えないところから、殆どの研究者はこの「集簿」にはなお缺落があってそれ自體が完全なものではない、と指摘する。[26] したがって「集簿」にはそのような缺落があることを認めた上で、從來の諸研究では「集簿」をどのような性格のものとして捉えているかを見てみると、「概說」は「上計用の集簿」と言い、謝桂華氏も東海郡から朝廷に提出した上計簿であると見る。高敏氏も上計簿說である。また高恆氏も明言はしていないが、これを上計簿の一部と解していることは間違いない。[27] 但しこれらの場合、上計簿と言っても原物は實際には朝廷に提出されているので、それは上計簿の郡の控えか或はその寫しであることは言うまでもない。その點、「初探」および『報告書』で、これを上計に用いた所の底稿（下書き）か副本と見ているのは適切である。李均明氏も同樣な理解である。[28] 李氏の表現を借りると、これは東海郡が朝廷に報告した年度綜合報告の副本である。但し、內容は高度な概括であるために補充說明が必要で、二號牘から六號牘がそれに該當する、と言う。紙屋正和氏は下書き說で、「集簿」は上計簿中の郡政の概要を示す全體的統計の一部を下書きしたものだとしている。[29]

これに對して「集簿」を資料と見る說に邢義田氏がある。[30] 邢氏は「一般に集簿は總計する際の簿籍の呼稱で、上級官廳へ提出する簿籍を集簿とは呼ばない」とし、一號牘の「集簿」は上計簿を作成する上での資料と見る。なお西川利文氏は、「集簿」は上計簿の形式に則って作成されたもので上計簿そのものとは言えないが、少なくとも上計簿の

一部を成す資料であったと見ている。(31)

以上が一號牘の「集簿」の性格について比較的明確に論及した諸說で、これを大別すると、一つは上計簿の底稿もしくは副本說、他の一つは上計簿作成のための資料說ということになるであろう。そこで筆者の考えであるが、私見ではこの「集簿」は東海郡太守府に保存されている上計簿を墓主が書き寫したものと考えている。その點からすると前記の副本說に屬するが、但し筆者の考えでは、それは副本を完全忠實に寫したものではない、と見る。理由は、一號牘の中央上段に「集簿」とのみ書かれている記載樣式に疑問を抱くからである。若しこれが實際の上計簿そのものの眞正な副本であるならば、木牘の最初にたとえば「東海郡某年集簿」のごとき表題、最小限でも年號と年は明記されるべきである。それは例えば六號牘の冒頭に「武庫永始四年兵車器集簿」と記されているがごとくである。これが集簿の表題の正式な記載樣式である。筆者は、右のような表題を省略してただ單に「集簿」とのみ記している點を重視して、一號牘は東海郡の某年の上計簿（副本）を、簿書の樣式にこだわらず要點を書き寫したものだと見る。そして書き寫したのは墓主であることは、墓主の棺の中から發見されたことと全體が草書體で書かれていることに注目したい。官文書に草書體が用いられるのは正式な文書ではなく、寫しか控えであるというのは藤枝晃氏の說であるが、筆者も同じ考えである。(32)

さて一號牘の「集簿」がたとえ要點だけを寫したものであったとしても、元が上計簿の副本だとすると、この資料は極めて貴重である。

周知のごとく漢代では、地方の郡國は每年、ただし邊郡では三年に一度、郡國內の衆事を集計した計簿を中央へ提出することが義務づけられていた。これを上計という。集計の年度は每年十月に始まり翌年の九月に終わる。これは歲首を十月とした秦の制度を受け繼いだもので、漢では太初曆の制定で太初元年（前一〇四）以後は歲首は正月と改められたが、集計する年度つまり會計年度は從來のままであった。筆者は、かつて漢代の邊境居延から出土した簡牘の中から簿籍に關係する簡牘を整理し、集計方法について一つの推測を行った。(33) すなわち漢代邊郡の軍事組織では、最末端組織として燧があり、いくつかの燧をまとめる部があり、その上に候官があり、更に上級の都尉府が統轄する仕組みになっていた。この統治系列の中で候官の遺址から出土した簡牘を分析し檢討を加えた結果、所轄の燧や部で作成される簿書のもととなる生の記錄は全部候官に提出され、候官ではそれらを整理し集計した上で都尉府に提出していたことを明らかにし、したがって軍政組織においては候官が官文書を作成する最末端機關であったことを明らかにした。そしてこの方式を内郡の民政組織におきかえると、燧は言うなれば里であり、部は鄉、候官は縣に相當するところから、縣は所轄の里や鄉で作成する全ての簿書や記錄の提出を求め、縣ではそれらの資料を隨時に整理集計して郡の太守府に提出していたであろうことを推測した。これら一連の研究は、言うなれば上計制度の末端部における仕組みを明らかにするものであった。しかしながら次の段階、すなわち縣から提出された集計簿を郡では一體どのように整理集計し、いかなる項目が、いかなる樣式で中央に報告されたかについては、全く知ることがなかった。それが今次の尹灣漢墓の一號牘「集簿」によって始めて知ることができたのである。前節で列擧した「集簿」の内容の13項目のうち、たとえば（5）戶口の數、（6）の侯國・邑居・園田等の面積、（7）宿麥の植え附け面積、（8）男子と女子の各人數、（9）八十歲以上と六歲以下の人數・九十歲以上と七十歲以上の受杖者の人數、（10）春の桑樹の植え付け面積、（11）春季の詔令によって戶を形成せし戶口の數、（12）一歲の見錢の出納の總額、（13）一歲の諸穀の出納の總量等は、少なくとも所轄の縣・邑・侯國の報告に基づいて集計されたものである。先にも述べたごとく「集簿」の中には、上計簿として缺落している項目があることは否定できないが、たとえ缺落があったとしても一號牘「集簿」の發見によって郡國が中央に提出する上計簿の概略を知り得たことは、大きな收穫である。「集簿」の有する價値と意義の第一は、先ずこのところにある。

第二には、漢代における簿書作成の連續性が「集簿」の發見によって更に具體的に明らかになったことである。なおこの點については、西川利文氏が「上計は毎年行われる行政成果の報告であり、繼續して行われる」として上計の繼續性を指摘しているが[34]、ここでは上計簿も含めて一般に漢代の簿書は連續して作成されたということを、少し詳しく述べることにする。

簿書が連續して作成されたことを示す史料として從來から知られているものに、居延舊簡中の永元の「兵釜磑簿」がある[35]。これは後漢の和帝の永元年間に廣地候官に所屬する南部候長が所轄の破胡燧と河上燧の兵器や日常生活用器具の狀態について廣地候官に報告する形をとった全部で七七枚からなる冊書である。しかもこの簿書は、

（A）永元五年（九三）六月の月言簿
（B）永元五年（九三）七月の月言簿
（C）永元六年（九四）七月の月言簿
（D）永元七年（九五）正月から三月までの四時簿
（E）永元七年（九五）四月から六月までの四時簿

の合計五つの簿書で構成された、極めて珍しい冊書である。いま最初の（A）永元五年六月の月言簿を引用すると、次のとおりである。

簡1　●廣地南部言、永元五年六月官兵釜磑月言簿
簡2　承五月餘官弩二張、箭八十八枚、釜一口、磑二合

簡3　今餘官弩二張、箭八十八枚、釜一口、磑二合
簡4　　具弩一張、力四石、木關
簡5　　陷堅羊頭銅鍭箭卅八枚
簡6　　故釜一口、鍉有錮、口呼長五寸
簡7　　磑一合、上蓋缺二所、各大如疎
簡8　●右破胡燧兵物
簡9　　●具弩一張、力四石、五木破、故繫往往絕
簡10　　寅銅鍭箭五十枚
簡11　　磑一合敝、蓋不任用
簡12　●右河上燧兵物
簡13　●凡弩二張、箭八十八枚、釜一口、磑二合、毋入出
簡14　永元五年六月壬辰朔一日壬辰、廣地南部
簡15　候長信、叩頭死罪、敢言之。謹移六月見官兵物
簡16　月言簿一編。叩頭死罪、敢言之

一二八・一　圖五七〇～七四　甲一(36)

要點を述べると、簡1はこの簿書の表題で「廣地南部候長が報告する永元五年六月の官給の兵（兵器）と釜と磑（ともに日用生活用器具）の一箇月の報告簿」と記す。この種の内容の簿書は一般には守御器簿とよばれている。邊境

に設置された城塞における守備のために必要な器具、備品類を登録した簿書の謂である。簡2では、五月すなわち前月からの引き繼ぎ分を記入し、簡3で今月すなわち六月の現有の數量を記す。簡4～簡12まではその內譯で、具體的には簡4～8は廣地候官の南部に所屬する破胡燧の分、簡9～簡12までは同じく河上燧の分である。そして簡13で改めて破胡燧と河上燧の器物を總計した上で、「毋入出（入出なし）」として前月と全く異同のないことを記して簿書を締め括っている。次の簡14、15、16の三枚は、簡1～簡13までの「永元五年六月官兵釜磑月言簿」の送り狀で、內容は「永元五年六月、壬辰の日が朔日でその壬申の日に、廣地南部候長の信が上申いたします。ここに謹んで六月の現有の官給の兵器と備品の一箇月の報告簿一通を送付いたします。以上、上申いたします」とある。

ところで右の簿書で注意すべき點は、簡2の「承五月餘官弩二張、箭八十八枚、釜一口、磑二合（五月に餘せる官弩二張、箭八十八枚、釜一口、磑二合を承ける）」という一條である。先の解說では前月すなわち五月からの引き繼ぎ分として說明したが、實際は直前の月に當たる五月の守御器物の員數を踏まえて次の簡3の「今、官弩二張、箭八十八枚、釜一口、磑二合を餘ます」として當該月である六月の員數を報告し、このことを簡13で再確認した上で「毋入出」と締め括っているのである。したがって簡2に見える「承」の字こそは、簿書が連續して作成されていることを端的に示す文字にほかならない。

これは永元の所謂「兵釜磑簿」の冊書中の（A）永元五年六月の月言簿を例として取り上げたわけであるが、他の四つの簿書についてもこれと全く同樣である。すなわち（B）永元五年七月の月言簿では「承六月」とあり、（C）永元六年七月の月言簿では「承六月」とあって、いずれも前月の員數を踏まえて報告が行われている。また（D）永元七年正月から三月までの四時簿では「承六年十二月」とあり、（E）永元七年四月から七月までの四時簿では「承三月」のように、それぞれ前の三箇月の最終月の員數を踏まえて報告が行われているのである。このことは、當時の簿書の作成は常に直前の報告を踏まえ、かつそれを繼承する形で作成されたことを示しており、われわれはここに簿書作成の一貫した連續性を見出すのである。しかしながら從來は、簿書作成の連續性を知る材料はこの永元の「兵釜磴簿」のみであり、その意味で孤證を免れなかったが、今次の「集簿」の發見によって、それが實證されることになった。それは他でもない「集簿」の中に見える「如前」とか「多前」といった文言のあることである。この「前」というのは、前節でも述べておいたように前年度の簿書を指し、「集簿」においては前年度の簿書の記載と對比して、異同がなければ「如前」、前年度よりも多い場合には「多前」と記している。このことは、「集簿」は前年度の簿書を踏まえて作成されたものであることを明白に示しており、ここにも簿書作成の連續性を見ることができるのである。このように漢代における簿書の作成は、官廳や機關の大小や上下を問わず常に前年度もしくは前回に作成した簿書を踏まえて連續して作成されるものであったことが知られる。

「集簿」の有する史料的價値はこのように非常に大きいものがあるが、では「集簿」に問題がないかといえば、決してそうではない。それは何かといえば、たとえば「集簿」中に見える「如前」とか「多前」といった文言が記入されている項目の問題である。今、「集簿」を見ると、「如前」として前年度と全く異同のなかったのは第3行の亭と亭卒・郵と郵人の項目、第4行の東海郡の境域、第12行の東海郡の提封の三項目である。また「多前」として前年度の數値より增加したものとしては、第10行の東海郡の戶數、第14行の宿麥の植え付け面積、第15行の東海郡における女子の人數、第17行の九十歲以上と七十歲以上の受杖者の人數、そして第18行の春に植える桑樹の面積の五項目で、兩者併せて八項目である。では殘る一四項目は、一體どうであったのかという疑問が、當然のことながら生じてくる。今、假に無記入の項目を前年度より減少したものとして扱ってよいかというと、決してそうではない。そのことは、たとえば第10行で戶數が增加しているが、戶數の增加は第11行の口數の增加につながるはずであるにもかかわらず、そこには何の記載もない。また戸數や口數の增加や宿麥の增加は當然錢穀の增加にも關係するはずであるが、これについても何の言及もない。更に言えば、縣・邑・侯國の數とか、鄕や里の數、吏員の數など前年度と比べて變更があるとも思えないが「如前」の記載も見えず、僅かに亭・郵の數、境域、提封の三項目にのみ「如前」と記しているだけである、等々の疑問である。一體、何の目的で、また何を規準に特定の項目にのみ「如前」とか「多前」と記入したのか。このことについて高恆氏は、「如前」「多前」は東海郡の一年間の進歩の情況を顯示したもので、このような簡潔にして明確な表現は行政文書を作成する際の筆法だとする。すなわち宿麥と桑樹の植え付け面積の擴大は政府の奬勵する勸農桑政策に合致するものであり、また女子の人口增加は政府の人口增大政策に叶い、また老齢者の增加は政府の老人を勞りかつ尊敬する政策の實行である。また戸數の增加、殊にそれが獲流による戸數の增加であったことは、流民對策が當時の政府のかかえる重大な政治問題であっただけに大きな功績であったに相違ない。そもそも地方の郡國から中央に報告する上計簿は、既に見てきたように郡國内の行政をはじめとする社會、經濟等を數字で示すだけであって、そこには郡國の統治責任者である郡太守や國相の功績を述べる餘地は全くない。そこで數字の中に「如前」とか「多前」といった表現を插入することによって郡太守や國相の功績を顯示するという高恆氏の說は、首肯できる。これで疑問の全てが解決されたわけではないが、ここのところは取り敢えず高恆氏の說に從っておくことにする。

三　墓主と官文書木牘

最後に尹灣六號漢墓出土の六枚の官文書木牘の相互の關係、並びに墓主とこれらの木牘との關係、更には何故官文書が墓主の棺の中に副葬されたのか、といった問題について筆者なりに推論をしてみたい。

今、一號牘から六號牘までの六枚の木牘を並べて比較すると、一號牘の「集簿」と他の五枚の木牘の間には歴然たる相違のあることに氣づく。その一つは書體である。一號牘の「集簿」は表題の集簿だけは隷書の正體で書かれているが、本文は全て草書體で書かれている。これに對して二號牘～六號牘までは全部が隷書の正體で書かれている。ここに一つの大きな相違がある。二つには木牘の形狀である。木牘の大きさについては六枚とも殆ど變りはないが、一號牘の「集簿」を注意して觀察すると、正面の場合、向かって左側の下方に二箇所の半圓形のくりぬきが認められることである。木牘の形の缺損という點では、二號牘は左上方と下方の一部を缺き、三號牘は上下で切斷があり、また五號牘は上端部分と左下方を缺いている。しかし三號牘は別として、これらはいずれも人爲的なものとは思われない。これに對して一號牘に見られるくり拔きは自然に生じたものではなく、あくまでも筆者の主觀的な判斷ではあるが、人爲的にくり拔いたように見えるのである。これを換言するならば、一號牘は二次加工して他の用途に使用されたのではないかという疑問さえ抱かせるのである。若しそうであるとしたならば、これはただ單なる木牘の形狀の相違というよりも、一號牘と他の木牘との間における價値觀の相違と見てよいのではなかろうか。

先に筆者は、一號牘の「集簿」は墓主が上計用の集簿の副本から自ら要點を書寫したものだと推測した。その主たる根據としては右に擧げた相違點の第一、すなわち本文が草書體で書かれていることであった。加えて簿書の作成年を缺くなど、正式な簿書としての樣式を備えていないことを指摘した。これに對して隷書の正體で書かれている二號牘以下、六號牘を除く、五號牘までの四枚は、墓主自身の作成にかかる底稿か副本であろうと推測する。理由としては先ず何よりも、墓主が東海郡の功曹という役職についていたことである。功曹は人事を擔當する郡の要職である。二號牘の「東海郡吏員簿」、三號牘と四號牘の「東海郡下轄長吏名籍」、五號牘の「東海郡下轄長吏不在署、未到官者名籍」、「東海郡屬吏設置簿」は、いずれも郡の功曹たる墓主のまさしく本務にかかわる内容である。しかもこれらの簿書が墓主の手によって作成されたことを傍證するものとして、墓主の棺中から發見された筆の存在がある。先に『報告書』で、このような筆であればこそ長さ二三センチメートル、幅七センチメートルの木牘上に正背兩面併せて三千四百字にも及ぶ文字を書くことが可能であった、と言っているのは注目に値いすると述べた。右の理由から、筆者は二號牘から五號牘までの四枚は墓主自らの手で作成した簿書であると見る。そしてこれらの簿書は上計用の集簿の、言うなれば詳細な内容に相當するものであり、上計簿とともに中央に提出されるものであった。この點については第二章の第一節、「集簿」の内容のうち第8行の解說の中で詳しく述べておいたとおりである（本文の二九三頁）。そこで更に推測を逞しくするならば、墓主は或る時期、それは多分に墓主が功曹に任ぜられた元延二年十月以降の早い時期と考えられるが、二號牘から五號牘の如き樣式の簿書を作成する必要から上計用の集簿の寫しが必要となり、そこで自ら郡の副本から書寫し、參考として手許に置いていたのが一號牘の「集簿」ではなかっただろうか。一號牘の「集簿」が書寫された理由をこのように考えるならば、「集簿」と二號牘から五號牘までの簿書とは必ずしも同一年度の簿書として扱う必要はなく、兩者の間に數字の上での不一致があったとしても、一向に問題ではなくなる。かつまた旣成の副本を單に書寫した一號牘と、自らが作成した二號牘から五號牘までの四枚の木牘とを對比するとき、兩者の間に自ずから價値觀に相違が生ずるのも理解できるのではなかろうか。但し、今まで保留してきた六號牘の「武庫永始四年兵車器集簿」は同じ官文書ではあるが他の簿書とは內容や性格を異にする。すなわち第二節の（2）でも述べたように（本文の三〇一頁）、六號牘は正式な集簿の樣式を備えた簿書であるが、これは墓主の功曹の職掌とは殆ど關係のない內容である。また筆跡も同じ隸書の正體ではあるが二號牘～四號牘の筆跡とは異なると見る。したがって私見では、墓主が何らかの事情で入手した副本の類だと推察する。(37)

以上、六枚の官文書木牘の關係並びに木牘と墓主との關係について推測的私見を述べてきた。では何故このような官文書が個人の墓中に副葬されたのか、という問題が最後に殘る。官文書が個人の墓中から發見されたことで最初に問題になったのは、湖北省江陵縣鳳凰山十號漢墓から出土した簡牘である。墓主は里正の張偃であり、簡牘中には算錢の徵收簿など官文書と見られるものが含まれていた。拙論では、これは里正の控えであるとの考えを示しておいたが、(38)今次の尹灣六號漢墓の場合は墓主は郡の功曹の師饒であり、しかも簡牘の內容は既に見てきたように東海郡の上計に深くかかわる簿書である。到底、里正の張偃の比ではない。この點については紀安諾氏が詳細に檢討を加えている。(39)しかし紀安諾氏の場合、これが明器の一種か、または正眞の官文書かということに集中し、結論として明器說を否定して官文書說に落着いているが、では官文書が何故個人の墓中に副葬され得たのかという理由については論及されていない。筆者の見解は既に述べてきたところからも明らかなように明器說ではなくそれが寫しや控えであったとしても實體は官文書そのものという說である。そこで改めて官文書が何故副葬されたかを考えるに當たって、一つの假說を立ててみたい。それは墓主師饒が晚年に病氣を患い、自宅で執務をしていたという假說である。墓主が病氣を患っていたことは、次の名謁の木牘で知ることができる。

A　進
　師君兄　　　　　　　（二〇號木牘正面）
容丘侯謹使吏奉謁再拜
問
疾　　　　　　　　　　（同背面）

B　進
師君兄
良成侯頟謹使吏奉謁再拜　（二一號木牘正面）
問
疾　（同背面）

Aは東海郡下の容丘侯が吏を遣わして墓主師饒の病氣見舞をさせた際の名謁、Bも同じく良成侯が吏を派遣して病氣見舞をさせた際の名謁である。墓主師饒の享年が不明であるのみならず罹病したときの年齢も不明であるが、若しそれが功曹在任中であれば自宅で執務をしていたと考えることも、あながち可能性がないわけではない。そして健康が回復することなく病死したとするならば、彼が書寫したり自ら作成した官文書を棺の中に納めることは決して不自然なことではなかったであろう。これはあくまでも一つの假説である。しかしそこまで深刻に考える必要は、或はないのかもしれないとも思う。勿論、漢代の官文書は重要であり、その取り扱いについては愼重、かつ嚴重に管理されたことは疑いないが、同時にそのような重要な官文書が廢棄されている事實も、居延や敦煌出土簡によって判明しているところである。しかもそれは最高の官文書である詔書においてすらである。このような觀點からすれば、簿書作成者が副本をつくり、それが棺の中に納められたとしても必ずしも責められることではなかったのではなかろうか。敢て希望的私見を述べるならば、むしろ尹灣六號漢墓を一つの新しい事例として、今後この種の官文書が墓中から發見される事例の增加することを期待したいところである。

なお墓中にこのような官文書を副葬する意圖は、多くの研究者が指摘するように、墓主が來世においても生前と同様に自らの職務を遂行するものと考え、かつそれを願ってのことに他ならなかった。たとえば冨谷至氏は墓中から出土する書籍の中に兵法書、占い書、暦そして醫學書など實用書の多いことに注目し、これらの實用書が副葬されていることは死者が死後の世界で使用するために入れられたものだと推測している。(40)死者は死後の世界、いわゆる來世において永遠に生きつづける。副葬品は、そうした死者が永遠に使用するために墓中に入れられた品じなであった。このような考えが既に殷周時代において見られることは、林巳奈夫氏が明確に論證されたところである。(41)

むすび

以上、本章では一九九三年に發見された尹灣六號漢墓を取り上げ、先ず發見の經過、墓葬の形制と副葬品、出土簡牘、墓主と墓葬の年代等について概略を述べ、ついで六枚の官文書に關わる木牘のうち特に一號牘の「集簿」について、その内容、性格および特徴等について考察し、更に六枚の官文書と墓主との關係等について推測をまじえながら考察を行ってきた。尹灣六號漢墓出土の簡牘は現在、中國、日本、臺灣の主として中國古代史を研究對象とする多數の研究者が取り組んでいる、最もホットな第一等資料である。本章では、それらの優れた先行研究に導かれ、問題點を殘しながらも大膽な私見を述べてきた。今後、この方面の研究の一つのたたき臺となれば幸いである。

注

（1）執筆順に列擧すると、裘錫圭、王志平、駱名楠、謝桂華、李解民、陳勇、李均明、劉洪石、高恆、高海燕、喬健、趙平安、朱榮莉、高偉、劉洪、石雲萬、劉樂賢、武可榮、蔡顯良、紀達凱、程志娟、孟娟娟、李祥仁氏である。

（2）『報告書』に掲載の尹灣漢墓六號墓平面圖中の「36竹簡」とあるのは、「36竹箪」の誤りである。

（3）林巳奈夫『中國古玉器總説』（吉川弘文館、一九九九年一月）の第二部、四五四頁の「溫明」の項を參照。なお『報告書』の發掘報告では、面罩は足廂から發見されたことになっているが、これは男性の棺内で頭の下から發見された。

（4）中國出土の筆については、西林昭一編著『ヴィジュアル書藝術全集』（雄山閣、一九九三年）第十卷「文房具」の中で取り上げられ、詳細に考察の結果が述べられている。

（5）居延漢簡中にも、吏が現金を持って物資の買附けに出かけた現金出納簿の簿錄が殘っている。拙著『居延漢簡の研究』（同朋舍、一九八九年）四八四頁を參照。

（6）大庭脩「漢代官吏の勤務と休暇」（同氏『秦漢法制史の研究』所收、創文社、一九八二年）を參照。

（7）邢義田「尹灣漢墓木牘文書的名稱和性質——江蘇東海縣尹灣漢墓出土簡牘讀記之一——」『大陸雜誌』九五—三、一九九七年。

（8）古文獻研究所・社會科學院歷史研究所・甘肅省考古研究所・甘肅省博物館等の編になる『居延新簡』（文物出版社、一九九〇年）の簡番號を指す。

（9）注（7）に同じ。

（10）記については鵜飼昌男「居延漢簡にみえる文書の遞傳について」（『史泉』六〇、一九八四年）を參照。また最近の李均明・劉軍共著『簡牘文書學』（廣西教育出版社、一九九九年）の第九章、第三節にも取り上げて論述されている。

（11）裘錫圭「《神烏賦》初探」（『文物』一九九七年一期）を參照。

（12）謝桂華「尹灣漢墓新出《集簿》考述」『中國史研究』一九九七年二期。後に『綜論』中の同氏「尹灣漢墓所見東海郡行政文書考述」の前半部分に再錄。

（13）高敏「《集簿》的釋讀・質疑與意義探討——讀尹灣漢簡札記之二」『史學月刊』一九九七年五期。

（14）高恆「漢代上計制度論考——兼評尹灣漢墓木牘《集簿》」『尹灣漢墓簡牘綜論』所收。

（15）周振鶴「西漢地方行政制度的典型實例——讀尹灣六號漢墓出土木牘——」（『學術月刊』一九九七年五期）を參照。

（16）西川利文「漢代における郡縣の構造について——尹灣漢墓簡牘を手がかりとして——」『文學部論集』（佛教大學文學部）

八一、一九九七年。
(17) 注(15)に同じ。
(18) 趙翼『二十二史箚記』巻二の「三老孝悌力田皆鄕官名」の項を參照。
(19) 紀安諾「尹灣新出土行政文書的性質與漢代地方行政」『大陸雜誌』九五―三、一九九七年。
(20) 注(5)の拙著の第一部、第三章の五節「簿書の點検と文書行政」、特に三九三～三九五頁を參照。
(21) 佐藤武敏編『中國災害史年表』(國書刊行會、一九九三年)を參照。
(22) 拙論「漢代人頭税の崩壞過程――特に算賦を中心として――」(『東洋史研究』一八―四、一九六〇年。本書第Ⅰ部第1章)を參照。
(23) 一九五九年に甘肅省武威縣磨咀子一八號墓から、玉杖の賜與に關する二つの制詔等を記載した一〇枚の木簡が、木製の鳩杖二本とともに出土した。この一〇枚の木簡を一般に王杖十簡とよんでいるが、資料並びに内外の研究については冨谷至「王杖十簡」(『東方學報京都』六四、一九九二年)を參照されたい。
(24) 一號牘の「集簿」を一覧して誰しもが意外に感じるのは、高年齢者が非常に多いことであろう。この點を特に重視して論じたのが、高大倫「尹灣漢墓木牘《集簿》中戶口統計資料研究」(『歷史研究』一九九八―五)である。高大倫氏は人口統計學を用いて「集簿」に見える年齢構成を檢討し、その結果として人口統計學上の一般的なデータに照らして、殊に「集簿」中の高年齢層に偏した年齢構成は現實にはあり得ないことを論じている。その因って來たる理由としては、當時の高齢者の賦税免除の特例を利用した一種の賦税逃がれだとし、かつ「集簿」のみならず、たとえば『漢書』地理志などに見える戶口統計も信用できないとしている。高氏の見解には傾聽すべき點は多多あるが、しかしそこまで割り切ってしまうことには躊躇せざるを得ない。「集簿」の人口統計に疑問のあることは第10行、第11行、第15行のところでも觸れたことである。第16行と第17行に見える高年齢層の多いという點については、筆者は「集簿」作成者に或る種の意圖が働いていたとしても高氏の説のごとく單に賦税逃がれというだけではなく、當時の養老、尊高年政策に沿おうとしたものであったことなども考慮すべきだと考えている。「集簿」に見える一連の戶口統計の問題は、先にも述べたように今後の課題として殘しておく。なお高大倫氏は、戸口統計に疑問の點こそあれ、「集簿」そのものの有する價値と意義には何の變りもないとしているが、筆者も全く同感である。

(25) 注（7）に同じ。同氏「月令與西漢政治」（『新史學』九―一、一九九八）に詳論あり。

(26) たとえば紙屋正和「尹灣漢墓簡牘と上計・考課制度」（『福岡大學人文論叢』二九―二、一九九七年）によると、上計簿には他に漕運の成果、土地經界圖、宗室の名籍、勸農の成果、裁判の狀況、獄死者の人數等が加えられたとする。ただ紙屋氏も認めるごとく、これらの項目は時代とともに充實されるものもあり、また地域による特性も考慮する必要があるだろう。但し、高敏氏は「集簿」の中に盜賊の件數が見えないのは、東海郡の官吏が伏せて報告しなかったことによる、と解している。注（24）の高大倫氏と相い通ずる理解である。

(27) 高恆氏は前揭注（16）論文で墓主の師饒が郡の極位とさえいわれる功曹であり、彼はかつて上計吏となったという前提で「集簿」を取り扱っている。

(28) 李均明「漢簡會計考（下）」『出土文獻研究』四輯、中華書局、一九九八年。

(29) 注（26）の紙屋論文。

(30) 注（7）に同じ。

(31) 注（16）に同じ。

(32) 注（5）の拙著の三三三頁を參照。

(33) 注（5）の拙著の第一部、第三章の五節「簿籍の點檢と文書行政」、並びに拙論「簡牘の古文書學」（『畑中誠治教授退官記念論集　近江歷史・考古論集』同論文集刊行會、一九九六年。本書第Ⅱ部第8章）を參照。

(34) 注（16）に同じ。

(35) 永元の「兵釜磑簿」については、注（5）の拙著の第一部、第三章の二節「簿籍簡牘と文書」三三〇～三三四頁を參照。

(36) 一二八・一という點をはさんで上下二つの數字は居延舊簡の簡番號である。圖は勞榦『居延漢簡圖版之部』（中央研究院歷史語言研究所專刊二一、一九五七年）の略稱で、數字はその頁數を指す。甲は中國科學院考古研究所編『居延漢簡甲編』（考古學專刊乙種八、一九五九年）の略稱で、數字はその圖版番號を指す。

(37) 西川利文「尹灣漢墓簡牘の基礎的研究――三・四號木牘の作成時期を中心として――」（『文學部論集』〔佛教大學文學部〕八三、一九九九年）では、一號牘から五號牘の作成時期を墓主が功曹に就任した元延二年（前一一）ころと推定し、これらの木牘とかけ離れた紀年のある六號牘について當該論文の注（34）で次のように述べている。「永始四年の紀年を持つ六號木牘は、墓主の作成したものではなく、功曹就任後に郡府に殘っていたものを入手し、例えば六號木牘と同樣の文書を作成する際の參考にしたものであって、それが埋葬されたとも考えられる」と。蓋し妥當な推測である。

(38) 注（5）の拙著の第二部、第十章「江陵鳳凰山十號漢墓出土の簡牘」を參照。

(39) 注（19）に同じ。

(40) 冨谷至「漢簡」（滋賀秀三編『中國法制史　基本資料の研究』東京大學出版會、一九九三年）一四九～一五〇頁。

(41) 林巳奈夫「殷周時代における死者の祭祀」『東洋史研究』五五―三、一九九六年。

第七章　居延漢簡に見える卒家屬廩名籍について

はじめに

居延漢簡は、中國内蒙古自治區のエチナ河流域の漢代烽燧遺址で發見された漢代木簡資料の總稱で、居延はこの地域の漢代の地名である。主要な發見は二度あった。第一回はスウェン・ヘディンを隊長とする中國とスウェーデンの合同調査隊である西北科學考査團の團員フォルケ・ベリイマンが一九三〇年から翌三一年にかけて發見した一萬餘枚であり、第二回は甘肅省文化局と甘肅省博物館等によって構成された居延考古隊によって一九七二年から七四年にかけて發見した約二萬枚である。そこで今日では前者を居延舊簡とよび、後者を居延新簡とよんで區別している。

居延漢簡が發見された場所は漢代邊境の烽燧すなわち監視哨もしくは塞（とりで）などの末端組織の遺址である。しかし邊境の末端組織とはいえ政府機關の遺址から出土したために官文書が大多數を占めており、漢代史の研究においては極めて重要かつ貴重な史料である。

居延漢簡中の官文書は大別して文書類と、また簿書（帳簿）や名籍（名簿）などのいわゆる簿籍類とに分けられるが、壓倒的に多いのは後者の簿籍類である。そこで本章では、簿籍の一つ卒家屬廩名籍すなわち戍卒（兵卒）の家族に對する食糧支給名簿を取り上げ、漢代家族の實態や漢代邊境防衛の實際など當該簿籍に關連した問題點について考えてみたい。

なお居延漢簡のテキストは、舊簡については謝桂華、李均明、朱國炤『居延漢簡釋文合校』（二冊、文物出版社、一九八七年）、新簡については甘肅省文物考古研究所、甘肅省博物館、文化部古文獻研究室、中國社會科學院歴史研究所編『居延新簡――甲渠候官與第四燧――』（文物出版社、一九九〇年）を用いた。

一　漢代の邊境防衛と戍卒

（1）烽燧の配置と規模

本論に入るに先立ち、豫備知識として漢代邊境防衛と戍卒について今日までに知られていることの概略を述べておくことにする。

前漢の第七代の皇帝である武帝（前一四一～前八七在位）は、北方の遊牧國家匈奴と武力對決し、衞靑や霍去病らの若き將軍の活躍によって前一二〇年代後半には匈奴の勢力を中國の周邊から北方に一掃することに成功した。そして即位の始めに西域に派遣し一三年ぶりに歸國した張騫の報告によって中國の西方、中央アジアに點在するオアシス國家群の魅力にとりつかれると、更に黄河以西の河西の地から匈奴の勢力を一掃すると共に、既設の安定郡（甘肅省）に鄰接して東から西に武威、張掖、酒泉、敦煌のいわゆる河西四郡を設置し、敦煌郡の西端に玉門關を置いて中央アジアとの交易路を公に開通した。シルクロードの始まりである。そしてこの交易路を匈奴の侵攻から守るために設置されたのが、他ならぬ烽燧であった。

河西の地に設置された烽燧は、祁連山脈の北側に山並み沿ってほぼ東西に一直線に延びているが、ただ居延の場合は情況が異なる。と言うのは居延の烽燧は、萬年雪をいただく祁連山脈に源を發して北流し、ガシュンノールとソゴノールという二大鹹湖に注ぐエチナ河沿いにほぼ南北に設置されているのである。

漢代に居延を管轄した張掖郡の郡治を現在の甘粛省張掖縣とすると、漢代の居延の地である內蒙古エチナ旗までは、直線距離にして約三五〇キロメートルほどある。つまり居延は、河西の東西に延びる通常の防衛線よりも北に三五〇キロメートルも突出している。これは、居延が砂漠の中のオアシスであり古來遊牧民の東西交通の要衝に當たっているところから、單に北方のみならず東西の匈奴の動靜をいち早くキャッチして防衛する、言うなればアンテナ的役割を擔って設置されたものであったことを示している。(1)

では北邊防衛における烽燧はどのように組織され、またどのような規模と構造であったか。居延を管轄していた張掖郡について見ると、およそ次のとおりであった。

張掖郡の長官は張掖太守で、その下には民政組織と軍政組織の二系列があった。先ず民政組織では郡の下には居延縣のような縣（長官は令もしくは長）があり、縣の下には鄉があり、鄉はさらに亭と里に分けられた。一方軍政組織では郡太守を補佐するかたちで軍司令官の都尉が置かれた。都尉は內郡では一郡に一人であるが邊郡では任務の重要性から複數の都尉が配置されており、これを部都尉と稱した。そして部都尉の下には候官（長官は候もしくは鄣候）、候官の下には最末端組織として燧があり、いくつかの燧をまとめた組織として部があった。これを張掖郡に卽して言えば、張掖太守の管轄するエチナ河沿いには北に居延都尉、南に肩水都尉の二部都尉が配置され、居延都尉の下には居延、殄北、甲渠、卅井の四候官が、肩水都尉の下には橐他、肩水、廣地の三候官が置かれていたことが、今日までのところ確認されている。また部と燧については、甲渠候官の場合であるが部は一九、燧は八十餘り存在したことが判明している。(2)このように漢代邊境防衛は、燧を最前線として燧は部にまとめられ、さらに候官を經て部都尉から郡太守につながり、郡はさらには中央へとつながっていた。したがって敵の侵攻狀態や人數等に對應して防衛の各段階で直ちに出動できる態勢が整えられていたのである。

中央――郡――縣――鄕――亭・里（民政組織）
　　　　└都尉府―候官――部――燧（軍政組織）

本章において筆者が烽燧とよんでいるのは、右記の漢代北邊防衛組織の中の最前線である燧、燧を束ねる部および候官を指している。なお烽燧に勤務する人數は、概數であるが、燧には責任者としての燧長一人に戍卒は二～三人が標準であった。部は上述のごとく大きな燧を中核として組織されるいわば燧のまとまりで、そこには責任者として候長と候史（書記）各一人が置かれた。候官の長官は候（鄣候）で、丞と塞尉がこれを補佐し、他に武吏と文吏（書記をふくむ）が十人弱、候官に配屬の戍卒は數十人程度であったと推測される。

では最末端の烽燧である燧はどのような規模と構造であったか。一九七〇年代に中國の居延考古隊による調査(3)で明らかになった甲渠候官所屬の第四燧について見ることにしよう（圖1）。

第四燧の建物は、「譙《しょう》」とよばれる望樓と「塢《う》」とよばれる居住區から成っている。望樓すなわち見張り臺は版築（土を杵でついて固める工法）で築かれ、基底部は七・七メートルと八メートルの方形で、殘存する高さは三・四メートルであるが木簡の記事などからして實際には一〇メートル前後はあったと考えられる。望樓の南には居住區の塢が接する。東西二一メートル、南北一五・二メートルで、このうち東の部分は增築したものであることが確認されている。外壁の厚さは西側では最大で二・三五メートル、增築した東側では一・一メートル。殘存する壁高は一メートル前後であるが、人馬が越えることのできない高さが必要であり、本來は四～五メートルはあったであろう。内部は土壁で區切って部屋を設けている。入り口が東向きなのは西からの強風を避けるためであった。

なおこの第四燧の責任者は燧長ではなくて候長であった。これよりすると第四燧は、いくつかの燧をまとめた部の中核の燧であったことになり、規模は一般の燧よりも多少は大きかったと見るべきかもしれない。

このような燧は、先にも述べたように居延地域ではエチナ河沿いにほぼ南北に設けられ、敦煌地域ではソロク河沿いにほぼ東西に設けられているが、燧と燧の間隔は居延では一・五キロメートル～二キロメートル、敦煌の場合は三キロメートル～四キロメートルと言われている。燧と燧との間隔は信號の確認可能な距離によって決まるものであり、緊急時の信號である「のろし」は例外として、晝間の吹流しや旗による信號、また夜間の苣火（たいまつ）の信號が確認できる範圍内であることが必須の條件である。そうした觀點からすれば、居延の地形はかなり起伏があり、それに對して敦煌地域では比較的平坦な地形であったことが知られる。

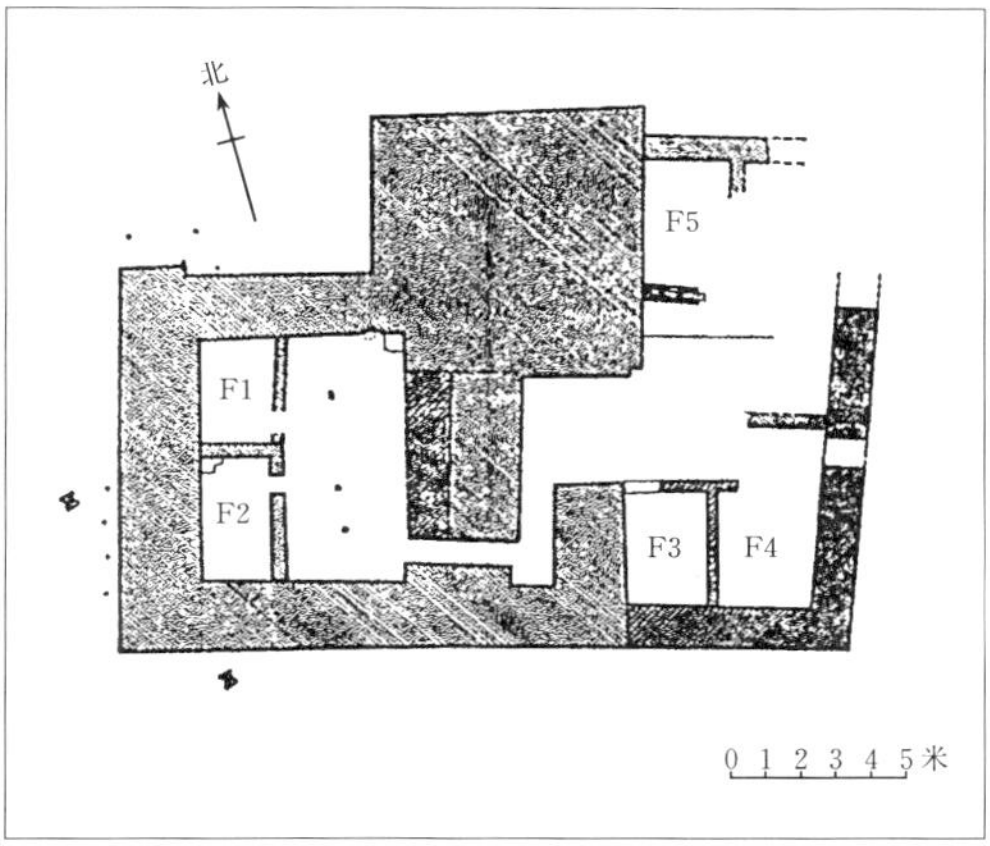

圖１　甲渠第四燧遺址平面圖

なお因みにこれらの燧を統括する候官の構造と規模を破城子（ム・ドルベルジン）の甲渠候官の遺址（圖2）について見てみると、候官の構造も基本的には燧と同様で、墧（望樓）と塢（居住區）から成り立っている。しかし規模はさすがに大きい。すなわち現在は高さ四メートル餘りを殘す墧は基底部で二三・三メートル四方ある。その內部は空間でいくつかの部屋に仕切られており、厚さ四～四・五メートルの壁の南面には上部に通じる階段が取り付けられていた。墧の高さは不明であるが、燧の場合で一〇メートルであるから、十數メートルはあったに違いない。墧の南に接する居住區の塢は東西で四五・五メートル、南北は四七・五メートルある。外壁の厚さは一・八メートル～二メー

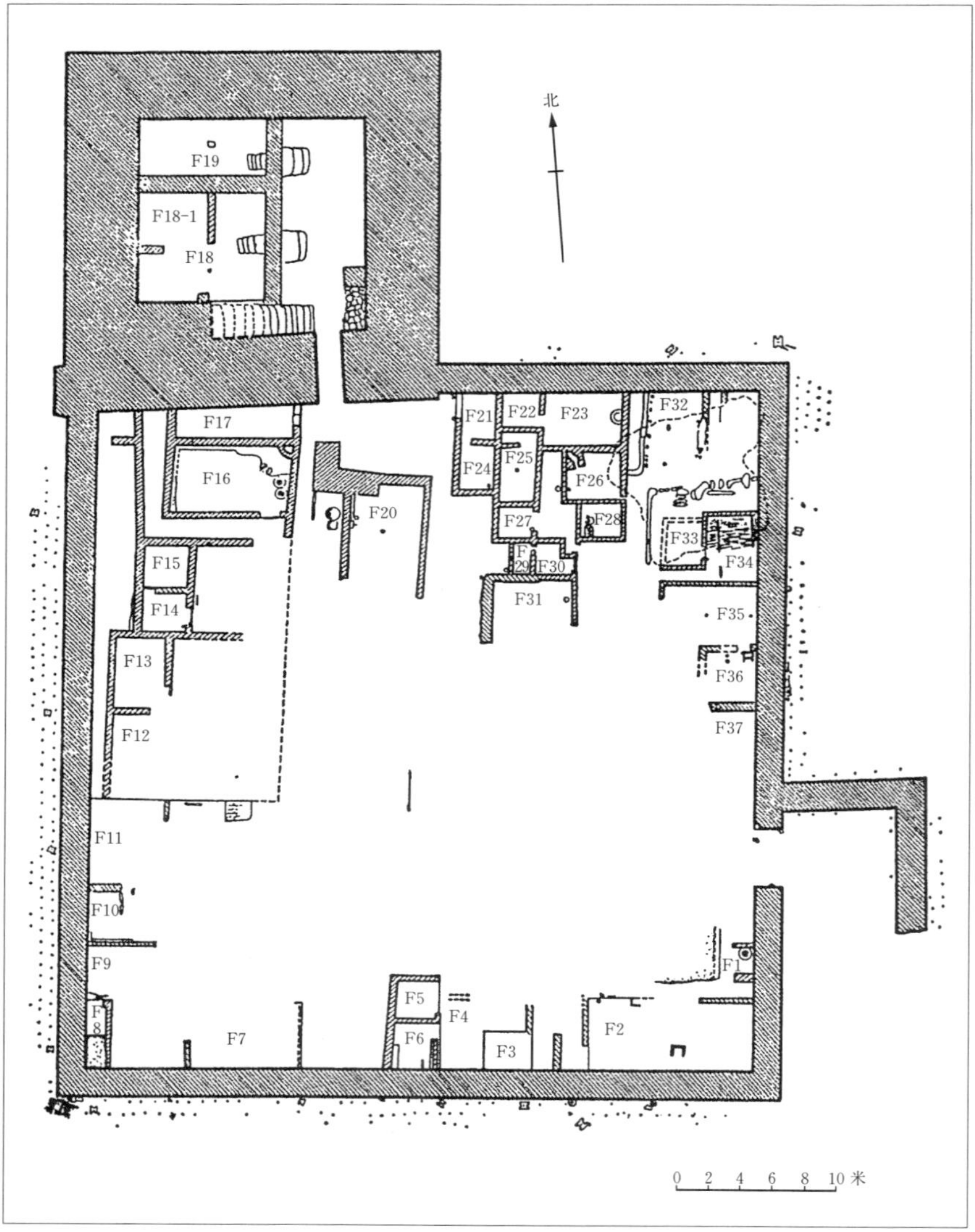

圖２　甲渠候官遺址平面圖

トルあり、殘存する高さは一メートルにも滿たないが本來は五メートル以上はあったものと推測される。塢の東壁に入り口があり、その外にはL字型の障壁が設けられていた。塢の内部は壁に沿って土壁で仕切られた小部屋が並び、中央は廣い空間になっていた。小部屋の用途は必ずしも明らかではないが、大量の木簡が出土した文書庫とか廚房などの存在が確認されている他、東北の一角では家畜が飼育されていたらしい。

(2) 戍卒と勤務内容

次に烽燧に勤務する戍卒（兵卒）について見ておく。先ず戍卒の出身であるが、彼らは壓倒的に農民であった。漢代では、男子の兵役をふくむ力役義務年齡は二十三歲から五十六歲までで、その期間中に原則として一年間の邊境勤務が課せられていた。ただ更賦と稱する免役錢を納めることによって免除される方法も開かれていて皆がみな邊境まで出かけたわけではないが、多くの者は勤務についたのである。居延漢簡によって判明する彼らの出身地を見ると、地元の張掖郡（甘肅省）出身の者もかなり存在しているが、中國本土である内郡では河東郡・上黨郡（以上は山西省）、魏郡・淮陽郡・梁國・潁川郡・汝南郡・昌邑國・河南郡・南陽郡・陳留郡・河内郡（以上は河南省）、東郡・濟陰郡・琅邪郡（以上は山東省）、趙國・鉅鹿郡（以上は河北省）、南郡（湖北省）というように廣範圍にわたっていることが知られている。(4)

これら戍卒の烽燧における勤務内容は、大きく公務と雜役作業の二つに分けることができる。公務の第一は見張りと見廻りである。見張りは烽燧の望樓上よりする候望である。見廻りは日迹といい、天田の見廻りである。天田とは烽燧の周圍に設けられた一定範圍の砂地のことで、毎日この砂地をかきならして平らにしておき、そこにつけられた足跡の數とか方向によって夜間の敵の接近、人數、方向やまた味方の脫走者の有無などを察知するための裝置である。

そのために戍卒の作業の中には晝天田（天田ならし）という作業がある。この天田の足跡の有無を毎日見廻って點検するのが日迹である。その他、文書の遞送とか先にも觸れた信號の傳達なども戍卒の重要な公務であった。雜役作業として主要なものは先の晝天田があり、他に除土、治墼、案墼などがあった。除土は風によって外壁に堆積した土砂の除去作業のことである。墼は障壁を築いたり補修したりするための日干し煉瓦（一八×一一×三七センチメートル）のことで治墼は煉瓦作り、案墼は煉瓦を並べることである。因みに煉瓦作りは一人一日につき八〇個がノルマであった。その他炊事係り、馬の世話、茭《まぐさ》刈り、茭積み、葦《あし》刈り、菜園の世話、矢柄けずり等々があった。なお倉庫番や簡冊作りは、主に候官における作業である。

このように邊境の烽燧で各種の公務や雜役作業に從事する戍卒たちであるが、彼らの中には家族を同伴する者もいた。何故それが分るかといえば、戍卒のみならず戍卒の家族にも食糧が支給されたからである。その食糧支給簿が本章で取り上げるところの卒家屬廩名籍である。なお卒家屬廩名籍という名稱は居延舊簡中の表題簡「元壽二年（前一）卒家屬廩名籍」（簡番號二七六・四）に基づいている。

二　二種類の卒家屬廩名籍

卒家屬廩名籍には、その記載様式からAとBの二種類あることが知られている。そこで最初にその二種類をそれぞれ列擧する。ただし列擧する史料は家族構成や支給量などの記載が比較的明らかなものに限定することにした。(5)また史料中の□は釋讀不明な文字を示し、［缺］は簡頭にあれば木簡の上部が缺如していることを、簡末にあれば木簡の下部が缺如していることを示すものとする。

A様式

圖3

A1　執胡燧卒富鳳　妻大女君以年廿八月穀二石一斗六升大
子使女始年七用穀一石六斗六升大
子未使女寄年三用穀一石一斗六升大　●凡用穀五石　（一六一・一　圖3）

A2　倶起燧卒王並　妻大女嚴年十七用穀二石一斗六升大
子未使女毋知年二用穀一石一斗六升大　●凡用穀三石三斗三升少　（二〇三・一三）

A3　倶起燧卒丁仁　母大女存年六十七用穀二石一斗六升大
弟大女惡女年十八用穀二石一斗六升大
弟使女肩年十三用穀一石六斗六升大　●凡用穀六石　（二五四・一一）

A4　武成燧卒孫靑肩　妻大女謝年卅四用穀二石一斗六升大
子使女於年十用穀一石六斗六升大
子未使女女足年六用穀一石一斗六升大　●凡用穀五石　（二〇三・七）

A5　制虜燧卒張孝　妻大女弟年卅四用穀二石一斗六升大
子未使女解事年六月穀一石一斗六升大　●凡用穀三石三斗三升少　（五五・二五）

A6　制虜燧卒周賢　妻大女止耳年廿六用穀三石一斗六升大
子使女捐之年八用穀一石六斗六升大
子使男並年七用穀二石一斗六升大　●凡用穀六石　（二七・四）

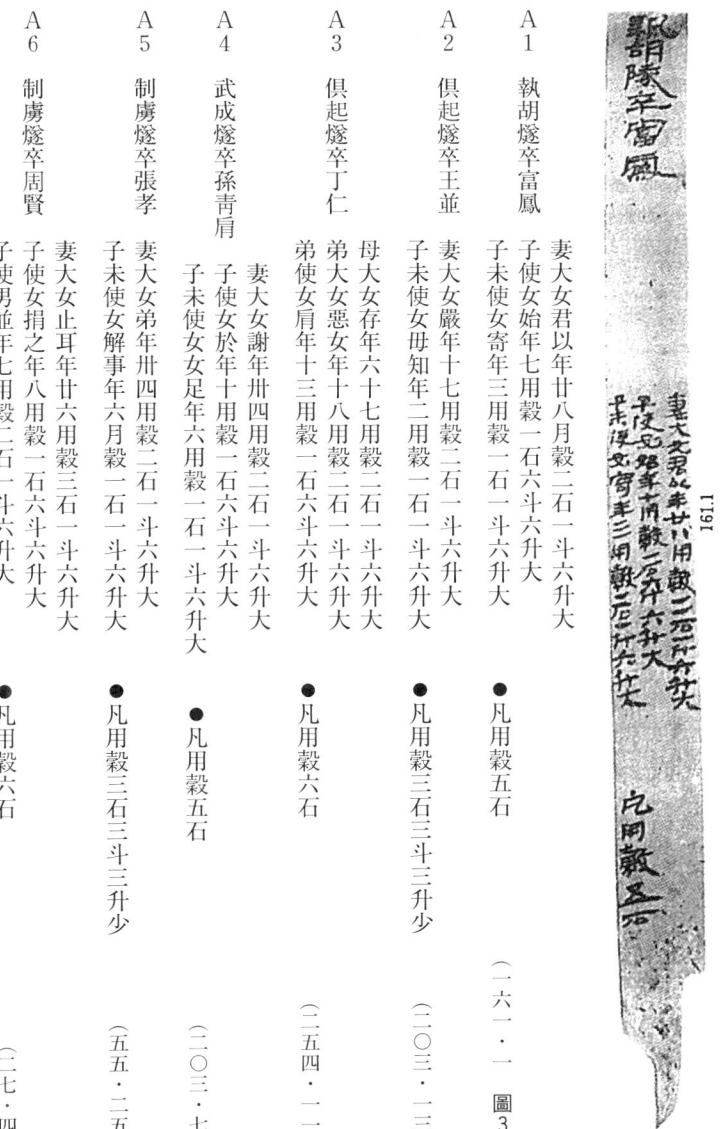

A7　制虜燧卒張放　妻大女自豫年廿三用穀二石一斗六升大［缺］
子未使男野年三用穀一石六斗六升大　（二三一・二五）

A8　驚虜燧卒徐□　妻大女南弟年廿八用穀三石一斗六升大
子未使男益有年四用穀一石六斗六升大
□□女曾年一用穀八斗　●凡用穀四石六斗［缺］　（三一七・二）

A9　［缺］卒李護宗　妻大女女足年廿九用穀二石一斗六升大
子使男望年七用穀三石一斗六升大　●凡用穀四石三斗三升少　（二〇三・一九）

A10　［缺］妻大女止口年廿一用穀二石一斗六升大
［缺］弟使男陵年十二用穀三石一斗六升大　●凡用穀四石三斗三升少　（二七・三）

A11　［缺］用穀三石　父大男相年六十用穀三石
［缺］用穀三石　●凡用穀九石　（二〇三・二七）

A12　［缺］妻大女君至年廿八用穀三石一斗六升大
［缺］弟大女待年廿三用穀二石一斗六升大［缺］
［缺］子使男相年十用穀二石一斗六升大　（二〇三・三二）

A13　［缺］妻大女佳年十八用穀二石一斗六升大［缺］　（二〇三・四）

以上は居延舊簡

B様式

圖4

B1　第四燧卒虞護　妻大女胥年十五
弟使女自如年十二
□未使女眞省年五　見署用穀四石八斗一升少　（一九四・二〇　圖4）

B2　第四燧卒張覇　弟大男輔年十九
弟使男勳年七
妻大女至年十九　見署用穀七石八升大　（一三三・二〇）

B3　第四燧卒伍尊　妻大女女足年十五　見署用穀二石九升少　（五五・二〇）

B4　第五燧卒徐誼　妻大女職年卌五
子使女侍年九
子未使男有年三　見署用穀五石三斗一升少　（二〇三・三）

B5　第六燧卒寧蓋邑　父大男偃年五十二
母大女請卿年卌九
妻大女女足年廿一　●見署用穀七石一斗八升大　（二〇三・一二）

B6　第廿三燧卒王音　妻大女貪年廿　居署卌日用穀二石一［缺］　（二〇三・一六　圖5）

圖5

Ｂ７　［缺］卒王褒　妻大女信年十八　見署用穀［缺］　（九六・一六＝二〇）

Ｂ８　妻大女侍年廿七
［缺］子未使男偃年三　省茭用穀五石三斗一升少
子小男覇年二　（二〇三・一三）

以上は居延舊簡

妻大女君憲年廿四
Ｂ９　止北燧卒王誼　子未使女女足年五歳　皆居署廿九日　七月乙卯妻取Ｐ
子小男益有年一歳　用穀四石少　（E.P.T65:119）

妻大女何年卌五
Ｂ10　武誠燧卒徐親　子大男譚年十九　居署盡晦用粟八石一斗六升大子男張子取
子大男朝年十六　（E.P.T65:411）

Ｂ11　毋傷燧卒陳譚　妻大女損年卅四　七月旦居署盡晦［缺］
子小女小婢年八　（E.P.T40:17）

Ｂ12　［缺］弟大男田年十六　居署卅日用穀三石　（E.P.T48:30）

Ｂ13　［缺］妻大女方年卅五　六月旦居署盡晦●用粟二石九升少
六月乙卯妻取Ｐ　（E.P.T44:39）

弟大男誼年廿二
Ｂ14　［缺］弟大男政年十八　●居署盡晦
弟大男譚年十六　九石母威君取　（E.P.T40:23）

以上は居延新簡A様式で一三例、B様式で一四例を擧げた。支給される穀物には粟、麥、穄稈（うるちきび）、穈（くろきび）、粱米（良質の米）、黍（もちきび）などがあり、漢簡中の穀はこうした五穀の總稱として用いられている(6)。

先ずA様式であるが、簡の上段中央に戍卒の所屬と姓名を書き、中段には家族それぞれについて戍卒との續柄、性別年齢區分、名前、年齢と一箇月分の穀物の支給量が記され、下段には「●凡用穀」として戍卒を除く家族全員の支給量の總計が記されている。凡とは總計の意味である。性別年齢區分とは、大男と大女は十五歳以上の男女、使男と使女は十四歳以下七歳までの男女、未使男と未使女は六歳以下の男女それぞれの呼稱である。この年齢區分の背景には人頭税の徴收があった。すなわち漢代では毎年八月に案比と稱する戶數と口數の調査が實施され、十五歳以上五十六歳以下の成人から年間一二〇錢の人頭税が徴集されていた。この人頭税を算賦と言い、賦すなわち軍賦という古來の傳統を繼承して主に軍事費に充當された。ところが武帝時代に對匈奴戰争が始まり、膨大な出費に伴って財政の窮乏をきたしたところから軍事費の不足を補うために更に七歳から十四歳までの未成人に對しても新たに口賦二三錢を課徴することにした。したがって卒家屬廩名籍に見える年齢區分は、當時の算賦および口賦の年齢區分に正しく一致するものであった。なお簡牘史料中には使男・未使男を小男、使女・未使女を小女とよんでいる場合もある。

次にB様式は、簡の上段中央に戍卒の所屬と姓名を書き、中段に家族の各人について戍卒との續柄、性別年齢區分、名前と年齢を記している點ではA様式と同じであるが、B様式では家族各人の支給量の記載がなく、ただちに下段に「見署用穀」とか「居署何日、用穀」として戍卒を除く家族全員の一箇月の支給量の總計が記されている。なお石、斗、升の後に見える「大」は大半のことで三分の二、「少」は少半で三分の一を言う。なお當時の一石は一九・

四リットルである。

今、戍卒家族の性別年齢區分による一箇月の食糧支給量を示すと次のとおりである。（　）内の数字は年齢を示す。

大男（十五以上）　三石

大女（十五以上）、使男（七～十四）　二石一斗六升大

使女（七～十四）、未使男（一～六）　一石六斗六升大

未使女（一～六）　一石一斗六升大

さてAB二様式であるが、この相違については森鹿三氏の研究がある。(7) それによるとAはすべて大月すなわちひと月を三〇日として計算されているのに對して、Bの中には大月の他に小月すなわちひと月を二九日で計算されているものが含まれている（B3、B4、B8）ことに注目し、このことからAは配給を申請するときのもの、Bは實際に受け渡しをしたものであると推測された。森氏の研究は居延舊簡を對象とした檢討であったが、今回居延新簡を檢討した結果でもA様式には小月の事例は見當たらず、小月はすべてB様式に限られていて新しくB9とB13を加えることができた。したがって現在のところ森氏の檢討に誤りはなく、A様式は申請時のもの、B様式は實際に支給したときのものとする推測は是認してよいであろう。更に言えばB9の下段に「七月乙卯妻取P」とあり、同様の記述はB10、B13、B14にも見える。この場合、「取る」とは實際に穀物を受け取ることであり、またアルファベットのPで表した記號は受取人のサインである。このこともまた森氏の推測を裏書きするものと言えよう。

しかし問題が全くないわけではない。と言うのはB様式のなかに「見署云云」と「居署云云」という見署と居署の二種類の異なる表記形式があるのは一體何を意味するのか、という疑問である。居延漢簡に見える署とは部署のことで吏卒の勤務場所を言い、實際には烽燧を指す。一例を示そう。

簡1　第十五燧長王賞不在署　廿八日出　一人高同車子未到
一人王朝廿八日從候長未還　乙
一人見
（二〇六・二七）

これは甲渠候官に所屬する第十五燧の某月末時點での吏卒の勤務狀況の記錄である。上段中央に第十五燧長の王賞は勤務場所に居ないとあり、脇に二十八日に出發という注記がある。下段には所屬する戍卒三人のうち、一人高同は車子（車による物資の運搬人）で未着任、一人王朝は二十八日に候長に從って出張して未だ歸還しておらず、一人は見《げん》すなわち現場で勤務とある。なお王朝が從ったのは燧長ではないかという疑問があるが、文字は明らかに候長である。簡1は第十五燧の吏卒四名のうち、一時期戍卒一人しか勤務についていないというきわめて珍しいものであるが、署と見の用例を知る恰好の史料である。なお簡末の「乙」は、上記の事項を確認したという印《しるし》である。

そこで卒家屬廩名籍のB様式中、先ず戍卒の家族の見署用穀であるが、これは見署すなわち戍卒の本來の勤務地に家族が現在していて消費する穀物量を記錄したものということになるだろう。他方居署の場合は、判明する限りにおいて居署の後に全て消費日數と消費穀物量を記入する他、中には受取人の名前およびサインの見えるものもある。これらは戍卒の家族が戍卒の本來の勤務地で支給を受けたと理解した見署用穀の支給方法とは明らかに相違していることを示している。このことから居署の場合は少なくとも戍卒の本來の勤務地以外の場所（烽燧）で食糧の支給を受けたものではなかろうかと推測されるが、實はそのことに關係するたいへん興味深い史料が居延新簡のなかに見えている。すなわち

簡2　●第廿三部建平三年七月家屬妻子居署省名籍　（E.P.T40:18）

がそれである。これは甲渠第二三部における建平三年（前四年）七月の戍卒の家族妻子の「居署省名籍」という簿籍の表題簡である。「省」は「省作」とも言い、他の烽燧に出張して作業に従事することで、居延漢簡ではしばしば見られる用語である。したがって「居署省名籍」とは、「戍卒の出張に伴い本來の勤務地とは異なる場所に居る者の名簿」のことで、簡2は第二三部における建平三年七月時點の戍卒の出張に伴って本來の勤務地とは異なる場所（烽燧）に居る家族妻子の名簿と解される。なお卒家屬廩名籍B8に「省茭用穀」とある。居署の文字は見えないが、省茭とは出張して茭（まぐさ）刈りをすることであり、B8もB様式の居署の簡の同類として扱うことができるであろう。

そして更に興味深いのは、この簡2の一つ前の整理番號E.P.T40:17は他ならぬ卒家屬廩名籍B11の毋傷燧戍卒陳譚の簡である。同一發掘地區で整理番號が並び、しかも居署という共通點があることから兩簡は或いはセットになっていたのではないかと推測される。ただし兩簡は、そのままでは單純に結びつくことはあり得ない。と言うのは甲渠候官には序數を附したいわゆる番號燧と、それ以外の實名を附した烽燧の二系列があり、第二三部は前者、毋傷燧は後者に所屬する。(8) しかも第二三部にまとめられる燧は第二三燧から第二九燧までの七つの燧と實名燧の箕山燧であることが知られており、(9) 毋傷燧はこの中には見えない。そこで今、第二三部の家屬妻子居署省名籍とB11の毋傷燧戍卒陳譚の簡がセットになるものとして兩簡の整合性を求めるならば、毋傷燧の戍卒陳譚の出張先は第二三部であったということでなければならない。したがって簡2の第二三部の家屬妻子居署省名籍は、第二三部としてまとめられる烽燧に所屬する戍卒家族の名籍ではなく、第二三部に出張して作業に従事した他の烽燧の戍卒家族の名籍ということになるであろう。

以上は極めて大膽な推測であり、居署についてはなお今後の研究を待ちたいが、見署は戍卒が本來勤務する烽燧に家族が同居していること、居署は戍卒の出張作業に伴い戍卒の出張先の烽燧に家族が居住した、と見るのが筆者の現時點での理解である。

そこで次には卒家屬廩名籍から判明する漢代の家族の實態を述べ、その後で再び戍卒と戍卒の家族の同居問題に立ち返ることにする。

三　卒家屬廩名籍から知られる漢代の家族

卒家屬廩名籍が漢代の家族についてのさまざまな情報を提供していることは、先に列擧した史料を通覽しただけでも知られるところである。この史料から戍卒の家族構成員について戍卒との續柄、性別、年齢等を一覽表にしたのが**表1**の戍卒家族構成表であるが、以下ではこの表に基づきながら漢代家族について知り得る範圍内のことを述べてみたい。なお表中に同産とあるのは兄弟、姉妹のことである。

漢代において家族を表わす言葉に「五口之家（五口の家）」という表現がある。たとえば漢代の政治家である鼂錯（?～前一五四）は、第五代の文帝に建言した農業振興策の中で次のように述べている。

今農夫五口之家、其服役者不下二人。其能耕者不過百畝、百畝之收不過百石。春耕夏耘、秋穫冬臧、伐薪樵、治官府、給繇役。春不得避風塵、夏不得避暑熱、秋不得避陰雨、冬不得避寒凍、四時之間亡日休息。

（『漢書』巻二四上、食貨志上）

今、五人家族の農家では、少なくとも二人が夫役に服さねばなりません。農民一人あたりの耕作能力は、せいぜ

表１　戍卒家族構成表（家族合計を除き、数字は全て年齢を示す）

	戍卒名	父	母	妻	子	同産	家族合計（含戍卒）
A１	富鳳			28	女７、女３		4
A２	王並			17	女２		3
A３	丁仁		67			女18、女13	4
A４	孫青肩			34	女10、女６		4
A５	張孝			34	女６		3
A６	周賢			26	女８、男７		4
A７	張放			23	男２		3
A８	徐□			28	男４、女１		4
A９	護宗			29	男７		3
A10	某			21		男12	3
A11	某	60				男、男（共に15以上）	4
A12	某			28	男10	女23	4
A13	某			18			2
B１	虞護			15		女12、女５	4
B２	張覇			19		男19、男７	4
B３	伍尊			15			2
B４	徐誼			35	女９、男３		4
B５	寧蓋邑	52	49	21			4
B６	王音			20			2
B７	王褒			18			2
B８	某			27	男３、男２		4
B９	王誼			24	女５、男１		4
B10	徐親			45	男19、男16		4
B11	陳譚			34	女８		3
B12	某				男16		2
B13	某			35			2
B14	某					男22、男18、男16	4

い百畝（一八二a）で、百畝の收穫は百石に過ぎません。春の耕作、夏の草取り、秋の取り入れ、冬の貯藏、さらには薪樵（たきぎ）の伐採、役所の修繕、その他の徴用などがあり、春には風塵、夏には酷暑、秋には長雨、冬には嚴寒を避けることができず、一年を通じて身體の休まる日はありません。

これは當時の農民の生活の苦しさを述べた部分であるが、人口の壓倒的多數を占める農民の家族を五口すなわち五人として捉えていることは重要である。そのため五人を當時の平均的家族數とし、五人家族の構成については「成人男子を中心に親（父母）・妻子・同産（兄弟姉妹）の範圍で構成される五人程度の家族」と考えられてきた(10)。今、表1によって戍卒の家族構成を整理すると、次のようになる。すなわち戍卒の他に

親と同産二例　親と妻一例

妻と子一三例　妻のみ五例　妻と同産三例　妻と子と同産一例

同産のみ一例　子のみ一例

である。これを見ると壓倒的に多いのは妻と子のケースで二七例中一三例、次に多いのは妻のみで五例、以下妻と同産が三例、親と同産が二例、その他は各一例となっている。また一家族の合計數は最大でも四人、最少二人で平均すると三・三人となって五人を下回るが、これは後にも觸れるように邊境の防衛地帶という特別な事情も多分にあったと考えられる。いずれにしても家族の構成員、人數ともに從來の學說で明らかにされたことに大きく修正を加えるほどのことはない。

また牧野巽氏は「漢代の婚姻年齢」において(11)、正史である『漢書』や『後漢書』に見える諸例から嚴密な結論を出すことは危険であるとしながらも「大體において當時の女子の結婚適齢は十三、四より二十の間にあり、それより若い兒童期の結婚も後世のごとく多からず、また二十を過ぎての結婚は婚期に後れたものであることを推測し得よう」

と述べている。今、表1戍卒家族構成表を見るに十代で結婚した女性の多いことは明らかであるが、子供の年齢から逆算して二十代前半で結婚した女性もかなり存在しており、少なくとも表1によるかぎり女性の結婚適齢は十三、十四歳から二十四、二十五歳の間にあったと見られる。

ところで卒家屬廩名籍の發見は、すでに述べたように北邊に勤務する戍卒が家族を同伴していたことを知る史料として注目されたが、このことは同時に邊境勤務が一年で交代するものではなく、一年以上の長期にわたって勤務する場合もあったことを示すとされた[12]。そこでこの視點に立って改めて注目したいことがある。それは妻のみの五例、すなわちA13、B3、B6、B7、B13である。このうちB13を除き他は十代の女性と結婚したと見てまず間違いないであろう。その場合に戍卒が内郡の出身者であるとすると、彼は内郡で結婚して妻を伴って邊境に來たというよりも、實際には邊境の勤務について後に現地すなわち張掖郡の女性と結婚したと見るのがむしろ穩當ではなかろうか。もしこの考えが許されるならば、戍卒の家族構成で最も多かった妻と子の中には、もちろん例外はあるが内郡から同伴したというよりも戍卒が現地の女性と結婚して子供が生まれたケースが多く、したがって戍卒が實際に内郡から家族を同伴したとみなされるのは、多くは兩親もしくは兄弟姉妹などの同產を同伴しているケースに認めることができるのではなかろうか。

四　卒家屬廩名籍から知られる邊境事情

居延出土の卒家屬廩名籍から漢代、北邊の警備に當たった戍卒が家族を同伴していたこと、また家族を同伴していた事實から一年のみならず多年にわたって警備についた戍卒も存在したことが明らかにされた。しかしより根本的な問題が疑問として殘されており、最後にそれを取り上げることにする。それは何かと言うと、戍卒の家族は實際には一體何處に居住していたのか、という疑問である。

先に卒家屬廩名籍中の見署や居署という文言の解釋から、筆者は戍卒の家族は戍卒とともに烽燧で居住していたと理解した。では戍卒の家族は烽燧の中でも實際にどこに居住していたのか。これこそが卒家屬廩名籍の殘された最大の疑問である。從來卒家屬廩名籍に言及しながら、この問題を正面から取り上げた研究者は餘りなかったが、そのなかで門田明氏と籾山明氏の二人が所見を述べている。門田明氏の見解は以下のとおりである。(13)

〔戍卒が〕家族連れで勤務していることから、邊境の卒は長期間勤務していたのではないかと考えられている。それにしてもいったい何處で家族は暮らしていたのであろうか。「見署」とか「居署」とかあって、この「署」が手がかりになりそうであるが、居延漢簡ではこの署は部署といった意味で使われており、燧を指して言うことが多い。しかし燧の近くに家族の住むような場所があるのかどうか。それにこれらの「卒家屬廩名籍」は候官のあった場所から出土しており、食糧を受取っているから住んでいたのなら候官近くになるが。「家族は署からあまり遠くない鄉民居住區に住んでいた」とするのが現實的な意見だと思うが、「署に居す」という語句に少し引っかかる。また（中略）候官の役所自體は家族が住むほど廣くはない。今後の課題としておこう。

（以上原文のまま）

また籾山明氏は、筆者が第二節で列擧した卒家屬廩名籍の中からA６の卒周賢の簡を一枚目とし、B５の卒寧蓋邑の簡を二枚目として例に擧げ、次のように述べている。(14)

二枚の記載形式は若干ことなっているが、前者は配給を申請するさいの、後者は實際に支給したさいの記録であるとみてよいだろう。（中略）注目したいのは、こうした家族への食糧配給簿が甲渠候官跡から出土している點である。それはほかならぬ、かれらが戍卒ともども候官によって把握されていることを意味しよう。いいかえれば、ここにみえる家族はすべて、戍卒とともに邊境に居住していたことになる。二枚目の簡にみえる「署」の語は、持ち場に勤務すること、もしくは勤務の部署をいう。とするならば、「見署（現に署にあり）」と注記される家族たちは、戍卒とともに候官や燧に居住していたはずである。（中略）對匈奴防衛の最前線としての安全性や、建物の規模などの點からかんがえて家族が候官や燧に居住することがありえたか、なお愼重な檢討を要する部分もあるだろう。しかし塞の背後には一般民の居住する縣域もあった。厚い塢壁と守御器とでまもられた候官や燧は、むしろ安全だったと言えなくもない。敦煌馬圏灣遺跡からは、子供用のちいさな衣服が出土している。ここに子供が居住していたことは確かなようだ。（以上原文のまま）

門田氏は燧や候官は建物の規模から家族の住む餘裕はなく、居署の文言に引っかかるものの燧や候官から遠くない鄕民居住區を想定するのが現實的であるとする。他方籾山氏は對匈奴防衛の最前線としての安全性や建物の規模から考えて家族が燧や候官に居住し得たか否かは更に檢討を要するとしながら、斷定は避けているものの居住の可能性を否定してはいない。

門田、籾山兩氏の研究を長文にわたって引用したのは、この問題が一筋繩ではいかないことを讀者に理解してもらいたかったためである。そしてこのようにはっきりと斷定し得ない考え方の葛藤は、實は筆者においても同じであった。筆者が見署と記載されている文言にもかかわらず、戍卒の家族が燧や候官に居住していたと見ることにどうしても踏み切れなかった理由は大きく分けて二つある。一つは燧や候官の規模の問題である。知られている當時の燧や候官の規模では、到底家族を収容し得る餘裕はないと考えたからである。二つ目は北邊防衛の最前線という極めて危険な場所に實際に父母や妻子が居住し得たかという疑問である。筆者にとっては、特に後者の疑問が否定的判斷に大きな比重をしめていた。加えて一九九七年の夏のこと、居延の烽燧を調査中に物凄い砂嵐に遭遇したことがあった。西方から巻き起こる突然の砂嵐はまるで匈奴の騎馬軍團が來襲するかのごとき觀があり、このときの體驗がますます筆者の判斷を頑固にしてしまった。

しかし今回、卒家屬廩名籍を取り上げて改めて檢討した結果、あまりにも先入觀に囚われ過ぎていたのではないかということに氣がついた。それは卒家屬廩名籍に見署とあり居署とあって、いずれもの場合も烽燧に居住していたと理解される以上、やはり簡文の記事を事實として最重視すべきであるからである。

そこで問題となるのは先ず烽燧の規模である。第一節で取り上げた甲渠第四燧（圖1）に增築部分があったというのは大きなヒントになる。と言うのは北邊に烽燧が始めて設けられた武帝時代は、後述するように漢は匈奴と嚴しく對立しており、匈奴の動靜の監視と萬一に備えて防衛體制を強固にすることこそが重要使命であって、家族同伴どころではなかった筈である。したがって當初の烽燧は最小限の規模で、しかも堅固な構造が要求されたに違いない。圖1の甲渠第四燧に卽して言えば、塢をふくむ厚い外壁で圍まれた西側の部分がまさに初期の燧そのものである。これに對して東に增築部分があることは、その後增築を必要とする何らかの事情が發生したからに相違なく、それは多分に戍卒の家族の同居に伴う居住區の狹さに原因があったのではなかろうかと推測されるからである。

他方候官の場合であるが、先に甲渠候官には八十餘の燧が存在したと述べておいた。假に一つの燧に戍卒三人とすると候官が管轄する燧の戍卒は全部で二四〇人、戍卒の家族を平均三人として單純に計算しても家族の總數は七二〇人となる。圖2で示した甲渠候官の規模では、候官が管轄する燧の戍卒の家族など到底收容し得るものでないことは一目瞭然である。またその後の調査にもかかわらず甲渠候官で增築が行われたという痕跡は何も報告されていない。その點、燧では戍卒はたかだか二、三人どまりであり、第四燧の例にも見られるように多少の增築等によって家族を収容し得る餘裕があり、したがってまた可能性があった。更に籾山氏も指摘するように、敦煌馬圏灣の燧の遺址から子供用の衣類が發見されたことも、燧に家族が居住していたことを示す何よりも有力な證據となるであろう。

それでは肝心の家族の安全性の面ではどうなのか、という問題につきあたる。私見よりするに、家族が戍卒と同居するためには、條件として家族が安心して同居できる環境が整備されなければならない。では果たしてそのような時期はあったであろうか。若しあったとすれば、それは何時のことであったか。こうした問題を解決する必要がある。そのことから言えば、戍卒家屬廩名籍の年代が明確になれば問題の解決につながるヒントを得られるであろうが、居延漢簡そのものから年代を確定することは難しい。何故ならば、居延漢簡には紀年簡は極めて少なく、ましてや箇々の木簡自體の年代を確定することは現在のところ全く不可能だからである。したがってこの問題は『史記』や『漢書』等に見える漢と匈奴との外交關係の經過から探ってみるより他に方法はない。そこで　改めて漢と匈奴の兩國の關係を振り返って見ることにしたい。

紀元前四世紀ごろから中國史上にその名が見え始める匈奴は、秦の始皇帝時代に漠北に追いやられるが、前二〇九年に冒頓が單于の位に就くと匈奴の諸部族を統合し、東方の東胡、西方の月氏などの諸族を撃破して東は興安嶺から西は天山にいたる廣大な地域を支配下におさめ、中國の北方に一大遊牧國家を建設して中國に迫った。劉邦こと漢の高祖が天下を統一して二年後の紀元前二〇〇年に匈奴は南下して韓王信を馬邑（山西省朔縣）で包圍して降伏せしめ、更には太原郡（山西省太原市）まで南下してきた。高祖は三二萬の大軍を率いて自ら出撃し、遁走する匈奴を追撃して平城（山西省大同市）に到着したとき突然匈奴四〇萬の精兵に包圍されてしまい、七日間の籠城のすえ命からがら脱出するという大敗を喫した。この苦い體驗から高祖は目下の漢の力では匈奴は到底相手にし得る敵ではないことを悟り、そこで宗室の娘を單于に嫁がせ、かつ毎年一定量の絹織物や酒や食糧などを匈奴に贈ることを條件に和議を申し入れ、冒頓はこれを受け入れて兩國の講和が成立した。これを漢の和親政策と言い、それに基づく外交を和親外交と言う。この和親外交は漢の祖法として高祖以後遵守されてきたが、これを白紙に戻したのは第七代の皇帝武帝であった。すなわち前一三三年に、武帝は利益を餌に匈奴の軍臣單于を馬邑に誘き出して生け捕りにしようとしたのである。しかしこの計略は事前に匈奴に知れて失敗し、この事件を契機に兩國の和親關係は絶たれて戰爭に突入することになった。これが史上、馬邑の役として知られる事變である。

武帝は半世紀以上におよぶ在位期間のうち、四〇年餘りを對匈奴戰爭に費やしたといっても決して過言ではない。その間、初期には衞靑や霍去病などの活躍によって戰を有利に進めたが、しかし匈奴を完全に屈服させることはできなかった。それどころか長期にわたる巨額の軍事費の出費によって國家財政は破綻し、それを補うために實施された各種の增稅や重稅、鹽や鐵の專賣、均輸・平準といった經濟政策などは結果として農民の貧窮と流亡を招き、大土地所有は進行して大きな社會不安を生じるに至り、最晩年は戰爭どころではなかった。しかしこのような國內狀況は攻擊を仕掛けた漢の側だけではなかった筈である。詳しい狀況は不明であるが、仕掛けられた匈奴においても國內狀況は同樣であったに違いなかった。匈奴史硏究者の加藤謙一氏が作成した「漢匈奴關係史年表」によると、(15) 武帝の死後、昭帝期（前八七～前七五在位）になると匈奴の侵入や漢と匈奴との交戰の回數が極端に減少している事實が、兩國の狀況を端的に物語っていると言えよう。ただし注意しなければならないのは、回數こそ少なくなったというだけであって、匈奴の侵入や兩國の戰爭が全くなくなったわけではなく、兩國の戰爭狀態は依然として續いていたのである。

ところがその後ほどなく匈奴は重大な政治的局面を迎えることになる。と言うのは前五八年ごろ、單于の繼承をめぐる內部分裂から五單于が並立し、やがて呼韓邪單于（東匈奴）と郅支單于（西匈奴）の二單于の對立となるが、このうち呼韓邪單于が漢に入朝して漢に臣屬することになった。ときに宣帝の甘露三年、紀元前五一年のことである。一方郅支單于は康居王に招かれてタラス河畔に住んだものの元帝の建昭三年（前三六）に漢の將軍甘延壽と陳湯に攻擊されて殺されてしまい、呼韓邪單于は匈奴を再統一して漢との和平關係を維持し繼續したのである。

以上の經過から知られるように、漢と匈奴の對立抗争がなくなるのは前五一年の呼韓邪單于の入朝以後のことであった。そして兩國の和平關係は、紀元後八年に王莽が前漢を倒して王莽政權を樹立し、極端な中華思想から匈奴に對する強硬策を打ち出して兩國が再び武力抗争を開始するまで繼續したのである。したがって中國の北邊に戰争の心配がなく、戍卒の家族が最前線の燧で安心して戍卒と同居し得た時期は確かにあり、それは紀元前五一年から前漢が滅亡する紀元後八年までの約六〇年間ということになる。先に卒家屬廩名籍の表題簡として示した簡番號二七六・四の簡に元壽二年（前二）の紀年が見えるのも、それなりに意味をもっていると言わねばならない(16)。

むすび

本章で取り上げた居延漢簡中の卒家屬廩名籍は、かねてより筆者の氣がかりな簿籍簡牘の一つであった。それは本文の中で告白しているように、木簡の記事にも拘らず邊境の最前線に妻子家族が同居するという、そんなことはあり得ないという先入觀が頭の中にあり、しかもそれは實際に現地に出かけて遺址を調査し、風土や環境を自ら體驗することによってますます頑固なものにしてしまった嫌いがある。

しかしこのたび卒家屬廩名籍を檢討した結果、見署や居署が戍卒の勤務する烽燧に家族が同居したことを意味するものであることを改めて理解し、確認した。その上でこの記事に基づいて同居可能な烽燧は何處であったか、また同居可能な場合があるとするならば、その時期は何時であったかを考察した。

まず烽燧については、すでに發掘調査によって規模と構造が明らかになっている甲渠候官と甲渠第四燧の遺址を検討した。その結果、候官では戍卒の全家族を到底収容しきれないこと、それに對して第四燧には後日增築した部分が認められることや戍卒と家族の人數、建物の規模等からして燧の方により同居の可能性の大きいことを指摘した。また安全面から家族が燧に同居可能な時期としては、紀元前五一年すなわち宣帝の甘露三年に匈奴の呼韓邪單于が入朝したときから始まり、前漢が滅亡する紀元後八年までの約六〇年間であったと推測した。もしもこれらの推測に誤りがないとするならば、本章で取り上げた卒家屬廩名籍はその斷片も含めて紀元前五一年から紀元後八年までに作成されたことになり、今日知られている王莽簡と並んで居延漢簡の年代を知る更にもう一つの新たな基準簡となり得るであろう(17)。

注

（1）居延の歴史地理的位置については松田壽男「東西交通史に於ける居延についての考」、『松田壽男著作集』第四巻　東西文化の交流Ⅱ、六興出版、一九八七年、三七～六七頁による。

（2）拙著『居延漢簡の研究』同朋舍、一九八九年の第四章「簡牘よりみたる漢代邊郡の統治組織」（二）居延における防衛組織、甲渠候官の項、四三二～四三四頁。

（3）調査報告は甘肅居延考古隊「居延漢代遺址的發掘和新出土的簡册文物」、『文物』一九七八年第一期、一～二五頁に詳しい。本章の**圖1**甲渠第四燧遺址平面圖と**圖2**甲渠候官遺址平面圖は上記報告書四頁と一四頁による。なお甲渠第四燧については本書第Ⅱ篇第三章を參照されたい。

（4）籾山明『漢帝國と邊境社會――長城の風景――』中公新書、一九九九年、一一五頁の表2「騎士と戍卒の出身地」による。

（5）居延舊簡のみであるが、斷片も含めた卒家屬廩名籍の全部については注（2）の拙著『居延漢簡の研究』第1章「居延漢簡の集成1」Ⅴハ「卒家屬廩名籍」一五八～一六〇頁を參照されたい。

（6）戍卒の家族のみならず、邊境に勤務する吏卒全員に支給される穀物の輸送や貯藏庫についての研究には佐原康夫「居延漢簡に見える物資の輸送について」、『東洋史研究』第五〇巻一號、一九九一年がある。一～三三頁。

（7）森鹿三『東洋學研究――居延漢簡篇――』同朋舍、一九七五年、一二一～一三一頁。

（8）注（2）に同じ。なお甲渠候官所轄の番號燧と實名燧の配置と機能についての研究としては吉村昌之「居延甲渠塞における部燧の配置について」、『古代文化』五〇巻一九九八年がある。一～九頁。

（9）注（2）の拙著の第1章「居延漢簡の集成1」Ⅴロａ1、簡番號24:2、一三九頁。

（10）牧野巽「漢代の家族形態」、『牧野巽著作集』一巻、御茶の水書房、一九七九年、一六八～一七一頁。

（11）牧野巽「漢代の婚姻年齡」、注（10）の二五四頁。

（12）藤枝晃「長城のまもり――河西地方出土の漢代木簡の內容の概觀――」、『自然と文化』別篇Ⅱ、一九五五年、二三〇頁。

（13）門田明「邊境防衛のなかでの生活」、大庭脩編著『木簡――古代からのメッセージ――』大修館書店、一九九八年、一五六～一五七頁。

（14）注（4）籾山著書一七三～一七五頁。

（15）加藤謙一『匈奴「帝國」』第一書房、一九九八年、附錄3「漢匈奴關係史年表」。

（16）元壽二年の表題簡の同類に、戍卒の家族にたいする食糧支給簿の表題簡「・第十七部建平四年十二月戍卒家屬當廩名籍」（一二二・一九＝一二二・一二二）があるが、建平四年は紀元前三年である。また本稿一四頁に引用した簡（E.P.T40:18）は建平三年（前四）で、いずれも前漢末であってしかも王莽以前であることを指摘しておく。

（17）王莽簡については注（7）森著書所收の「居延出土の王莽簡」に詳しい。一六五～一八二頁。

第八章　簡牘の古文書學

はじめに

中國では、文字を書寫する材料として、紙が普及する以前は、竹の札や木の札が用いられていた。この書寫材料としての竹の札を簡と言い、木の札のことを牘とよんで、兩者を合わせて簡牘と稱している。

書寫材料としての紙が中國で普及するのは、およそ紀元二世紀後半から三世紀ごろと推定されるため、中國古代の最盛期である漢代では簡牘が主要な書寫材料として使用されていた時代であった。すなわち、これら簡牘の上に書籍は勿論のこと、上は政府官廳の官文書から下は個人の手紙などに至るまで、あらゆるものが書き込まれたのである。したがって、漢代の簡牘は、後世になって整理や編纂など人の手を經た文獻などとは異って漢代の生の史料であり、第一等史料であって、漢代史研究には缺かせない貴重な史料であることは、言うまでもないところである。

このような大きな史料的價値を有する漢代の簡牘は、今世紀の初めにイギリスのアウレル・スタインによって中國の北西部の敦煌地方で發見されたのを皮切りに、今日に至るまで中國の各地で陸續と發見されてきた。その數は、現在までのところ、中國全土およそ五十餘りの地方で未發表のものも含めると約五萬枚にも達している。今、その發見場所を眺めてみると、中國本土では、すべて墓の中か或は墓に關係のあると見られる場所で發見されている。それに對して甘肅省とか新疆ウイグル自治區といった中國の邊境地方では、墓中から發見された例もあるが、大部分は漢代に設置された烽燧などの監視哨を含む軍事的官署の遺址から發見されたものである。このような發見場所の相違は、出土した簡牘の内容の上でも明確な特徴を示している。すなわち墓中から發見された簡牘は、若干の例外はあるものの、そのほとんどが遣策と書籍である。遣策とは、副葬品の品名と數量を記した一種の目錄である。このように墓中出土の簡牘が遣策と書籍のごとく内容が限定していることは、それらは被葬者との關係で、最初から殘すことを意圖して殘ったものであることに原因している。他方、邊境地帶の軍事的官署の遺址から出土したものは、主に政府關係の文書や記錄などの官文書をはじめ、個人の手紙や書籍など、實に様々な内容のものが含まれている。それは大部分が廢棄物であり、墓の場合とは相違して最初から殘そうとして殘ったものではなく、全く偶然に殘ったものである。したがって簡牘の内容は、あらゆるものを含んでいるのである。勿論、遺址の性格からして、官文書といっても軍事や軍制、更には邊境の行政に關する内容のものが多いことは否定できないが、そうした制約はあっても、簡牘の内容は多方面にわたり豐富である。

墓中から出土した遣策は、副葬された遺物と照合することによって、例えば器物の名稱とか形などを特定することが可能となり、考古學の研究に寄與するところ多大である。同時に、遣策は墓葬の制度や葬禮の研究等にも缺かせない貴重な資料である。また書籍は、その中には例えば雲夢秦簡や張家山漢簡のような律令集や、また占卜の書である日書などがあって貴重な歴史研究史料として利用し得るものが無いわけではないが、しかし一般には書誌學や古寫本學の研究分野に屬するものである。したがって、歴史研究史料として貴重なのは、邊境の軍事的官署の遺址から出土した簡牘である。近年、中國各地から簡牘が相ついで發見されているにもかかわらず、居延や敦煌で發見された所謂居延漢簡や敦煌漢簡が、漢代史研究の貴重な史料として大きな比重を占めているのは、既述のごとくそれらの簡牘が當時の人々の現實の活動や生活に密着した豐富な内容を有しているからに他ならない。

では、このような豊富な内容をもつ簡牘を、われわれはどのように利用すればよいのだろうか。最近、居延新簡の寫眞版も公刊されて資料が著しく增大した折でもあり、ここで一度簡牘研究の方法論を整理しておく必要を感じて筆を執ることにした。

そこで本論に入るに先立ち、過去において簡牘はどのように研究されてきたのか。まず研究史を振り返って見ることから始める。

一　從來の簡牘研究

近代における簡牘研究は、敦煌漢簡の發見を契機としてフランスのエドワルド・シャヴァンヌや中國の羅振玉・王國維らの研究によって開始された。すなわち、一九〇七年にアウレル・スタインが敦煌の漢代烽燧の遺址で七〇四枚の漢代簡牘を發見すると、エドワルド・シャバンヌはその解讀と研究を行い、全釋文にフランス語譯と注を付けて、*Les documents Chinois découverts par Aurel Stein dans les sables du Turkestan oriental* を一九一三年に發表した。(1)一方、當時日本に亡命していた羅振玉と王國維は、シャバンヌが掲載する五八八枚の簡牘の寫眞の提供をうけて考證研究を行い、翌一九一四年に『流沙墜簡』を出版したのである。(2)このように相いついで出版されたシャバンヌと羅・王兩氏の書物は、近代における最初の、しかも本格的な簡牘の研究書であり、今日の簡牘研究に先鞭をつけた劃期的な出版であった。

ところで、この二つの研究書には顯著な相違がある。それは何かと言うと、簡牘の配列の仕方である。すなわち、シャバンヌが基本的に出土地別に簡牘を並べたのに對して、羅・王は簡牘の內容に從って分類したのである。この相違、とりわけ羅・王が簡牘をその内容によって分類し整理したことは、その後の簡牘研究、特に後の居延漢簡の研究に大きな影響を與えることになった。

居延漢簡とは、一九三〇年から三一年にかけてスウェン・ヘディンの率いる西北科學考查團の團員フォルケ・ベリイマンにより、現内蒙古自治區のエチナ河流域の漢代烽燧の遺址で發見された約一萬枚の簡牘を指す。但し、同地域では一九七二年から七四年にかけて甘肅居延考古隊等によって約二萬枚の漢代簡牘が新しく發見されており、今日では兩者を區別して後者を居延新簡とよぶのに對して前者を居延舊簡とよぶが、本稿では新簡の場合には居延新簡と稱し、舊簡は居延漢簡とよんで特に居延舊簡とはよばないことにする。したがって特に斷り書きがなければ、居延漢簡は舊簡を指すものとする。

さてベリイマンの發見した居延漢簡は、最初は中國とスウェーデンの研究者が協力して釋讀を行うことになっていたが、その後の情況の變化で最終的には勞榦が釋讀を擔當し、一九四三年に『居延漢簡考釋　釋文之部』（以下『釋文』と略稱）を出版した。(3) そしてこのとき、勞榦は居延漢簡を整理するために、羅・王の『流沙墜簡』の方法、すなわち基本的には簡牘の内容よりする分類整理の方法を採用したのである。更に勞榦は『釋文』につづいて翌一九四四年には研究篇とも言うべき『居延漢簡考釋　考證之部』（以下『考證』と略稱）を出版した。(4) この『考證』は、漢代の政治制度に關する事項を個別に取り上げて、簡牘の記事から歸納してその實態を論じたものである。その點から言えば、簡牘の記事を材料として取り扱い得るあらゆる事項が網羅されていると言っても過言ではない。そして事實、勞榦の諸研究は、この『考證』の延長として把握することができる。居延漢簡は、敦煌漢簡と比較して枚數にして十倍以上もあり、したがって簡牘の内容も極めて豐富である。そのために、勞榦の『釋文』と『考證』が公刊されると研究者の間で強い關心をよびおこし、中國では一九四〇年代の後半から五〇年代の初めにかけて研究がさかんに行われた。

ついで勞榦の『釋文』が日本にもたらされると、例えば京都大學人文科學研究所において森鹿三を班長とする居延漢簡の共同研究班が一九五一年に組織されるなど、日本ではおよそ一九五〇年代の前半期に研究の極盛期を迎えることになる。

ところで、この時期の日本の居延漢簡研究で特に注意しなければならないことがある。それは、居延漢簡の寫眞さえも見ることなく、專ら勞榦が釋讀した『釋文』を唯一の材料として研究が行われたことである。しかも、簡牘の記事から論じ得るテーマは、勞榦や其の他の中國人研究者によってほとんど研究し盡くされているという狀況の中で、日本の居延漢簡研究は始まったのである。そのために、日本の研究は、勞榦ら中國人研究者が取り上げていない問題でなお論及し得るテーマを捜し出すか、さもなければ中國人研究者がすでに取り上げたテーマであっても、より歸納的な研究を行うことによって新しい考えを引き出すという、そうした方向へと研究が進んでいった。一九五〇年代に入って始まった日本の居延漢簡研究は、五三年から五五年ごろには中國をも壓倒してさかんに行われるが、しかし五五年を過ぎると、ごく少數の研究者を除いて、研究は急速に下火になっていく。その原因については、いろいろと考えられる。例えば、勞榦の『釋文』が唯一の材料で、簡牘の寫眞さえも見ることができなかったことなどは、大きな原因である。しかし筆者は、より根本的な原因として、簡牘を研究材料とする史料上の取り扱い方、更に言えば簡牘の研究方法そのものに問題があったと考えている。それは何かと言うと、簡牘の記事のみを重視する研究方法にこそ問題があったと見るのである。その研究方法は、換言するならば、簡牘の中で漢代史研究史料として利用できる簡牘だけを利用するという方法である。

周知のごとく、簡牘は本來の完全な形のままで殘っているものは極めて少なく、大多數は斷簡である。また文字も消えて、不鮮明なものが甚だ多い。したがって、簡牘の記事が歷史研究の史料として利用し得るものとなると、その數量にはおのずから制限がある。居延漢簡およそ一萬枚といえども、早晩、利用し盡くすときが到來するのは當然である。これを日本の研究を例にとって言えば、およそ五年程度で史料として使い古してしまったことになる。だが、果たしてそれでよいのだろうか、という疑問が生じてくる。と言うのは、居延漢簡を一萬枚として、右に述べたような研究方法で利用できる簡牘は、せいぜい數百枚から一千枚程度と推定される。そうすると、殘る九千枚の簡牘は利用されないままに放置されることになるからである。

居延漢簡は、言うまでもなく漢代の貴重な第一等史料である。それがたとえ斷片であっても史料的價値には何ら變りはない。それを、研究史料として利用できるものと利用できないものとに單純に分けてしまい、しかも一割程度のごく少數の簡牘しか利用せず、壓倒的大多數の簡牘を利用しないままで放置しておく。果たしてこれで居延漢簡を利用したと言えるであろうか。これが筆者の率直な疑問である。そしてこのことから、われわれは餘りにも簡牘の記事のみを重視し、記事と歴史研究との結びつきのみを重視し過ぎていたのではなかろうか。したがって、より簡牘に即した研究、換言するならば簡牘のもつ個性や特徴をも考慮した科學的な簡牘研究が必要ではないか、という反省が生まれてくるのである。そこで注目したいのが簡牘の古文書學的研究である。

二　簡牘の古文書學的アプローチ

それでは、日本において簡牘に即した研究が全く行われなかったかと言うと、決してそうではない。日本における居延漢簡研究の創始者である森鹿三の一連の研究が、それに該當する。(5) そもそも簡牘は、例えば通行許可證のように一枚だけで單獨で使用される場合もあったが、多くの場合は紐で編綴して册書として用いられた。それが時の經過とともに紐が腐って切れてしまい、冊書の簡牘が一枚、一枚ばらばらになってしまったものである。森鹿三はそこで、簡牘研究の基本として簡牘が使用されていた本來の冊書の形に復元するか、それが不可能ならば先ず冊書の形に近づけるべきである、と主張した。森は、それを實行することが簡牘研究の本筋だとし、特に一九五七年に『居延漢簡圖版之部』（以下『圖版』と略稱）[6]が公刊されて以後は、「通澤第二亭食簿」や「卒家屬廩名籍」などといった簿（簿書）や籍（名籍）の復元に力を注いだ。そして、森のそのような研究方法を繼承して、多數の冊書のより完全な復元を試みたのが、マイクル・ローウェの *Records of Han administration* であった[7]。これら森鹿三に始まり、マイクル・ローウェに繼承されて發展する一連の研究は、實に多くの示唆を與えるものであった。すなわち

（1）居延漢簡は、全體として簿や籍に屬する簡牘――以下簿籍簡牘と總稱――が壓倒的に多い。

（2）簿籍簡牘は、その記載内容に應じて固有の記載様式を備えている。

（3）この事實は、これら簿籍簡牘は單なる覺え書きのようなものではなくて、冊書にまとめられたことを示す。

（4）したがって、簡牘が假に斷片であっても記載様式の一部が判明すれば、それが如何なる種類の簿籍の斷片であるかを推定することができる。換言するならば、記載様式を基準にすることによって、多くの簡牘を集成することが可能となる。

（5）そして更に重要なことは、簿籍簡牘はただ單なる簿籍の斷片ではなく、簿籍の移動に伴って文書となる可能性を祕めており、そこには古文書學への道が開かれている。

等々である。そこで、右の視點に立って筆者が發表したのが一連の研究「居延漢簡の集成」である[8]。これは居延漢簡中の簿籍簡牘を對象にして、出土地別にそれぞれ記載様式に基づいて同形同種の簡牘を集成し、箇別に簡牘の書式と内容および使用法等を考察したものである。筆者は、この研究を實施するに先立ち、先ず一九五七年に公刊された居

延漢簡の『圖版』から簡牘を一枚ずつ切り抜いて臺紙に貼附し、居延漢簡の全て約一萬枚の寫眞カードを作成し、全體を簡牘の整理番號順に配列した。その上で出土地別に簿籍簡牘を抽出し、文字の書かれている位置や文字の大きさ、記載内容、更には簡牘の形狀なども考慮して分類整理するという、長期にわたる作業を實行した。「居延漢簡の集成」は、そうした基礎作業を經た上で完成したものである。筆者は「居延漢簡の集成」で、簿籍簡牘について七〇種類以上の様式の簿籍を確認することができたが、このことは、簡牘がたとえ斷片であっても記載様式上の特徴を備えているかぎり、簡牘の性格を見極め、簡牘を正しく利用する道を開いたと確信している。そしてこれはまた、簡牘を從來のように箇別に取り扱うのではなく、グループとして利用することの提言でもあった。

さて簡牘の記載様式に基づく集成は、あくまでも古文書學の第一段階であって、決してこれが古文書學の全てではない。次の段階としては、これら諸様式の分析と考察が要求される。そこで、以下においては集成した簿籍簡牘の分析的考察の要點を示し、その結果、得られたところの知識の一端を述べることにする。

三　簿籍簡牘の古文書學

最初に、簡牘の簿籍のサンプルを一つ示すことにする。

史料1

1　始建國二年五月丙寅朔丙寅、橐他守候義、敢言之。謹移莫當燧守御器簿一編、敢言之。

2　●橐他莫當燧始建國二年五月守御器簿。

3　驚□□石　深目六　大積薪三
4　□□三糒九斗　轉射十一　小積薪三
5～21（省略）
22　●橐他莫當燧始建國二年五月守御器簿。　（E.J.T37:1537～1558）[9]

これは一九七二年から七四年にかけて發見された居延新簡中の一册書で、全部で二十二枚の簡牘から成っていたが、發見された時點では紐が切れてばらばらになっていたものを入念に集めて愼重に復元したものである。[10] 復元したこの册書を、われわれは「橐他莫當燧守御器簿」とよんでいる。

ここで論を進める前に、漢代の居延地方の軍事組織、具體的には漢代張掖郡下の統治組織の概略を少し說明しておく必要がある。

從來の研究によって明らかにされたところによると、漢代、河西四郡の一つ張掖郡においては、張掖郡の統轄者である張掖太守のもとに軍政系列として北の居延と南の肩水とに都尉府を置いてこれを二大軍事基地とし、各都尉府の下には數箇の候官を配置し、候官の下には更に部、そして燧を置いた。都尉府の長官は都尉である。都尉は一郡の軍事の最高責任者であるが、張掖郡のような邊境の郡では一郡に複數の都尉（部都尉）が任命され、官秩は太守につぐ比二千石であった。都尉には次官として丞があり、その下には閣下、諸曹の掾史がいたほか、武官として司馬、千人などがいた。このような組織を有する都尉府が郡における防衛の後方基地であるとするならば、防衛の最前線に位置したのが燧や部であった。[11] 燧は燧長一人に戍卒二～三名で構成され、このような燧のいくつかを束ねる組織として部が置かれ、所轄の中核となる燧に候長と書記の候史が配置されていた。いずれも有事の際には直ちに後方の基地に傳達するという重要な使命を帯びて勤務についていた。この最前線の燧や部と、後方の地の都尉府との中間に在って燧や部を統轄し、都尉府からの命令を前線に傳え、前線の狀況を都尉府へ報告する任務を擔った機關が、候官であった。居延漢簡によると、居延地方では現在までのところ北の居延都尉府の下には殄北候官、居延候官、甲渠候官、卅井候官の四つの候官があり、南の肩水都尉府の下には槖他候官、廣地候官、肩水候官の三つの候官が存在したことが知られている。これら候官の長官は鄣候または候と言い、官秩は比六百石であった。これは民政系統の縣令に準ずるもので、言わば候官は縣に、部・燧は鄕・亭・里に相當した。鄣候の下には次官の尉があり、さらに武官としては士吏、文官としては掾、令史、尉史、書佐などが各若干名ずつ配置されていた。これに戍卒を加えると、候官の規模はおよそ百名前後の構成であった。以上要するに、都尉府—候官—部・燧という一連の緊密な軍事組織でもって、匈奴に對する守備を固めていたのである。

そこで再び「槖他莫當燧守御器簿」に話をもどす。史料1のうち、簡2と簡22には、簡頭に●印があり、それにづいて「槖他莫當燧始建國二年五月守御器簿」とあるのは、この册書の標題簡、すなわちタイトルである。●印は標題などを明示するために使用されるものである。槖他とは槖他候官のことで、これは先に述べたごとく肩水都尉府に所屬する候官の一つである。したがって、槖他莫當燧とは、槖他候官に所屬する莫當燧ということになる。また守御器簿とは、守備防衛に必要な設備、備品を記した帳簿を指す。すなわち、この簿書の標題は、槖他候官所屬の莫當燧の始建國二年（紀元一〇）五月の防衛に必要な設備、備品の帳簿という意味である。そして簡2と簡22の中間にはさまれた簡3から簡21には、設備、備品名とその數量が記されている。簡3の深目とは距離測定器、積薪は薪を積み上げたもので、これに火をつけて晝はのろし夜間は火によって信號を送るもの、簡4の轉射は弓弩の發射裝置を言う。つまり簡3から簡21までは守御器簿の內容を構成する部分で、標題に對して言わば本文に相當するものである。前章で、筆者が簡牘を集成したと言ったのは、實はこのような簿籍の内容もしくは簿籍の本文を構成する簡牘のことで、簿籍簡牘とよんでいるものである。このことからして、われわれは簡牘の簿籍は、標題簡とそれにつづく簿籍簡牘で構成されていたことを知ることができる。

ところで、この「橐他莫當燧守御器簿」で注意しなければならないことがある。それは守御器簿に更に一枚、すなわち簡1が附いていることである。簡1の意味は、「始建國二年五月一日附で、橐他候官の長官心得の義（人名）が上申します。謹んで莫當燧の守御器簿一編を送付いたします」というもので、具體的には簡2から簡22の守御器簿に附けて送ったところの送り狀である。しかも簡1は、官文書の書式からして橐他候官からの上行文書であるから、宛先は肩水都尉府であることは間違いない。したがって、莫當燧の守御器簿は橐他候官から肩水都尉府に送ったものであったことが知られる。そしてこの事實から、或る官署で作成した簿籍は、作成した官署に留めおくものではなく、送り狀を附して更に上級の官署へと送付したことを知るのである。なお史料1では送り狀である簡1を冊書の最初に置いているが、或は冊書の最後、史料1で言えば簡22の次に置いたものであったかもしれない。

さて、一般に古文書學では、文書とは差出人から受取人にたいして、差出人の意志その他を傳達する目的を持って作成されたものである、と定義する。すなわち差出人があり、受取人がいて、そして傳達する事柄の三つを備えることが、嚴密な意味での文書の條件である。このような古文書學の定義からすると、箇々の事項の記錄の集積である簿籍そのものをもって、これを文書だと言うことはできない。しかしその簿籍も、そこに送り狀が附くことによって、文書に變わるのである。と言うのは、先の「橐他莫當燧守御器簿」で言えば、簡2から簡22までは守御器簿という簿書であるが、これに簡1の送り狀が一枚附け加えられることによって、差出人は橐他鄣候心得の義、受取人は肩水都尉府もしくは肩水都尉、そして守御器簿は傳達する事柄となって、完全に文書としての條件を備えることになるからである。そしてこのことは、簿籍簡牘はたとえ斷片であっても、古文書學で言うところの文書として取り扱うことができることを示していると言える。われわれは、このような認識の上に立つことにより、簿籍簡牘を文書として扱い、したがって簿籍簡牘の古文書學的研究への道を開くことができるのである。

そこで、簿籍の標題簡や、簿籍の本文を構成する簿籍簡牘、それに簿籍の送り狀の簡牘全てを總合し、併せて簡牘の出土地點を考慮しながら、燧や部や候官では、いったいどのような簿籍が作成されていたかを考察するのであるが、ここではその結論だけを示すと、次のごとくである。(12)

（イ）燧、部、候官で作成する簿籍

吏卒名籍（官吏と戍卒の名簿）、病卒名籍（罷病した戍卒の名簿）、卒家屬在署名籍（戍卒の勤務場所に同居する家族の名簿）、吏卒廩名籍（官吏と戍卒の食糧支給名簿）、卒家屬廩名籍（戍卒の家族の食糧支給名簿）、廩鹽名籍（食鹽の支給名簿）、守御器簿（守備防衛に必要な設備、備品の記錄簿）、兵簿（兵器の記錄簿）、什器簿（日常生活用具類の記錄簿）、折傷兵簿（損傷した兵器の記錄簿）、被兵簿（官吏や戍卒の所有する兵器簿）、日迹簿（天田という表面を平らにした砂地の上の足跡の有無を毎日確認する勤務記錄簿）、日作簿（官署の戍卒全員の毎日の作業記錄簿）、卒作簿（戍卒個人の毎日の作業記錄簿）、茭出入簿（馬の飼葉の出納簿）などの他、標題簡が無いので名稱は不明であるが、煙や火や旗などによる信號の受け渡しの記錄簿や、また郵便の遞送の記錄簿がある。

（ロ）部と候官で作成する簿籍

吏受奉名籍（官吏の俸給支給名簿）、吏奉賦名籍（官吏の俸給支給名簿の一つ）

（ハ）候官で作成する簿籍

賜勞名籍（候官で秋に行う弓射の試驗で成績優秀により勤務日數を加算される官吏の名簿）、奪勞名籍（反對に弓射の試驗の成績が悪く、勤務日數を削減される官吏の名簿）、穀出入簿（食糧としての穀物の出納簿）、錢出入簿（現金の出納簿）、伐閱簿（官吏の功績の數と、勤務日數の記錄簿）の他、標題簡が無いので名稱は不明であるが、燧長の名簿、騎士の名簿、官吏や戍卒の債務を記した名簿、兵器や設備備品の出納簿、官吏の人事異動の記錄簿、文書を發信した記錄簿、また文書を受信した記錄簿、燧や部の官吏が候官に出頭した記錄簿、官吏や戍卒の罪狀と處罰の記錄簿などがある。

今、これらの簿籍を通覽するとき、燧や部や候官の各官署に共通して作成された簿籍として吏卒名籍、吏卒廩名籍、守御器簿そして日迹簿や作簿等のあることが注目される。吏卒名籍は當該官署の構成員の名簿であり、吏卒廩名籍はそれら構成員の食を賄う食糧支給名簿である。また守御器簿は既に述べたごとく守備防衛に必要な當該官署の設備、備品の記錄簿であり、日迹簿や作簿は當該官署に勤務する官吏や戍卒の勤務記錄簿である。この四種類の簿籍は官署の大小を問わず最も重要にしてかつ基本的な簿籍である。そしてこれらの簿籍の存在こそは、同時に官署の基本的な性格を如實に物語っていると言える。

これに對して、部や燧には見えないで候官だけに存在する簿籍、中でも例えば錢出入簿や穀出入簿、その他物品の出納簿等の存在は、候官が軍事基地としてのみならず兵站基地として重要な役割を果たしていたことを示すものとして注目される。

ところで、先にも述べたように、簿籍は作成した場所に留めておくものではなく、上級の官署へ提出するものであった。すなわち、部や燧で作成したものは候官へ、また候官で作成したものは都尉府へと送り狀を附して報告されたのである。その場合に、各段階の官署の報告で注目すべきことがある。それは先ず、部や燧で作成する全ての簿籍は、ことごとく候官に提出されたことである。例えば

史料2

丁酉卒六人　其一人養
　　　　　　一人病
　　　　　　四人伐葦百廿束

（三一七・三一）

史料3

第廿四燧卒孫長　治墼八十　治墼八十　治墼八十　除土　除土　除土　除土　除土＝除土

（六一・七＝二八六・二九）

右の史料2は、部における戍卒六人の或る一日の作業を記録したもので、その内譯は一人は養すなわち炊事當番、一人は病氣、殘四人は葦百二十束を伐ったことを記す。簿籍の種類でいえば日作簿に當たる。また史料3は、第二十四燧の戍卒で孫長なる者の毎日の作業内容を記録したもので、簿籍の種類では卒作簿の内容を構成する簡牘である。治墼は日干し煉瓦作りのことで、一日のノルマは八十箇であった。ちなみに日干し煉瓦は、長さおよそ三七センチメートル、幅一五センチメートル、厚さ一一センチメートルであった。除土は城塞の外壁に堆積した砂を取り除く作業である。すなわち史料3の簡牘は、戍卒の孫長は日干し煉瓦作りを三日、砂の取り除き作業に六日間従事したことを毎日記録したものである。このように史料2、史料3は、ともに部や燧における毎日の記録である。しかもこれら二枚の簡牘は、甲渠候官の遺址である破城子（ム・ドルベルジン）で出土しているので、これらは部や燧から候官に提出されたものであることは、明らかである。このように、部や燧における毎日の記録、言わば生の記録がそのまま簿籍として候官に提出されていることは、部や燧で作成する簿籍は全て候官に提出することを原則としていたことを示すものにほかならない。

これに對して次の段階すなわち候官から都尉府へは、部や燧が提出した全ての簿籍や、また候官が作成するところの全ての簿籍を都尉府に提出したかというと、決してそうではないと考える。その理由は、先に掲載したところの（ハ）候官で作成する簿籍を見ても、例えば文書の發信や受信の記録簿は控えとして候官に殘しておくべきものであり、また人事異動の記録簿も、もとは都尉府から送付されたものを保存したものであって、いずれも上級官署である都尉府に報告すべき性質のものではないからである。同様に、部や燧が候官に提出した簿籍について見ても、例えば何處そこの戍卒が何月何日にどのような作業に從事したということまで、候官がいちいち都尉府に報告したとは、到底考えられないからである。したがって候官は、部や燧の場合のごとく全部の簿籍を都尉府に送るのではなく、特別に重要なものでないかぎり、全て候官で整理集計した上で都尉府に報告していたと見るべきである。

右に見てきたようなこと、すなわち部や燧では生の記録を全て候官に提出し、候官では集計したものを都尉府に提出したということは、實はそれぞれの官署の規模の點からも説明ができる。と言うのは、部や燧の場合、兩者を合せて專門の書記といえば、いくつかの燧を統轄する部に配屬された候史が一名置かれているだけである。このような状況では、生《なま》の記録（記録そのもの）をそのまま簿籍として候官に提出するのが精いっぱいであったに違いない。それに對して候官になると、複數の掾や令史や尉史から更に書佐までが配屬されており、文書を作成する態勢は萬全であった。そこで候官は、原則として候史が作成する部や燧のあらゆる生の材料の提出を求め、それを候官で獨自に整理し、集計して都尉府に上申したものである。したがって候官は、言うなれば行政文書を作成する最末端機關であったと見ることができる。これは、ただ單に簡牘の記事のみを追求していただけでは到底知ることのできなかった事實であって、簡牘を古文書學的に處理し、かつ簡牘全體を總合的に捉えて初めて解明できたことである。

四　簿籍制度と漢代の文書政治

ところで今まで見てきた漢代の様々な簿籍の作成は、實は上計制度に基づいて行われたものである。すなわち漢代の地方統治の組織である郡では、毎年九月の年度末に、但し邊境の郡では三年に一度の割合で、それぞれ郡の管轄區域内の戸數や人口數、農地面積、錢や穀物の收支、犯罪者の數等々を集計した集計簿を朝廷に提出することを義務づけられていた。これが上計制度である。この上計のために、郡では下部組織の縣に對して、各項を集計した簿書の提出を求めるのである。一方、漢の朝廷では、このような郡の上計によって地方政治の實狀を把握すると同時に、地方長官の政治成績や能力を判定するわけで、その點、漢代の上計制度は極めて大きな政治的意圖のもとに施行されたものであった。しかし、漢代のそうした簿籍は、では一體どのような形をしていたのか、またどのようにして作成されたのかと言うことになると、史書では全く知ることができず、既に見てきたように居延や或は敦煌などにおける簡牘の發見によって、初めてその實體を知ることができたのである。

漢代の簿籍については述べることは多いが、行政という面からの關連で、ここでは特に簿籍の信頼度についてのみ、述べておくことにする。と言うのは、例えば『漢書』宣帝紀の黃龍元年（前四九）の詔に

方今天下少事、繇役省減、兵革不動。而民多貧、盜賊不止、其咎在安。上計簿、具文而已、務爲欺謾、以避共課。

當今、國に大事業はなく、それに伴う民の徭役勞働は減少し、また戰爭もない。それなのに民の多くは貧しく、盜賊は絶えないが、その原因は何處にあるのか。地方から毎年集計簿で報告してくるが、ただ帳面ずらをあわせるだけで、欺謾につとめ、それで以て自分たちの職責をのがれようとしているからに他ならない。

とあるように史書の記事の中には、往々にして簿籍に不正があり信用がおけないことを記しているからである。そこで果たして實際はどうであったかを、簡牘によって見ることにする。一例を擧げてみよう。

史料4

元延二年八月乙卯、累虜候長敞敢言之。官檄曰、累虜六石弩一傷右檽、受備以六石弩二、其一傷兩檽、一傷右檽、遣吏持詣官、會月廿八日。謹遣驩喜隧長馮音、持詣官、敢言之。　（一七〇・五A）

これは元延二年（前十一）八月二十六日附で卅井候官所屬の累虜候長の敞から卅井候官に宛てた上申文書で、上申の内容は

候官からの文書に「累虜部では六石（弩の強さを表す）の弩が一張あって右檽（弩の部分で、弓と臂との接觸部の左右）を損傷しているとのことである。しかし累虜に装備されているのは六石の弩二張で、一つは兩檽、一つは右檽を損傷している筈である。吏に弩を持たせて候官に出頭させよ。期日は今月の二十八日である」とありました。そこで驩喜隧長の馮音に弩を持たせて出頭させます。

というものである。これよりして、卅井候官では、累虜部が提出した簿書おそらく折傷兵簿を點檢していたことが知られる。このように部や隧が提出する簿籍に對して候官の嚴重な點檢の目が光っていたのであるが、同様に候官から都尉府に提出する簿籍に對しては、都尉府の嚴しい目が光っていた。

史料5

校甲渠候移正月盡三月四時吏名籍、第十二隧長宣史。案府籍、宣不史。不相應、解何。

甲渠候すなわち甲渠候官長の提出した正月から三月までの四時（三箇月）の吏名籍を點檢したところ、第十二燧長の宣は史（書記の有資格者）とあるが、府籍を調べたところ、宣は史ではない。府籍の記載と相違しているが、何と申し開きをするか。

（一二九・二二＝一九〇・三〇）

ここで府籍とあるのは都尉府の名籍のことであり、解何とは詰問を意味する官用表現である。すなわち史料5は、甲渠候官が提出した吏名籍の記載に誤りがあり、都尉府でそのことを指摘したもので、これよりして候官提出の簿籍は上級の都尉府で厳しくチェックされていたことを知るのである。

このように部や燧が提出する簿籍は候官で、また候官から提出する簿籍は都尉府でそれぞれ厳重な點檢が行われたわけであるが、その際に注目したいのは、他の簿籍との照合が行われていることである。先の史料4では、卅井候官には累虜部に兵器を支給した支給簿があり、累虜部提出の折傷兵簿をそれと照合した筈であり、また史料5では、甲渠候官提出の四時吏名籍に對して明らかに都尉府の吏名籍と照合されている。このことから、われわれは、照合すれば誤りや、ときには不正が直ちに發見できるような複數の簿籍づくりが常に配慮されていたことを知る。そしてその典型は史料2と史料3に見られる。この二つの史料によると、戍卒の毎日の行動は日作簿と卒作簿の二種類の作業簿に記録されるわけで、その徹底ぶりは、まさに驚異と言わざるを得ない。これは不正の多さがもたらした工夫なのか、それとも管理という面を徹底していくとこのような方法に辿り着くのか、筆者は多分に兩者の側面をもっていたと考えるが、いずれにしても不正やごまかしを、いささかたりとも見逃さないという態度を見て取ることができる。

さて、以上述べてきたところの簿籍の内容や制度は、漢代邊郡の軍事組織下における制度であって、本土の内郡においてもこの通りに實施されたのか否かは、明らかではない。しかし、簿籍を基礎とする上計制度は、内郡や邊郡を問わず全土に實施されたものであり、簿籍制度や籍簿を基軸とする文書政治の仕組みや精神は、地域や組織の相違などには關係なく同じであったと見るべきである。そして、この考えが許されるならば、注目すべきことがある。それは、候官が行政文書を作成する最末端機關であったと言うことである。すでに見てきたように、部や燧の作成する記錄がそのまま簿籍として候官に提出されているところから、部や燧で作成するあらゆる簿籍は全て候官に提出するのが原則であり、候官はそれを整理し集計して都尉府に報告するところの、言うなれば行政文書を作成する最末端機關であったと理解した。そしてこれは軍政系統での話であるが、今これを民政系統に當てはめてみると、候官に相當するのは縣であり、そうなると縣は候官と同じ機能を果たしていたことを推測させるのである。

漢代の郡縣制において、縣は直接に民と接し、地方行政の第一線に立つ官署であったことは言うまでもないことである。しかし、從來の史書の傳える史料などからすれば、地方行政の中核は郡とみなされて縣の影はうすく、ましてや縣の行政の實態となると、ほとんど知るところがなかった。軍政系統と民政系統との相違はあっても、政治の基本である文書政治という點では兩者の間に隔絕があろう筈はない。そこで候官で得た知識を縣に當てはめるならば、縣は候官と同樣に地方の最末端組織である鄕・亭・里に關するあらゆる簿籍を集めて統轄し、地方行政の第一線に立つ官署として重責を荷っていたと見ることができる。そして縣は、年度末になると鄕・亭・里の簿籍を整理集計し、獨自に作成した簿籍を行政文書として郡に提出するのである。郡では、それを集めて郡全體の集計簿を作成し、朝廷へ提出する。かくして地方は、簿籍を通じて末端にいたるまで中央につながることになる。これが簿籍を媒體とする漢の文書行政であり、縣こそは、その基礎となる行政文書を作成する最末端機關だったのである。

むすび

以上、漢代簡牘の出土狀況や簡牘の內容に始まり、特に歷史研究史料として價値の大きい敦煌や居延などの邊境出土の簡牘について從來の研究史を振り返り、從來の研究が餘りにも記事のみを重視していることを批判し、簡牘の古文書學的研究を行うべきであることを提唱した。そして居延漢簡の中でも數量の多い簿籍簡牘を取り上げて分析した結果、特に候官が行政文書を作成する最末端機關であったことを發見した。候官との關連で縣の機能にも觸れ、併せて漢代の文書政治の特徵の一端を明らかにした。これは、整理編集の手を經た史書などの文獻では勿論知ることはできず、第一等史料である簡牘によって初めて知り得たことである。しかしながら、その簡牘も、ただ單に記事のみを讀んでいたのでは全く知ることのできない領域であることを、特に強調しておきたい。

從來、われわれは簡牘の記事だけを讀んで、簿籍簡牘を單純に簿籍の內容を構成する簡牘、もしくはその斷片だと理解してきた。しかし、それは單に簿籍と言うだけではなく、下級官署から上級官署へ、具體的には部や燧から候官へ、そして候官からは集計したものを都尉府へと提出するところの報告書であった。したがって、簿籍簡牘は斷片といえども報告書の斷片であり、古文書學で言うところの文書であった。この視點に立つことによって、すなわち簡牘を古文書學的に處理することによって簿籍――それはとりもなおさず文書である――の作成の手續き、並びに處理の手續きを解明することができたのである。簡牘の原物を見ることのできない現狀では、完璧な古文書學を遂行することは不可能であるが、それでも簡牘の古文書學が重要かつ必要とされる理由は、ここにあるのである。

注

（1）Edouard Chavannes; *Les documents Chinois découverts par Aurel Stein dans les sables du Turkestan oriental.* 1 vol. Oxford 1913.
（2）羅振玉・王國維『流沙墜簡』京都東山學社、一九一四年。
（3）勞榦『居延漢簡考釋　釋文之部』石印本、四川南溪一九四三年。排印本、商務印書館、一九四九年。
（4）勞榦『居延漢簡考釋　考證之部』石印本、四川南溪一九四四年。排印本、中央研究院歴史語言研究所專刊之四十、一九六〇年。
（5）森鹿三『東洋學研究　居延漢簡篇』同朋舍、一九七五年。
（6）勞榦『居延漢簡　圖版之部』中央研究院歴史語言研究所專刊之二十一、一九五七年。
（7）Michael Loewe; *Records of Han administration.* 2 vols. Cambridge 1967.
（8）拙著「居延漢簡の集成一〜三」『東方學報』京都四六・四七・五一、一九七四〜七九年。同『居延漢簡の研究』（同朋舍、一九八九年）の第一章、第二章に所收。
（9）原簡の整理番號である。以下同じ。
（10）『文物』一九七八年第一期に掲載。
（11）從來いくつかの燧を束ねるものとしての部を候と稱していたが、居延新簡の發見によって、これは部と稱するのが正しい。拙著「甲渠第四燧出土簡の分析」（本書の第Ⅱ部第三章）を參照。
（12）拙著『居延漢簡の研究』第三章を參照。

〔補記〕三六一頁の史料4について。本木簡は、候官には所轄の烽燧に配備した備品簿があり、烽燧からの報告の際は、この備品簿と照合されたことを示す史料として引用した。しかし最新の寫眞技術による『居延漢簡（貳）』（中央研究院歴史語言研究所專刊之一〇九、二〇一五年）では釋文の「受備以」は明らかに「受降燧」である。その結果、候官が弩を持參するよう命じた理由が不明となり、照合した可能性もないわけではないが、しかし本文で説明したごとく本木簡をもって照合したとする史料にはならない。ここに記して訂正しておく。

第九章　圖書、文書

一　書籍

表題の圖は地圖などの圖、書は書籍、文書は書いたもの全般を指す。

漢代の書寫の材料としては、一般に木や竹の札（簡）および帛が用いられた。漢代の書籍も例外ではなく、おおむねこうした材料の上に書寫されたが、ただその場合に、簡の長さは書籍の内容によって長短がきめられていた。『儀禮』巻二四聘禮の賈公彥の疏に鄭玄の『論語』の序をひいて

　易、詩、書、禮、樂、春秋策、皆二尺四寸、[1]孝經謙半之、論語八寸策者、三分居一、又謙焉

と、すなわち『易』『詩』『書』『禮』『樂』『春秋』のいわゆる六經の書はいずれも二尺四寸の簡を用い、『孝經』は謙（へりくだる）してその半分の一尺二寸、『論語』はさらに謙して三分の一の八寸の簡を用いると見えている。漢代の一尺は王莽の新から後漢時代を通じて約二三センチメートルであり（以下漢尺とよぶ）、それ以前の前漢時代でも二二〜三センチメートル程度で殆んど變りない[2]。

従來、漢代の書籍の遺物としては『急就章』や『倉頡篇』とか、また醫藥關係の書籍の斷片が知られていたのに過ぎなかったが、戰後になって各地から經書や諸子その他の書籍が多數發見されるにいたり、この種の資料を增加するとともに、當時の書籍のもとの姿を知ることができるようになった。以下に木簡、竹簡、帛に書かれた書籍について

述べる。

（1）木簡の書籍

一九五九年、甘肅省武威縣磨嘴子の漢墓から『儀禮』が發見された[3]。この『儀禮』は假稱甲本、乙本、丙本の三種のテキストよりなり、甲本には「士相見之禮」「服傳」「特牲」「少牢」「有司」「燕禮」「泰射」、乙本は「服傳」、丙本は「喪服」の計九篇を存するが、比較的完全なのは甲本の「士相見之禮」一篇で、他は損失がかなりある。

先ず簡の材質および大きさについてみると、甲本は木で長さ五五・五～五六センチメートル、幅〇・七五センチメートル、厚さ〇・二八センチメートル、乙本も木で長さ五〇・五センチメートル、幅〇・五センチメートル、丙本は竹で長さ五六・五センチメートル、幅〇・九センチメートルである。漢尺の一尺約二三センチメートルで換算すると、乙本がやや短いほかは、甲本、丙本ともに大體二尺四寸で、先の文獻の記載と一致している。

今、比較的完全な甲本「士相見之禮」について見るに、これは全部で十六簡よりなる。ただ一部下端が切斷していたり、中途が缺如していたりして、實際に完全な簡は十三簡である（1圖右）。一簡の字數はおよそ六十字で、この場合六十字が規定であったらしい。各簡の下には丁數に相當する數字が一～十五まで附けられ、最後の簡の下には「●凡千二十字」とあって、丁數は記入されていない。この小さな●印は篇の題目の上にも附けられている。一般に篇の題目や尾題の上にこの●印が附けられることは、たとえば後述するように居延漢簡の中の帳簿の見出しや帳尻（尾題）の上に●印を附けるのと同類で、漢簡中に常に見られるところである。なお「士相見之禮」の本文中にはこれより大きな●印で文の變り目を示し、そのほかに「　」で文字の削除（第十一簡の「慈諹」）、文字の右下にレを附して句讀をあらわしている（第八簡の拜受の下）。全十六簡は紐で上下と中間に二箇所、都合四箇所で編綴されており、紐の通る部分は一字分だけ空白になっている。また第一簡の背面に「●第三」とあり、篇題の「●士相見之禮」は第二簡の背面に記されている。これは編綴した簡を終わりの方から内がわに巻いてきたとき、この部分が表となって内容がわかるように工夫されたものである（1圖左）。

なお丁數にあたる數字の表記が、四を亖、七を桼にしているところから、武威出土の『儀禮』は王莽時代に書寫さ

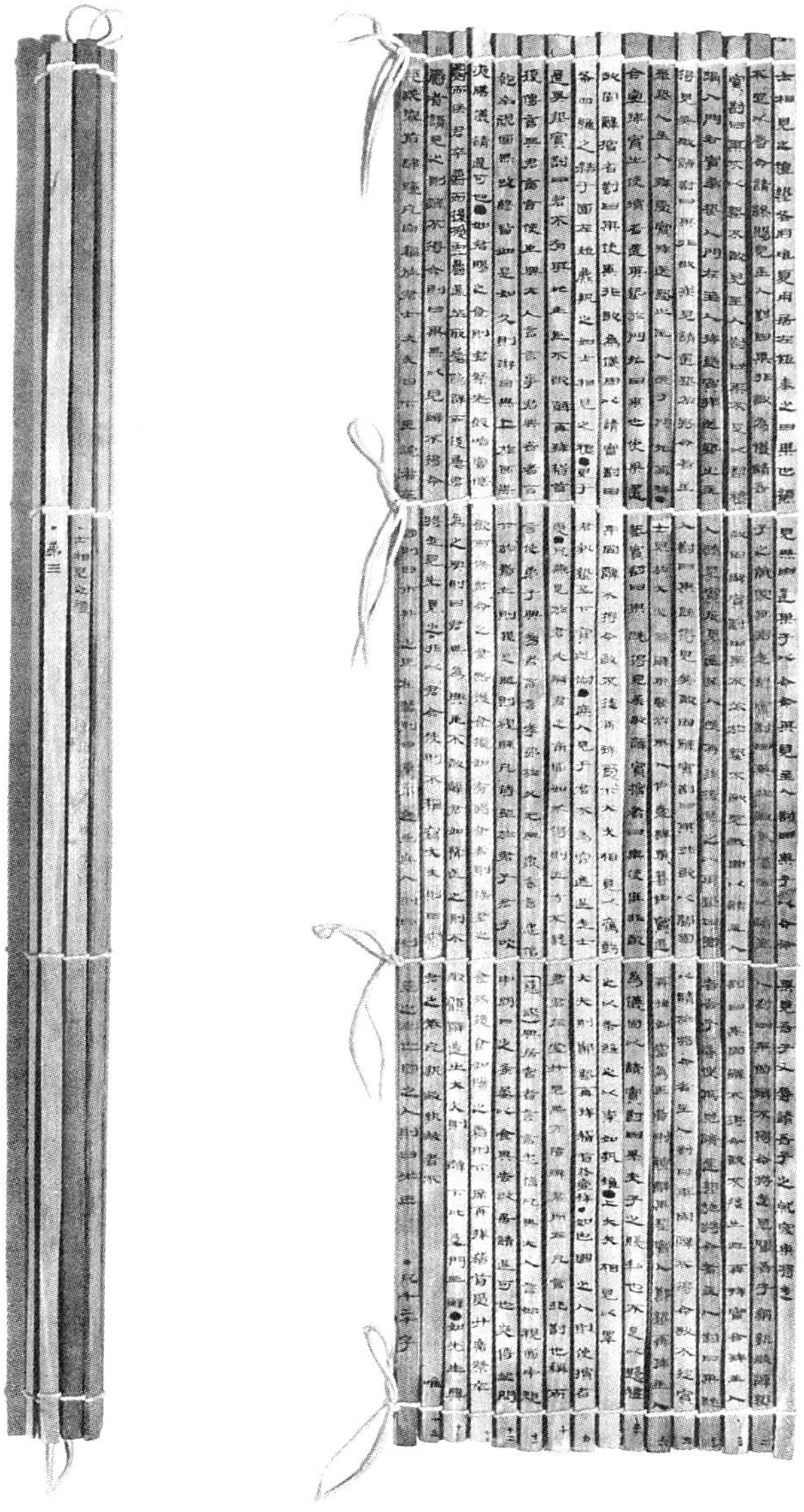

1　木簡の書籍（『儀禮』士相見之禮）復原圖　甘肅省武威磨嘴子
甘肅省博物館『武威漢簡』圖版一、圖版二

れたものと推定されている。[4]したがって先に述べた二尺四寸という長さは、正確に文獻の記載どおりであったことがわかる。

(2) 竹簡の書籍

竹簡に書寫された書籍としては、山東省臨沂縣銀雀山の一號漢墓から出土した『孫子兵法』『孫臏兵法』等がある。[5]いずれも長さ二七・三センチメートル、厚さ〇・一～〇・二センチメートル、幅〇・六センチメートルである。伴出する貨幣から、年代は漢の武帝の建元年間から元狩年間（前一四〇～前一一七）の頃と推定されており、漢尺でいえば長さは約一尺二寸である。一簡中の容字は三十七字前後で文中の「孫子曰」の上に●印を附したり、またゝで句讀をいれた部分もある。上下と中央の三箇所で編綴されたあとがあり、[6]中央部の紐の通る部分は一字分だけ空白になっている。ただ武威の『儀禮』に見られたような丁數にあたる數字は、ここには附けられていない。

なおこの兵法の書も、圖版を見ると篇題はその篇の本文がはじまる最初の簡の背面に記入されており、武威の『儀禮』と同じく各篇ごとに編巻されたものであることを知る。

これは直接には『孫子』の書籍とは關係ないが、近年中國でつぎつぎと木簡や竹簡が發見されるにつけ、それがいったいどのように保存されているかは大きな關心の的であった。わが國でも大量の木簡が出土し、奈良國立文化財研究所ではホルマリン液につけたり、また樹脂加工をほどこすなどしてその保存につとめているが、最近出版された『孫臏兵法』[7]には銀雀山出土の竹簡を長さ約三〇センチメートルのガラス管の中に一簡ずつ入れて密封している興味ある寫眞をのせているので、一言つけ加えておく。

（3）帛の書籍

帛に書かれた書籍も少なからずあったことは、長沙馬王堆三號漢墓から發見された遺物によって實證された[8]。この帛書の中には『老子』のほか『周易』、『戰國策』等が含まれているが、中でも量的に多いのは『老子』である。『老子』には甲本と乙本の二種類のテキストがあり、甲本は長さ二四センチメートル、乙本は四八センチメートルで、甲本は木の棒に巻いてあり、乙本は三十數層にたたんであったと言われる[9]。漢代の布帛は漢尺で幅二尺二寸（約五〇センチメートル）が標準であるから、乙本は大體帛の幅いっぱいを使用し、甲本はそれを半截したものである。帛書の中には罫のない部分もあるが、多くは〇・六～〇・七センチメートル間隔で朱の罫をひき、甲本では毎行三十數字、乙本は毎行六十字から七十字を墨書している。この罫の間隔は、木簡や竹簡の幅と同じで、帛書は罫をひくことによって、ちょうど木簡や竹簡を並べた恰好になっている。木簡や竹簡のように編綴する必要もなく、またかさばらないだけに利用されることも多かったとも言えるが、帛は高價であり決して一般的ではなかった。馬王堆三號墓から同時に出土した木牘に「十二年二月乙巳朔戊辰」の日附けがある。これは文帝の十二年（前一六八）で埋葬の年月日を記したものであるため、三號墓の一群の帛書は前一六八年以前に書寫されたことが知られる。

二　地　圖

布帛に書くことの利點は先に述べたとおりであるが、そうした特長を活かした利用法もまた當然生まれてくる。ことに繪畫する場合などはその例で、馬王堆漢墓から出土した彩色の帛畫はその代表的なものであるが、同様なものに地圖がある。

地圖は帛書の『老子』が發見されたと同じ長沙馬王堆三號墓から發見された(10)。內容は地形圖、駐軍圖、城邑圖の三幅で、いずれも帛の上に墨筆で描寫されている。

地形圖は現在では三十二片に分斷されているが、復元の結果、元來は九六センチメートル四方の正方形であった。二尺二寸の帛を二枚つぎ合わせて作ったものである。地圖の主たる包括範圍は、當時の長沙國の南部、すなわち湘江上流の一支流である瀟水流域から南嶺、九疑山およびその附近で、スケールはおよそ十八萬分の一を基準とし、當時の一寸を十里として作製されている。地圖は南が上で北が下になり、地圖上には山脈、河川、道路のほかに聚落が記入され、縣城は□、鄉里は○で表示されている。

駐軍圖(11)は出土當時、二十八片に分斷され、うち四片はとくに殘缺がひどかったと言われる。復元の結果、縱は九八センチメートルで地形圖と同じく、橫は七八センチメートルで、やや小さい。主要な範圍は瀟水流域で、スケールは八萬分の一から十萬分の一と大きく、南を上に北を下にして描かれている。言うなれば地形圖の部分擴大地圖である。地圖には山脈、河川のほかに、駐屯軍の配置、各防衛區域の界線、要塞の所在、聚落とその戶數及びその後の移動などが克明に記され、しかも河川は淡いこげ茶色、防衛區域を表す界線には紅色を用いるなど、黑色を含めて三色がつかい分けられている。また地形圖の場合は、文字はすべて南を上にして記入されているが、駐軍圖では文字の方向は一定せず、四方から見るのに便利なように記入されており、これが實際に作戰につかわれた場面を彷彿させて興味ぶかいものがある。殘る城域圖はまだ內容が發表されていないために全貌は明らかでないが、三幅とも前一六八年以前に製作されたもので、今日知られるところの中國最古の地圖である。しかも精度の點でも、また內容の點から見ても、後世のものと比較してほとんど遜色がなく、地圖作製技術の水準の高さは目をみはるものがある。

三　暦

木簡や竹簡を編綴して使用する特殊なものに、暦すなわちカレンダーがある。漢代の暦は、從來は敦煌や居延から出土したものが知られていたが、[12]一九七二年、山東の銀雀山二號漢墓から元光元年（前一三四）の暦が發見された[13]（2圖）。一番古い居延出土のものよりも更に六十年餘り古く、もちろん現存するものの中では中國最古の暦である。

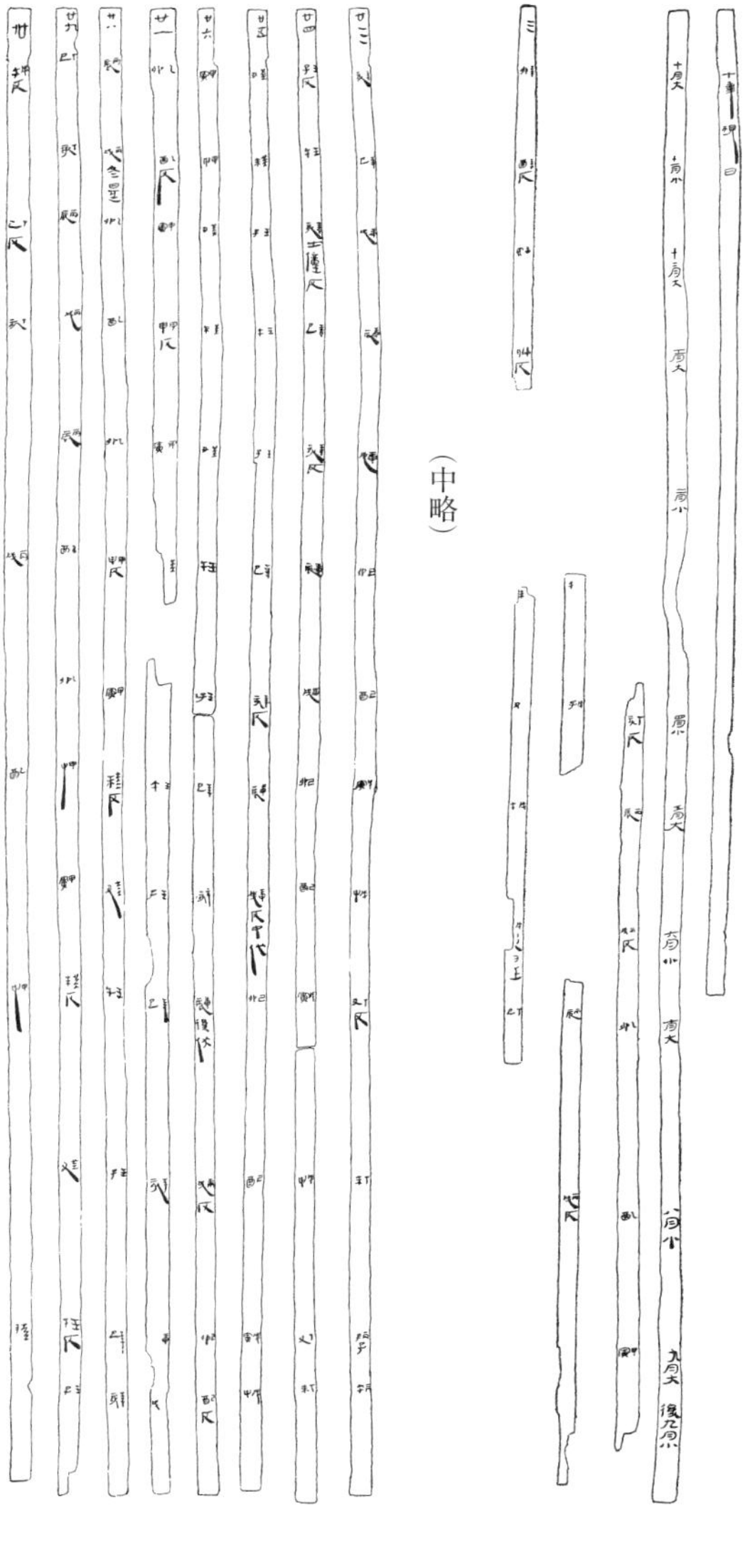

2　竹簡の暦　山東省臨沂銀雀山
陳久金等「臨沂出土漢初古暦初探」
（『文物』一九七四－三）

この暦は竹簡で、残缺の部分があるが、元來は三十二簡からなる。一簡の長さは六九センチメートル、幅は一センチメートルで、簡上に残された痕跡から紐で四道に編綴されていたことが知られる。先ず第一簡に「七年視日」とあるのは表題である。ここに見える七年とは日の干支から推して建元七年のことで、實際には改元されて元光元年になるが、この暦は元光改元の公布以前に作られたものと推定される。視日とは日時の吉凶をみることで、暦とは本來は日時の吉凶を知ることから作られたものと考えられる。ついで第二簡には、上から下にその年の十月から始まって九月まで閏月を含めて一年十三箇月の月が、月の大小とともに記される。そして第三簡から第三十二簡にはそれぞれ簡頭に一から三十までの日が書かれ、以下各簡には第二簡の月に對應する場所に當該月、當該日の干支が記されている。また干支の下には初伏、中伏、後伏のいわゆる三伏、臘、冬至、立春、夏至、立秋の諸節氣のほかに、禁忌の日とされる反支が記載されている。元光元年の暦は、このように縦軸の月と横軸の日の交叉によって、その日の干支がわかるようにし、また日常生活をする上で知っておかねばならない節氣や禁忌の日を記入して全體一目瞭然ならしめた一年の完全なカレンダーである。これと同形式の暦は敦煌や居延出土の木簡中にも多く見え、羅振玉はこの形式の暦を横讀式とよんでいるが(14)、いずれも損失部分が多くて銀雀山出土の暦ほどには完全でない。

なお敦煌や居延の木簡の中には、このほかにたとえば

六月

戊午一日　壬戌五日　丙寅九日　庚午十三日　甲戌十七日　戊寅廿一日
己未二日　癸亥六日　丁卯十日　辛未十四日　乙亥十八日　己卯廿二日　☒
庚申三日　甲子七日　戊辰十一日　壬申十五日　丙子十九日　庚辰廿三日
辛酉四日　乙丑八日　己巳十二日　癸酉十六日　丁丑廿日　辛巳廿四日

二九〇・一一　勞圖五八〇（一七・二×一・一cm）(15)

のように、一枚の簡の上端に月を記し、その下に一日から月の末日までの日と干支を記入した羅氏のいわゆる縱讀式とよぶものとか、また、

永光五年　正月乙巳朔大
二月乙亥朔小二日丙子春分
三月甲辰朔大十六日壬辰（戊？）立夏
四月甲戌朔小十三日甲寅立冬　五月甲辰朔小四日丁未夏至
六月癸酉朔大八日庚辰初伏十八日庚寅中伏廿一日癸巳立秋七月癸卯朔小八日庚戌後伏
八月壬申朔大八日己卯秋分
（以上正面）
九月壬寅朔小十三日甲寅立冬
十月辛未朔大
十一月辛丑朔小十日庚戌冬至
十二月庚午朔大十七日丙戌臘廿七日丙申立春己亥晦
（以上背面）
敦四二九（二三・一×三・一cm）[16]

のように一簡の表と裏にその年の正月から十二月までの朔日の干支と月の大小のほか、二至二分と伏臘の日の干支を記したものなどがある[17]。いずれも用途に應じて便利なように考案されたものである。

四　文書の體裁一般

簡牘の形式とか使用法などについては、王國維の「簡牘檢署考」に詳述されている。ここでは王氏の論考を中心に、遺物など若干の實例をあげながら、漢代の文書の體裁一般について述べることにする。

簡とは、その字のごとく本來は竹製のふだを指すことばであり、これに對して木製のふだは牘とか札とよばれ、簡

牘あるいは簡札などと熟して書寫材料全般を意味していたが、現在では一般に木簡ということばが、その意味に使用されている。ただし牘は特に幅廣の板を指して言う場合もある（二六九頁參照）。

簡牘の大きさは、たとえば書籍のところで解説したように書寫する內容によって長さが規定されているものもあったが、およそ長さ二三センチメートル、幅は約一・〇センチメートル、厚さ〇・二センチメートルが最も一般の形である。公文書や私文書などの文書類は多くこうした標準の簡牘に書寫された。二三センチメートルは言うまでもなく漢尺の一尺で、尺牘ということばは、ここからきている。

一枚の簡牘に書ける字數は一行で平均五十字前後、兩行すなわち二行書きにしても、せいぜい百字前後が限度である。したがってそれ以上の文字を書こうとする場合には、幅廣の板とか多面體の觚などを使用することもあったが、普通には簡を韋（なめし皮）とか麻紐などでとじ合わせて使用した。とじ合わせることを編といい、とじ合わせたものを冊とよぶ。冊の字は甲骨文や金文などで𠕁、𠕋と書かれるように、これは簡をとじ合わせた形の象形文字である。冊はまた策ともよばれた。とじる紐の本數は、長い簡の場合、たとえば武威出土の『儀禮』のような場合には上下と中間に二箇所都合四本というものもあるが、一尺の簡牘では二本の紐で上と下の二箇所を編綴するのが普通である。今日まで多數の簡牘が發見されているにもかかわらず、そのほとんどは紐が腐ってばらばらになり、冊書の形をとどめているものはごく稀である。幸いにも居延出土の木簡の中には廣地南部候から報告された永元五年六月から同七年六月までの兵釜磑簿が七十七簡の冊書で發見されたほか、[18] 3圖右（正面）、同左（背面）のような冊書が出土している。

永光二年三月壬戌朔己卯甲渠士史彊以私印
「行候事」敢言之候長鄭赦父望之不幸死癸巳
「予赦」寧敢言之
（以上正面）

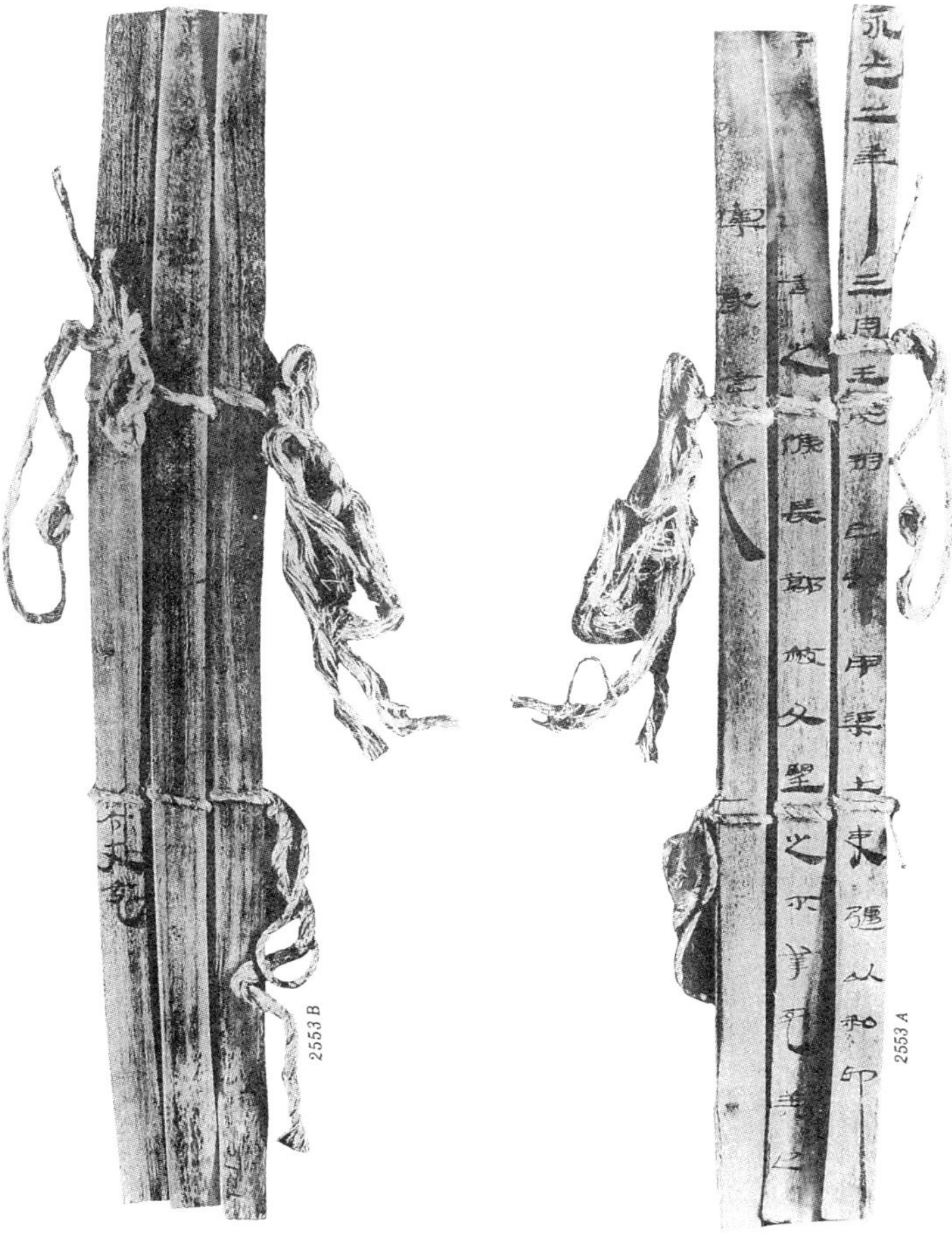

3　冊書（表裏）居延

中國科學院考古研究所『居延漢簡甲編』圖版一八二
甲二五五三

令史充

（背面）

五七・一　勞圖三八二　甲二五五三（各二三・八×一・〇cm）

これは甲渠候官の士史で候官長の代理をつとめる彊から上級官廳の居延都尉府に宛てた文書で、内容は候長の鄭赦の父が死んだために鄭赦に寧すなわち喪の休暇を與えることを上申したものである。背面に見える令史充の令史は候官に所屬する書記のことで、この文書を書記の充が筆寫したことを示している。これらの册書は、往時の册書の姿を今日に傳えてくれる貴重な資料である。

（1）檢、囊

さて文書類は、それが單獨の簡牘であれ、あるいは册書の形をとるものであれ、いずれにしてもそのまま送達されたわけではない。今日、それは封筒に入れて封をし、宛先を書いて送るように、漢代においても同様な方法がとられた。すなわち漢代の封緘法は、一般には簡牘の上に別に一枚の板をそえて縄で縛り、封印するというやり方であった。『古今注』下に

凡傳、皆以木爲之、長五寸、書符信於上、又以一板封之、皆封以御史印章

傳は木で作り長さは五寸、その上に符信を書いて更に別の一枚の板でふたをし、御史の印章で封印するとある。これは傳すなわち旅行者の身分證明書について述べたものであるが、當時の文書封緘の様子を傳えるものである。このように、上に一枚かさねてふたをする板を檢とよんだ。『釋名』巻六釋書契に

檢、禁也、禁閉諸物、使不得開露也

檢は禁で、物をとじこめて中が見えないようにするものだとあり、また『說文解字繫傳通釋』巻一一の檢の條に

檢、書函之蓋也

檢は書を入れる函のふただと言っているとおりである。王國維の「簡牘檢署考」には檢について

其與底同廣袤者、玉牒之檢是也、其廣同而袤少殺者、玉匱之檢是也、若石檢、則形勢全異、隨石磁之形而變通者也、此三（原作二）者、不必盡同、而其加於封物之上、刻數線以通繩、刻印齒以容泥、以受璽、以完封閉之用、別所同也

と言う。すなわち檢には玉牒の檢とか玉匱の檢、石檢など大小や形は相違するが、いずれも封をするものの上におき、繩の通る數本の溝を彫って繩をまき、印をおす部分（印齒、璽室ともいう）を凹まして粘土をつめ、その上に印璽をおして封を完全にする點では、みな同じであると解説している。こうした檢の實際は敦煌や居延出土の遺物の中に見ることができるが、それによると、印をおす部分を凹まし、その凹んだところに繩を通す溝が彫られている（5、7圖）。繩をまいた後、その上に粘土をつめて印をおして、はじめて封は完全になるのである。

ところでこのように文書すなわち單獨の簡牘や册を巻いたものは、その上に檢をかさねて封をするほか、文獻によると文書は今日の封筒にあたる袋すなわち嚢に入れることもあったらしい。『漢書』巻六五東方朔傳に

文帝集上書嚢、以爲殿帷

文帝は臣下の上奏文を入れた嚢を集めて宮殿のとばりを作ったとあるのが、それである。しかもその文書を入れる嚢は、發信者の身分によって色が定められていた。『漢書』巻九七下趙皇后傳に

中黄門田客持詔記、盛綠綈方底、封御史中丞印

中黄門の田客が詔書をたずさえるに、綠色の帛の方底に入れ、御史中丞の印で封印したとあり、また『獨斷』には

凡章表皆啓封、其言密事、得皁嚢盛

臣下の章とか表といった上書はみな封をしないが、密事を言上する場合には黒ぎぬの嚢を使用することができるとある。また衞宏の『漢舊儀』によると、天子の書は靑色の嚢に入れたと言われる。このように、詔書は綠色あるいは靑

色、臣下は黒色を用いるきまりがあったらしい。なおそのほかに赤や白の嚢もあったことは、『漢書』巻七四丙吉傳に吉の馭吏のことを述べて

駅吏邊郡人、習知邊塞發犇命警備事、嘗出、適見驛騎持赤白嚢、邊郡發犇命書馳來至

邊郡の出身であった馭吏は邊境に異變があればただちにそのことを報告し、警備體制をしくことを熟知していた。あるとき都の市中でたまたま早馬が赤と白の嚢を持っており、邊境で異變のあったことをしらせる書をたずさえて馳せてくるのを見た、という記事がある。こうした嚢は布帛で作られ、その形は先の趙皇后傳に方底とあり、顔師古の注に

方底、盛書嚢、形若今之算勝耳

方底は書を容れる嚢で、唐代の算勝すなわち官吏が算木などを入れる算袋のようなものだと言う。4圖は一九五六年

4　牘を持ち、書嚢を腰につけた司命像　山東省濟寧

山東省文物管理處等『山東文物選集』圖一九二

から五七年にかけて山東省濟寧縣で發見された漢代の石俑である。高さは三〇・一センチメートルで、左手に子供を抱え、右手には長方形のものを持ち、腕の下からも同じやうな長方形の形をしたものがのぞいている。孫作雲氏によると右手に抱える子供は『楚辭』の九歌の少司令の章に言う幼艾であることから、この像は司命神の像であるとして、次のように説明している。右手に持つ長方形のものには縦に五行に分けられ、上下には横欄があり、その外には雲文がほどこされている。この五行は王充の『論衡』效力篇に「五行の牘に書く」とある五行で、この長方形のものは版牘であり、したがって右腕の下に見えるものは書嚢に相違ない、と言っている。[19] この書嚢とよばれるものをよく觀察するに普通の袋と異って底が廣く角ばったもののようである。また唐の凌煙閣功臣像を見るに功臣の左の腰には長さ三〜四寸ばかりの底の四角い角ばった袋がぶらさがっている。これが顔師古の言う算袋と考えられるが、この算袋と司令神像の袋とは底が平で角ばった形がよく似ており、司命神像の右腕の下に見えるのは方底、すなわち書嚢と見てよいだろう。なお司令神像の場合、書嚢は帯で腰にさげられていたようである。現在のところ、これが漢代の書嚢の形制を知る唯一の資料であるが、長文の册書などは恐らくこうした形の嚢に入れられたものと思われる。そして嚢の口のところに檢をあて、檢の横溝に繩を通してしっかりと縛り、檢上の繩の上に粘土をつめ、その上に印章をおして封印するのは、すでに述べた封緘法と同じであったと考えられる。檢に彫られた繩をとおす溝は、檢の遺物を見ると二本ないし三本、むしろ三本が普通のようで（5、7圖）、そのことは先に引用した徐鍇の『說文解字繫傳通釋』の檢の條のつづきに

三刻其上、綴緘之、然後塡以泥、題書面印之也

と、三筋きざむと見えているとおりである。なお王國維の「簡牘檢署考」には、漢代に斗檢封とよばれるものがあったとして次のように述べている。

檢之爲制、存穹窿其背、作正方形、如覆斗而刻深其中、以通繩、且容封泥者、漢時謂之斗檢封、（中略）斗以言乎其形、檢以言乎其物、封以言乎其用

漢代には檢の背を隆起させて正方形のちょうど枡をふせたような形のものを作り、その部分に深く溝を彫り、繩をとおして封泥を入れるものを斗檢封と言った。斗はその形から、檢はその實物から、封はその使用からつけられた名である、としている。これは檢の背を富士山のように隆起させた形で、王氏はニヤ出土の檢[20]の形を參照して說明しているようである。敦煌や居延の遺物の中にはこれにそっくり該當するものは發見されていない。

（2）署

さて以上述べてきたような方法で文書の封緘が終ると、最後に檢の表に宛先を記入して文書の發送は完了する。この宛先を書くことを署と言う。『釋名』卷六釋書契に

書文書檢曰署、署、豫也、題所豫者官號也

文書の檢に書くことを署という。署とは豫えることで、豫えるさきの官號を上書きすることだ、とある。5～7圖は、いずれも居延出土の檢である。先ず5圖は

王彭印
甲渠官
四月乙丑卒同以來　□

一三三・四B　勞圖二〇七　甲七四三（一五・〇×二・八㎝）

甲渠官に宛てた文書の檢で、中央に大きく「甲渠官」と書くことが、すなわち署である。その下の左右に別筆で小さく「王彭印」「四月乙丑卒同以來」とあるのは、受取って開封する際に封泥の印影（この場合は王彭）と、この文書の到着した月日（四月乙丑）並に持參者名（卒の同）を記入したものである。こうして受取った甲渠官では封泥を確認し、

5

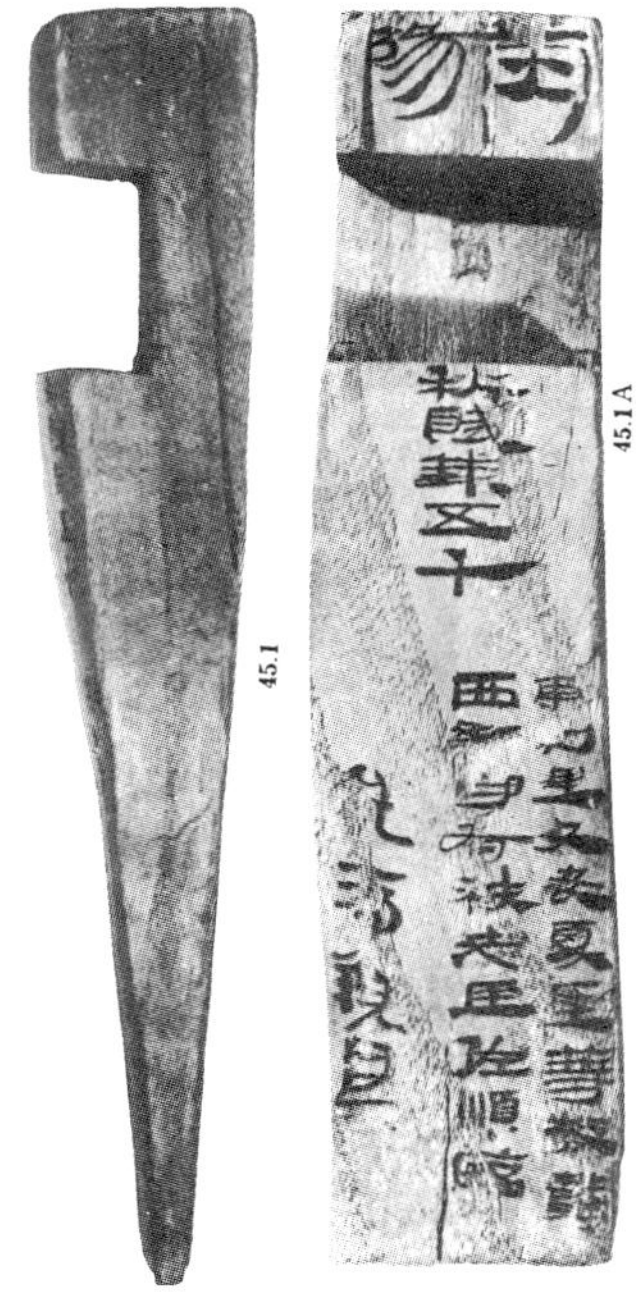

6

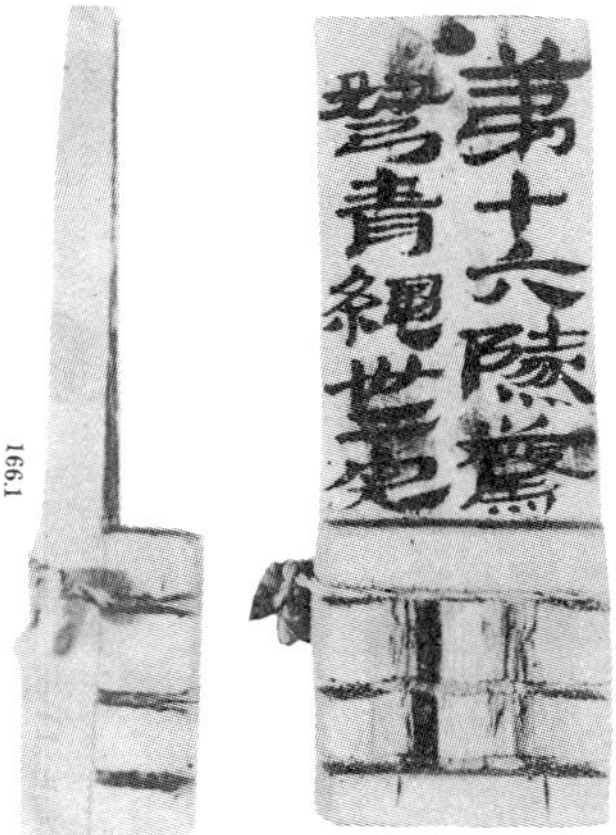

7

5　檢　居延

勞榦『居延漢簡』圖版之部
圖版二〇七

6　檢　居延

勞榦『居延漢簡』圖版之部
圖版四七〇、四九三

7　檢　居延

勞榦『居延漢簡』圖版之部
圖版四七九、四八二

縄を解いて中の文書を讀むわけである。

なおここで當時の居延における遞傳のしくみについて簡單に述べておく。居延出土の文書の検の中には5圖のように單に宛先だけを記したもののほかに、たとえば「甲渠官以亭行」「甲渠官燧次行」とか「甲渠官行者走」「甲渠候官亭次走行」「肩水候官吏馬馳行」と記入されたものがある。[21]「以亭行」とか「燧次行」とは、所定の亭や燧を順次に遞傳して目的地に届けよということを指示したもので、今日で言うなれば普通便である。これに對して「行者走」とか「吏馬馳行」「亭次走行」とあるのは、目的地まで早足か早駈けで急行するか或はまた亭燧をリレーしながらそのスピードをあげるかの違いはあるが、いずれにしても速達便と言うべきものである。このように郵便物は普通便、速達便の指示にしたがい、所定の亭燧を中繼して目的地に届けられるのであるが、その際に各中繼地においては中繼時刻と中繼者をいちいち記録することになっていた。

南書二封皆都尉章　詣張掖大守府　甲校　六月戊申夜大半三分執胡卒□受不侵卒樂
己酉平旦一分付誠北卒良

四九・二二＝一八五・三　勞圖一四二（二二・八×一・二cm）

南書とは、居延の地においてはエチナ河に沿って北の居延都尉府から南の肩水都尉府や張掖太守府に宛てた文書を言い、この逆コースを北書とよんでいる。この場合の郵便物は居延都尉から張掖太守府に宛てた封書二通で、そのことを上方に大書し、下に雙行で六月戊申の日の夜大半三分時に執胡燧の卒某が不侵燧の卒樂より受けとり、翌乙酉の日の平旦一分時に誠北燧の卒良に渡したことを記録している。この種の記録を郵書刺とか過書刺とよぶが、こうした記録の目的は先ず遞傳の途中に事故の起らないことを期するためと、同時にまた中繼には距離に對して所要の時間が定められており、中繼者の怠慢を防ぐためのものであった。中繼に所定の時間を超過したために詰問されたり、あるいは上級官廳へ呼び出しをうけたりしている例を、居延漢簡の中に見ることができる[22]。漢代のいわゆる文書行政なるものが、單に文書の形式的な往復ではなく、實際に細部まで嚴重な監視の目がゆきとどいていたことを示す一例である。なお郵書には「南書三封」とか「北書五封」「北書三封合檄板各一」といった記録がある。封緘された文書は單獨で郵送されるほか、同一方向のものは取りまとめて別の大きな袋に入れて遞傳されたもののようである。

次の6圖は

熒　　東利里父老夏聖等敎數?
□秋賦錢五千　　西鄉守有秩志臣佐順臨
陽　　從請親見　　四五・一　勞圖四七〇（一七・一×三・七㎝）

賦錢五千文の入った袋に附けられていた檢で、上段の熒陽とあるのは賦錢の發送地、下段には實際に賦錢を徵收した東利里の父老の名（夏聖等）と立會人の鄉の有秩や鄉佐の名（志臣、順）を列記している。この檢を側面から見れば（6圖左）、上が厚く下が薄い逆三角形の形をしていて、差し込むのに便利なように作られている。文書の袋に附けられた檢ではないが、袋の檢の例として擧げた。7圖は

第十六燧驚
弩青繩卅二完　□　　一六六・一Ａ　勞圖四七九（一一×三・六×二・三㎝）

第十六燧の弩の弓だめに使用する繩を送ったときに附けられた檢で、これは繩の現物の上に附けられたものである。

(3) 印

『釋名』巻六釋書契に

印、信也、所以封物爲信驗也

印は信で、封印してまことのしるしとするものだと言い、また『説文解字』九上に

印、執政所持信也

印は政治を行う者が所持するところのまことのしるしであると言っている。

漢代のように文書行政が高度に發達してくると、印のもつ比重が極めて大きくなり、官吏は官職印いわゆる官印を常に所持していなければならなかった。通常の官印は鑄造で、印面は二・二〜二・三センチメートル（漢尺の一寸）四方、高さは一センチメートル程度あり、これに鈕すなわちつまみが附く。鈕には龜の形をした龜鈕と半圓形をした鼻鈕があり、鈕に絹の帯狀の紐をとおして佩用していた。これを綬と言い、漢代の綬の長さは一丈二尺がきまりであった。以上は官印の一般的な知識であるが、實際には官印の材質とか綬の色は位階によって嚴重に定められていた。

天子の印を特に璽と稱したことは『説文解字』十三下に

璽、王者之印也、㠯主土、从土爾聲、籀文从玉

とあり、段玉裁の注に

王者所執則曰璽

王の執政の印を璽と言う、とあるとおりである。衛宏の『漢舊儀』に璽を説明して次のように言っている。

皇帝六璽、皆白玉螭虎紐、文曰皇帝行璽、皇帝之璽、皇帝信璽、天子行璽、天子之璽、天子信璽、凡六璽、以皇

帝行璽爲凡雜、以皇帝之璽賜諸侯王書、以皇帝信璽發兵、其徵大臣以天子行璽、策拜外國事以天子之璽、事天地鬼神以天子信璽、皆以武都紫泥、封靑布囊、（中略）秦以前、民皆佩綬、以金銀銅犀象爲方寸璽、各服所好、漢以來、天子獨稱璽、又以玉、群臣莫敢用也

要約すると、皇帝には六個の璽があり、いずれも白色の軟玉で作られ、鈕は螭と虎を形どる。先ず皇帝行璽の文字のある璽は日常一般に使用される。皇帝之璽とあるものは諸侯王に書を賜う場合、皇帝信璽とあるものは發兵の際、天子行璽とあるものは大臣を徵召するとき、天子之璽とあるものは外國に對して策命するとき、天子信璽とあるものは天地鬼神を祭る際にそれぞれ使用される。いずれも武都の紫泥（印泥）を用い、靑色の嚢に容れて封印する。秦以前では民はみな印をもち、好みによって金、銀、銅、犀角や象牙で一寸四方の璽を作っていたが、漢以後は天子の印だけを璽とよび、また軟玉製で、群臣は決して使用してはならなかった、と言う。

諸侯王以下、臣下の印綬については『漢書』巻一九上百官公卿表に見え、それによると、諸侯王は金の璽（金印）で萌黄色の綬、相國・丞相・太師・太傅・太保・太尉・左右前後將軍は金の印で紫色の綬、御史大夫のほか比二千石以上は銀の印で靑色の綬、比六百石以上は銅の印で黑色の綬、比二百石以上は銅の印で黄色の綬であった。なお後述の『漢舊儀補遺』によると、二千石以上は龜鈕、以下は鼻鈕とある。また有秩嗇夫などの下級官吏は通常の官印の半分の大きさの印を使用した。これを半通印または半通とよぶ。居延漢簡の中には、これを小官印と稱した例がある。

〼元年十一月壬辰朔甲午肩水關嗇夫光以小官印兼行候事敢言之
〼出入簿一編敢言之　　甲一一二五A（二〇×二・二cm）

肩水候官から帳簿を送ったことを報告した上行文書で、このとき肩水關嗇夫の光が小官印を以て肩水候官長を兼務し

たとあるのが、それである。なお居延漢簡の例では、印と章とは明かに使い分けられている。

書二封　其一封居延都尉章　〼
　　　　一封居延令印
一三二・二八　勞圖一四八（九・五×一・〇㎝）

これは受信日簿とでも言うべきものの斷簡であるが、居延都尉は章、居延縣の令は印とある。全般に居延漢簡の中では太守は章、縣令以下は印、都尉の場合は一、二を除いてほとんど章が用いられている。このことは『漢舊儀補遺』に

二千石、銀印龜鈕、文曰章、千石・六百石・四百石、銅印鼻鈕、文曰印

二千石は銀印で龜鈕、印の文字に章と言う、千石以下四百石までは銅印で鼻鈕、印の文字に印と言うとあることを裏づけている。

以上の官印に對して、個人の印を私印と言う。私印は官印よりやや小さく、一・五～二センチメートル（漢尺の約八分）四方のものが多い。鑄造で普通には姓名を彫るが、單に名や字《あざな》だけのものもある。私印はもともと個人の用に使われるものであるが、ときには官印の代りに用いられることもあった。ただし官文書に私印を使用する場合には、そのことを明記する必要があった。そうした例は居延漢簡の中に多く見ることができる。たとえば

甘露四年七月甲子甲渠候長充以私印行候事敢言之府移在農右
二六七・二〇　勞圖二六八　甲二四二二（二三・四×一・一㎝）

甲渠候官から居延都尉府に回答した上行文書の一部で、日附につづいて甲渠候長の充が私印を以て甲渠候官長の職を代行したと明記している。したがってこの場合の文書の封泥には充の私印がおされたはずである。5圖の王彭とある

のも私印で、恐らく王彭が別の職を兼務か代行していた際の文書の検と推察される。

五　官文書

（1）下行文書

下行文書の筆頭は、皇帝の下す命令の書である。蔡邕の『獨斷』によると、皇帝の下す命令には策書、制書、詔書、戒書（戒敕）の四種類があったとして、次のように説明している。

策書、策者簡也、禮曰、不滿百文、不書於策、其制、長二尺、短書字之、其次一長一短、兩編、下附篆書、起年月曰、稱皇帝曰、以命諸侯王三公、其諸侯王三公之薨於位者、亦以策書誄謚其行而賜之、如諸侯之策、三公以罪免、亦賜策、文體如上策而隸書、以尺一木兩行、唯此爲異也

制書、帝者制度之命也、其文曰制詔三公、赦令贖令是也、刺史太守相劾奏、申下土、遷文書、亦如之、其徵爲九卿、若遷京師近臣、則言官、具言姓名、其免若得罪、無姓、凡制書、有印使符、下遠近皆璽封、尙書令印重封、唯赦令贖令、召三公詣朝堂受制書、司徒印封、露布下州都

詔書者、詔誥也、有三品、其文曰告某官某、如故事、是爲詔書、群臣有所奏請、尙書令奏之、下有司曰制、天子答之曰可、若下某官云云、亦曰詔書、群臣奏請、無尙書令奏制之字、則答曰已奏、如書本官下所當至、亦曰詔、

戒書、戒敕刺史太守及三邊營官、被敕文曰、有詔敕某官、是爲戒敕也、世皆名此爲策書、失之遠矣

要約すると、策書の策は簡のことで、禮に百字未滿のものは策に書かないとある。策書の形は長さ二尺または半分の一尺の簡を交互に並べ、上下で編綴し篆書する。年月日を明記し、「皇帝曰わく」と稱して諸侯王や三公に命ず。

また諸侯王や三公が現職で逝去した場合にも策書を賜わって生前の功徳をたたえて謚する。諸侯を封じたり、三公を罪で免職するときにも策書を賜うが、この場合は隷書で書くのと一尺一寸の簡に二行書きする點で、一般の策書と相違する。制書は、皇帝が制度を下すもので、「三公に制詔す」という文ではじまる。大赦令とか贖罪令などがそれに當たる。刺史や太守の對立する意見を裁定したり、全國に布令したり、文書を下達する場合にも制書が用いられる。また徵召して九卿に任命したり、京師の近臣に遷任する場合とか、またそれらを免官する場合も制書を用い、任命の時は姓名を書き、免官の時は姓を書かない。制書を下す際には先ず璽で封印し、更に尙書令の印で二重に封印するが、大赦令と贖罪令だけは三公を召集して朝堂において授け、司徒の封印のみで璽では封緘しないで州郡に下す。詔書の詔は、上より下にさとし告げることである。三種あり、「某官の某に告ぐ、故事の如くせよ」と言う場合は、詔書である。群臣が奏請し、尙書令が取次いで奏上し、皇帝はこれを受けて當該官に下すことを制といい、裁可することを可という。「某官に下して云云」という場合も詔書である。また「本官は當に至る（用う?）べき所に下せ」とあるのも詔書である。戒書は刺史や太守および邊境の軍の司令官に戒敕するもので、「詔あり某官に敕す」とあるものは戒敕である、と言う。

なお『釋名』巻六釋書契には

策、書教令於上、所以驅策諸下也

策は教令を書いて民を使役するためのものだと言い、同書巻六釋典藝に

詔書、詔、照也、人暗不見事宜、則有所犯、以此照示、使照然知所由也

詔書の詔は照である。人間は暗愚で事のよしあしがわからず、罪を犯してしまう。そこで詔書で明示し、とるべき道を明確に知らせるものだとし、また釋書契に

敕、飭也、使自警飭、不敢廢慢也

敕は飭すなわちいましむことである。みずから警飭して、決してすたれゆるむことがないようにさせるものだと解説している。

このように漢代、皇帝の命令には策書をはじめとして制書、詔書、戒書の四種類があり、ことに蔡邕の『獨斷』によると、その四種類ともそれぞれに書式や用途が異なり、また書寫される材料や書體のほか、命令書が降下される仕方などについても細かく規定されていたことが知られる。しかしながら、こうした『獨斷』の説明にもかかわらず、漢代のいわゆる制詔の箇々の具體例を知り、かつ分類することは甚だ困難である。と言うのは、先ず書寫される材料とか書體といっても、完全にオリジナルなものがほとんど殘っておらず、またそれが他に轉載されて殘っていても現存の文獻その他の資料には省略や改變があって必ずしも當時のもとの姿を忠實に傳えているとは言えないからである。したがって制詔と判定し、かつそれを分類しようとすれば、『獨斷』に引用されている若干の文言と、また命令の内容の両面から推していく以外に方法はない。中でも主要な手がかりになるのは文言である。これによって從來知られているものに、たとえば策書としては『史記』巻六〇三王世家にに見える武帝の三人の皇子を齊王、燕王、廣陵王に封ずる文があり[23]、制書としては『隷釋』巻六の中常時樊安碑の末に見える樊安に騎都尉の印綬を追贈する文[24]、および『隷釋』巻一五の費亭侯曹騰碑陰に見える曹騰に費亭侯の印綬を追贈する文などがある[25]。また『隷釋』巻一の孔廟置守廟百石卒史碑には孔子廟に廟を守る百石の卒史を置くことの上奏があり、それに對して「制曰可」と言う皇帝の裁可を得ている文は、詔書に分類されるものである。その他文獻および敦煌簡の中にも制詔の斷片と考えられるものが見出されるが、最近大庭脩氏によって居延から出土した漢簡中の制詔が整理され、その中に皇帝の命令が發布されて中央から地方の關係官廳へ傳達されていく過程を示す詔書の一册書が復元された[26]。8圖がそれである。

h　g　f　e　d　c　b　a

8　詔書　居延

a	勞榦『居延漢簡』圖版之部	圖版二九
b	同	圖版二一
c	同	圖版四二
d	同	圖版七〇
e	同	圖版二九
f	同	圖版二八
g	同	圖版二八
h	同	圖版二八

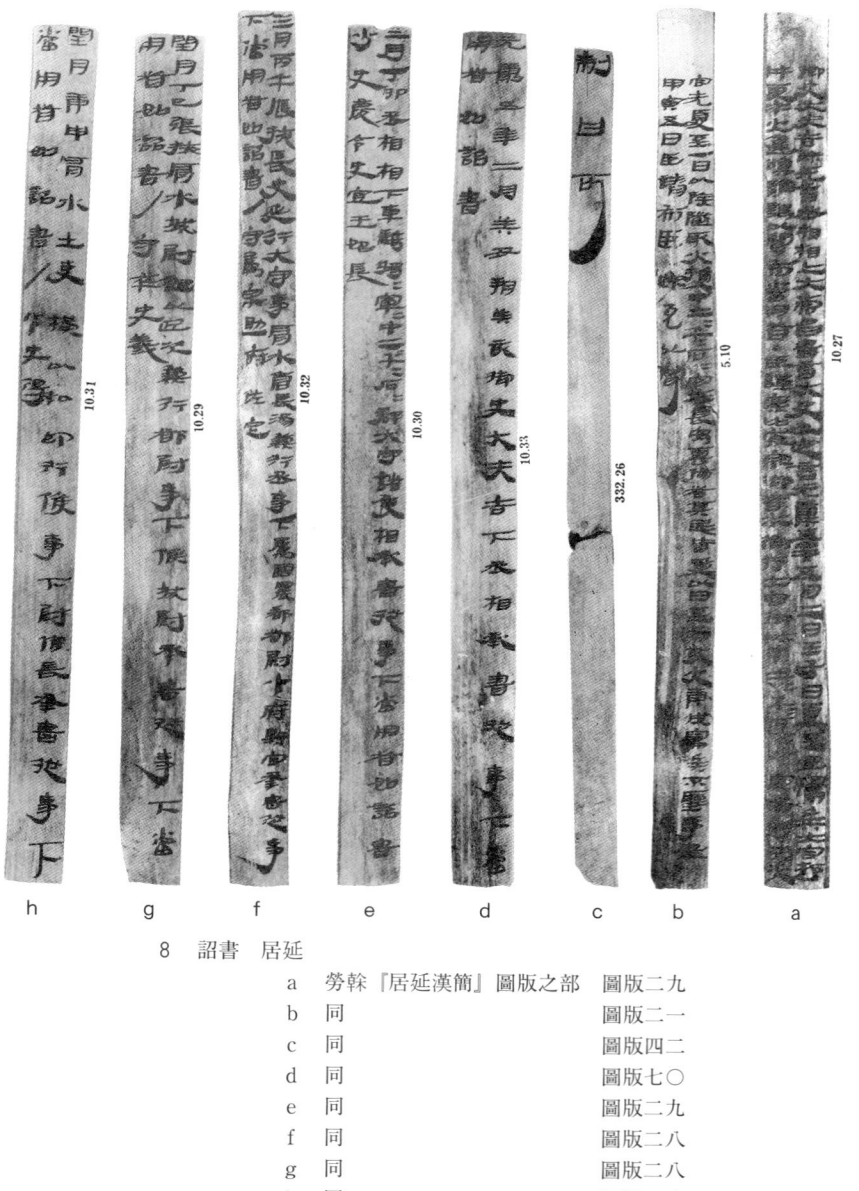

a　御史大夫吉昧死言丞相相上大常昌書言大史丞定言元康五年五月二日壬子日夏至宜寢兵大官抒井更水火進鳴鷄謁以聞布當用者●臣謹案比原宗御者水衡抒大官御井中〻〻千〻石〻令官各抒別火
一〇・二七　勞圖二九　甲九一（二四×一・七cm）

b　官先夏至一日以除隧取火授中二〻千〻石〻官在長安雲陽者其民皆受以日至易故火庚戌寢兵不聽事盡甲寅五日臣請布臣昧死以聞
五・一〇　勞圖二一　甲九二（二一・九×一・〇cm）

c　制曰可
三三二・二六　勞圖四二　甲一七二一（二三・三×一・七cm）

d　元康五年二月癸丑朔癸亥御史大夫吉下丞相承書從事下當用者如詔書
一〇・三三　勞圖七〇　甲九六（二三・五×一・七cm）

e　二月丁卯丞相相下車騎將〻軍〻中二〻千〻石〻郡太守諸侯相承書從事下當用者如詔書少史慶令史宜王始長史
一〇・三〇　勞圖二九　甲八九（二三・五×一・七cm）

f　三月丙午張掖長史延行太守事肩水倉長湯兼行丞事下屬國農部都尉小府縣官承書從事下當用者如詔書／守屬宗助府佐定
一〇・三二　勞圖二八　甲三四（二三・八×一・五cm）

g　閏月丁巳張掖肩水城尉誼以近次兼行都尉事下候城尉承書從事下當用者如詔書／守卒史義
一〇・二九　勞圖二八　甲八八（二三・三×一・八cm）

h　閏月庚申肩水士吏横以私印行候事下尉候長承書從事下當用者如詔書／令史得
一〇・三一　勞圖二八　甲九〇（二三・五×一・七cm）

aとbは御史大夫丙吉の上奏文である。前半すなわち●印より前の部分では、大（太）史丞の定が發議し、太常の蘇昌、丞相の魏相を經て丙吉に上られた意見具申書の內容で、そこでは元康五年五月二日壬子の日が夏至にあたるため、兵事をやめ水火を改めるなどの行事をおこなうよう關係諸官に布告されたいとの具申のあったことを述べ、ついで後半には丙吉が具體的に關係諸官が夏至の前日に水火を改めて民に授け、また庚戌より甲寅にいたる五日の間兵事をやめることを起案し、その布告を請う旨を上聞したものである。ｃは丙吉の上奏文に對する制可で、皇帝はその奏を可としたとある。したがってａｂｃの三簡は『獨斷』の「群臣有所奏請、尙書令奏之、下有司曰制、天子答之曰可、亦曰詔書」に該當するもので、全體として明らかに詔書の一形態である。ｄ以下は、詔書の執行を命じた下行文書で、御史大夫から丞相へ（ｄ）、丞相から張掖太守へ（ｅ）、張掖太守から肩水都尉へ（ｆ）、肩水都尉から肩水候へ（ｇ）、肩水候から所轄の候長へ（ｈ）と傳達され、その傳達の過程で詔書の寫しにこの執行命令書が一簡ずつ加えられていったものである。ｄ以下の木簡に共通して見られる、「承書從事、下當用者」とか「如詔書」と言った表現は命令の執行を命じた下行文書の慣用句で、命令の內容や性格にもよるが、一般には「如律令」と言った表現が多く用いられる。

この一連の木簡は肩水候官の遺址から發見されており、肩水候官の令史すなわち書記である得なる者によって書寫されたものと考えられるが、完全な詔書が當時の生の姿で發見された點、貴重な資料と言うべきである。なお一九五九年には『儀禮』の發見された甘肅省武威縣磨嘴子の別の漢墓（十八號墓）から木簡十枚に書寫された成帝建始二年（前三一）の制書、いわゆる王杖十簡が出土している。[27]

以上のほか『釋名』巻六釋書契には檄の名稱が見えている。すなわち

檄、激也、下官所以激迎其上之書文也

檄は激で、下官がその上の者を激迎するための書文だとある。この檄については畢沅が注して、戰國以來檄の名が見えるが、檄は下の者を諭したり、また官吏を辟したり徵したり、あるいは敵を威する際に用いられるもので、『釋名』のような例はないとする。これに對して王啓原は『後漢書』陳實傳、范丹傳などをひいて『釋名』に言うような例が全くないわけではないと反論している。『說文解字』六上に

檄尺二書、从木敫聲

檄は一尺二寸の書とあるように、檄とは本來は一尺二寸の木の札を指す呼稱である。中には『釋名』に言うような用い方もあったであろうが、思うに檄は普通史傳に見られるように官吏を召喚したり民を説諭する際に便宜用いられていたものが、後にはそうした書として一般化したものであろう。『漢書』巻五七下司馬相如傳に、相如が武帝の命をうけて巴蜀の民を説諭するために派遣されたときの檄文がのっている。それによると、冒頭に「告巴蜀太守」とあり、文の末には「檄到、亟下縣道、咸喩陛下意、毋忽」とあって、明らかに命令を下達する形式をとっている。

なお司馬相如傳の檄文は「告巴蜀太守」と告ではじまり、また『獨斷』の詔書にも「其文曰、告某官某、如故事」とあって告ではじまる。このように告とは命令を下達する文に用いられることばで、それは『釋名』巻六釋書契に

上敕下曰告、告、覺也、使覺悟知己意也

上の者が下の者に敕するを告という。告とは覺で、己の意をさとらせ知らしめるものだと言っているとおりである。木簡でも上級官から下級官への文書には「告」とか「敢告」という表現が用いられる。

二月戊寅掖張太守福庫丞憙兼行丞事敢告張掖農都尉護田校尉（以下略）

四・一　勞圖三八〇　甲一一（二二・六×二・六㎝）

張掖太守福と丞の憙の連名で張掖農都尉と護田校尉に宛てた下行文書の冒頭の部分で、「敢て告ぐ」と見える。また

七月丁酉官告不侵候長鳳謂不侵燧長昌　□□□〼

二七・一五　勞圖三三五　甲二一〇（二一・二×一・〇㎝）

は甲渠候官から不侵候長の鳳に宛てた同様な下行文書で「官告ぐ」とある。なおこの木簡の讀みは「七月丁酉、官、

不侵候長鳳に告ぐ、不侵熢長昌に謂う」と言うもので、下行文書における告と謂の用法を示している。すなわち、謂は一般に上下關係の明確な場合に用いられるが、同じ上下關係でも告は丁寧な表現に屬す。その他に移という語が用いられるが、これは同格の場合に使用される。

（2）上行文書

蔡邕の『獨斷』によると、群臣が天子に上書する場合に章、奏、表、駮議の四形式があったとして、次のように述べている。

> 章者需頭、稱稽首、上書謝恩陳事、詣闕通者也
> 奏者亦需頭、其京師官但言稽首、下言稽首以聞、其中有所請、若罪法劾案、公府送御史臺、公卿校尉送謁者臺也
> 表者不需頭、上言臣某言、下言臣某誠惶誠恐、頓首頓首、死罪死罪、左方下坿曰某官臣某甲上、文多用編兩行、文少以五行、詣尙書通者也、公卿校尉諸將、不言姓、大夫以下有同姓官別者、言姓、章曰報聞（中略）凡章表皆啓封、其言密事、得皁囊盛
> 其有疑事、公卿百官會議、若臺閣有所正處、獨執異意者、曰駮議、駮議曰、某官某甲議以爲如是、下言臣愚戆議異其非駮議不言議異、其合于上意者、文報曰、某官某甲議可
> 漢承秦法、群臣上書皆言昧死言、王莽盜位慕古法、去昧死曰稽首、光武因而不改、朝臣曰稽首頓首、非朝臣曰稽首再拜

要約すれば、章は需頭すなわち「皇帝」とか皇帝の命令である「制」の字が突出するように簡の上端を一定の幅で

空白にして殘す。文に「稽首」と稱し、上書して恩惠を謝したり意見を陳述する際に用いられ、宮中に參內して提出するものである。奏もまた需頭する。京師の官は文のはじめに「稽首」と言い、終わりに「稽首以聞」と言う。請願する場合に用いられる。それが罪法劾案であれば、公府に關わる場合は御史臺に送り、公卿や校尉の場合は謁者臺に送る。表は需頭しない。文のはじめは「臣某言」と書き出し、終わりは「臣某誠惶誠恐、頓首頓首、死罪死罪」で結び、左下に「某官臣某甲上る」と記す。文章が多ければ簡を編綴して二行書きにし、少ない場合は一枚の簡に五行書きにする。尙書を通じて上るものである。公卿や校尉、諸將は姓を言わず、大夫以下の者で同姓（名？）で官が異る場合には姓を言う。章は報聞（報告・上聞）すと言う。（中略）章や表はいずれも封印しないで開封のままであるが、密事を上書する場合には黑色の嚢に入れることができる。疑事があり、公卿百官が會議し尙書がそれを修正したとき、異る意見を主張する場合を駮議という。駮議は「某官某甲の議は是の如し」と述べ、終わりに「臣愚戇議異る」と言う。駮議でなければ「議異る」とは言わない。上の意に合する場合は文に「某官某甲の議可なり」と言う。漢は秦の法を繼承して群臣が上書するときはみな「昧死して言う」と表現する。王莽の天下では古法にしたがい昧死を稽首にかえた。光武はそれを踏襲し、朝臣であれば「稽首頓首」、朝臣以外の者は「稽首再拜」と言った、とある。なお『釋名』卷六釋書契に表を解說して

下言於上、曰表、思之於內、表施於外也

下から上に言うを表という。內なる意見を外に表すものである、としている。

群臣の上書は史書とか碑文等において見ることができるが、大部分はその一部であり、まして蔡邕の說明にあるような諸形式を完全な形で知ることは制詔の場合と同樣に困難を伴う。先の8圖の元康五年の詔書は、詔書の完全な形を傳えるものとして貴重であるが、同時に最初のａｂの兩簡はまた上書の原形を殘すものとして注目すべき資料であ

る。すなわち先ず兩簡とも簡頭に二字ないし三字分の空白があり、いわゆる需頭されている。また書き出しは御史大夫吉「昧死言」ではじまり、最後は「昧死以聞」で結ばれている。これは前漢時代であるから昧死が用いられたので、後漢では稽首の語が入るところである。しかも內容は請願であるから、『獨斷』に言うところの奏そのものであることが知られる。また孔廟置守廟百石卒史碑中の詔書に見られる元嘉三年（一五三）の司徒吳雄と司空趙戒連名の上書も「稽首言」ではじまって「稽首以聞」で終わり、かつ需頭されていて、石刻ではあるが奏の形をとどめているものである。また表の形式を傳えるものに『說文解字』一五下に附載された許愼の子許沖の『說文解字』を獻上する上書がある。冒頭に「召陵萬歲里公乘艸莽臣沖、稽首再拜、上書皇帝陛下」とあり、最後は「臣沖、誠惶誠恐、頓首頓首、死罪死罪、稽首再拜、㠯聞皇帝陛下」で結び、「建光元年九月己亥朔二十日戊午上」と記されている。『獨斷』に言うところの表の形式を傳えるものである。

このほかに木簡の中には一般に下級官廳から上級官廳に送った上行文書が多數發見されている。

9　上行文書　居延　勞榦『居延漢簡』圖版之部　圖版六七

10.34 A

元康四年六月丁巳朔庚申左前候長禹敢言之謹移戍卒貰賣衣財
物爰書名籍一編敢言之　　一〇・三四A　勞圖六七　甲九五A（二二・五×一・九㎝）

9圖は、その一例として擧げたものである。これは左前候長の禹から上級官廳である肩水候官に宛てた官文書で、內容は左前候所轄の戍卒が衣類その他を貰賣すなわち掛賣りした口述書のリストのつづりを送る旨、記されている。最初に年月と、朔日およびその日の日附を干支で書き、ついで發信者の官職名（左前候長）と名（禹）を書いて以下に要件を記すが、文中の「申し上げる」と書く箇所とか文章の最後に、「敢言之」という表現が用いられている。これは官文書の一つの慣用句で、上行文書に用いられる。下行文書に「如詔書」「如律令」が用いられたように、上行文書では「敢言之」と表現されるのである。『論衡』射短篇に

　郡言事二府、曰敢言之

郡から二府すなわち丞相や御史に上言する際には「敢言之」と言うとあるが、この表現は『漢書』王莽傳や孔廟置守廟百石卒史碑などのほか、敦煌、居延の木簡の中に多數の例を見ることができる。3圖もその一例である。なおそのほかに官に上申する文書及び口供書の類いに爰書とよばれるものがある。(28) 10圖はその一例で、

10　爰書　居延　勞榦『居延漢簡』圖版之部　圖版二九〇

　尉史李鳳
　　自言故爲居延高亭ゝ長三年十二月中送詔獄證觻得便從居延迎錢守丞景臨取四年正
　　月奉錢六百至二月中從庫令史鄭忠取二月奉不重得正月奉今庫掾嚴復留九月奉錢
　　不當留庫證所言　　一七八・三〇　勞圖二九〇　甲一〇二三（二二・八×二・一cm）

内容は、尉史李鳳が申し上げる。自分はもと居延高亭の亭長で、三年十二月に詔獄の囚人が觻得縣に證言に行くのを護送して同縣に出張し、出張先で居延からの送金により守丞の景の立會いのもとで四年正月の俸給六百錢を受取った。

その後居延に歸り二月中には庫令史鄭忠から二月の俸給を受取ったので正月の俸給は二重取りしてはいない。ところが今、庫掾の嚴復は私の九月の俸給を差押えているが、この差押えは不當である。以上證言する、と言うものである。この爰書の形式は、その文の最初は必ず「自言」で始まり、最後は「證所言」で終わるのを特徴としている。こうした爰書を集めて綴ったものが「自證爰書」とか「秋射爰書」とよばれる册書である。なお居延漢簡中の爰書を見ると、貸借關係において、取り立て不能を申立てたものの多いことが注目される。

六　簿

『釋名』巻六釋書契に

簿、言以簿疏密也

簿は〔物の〕疏密をしらべることだとある。簿は簿書とか計簿、一般に帳簿の類を言う。漢代、地方の官廳では毎年上計すなわち會計報告を行うことが義務づけられていた。(29)『續漢書』百官志の縣・邑・道・侯國の長官の條の司馬彪の本注に

皆掌治民、（中略）秋冬集課、上計於所屬郡國

地方の長官はいずれも治民の任に當たり、秋冬には官吏の治績をまとめ、會計を直屬の郡國に上るとあり、また劉昭の注に胡廣を引いて

秋冬歳盡、各計縣戶口墾田、錢穀入出、盜賊多少、上其集簿

秋冬の年度末には縣の戶口や墾田の數、錢や穀物の出納、盜賊の人數等を集計し、その帳簿を（郡國に）上ったとあ

る。郡國ではそれをうけて官吏の能否を考査する一方、所轄の各種帳簿をまとめて更に中央へ報告したものである。郡國からの報告は原則として毎年行われるが、邊郡では三年に一度行われた。そして中央では郡國からの報告にもとづいて地方官の治績を考課し、三年間の治績をみて殿最（功績の優劣）を決める仕組になっていた。漢は秦の制度をうけついで、會計年度は十月に始まり九月に終わる。中央への報告は冬十月と定められていたので、それにあわせて地方官廳では秋に各種帳簿の集計と整理が行われるのである。

敦煌や居延の木簡の發見は、こうした帳簿の生の資料を提供し、この方面の研究を著しく進展させた。また木簡を古文書學的に形態や様式から整理して各種帳簿の復元も行われている。その詳細はローウェ氏[30]および拙稿にゆずるとして、ここでは二、三の例を擧げて示すことにする。11圖は

33.9

11　穀出入簿（表題簡）　居延　勞榦『居延漢簡』圖版之部　圖版一七八

●甲渠候官建昭三年十月當食案及穀出入簿☑　三三・九　勞圖一七八　甲一九一（九・〇×〇・九㎝）

甲渠候官における建昭三年十月の食糧配給とそれに伴う穀物の出入を記した帳簿の表題簡である。邊境の軍事組織は都尉府（郡に相當）—候官（縣に相當）—候—燧からなり、これは候官が所轄の候や燧の十月分の帳簿をまとめて作成したものである。同様な木簡には

●甲渠候官甘露五年二月穀出入簿　八二・六　勞圖三二五　甲四六六（一四・八×一・三㎝）

●收虜倉河平元年七月穀出入簿▨　一三五・七　勞圖二〇四（六・三×一・〇cm）

がある。後者は倉庫における穀物の出納簿である。いずれも木簡の上端に黑印を附している。またこうした●印は後の帳尻に相當する木簡（12圖）にも附けられている。これは武威出土の『儀禮』の表題と尾題に見られるのと同じで、それぞれ表題簡および尾題簡を明示する符號である。またこれらの表題に示される帳簿はいずれも一月分をまとめて作られたもので、いわゆる「月簿」であるが、これを三月分まとめたものもある。たとえば

●甲渠候官陽朔二年正月盡三月錢出入簿　二八・一一　勞圖四四〇（二二・六×一・一cm）

これは穀物ではなく見錢の場合の表題であるが、甲渠候官の陽朔二年正月から三月までの三月分の見錢出納簿とあるのがそれである。このように三月分をまとめた帳簿を「四時簿」と言う。後述の楬の中に

肩水候官元康四年十二月四時雜簿　五・一　勞圖二一　甲二九（二〇・七×二・一cm）

肩水候官の元康四年十二月にまとめられた「四時雜簿」とあるのが、それである。雜とは集の意味で、雜簿とは集簿のことである。一年の帳簿はこうした「月簿」や「四時簿」に基づいて作成されるのである。

表題の後には帳簿の內容が記載される。たとえば穀物の場合では

入粟大石廿五石　十二月丁亥令史□受陽里王宣　▨　三三・三　勞圖一七七　甲二二五（一三・一×一・二cm）

出粟卅石　十二月以食卒十五人　▨　一六〇・八　勞圖二三〇　甲九四八（一六・三×一・一cm）

出粟廿石　　附吏卒□人□月食　　四六・二〇　勞圖四五二（二二・一×一・一㎝）

また見錢では次のような木簡がその內容を構成する。

入錢六千一百五十　　其二千四百受掾□　九百部吏社錢
　　二千八百五十受吏三月小畜計　　二五四・一　勞圖二九九　甲一二九七（二三×一・一㎝）

出錢百七十　買脂十斤　☐　　一三三・一〇　勞圖二一四　甲七五七（二三・五×一・一㎝）

出錢四千三百卅五　　糴得粟五十一石〻八十五　　二七六・一五　勞圖五二九（二二・九×一・一㎝）

そして帳簿の最後には12圖のような木簡がくる。

12　穀出入簿（尾題簡）　居延　勞榦『居延漢簡』圖版之部　圖版二三八

142.32A

●㝡凡粟二千五百九十石七斗二升少　　凡出千八百五十七石三斗一升
　　今餘粟七百卅三石四斗一升少　☐
　　校見粟得七百五十四石二斗　　一四二・三二A　勞圖二三八（一五×一・五㎝）

㝡凡の㝡は聚すなわちあつめることで、㝡凡とは總計、合計の意味である。上段にその期間に受取った粟の總量を記し、下段に支出した數量と殘っている量が記されるが、この例では計算上よりも殘りが餘分にあり、最後に實際の殘

りの量が記入されている。また

●凡入賦錢卅萬八千八十　〼　　二八五・二二　勞圖三七一　甲一五四九（一七×〇・八cm）

は見錢の總額を記したもので、凡とあるのは冣凡の凡でやはり合計の意味である。ここにあげた「●冣凡」「●凡」の木簡は言うなれば表題簡に對應する尾題簡と言うべきものである。

以上のように帳簿の形式は先ず表題があり、次には内容を記載した木簡がつづき、最後に尾題があって完全なものとなる。そして一月のもの、あるいは三月分をまとめたものなどが作成され、これが基礎となって年度末の上計が行われるのである。こうした帳簿類は、居延漢簡を見るに、ここに擧げた「穀出入簿」「錢出入簿」のほかには、たとえば兵器その他の備品の臺帳とも言うべき「守御器簿」、並びにその破損の状況を記録した「折傷簿」、戍卒の作業を記録した「作簿」、天田の見廻りを記録した「日迹簿」、吏や戍卒の所持する兵器等を記録した「被兵簿」、吏の功勞を記した「伐閱簿」、さらには馬の飼葉の出納を記した「茭出入簿」等々の多種多様な帳簿が作成されていた(31)。

七　籍

『釋名』巻六釋書契に

　籍、籍也、所以籍疏人名戶口也

籍は籍すなわち書きこむことで、人名や戶口を箇條書きにするものだとしている。いわゆる名籍の類である。また『說文解字』五上に

籍、簿也

籍は簿であるとあり、『史記』巻五八梁孝王世家の張守節の正義に

籍、謂名簿也

籍は名簿のことだと注をしている。漢代の名籍は、古く史書に見えるものとしては『史記』巻一三〇の太史公自序の司馬貞の索隠に引かれた『博物志』に

太史令、茂陵顯武里大夫司馬遷、年二十八、三年六月乙卯除、六百石

とある茂陵縣顯武里の爵は大夫の司馬遷が六百石の太史令に任命されたことを記す文や、あるいはまた先に引用した許愼の子許沖の『説文解字』を獻上する上書すなわち表の冒頭に

召陵萬歳里公乘艸莽臣沖、稽首再拜、上書皇帝陛下（以下略）

召陵縣萬歳里の爵は公乘の臣沖とある事例等が知られていた。いずれも縣、里、爵、姓名あるいは名の順で記載されており、漢代の名籍が「名縣爵里」とよばれるゆえんである。こうした漢代の名籍の具體例は、さらに今世紀に入って敦煌や居延の漢代木簡の發見によって多くの資料を加えることになった。

戍卒張掖郡居延昌里簪褭司馬駿年廿二　　二八六・一四　勞圖三〇〇　甲一五五八

これは戍卒の名籍で、張掖郡居延縣昌里が本籍、爵は簪褭で姓は司馬、名は駿、年齢は廿二とあるように、漢代の出土木簡に見られる名籍の通常の記載形式は先ず職官名を記し、ついで本籍地の郡國名、縣名、里名、有爵者の場合には爵位を記し、最後に姓名と年齢が記される。こうした箇々の名籍を編綴して作成されたものが「吏卒名籍」「戍卒名籍」「卒名籍」で、木簡の表題の簡に見られる名籍は名簿の意味で使用されている。

13〜15圖は戍卒の家屬の食糧配給名簿である。

13〼□□□年十一月卒家屬廩名籍　〼

　　妻大女君以年廿八用穀三石一斗六升大

　　子使女始年七用穀一石六斗六升大

　　子未使女寄年三用穀一石一斗六升大　●凡用穀五石

二七六・四　勞圖五二九（一八・三×一・二cm）

14執胡燧卒富鳳

一六一・一　勞圖二九四　甲九五五（二二×一・五cm）

15●右城北部卒家屬名籍　●凡用穀九十七石八斗　〼

二〇三・一五　勞圖一六〇（一九・九×一・三cm）

13の上端は殘缺しているが、下の方には卒家屬廩名籍すなわち戍卒の家屬の食糧配給名簿とあり、これは名簿の表題である。文字の見えない箇所および殘缺の部分には部署の名と年號、年數が入り、さらに簡の最上端には表題を示す●印が附けられていたはずである。14は表題につづく內容に相當する簡である。これは執胡燧の戍卒富鳳の家屬のもので、上段中央に燧卒名を書き、中段には家屬それぞれについて燧卒との續柄（妻、子）、性別年齡區分（大女、使女、未使女）、名前（君以、始、寄）、年齡と一月分の配給量が記され、そして下段には「●凡用穀」として燧卒を除く家屬全員の配給量の總計が記入されている。配給量の升の下に見える「大」とは大半のことで三分の二、「少」とは少半のことで三分の一を言う。なお性別年齡區分とは男女それぞれ年齡で區分された呼稱で、大男・大女とは十五歲以上の男女、使男・使女とは十四歲以下七歲以上の男女、未使男・未使女は六歲以下の男女を指す。この年齡區分は當時の人頭稅である算賦や口賦の納稅義務年齡と一致するものである。またこの種の木簡の發見によって食糧が支給される場合、性別と年齡により配給量が定められていたことが明らかになった。それによると一月につき大男は三石、大

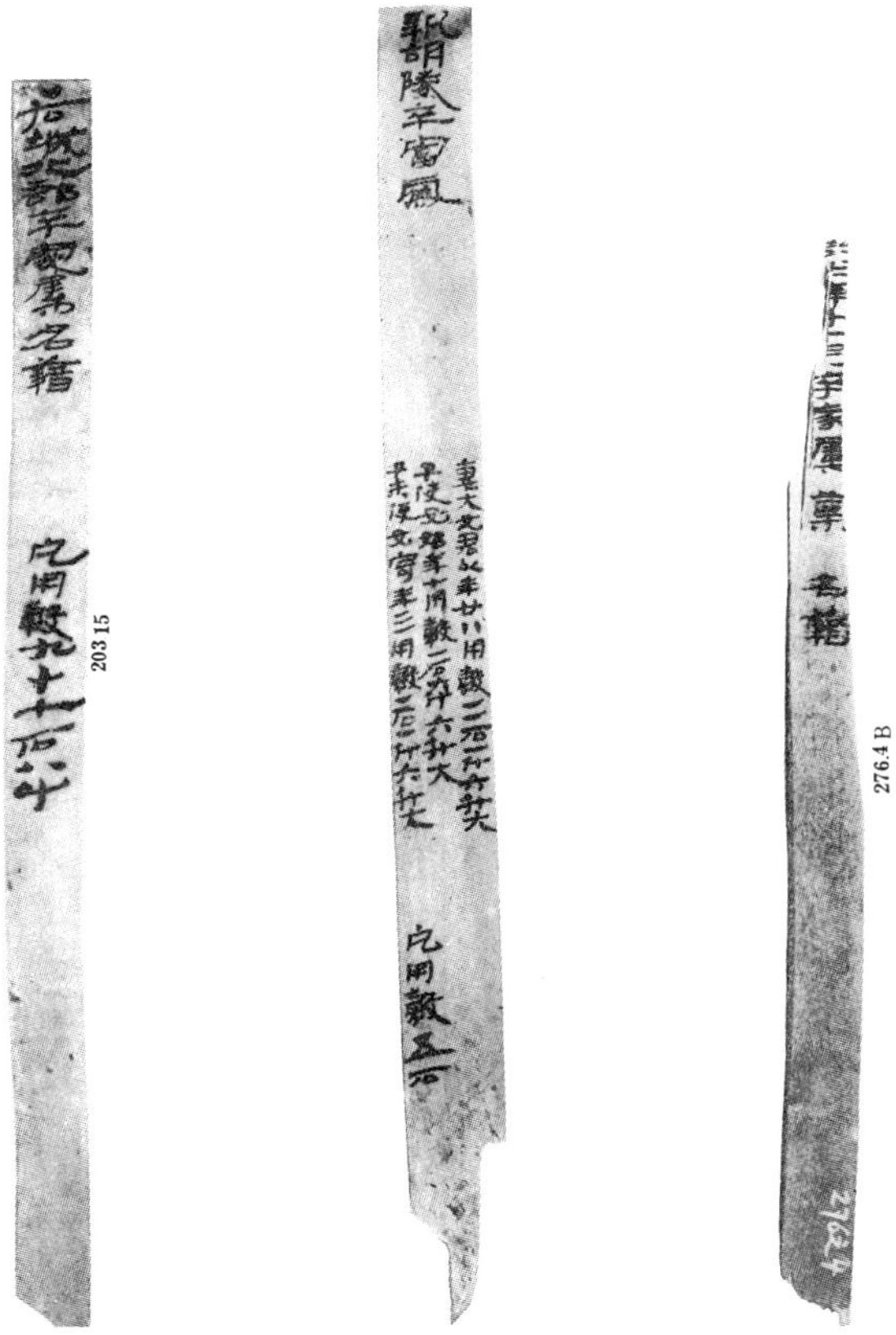

15　14　13

13　卒家屬廩名籍（表題簡）　居延
勞榦『居延漢簡』圖版之部　圖版五二九

14　卒家屬廩名籍　居延
勞榦『居延漢簡』圖版之部　圖版二九四

15　卒家屬廩名籍（尾題簡）　居延
勞榦『居延漢簡』圖版之部　圖版一六〇

女と使男は二石一斗六升大、使女と未使男は一石六斗六升大、未使女は一石一斗六升大であった。森鹿三氏の考證によると、14のような書式の簡はすべて大月の基準配給量が記入されていてこれは配給を申請するときのものであり、これに對して實際に配給濟みの場合には、

第四燧卒虞護　妻大女胥年十五
　　　　　　　弟使女自如年十二　見署用穀四石八斗一升少
　　　　　　　弟未使女算省年五
　　　　　　　　　　　　　一九四・二〇　勞圖三一五　甲一一一四（二二・七×一・二cm）

のように家屬各人の配給量の記載がなく、下段に「見署用穀」として一月の食糧の總量を記した形式の簡であったとされた。[32] 15圖は簡の上端に●印を附し、ついで右という字がきて城北部卒家屬名籍とあり、下にはやはり●印があって凡用穀九十七石八斗と總計が記入されている。城北部とは城北候所管のことで、この簡の意味は、右すなわち以上は城北候所轄の各燧の戍卒の家屬の名簿で、食糧として合計九十七石八斗を用う、と言うものである。簡頭に●印が附いていることからわかるように、これは13の如き表題に對應する尾題であり、帳簿でいえば帳尻に相當する、しめくくりの簡である。一般に「●右」ではじまる簡は、そうしたしめくくりの簡か、もしくは中間にあって一區切りをつけるものとして使用されるものであって、木簡の中に多數の用例を見ることができる。[33]

13～15圖の三簡は、書式の見本としてそれぞれ同樣式の木簡の中から比較的明瞭なものを選んで示したもので、この三簡が實際に同一の名簿内にあったものではない。しかしこの卒家屬の食糧配給名簿から知られるように、名簿とか、あるいはまた一般にリストと稱される類のものには、先ず13のような表題簡があり、ついで14のような内容の簡が幾簡か編綴され、その最後、時によっては中間にもおかれて、しめくくったり區切りをつける簡として15のような

「●右」の簡が附けられるのが一般であった。居延漢簡に見られる名簿の類には、「吏卒名籍」「卒名籍」「卒家屬廩名籍」のほか、吏卒の食糧配給名簿である「吏卒廩名籍」、吏の俸給名簿である「吏受奉名籍」「吏奉賦名籍」、秋射試験の成績により勞を賜う日數を記録した「秋射賜勞名籍」、あるいはまた「病卒名籍」とか「車父名籍」「驛馬名籍」等々があったことが知られている(34)。

八　辭　令

漢代の官吏は、秩萬石の三公を頂點に、秩二千石の高級官僚から百石以下の下級屬吏にいたるまですべて官秩によって差等がつけられていた。このうち二百石以上は中央から任命される長吏であるのに對し、百石以下の吏すなわち官廳の下級屬吏はそれぞれの長官が任命するもので、二百石と百石の間には大きな一線が畫されていた。また二百石以上の中央任命官についても、衞宏の『漢舊儀』上に

舊制、令六百石以上、尙書調拜遷、四百石長相至二百石、丞相調

前漢の制として六百石の令以上は尙書、四百石の長相から二百石までは丞相が敍任したとあり、六百石以上と四百石から二百石までとの間にも人事權の所在が異り、區別があった。こうした人事權の所在の違いは、また實際に官吏に任命する際の辭令の書式の上にも相違があった。漢代官吏の辭令については大庭脩氏の研究があり(35)、それによると三公を任命する場合には策書を用い、二千石以下六百石までは制書を用い、六百石以下二百石までは詔書を用いるのが原則であった。

これに對して官廳の長が任命する百石以下の吏の辭令は從來ほとんど知られていなかったが、居延出土の木簡によっ

てその一端を知ることができるようになった。

●狀辭居延肩水里上造年卌六歲姓匽氏除爲卅井士吏主亭燧候望通蓬火備盜賊爲職

四六五・四　勞圖一二八（二二・九×一・一cm）

簡頭に●印を附し、ついで狀の辭とあり、以下には縣里名（居延肩水里）、爵（上造）、年齡（卌六歲）、姓（匽氏）、除官名（卅井士吏）が記され、職務内容として亭燧の候望を主どり、蓬火を通じ、盜賊に備えるを職と爲すと記載されている。狀辭の意味は明らかではないが、匽氏を卅井士吏に任命した辭令もしくはそれに近いものと考えられる。[36] なおこのほかに居延出土の木簡の中には吏の敍任のことを記した次のような二形式の簡がある。

a居延甲渠止害燧長居延收陸里公乘孫勳年卅　甘露四年十一月辛未除　☑

一七三・二二　勞圖二七三　甲二四一二（一三・四×〇・四cm）

b脩行紀山里公乘范弘年廿一　今除爲甲渠尉史代王輔

二八五・三　勞圖三七〇　甲一五三四（二二・七×〇・九cm）

aは先ず官職名（居延甲渠止害燧長）を書き、ついで縣里名（居延收陸里）、爵（公乘）、姓名（孫勳）、年齡（卅）を記したあと、甘露四年十一月辛未の日に除せられたと敍任の年月日を記入している。bは縣里名（脩行紀山里）、爵（公乘）、姓名（范弘）、年齡（廿一）の記載はaの場合と同じであるが、下に甲渠尉史に任命されて前任者の王輔に代ったと記されている。なおbの書式の他の例では、現に官職についている者であれば本籍地の上に官職名が記される。aは敍任、bは人事異動の記錄で、「除書」とよばれる記錄簿の簿錄をなすものである。

九　證明書

（1）傳、棨

漢代では旅行者の身元を證明するものとして一般に傳とよばれるものがあった。『漢書』巻四文帝紀に

後置諸關、用傳出入

關所を設け、傳をもって出入するとあり、また『釋名』巻六釋書契には

傳、轉也、轉移所在、執以爲信也、亦曰過所、過所至關津以示也

傳は轉で、移轉先に持參して證明するものである。また過所とも言い、關津で提示するものだ、とある。漢代では專ら治安の維持と軍事上の必要から交通の要所に關所を設けて旅行者を取り調べることが行われ、ために旅行者は自己の身元を證明する政府發行の證明書（通行證）を携帶しなければならなかった。これが傳、あるいは過所とよばれるものである。

この一般に旅行者の身元證明書である傳には、また棨とよばれるものがあった。『說文解字』六上に

棨、傳信也

棨は傳信なりと言い、また『釋名』巻六釋書契には

棨（原作啓）、詣也、以啓語官司所至詣也

棨は詣で、關津の官司に申し出て詣るところのものだとある。漢代の通行證については大庭脩氏の詳しい研究があり、それによると棨には公用旅行者用のものと、私用旅行者用のものとの二種があった。(37) 16圖は棨の一例である。

16　棨　居延　勞榦『居延漢簡』圖版之部　圖一〇九

元延二年七月乙酉居延令尚丞忠移過所縣道河津關遣亭長王豐以詔書買騎馬酒泉
敦煌張掖郡中當舍傳舍從者如律令　／守令史詡、佐褒　七月丁亥出

一七〇・三A　勞圖一〇九（二四・〇×一・五㎝）

居延縣令の尙と丞の忠の連名で通過する關津の官に宛てた下行文書の形式をとり、內容は居延縣管轄下の亭長王豐が詔書の命令をうけて騎馬を購入するために酒泉、敦煌、張掖の三郡に出發するため、傳舍の利用と從者をつけることを命じた通行證である。下の守令史の詡と佐の褒とあるのは居延縣の書記の署名である。七月丁亥出とは、王豐が出發した日と考えられる。また傳舍とは各縣城に一箇所ずつ設けられた乘傳者の發着所で、そこには車馬や馬匹が用意されており、これを利用できるのは公用官務の者に限られていた。[38] したがって16圖の棨は公用旅行者の棨で、一般にその書式は、（1）日附、（2）所屬長官および次官名、（3）旅行者名と旅行の目的、（4）傳舍の利用および從者をつける資格のあることを示す文辭が記入されていた。

ただ16圖の棨は公用旅行者の棨であることには間違いないが、これが實際に使用されたものであったかどうかは疑問である。『漢書』卷一二平帝紀元始五年の條の如淳の注に

律、諸當乘傳及發駕置傳者、皆持尺五寸木傳信、封以御史大夫印章（以下略）

律に、すべて傳車に乗るものおよび車駕に先行する四馬の置傳の場合には、みな一尺五寸の木の傳信を用い、御史大

夫の印章で封印するとあり、公用旅行者の傳には一尺五寸（約三五センチメートル）の棨が用いられたことを知るが、16圖は長さ二四センチメートルの通常の木簡である。中央官廳の公用旅行者には一尺五寸を使用し、地方官廳の場合には一尺を用いたとも考えられないではないが、私見よりするに16圖の棨は實際に使用したものではなく、その寫しではないかと思われる。理由は、この簡の背面の上部に「居延令印」と記入されているからである。一般に木簡に「某々印」とか「印曰某々」と記されている場合は、たとえば検などがそうであるが、實際にそこに押印されたのではなく、封印された印の文字を寫して記入されたものであり、この場合もそのように解されるからである。しかしたとえ寫しであっても公用旅行者の棨の書式は、これで十分知ることができる。

右の公用旅行者の棨に對して、私用旅行の棨には、次のようなものがある。

永始五年閏月己巳朔丙子北鄕嗇夫忠敢言之義成里崔自當自言爲家私市居延謹案自當毋官
獄徵事當得取傳謁移肩水金關居延縣索關敢言之
閏月丙子觻得丞彭移肩水金關居延縣索關如律令　／掾晏令史建

一五・一九　勞圖一〇一（二二・一×二・一㎝）

この文書は北鄕の嗇夫忠から張掖郡觻得縣に對して書かれた部分と、それをうけて觻得縣の丞彭から肩水金關と居延縣索關に對して書かれた部分とからなる。內容は北鄕の義成里に本籍をもつ崔自當が居延に商いに出かけることを嗇夫忠に申請したので、嗇夫忠は崔自當が過去に罪を得て官獄に徵されたことがなく傳を取得する資格のあることを通過する肩水金關と居延縣索關に傳えていただきたい旨上申した。それをうけて觻得縣の丞の彭が律令の定めるところに準據して兩關に傳達することが記されている。すなわちこの種の文書の書式としては先ず前半には（1）日附、（2）旅行者の居住する鄕嗇夫名、（3）旅行者名と旅行の目的、（4）旅行者に前科がなく傳を取得する資格のあること、(5)目的地までに通過する關津名が書かれ、その文は鄉嗇夫が直屬の縣に宛てた上行文書の形式をとる。そして後半には(1)日附、(2)鄉の所屬する縣の丞の名、(3)旅行者が通過する關津名が書かれ、縣の丞が關津の吏に通達する下行文書の形式をとっている。これよりすると、民間人の私用旅行の棨は、鄉嗇夫の證明と縣の丞(副知事)の證認の形で縣から發給されたものであることが知られる。

そこで注目されるのは、一九七五年に湖北省江陵縣鳳凰山の一六八號漢墓から發見された牘である。[39] これは輪切りにした竹をさらに縱に割り、長さ二三・二センチメートル、幅四・一〜四・四センチメートルの竹牘に仕上げ、かつ表面を五面に面取りしたもので、その四面には次のような文章が書かれている。

十三年五月庚辰江陵丞敢告地下丞市陽五

夫〻(大夫)遂自言與大奴良等廿八人大婢益等十八人軺車

二乘牛車一兩騶馬四匹駠馬二匹騎馬四匹

可令(行)吏以從事敢告主

十三年は文帝の十三年で前一六七年である。江陵縣の丞から地下すなわち冥府の丞に宛てた文書で、内容は江陵縣市陽里の爵五大夫の遂が大奴の良等廿八人、大婢の益等十八人、軺車二乘、牛車一輛、騎馬四匹、駠馬二匹、騎馬四匹をつれて出發するにつき、地下の吏はきまりのごとく處遇せよというものである。興味ぶかいのは、この書式が遂の旅行の申請をうけて江陵縣の丞が地下の丞に傳達するという下行文書の形式をとっており、鄉嗇夫は出てこないが私用旅行者の棨の書式とほとんど同じ書式を用いていることである。この冥界への通行許可證が何を意味するのか、どのような思想的背景でもってこれが作成されたのかは將來の問題として、ここでは珍しい資料の發見されたことを附け加えておきたい。なおこの竹牘の發見された一六八號漢墓の副葬品の中には、比較的手のこんだ木俑四十六箇と木馬十箇が同時に出土していて、竹牘に記載された奴婢の人數および馬匹の數と一致している。

（2）　符

このほかに漢代には身元を證明するものとして符があった。『說文解字』五上に符を說明して

符、信也、漢制以竹長六寸、分而相合

符は信で、漢の制では長さ六寸の竹を用い、これを二つに割って、たがいに合するものだとあるように、一般に符とは一つの竹や木や銅の表面に文字を記し、それを二つに割って別々に所持し、必要のあるときは兩者を合わせ、その文字が一致すればそれで互いに信用をおくものである。漢代の符の主要なものは銅虎符と竹使符である。(40)『漢書』卷四文帝紀二年九月の「初與郡守爲銅虎符、竹使符」とある條の顏師古の注に應劭を引いて

銅虎符第一至第五、國家當發兵遣使者、至郡合符、符合乃聽受之、竹使符皆以竹箭五枚、長五寸、鐫刻篆書、第一至第五

銅虎符は第一から第五まであり、國家が發兵の際には使者をつかわして郡で符を合し、符が合致すれば命令をきくものである。竹使符は竹五枚で作り、長さは五寸、篆書を彫刻し第一から第五まである、と言い、また顏師古は

與郡守爲符者、謂各分其半、右留京師、左以與之

郡の太守と符をつくるとは、符をそれぞれ半分に分かち、右半分を京師におき、左半分を郡の太守に與えることだと注している。また『後漢書』列傳卷二一杜詩傳の杜詩の上疏の中に

舊制、發兵以虎符、其餘徵調竹使符而已、符策合會、取爲大信

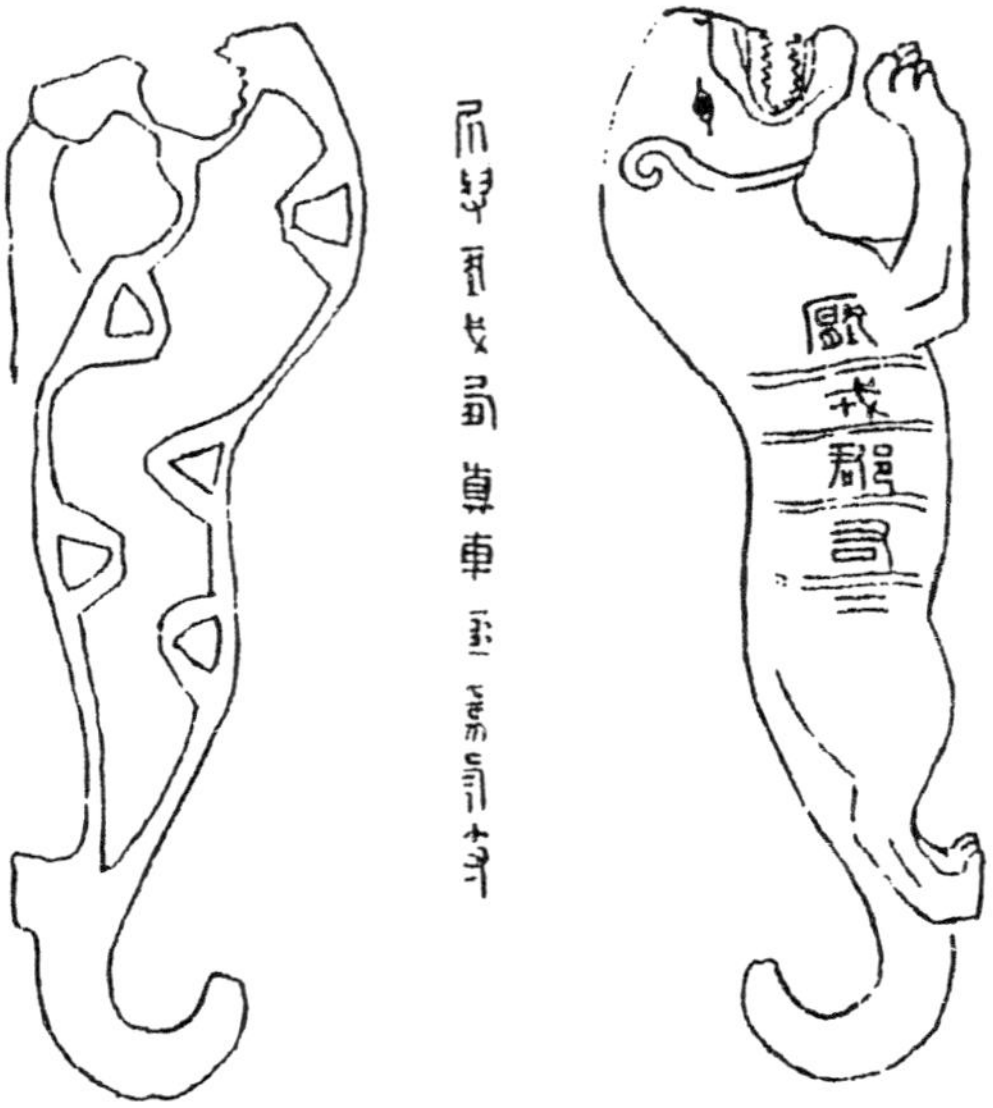

17　銅虎符　羅振玉『增訂歷代符牌圖錄』

前漢の制では〔郡國〕發兵の際には虎符を用い、そのほか糧食等を徵調する際には竹使符を使用し、符が合して信をおくものだと述べ、『釋名』巻六釋書契にも

符、付也、書所敕命於上、付使傳行之也、亦言赴也、執以赴君命也

符は付で、上に敕命を書き、使者に持たせて傳行させるものである。また赴とも言う、持參して君命をつげるものだ、と言っている。これらの記事によれば、朝廷と郡の太守のところにはそれぞれ銅虎符と竹使符があり、發兵すなわち軍隊動員のときには銅虎符、その他天子が郡の太守に命ずるときなどには竹使符が使用された。その際、使者は朝廷にある右半分を持參し、郡の太守のところにある左半分と合わせ、兩者が完全に合致すればその使者がにせ者でないことを證明する仕組になっていた。なお『續漢書』百官志によると、少府の屬官の符節令が朝廷におかれた銅虎符や竹使符の保管の任にあたっていた。

17圖は銅虎符である。右半分で全長一〇・二センチメー

トル。脊に

新與壓戎西道連率爲虎符

の十一字の右半分が記され、脇には

壓戎郡右二

の五字が見える。新は王莽の國名、連率は王莽時代の太守の呼稱である。壓戎の下の西道の二字は『小校經閣金文拓本』巻一四に西鎭と釋しているが、王國維「記新莽四虎符」（『觀堂集林』巻一八）では

隴西郡、莽曰壓戎、又其屬西縣、莽曰西治（原作次、以下同）、壓戎符脊文戎字下存二半字、似西道二字之半、此郡屬縣多以道名、疑莽之西治亦名西道也

隴西郡は王莽の時には壓戎と言い、其の屬縣の西縣は西治と言った。壓戎の符の脊の文字で戎の字の下の二字の半分は、西道の二字の半分に似ている。此の郡の屬縣には道の名のつくものが多く、王莽の時の西治も西道とよばれたのではなかろうか、と言っている。字形からして西道と釋するのがよいようである。また連率すなわち太守の文字の上に地名が二つ重なることについて、同じく王氏は

於郡下復綴一縣者、蓋莽以古之連率所統非一國、故於郡下復綴一縣、使若統二郡者、實則仍領一郡而已

郡の下に一縣名を並記したのは、王莽は古の連率は一國だけを統治するものではないとして縣を並べ記し、二郡を統治するかのようにみせているが、實際はやはり一郡だけである、と言っている。

竹使符については現在のところ遺物は發見されていない。ただ一九五七年に安徽省壽縣から「鄂君啓節」が發見された[41]。これは楚の懷王の六年（前三二三）に楚王から鄂君啓に對して發行された關稅免除の通行證で、銘文一六二字の舟節が一枚、銘文一四四字からなる同文の車節が三枚ある。注目されるのはこの舟節、車節の形である。舟節は長

さ三一センチメートル、幅七・三センチメートル、車節は長さが二九・六センチメートル、幅七・三センチメートルで、いずれもふしのある竹を割った形を青銅で模造し、五枚合すると圓筒になるように作られている。先の應劭によれば竹使符は第一から第五まで五枚あったとあるが、その形は「鄂君啓節」のように五枚で一組になり、それぞれを半分に割って使用されたものであろう。(42)

ところで銅虎符も竹使符も、いずれも二分したものを合わせて信をおく一種の割符であるが、こうした使用法はまた一般に旅行者の身分證明書である傳の中にも見られる。(43)『漢書』巻四文帝紀十二年三月の條の「除關、無用傳」の注に

張晏曰、傳、信也、若今過所也

傳は信で、今の過所のようなものだと言い、顔師古は

張晏是也、古者或用棨、或用繒帛

張晏の説は正しく、古は棨を用いたり繒帛を用いたりしたと言う。棨についてはすでに述べたところであるが、繒帛については同じ箇所の如淳の注に

兩行書繒帛、今持其一、出入關、合之仍得過、謂之傳也

一枚の繒帛に同文のものを二行に書き、二分して一方を旅行者、他方を關所におき合して同じものであることが確認されたら通過できる、これを傳と言うとある。またこの繒帛は別に繻とよばれた。『漢書』巻六四下終軍傳に軍が勉學のために故鄉の濟南から京師（都）へ旅をしたとき、關所の役人が繻を渡した。終軍がその使用を尋ねると役人は歸路のときに用いる傳だと答えた。すると軍は遊學する俺にこんなものは不要だと、繻を棄てて行ってしまったという有名な話がある。この繻に張晏は注して

繻、符也、書帛、裂而合之、若券契也

繻とは符のことである。帛に書き裂いてのち合するもので、券契のようなものだと説明している。また『後漢書』列傳巻一七郭丹傳に丹が師に従って長安に旅したとき、「符を買って函谷關に入った」とあり、李賢の注に『漢書音義』を引いて

舊出入關皆用傳、傳煩、因裂繻帛分持、後復出、合之以爲符信

もともと關の出入には傳を用いていたが、傳は煩わしいので繻帛を裂いて用いられるようになったとある。すなわち傳を簡略にしたものとして繻が用いられるようになったのであり、それは符すなわち割符の要領で通行證として用いられたものであることが知られる。また居延漢簡の中には通行證として用いられた木製の符券が出土している。すなわち

始元七年閏月甲辰居延與金關爲出入六寸符券齒百從第一至千左居官（延?）右移金關符合以從事　●第八

六五・七　勞圖一（一四・五×二・一cm）

居延縣と肩水金關の間で出入の六寸の符券をつくる。齒は百、第一より千に至る。左半分は居延におき右半分は肩水金關におき、符が合致すればきまりどおり通行を許可するとある。齒百とは符につけられた刻みのことであり、第一より千に至るとは符に記入されたナンバーである。この文書よりすると、居延（居延縣索關）から肩水金關を通過する者は居延にある左半分の符券を携行し、同様に肩水金關から居延に行く者は金關にある右半分を携行しなければならなかったことを示している。

大庭脩氏によると、符が通行證として效力を發揮するためには左右を合致させる必要があること、そのためには特

定の區間にのみ有效であることからして、旅行者の身もと證明であり通行證である傳のうち、棨は長距離旅行者に與えられ、これに對して符は一定の關所間に限って使用されたもので、繻は符の特殊なものであるとされている。(44)

一〇　私文書

(1)　券

漢代には、賣買などの際に作成される證書、證文もしくは契約書に券とよばれるものがあった。『釋名』卷六釋書契に

券、綣也、相約束繾綣以爲限也

券は綣すなわちつきまとって離れないことで、たがいにしっかりと約束して取りきめをすることだとあり、同書にはまた

莂、別也、大書中央、中破別之也

莂は別で、中央に大きく書き、まん中で破《さ》いて二つにすることだとある。畢沅はこれに注して

案鄭注周禮小宰云、傅別謂爲大手書於一札、中字別之、質劑謂兩書一札、同而別之、傅別質劑、皆今之券書也、事異異其名耳、然則券書固有二也、兩書一札、同而別之者、所謂相約束繾綣以爲限也、一札中字別之者、此所謂莂別也、大書中央破別之

鄭玄の『周禮』小宰の注に、傅別とは一枚の札の上に大きく字を書き、字のまん中から二分するもの、質劑とは一枚の札の左右に同文の文字を書いて二分するもので、傅別も質劑も漢代の券書である。作成方法が異なるので呼びかた

が異なるだけであると言っている。したがって劵書にはもともと二種類あり、一枚の札の左右に同文の文字を書いて二分するのが『釋名』に言う劵、一枚の札に大書した字のまん中から二分するのが同じく『釋名』に言う莂である、と述べている。また『說文解字』四下に

劵、契也、劵別之書、已刀判栔其傍、故曰書契

劵は契である。二分する書には刀で木札の傍に刻みを入れる、だから書契と言うとあるように、劵は木札を並べて側面に小刀で刻みをつけるものであったらしい。18圖の木簡の左側上部に刻みが見えている。いずれにしても附き合わせて證據とするものである。剳符を符劵と熟してよぶのも、符も劵もそれが同じ用法だからである。

また趙翼の『陔餘叢考』巻三三の「合同」の條には、中國の近世では二通の契約文書の末を合わせてその合わせ目に「合同」の二字を書き、各自が一通を所持して證據とすることを述べ、それが古法にもとづくものだと言っている。居延の木簡の中には兩簡にまたがって書いたとみられる「同」字の半分が見えるものがある。たとえば『居延漢簡』圖版之部二三三頁、整理番號八九・二一の簡、同じく圖版之部三七二頁、整理番號二八五・一四の簡がそれである。前者は甲渠臨木燧の備品の破損狀況を點檢した簡であり、後者は甲渠第廿燧の備品を記入したとみられる簡で、いずれもいわゆる符劵の類ではない。居延の木簡に見られる「同」字は恐らく木簡を結合する目じるしとして使用されたものと考えられるが、趙翼の言う「合同」の古い實例として注目される。

以上のように劵とは本來は雙方が所持する半分を後日たがいに附き合わせて證據としたものであったが、それがのちには證書、證文一般を指すようになった。漢魏六朝時代の買地劵すなわち土地賣買文書などが、その例である。土地賣買文書については仁井田陞氏の研究に詳しく述べられている(45)。書寫に使用された材料は玉、鉛、甎、石などであるが、漢代では鉛板が多く、三國以後になると甎が多くなる。先ずその一例を示す。

建寧二年八月庚午朔廿五日甲午河内懷男子王末卿從河南河南街郵部男子袁叔威買皋門亭部什三部西（正面）

袁田三畝畝賈錢三千一百并直九千三百錢即日畢時約者袁叔威沽酒各半即日丹書鐵券爲約[46]（背面）

（約二五・〇×一・〇cm）

これは建寧二年八月の鉛板の土地賣買文書である。買主は河内郡懷縣の王末卿、賣主は河南の袁叔威、賣地は皋門亭部にある袁の田三畝、一畝の値段は三千一百錢で總額九千三百錢、支拂と引渡しは即日完了した。立會人（時約者）は袁叔威、契約成立時の沽酒（酒宴の酒代）は折半とし、即日丹書鐵券を作成して誓約した旨が記されている。丹書鐵券とは、文字が消えないように鐵質に朱書した文書のことである。漢の高祖が功臣を封建した際の誓約書は有名であるが、一般の土地賣買文書においてもこの文辭が用いられるのみならず、實際に建寧二年八月の文書は朱字であったと言われる。この建寧二年八月の土地賣買文書はこの種の文書の一つの典型で、書式の體裁を知ることができる。すなわちその書式は（1）契約の年月日、（2）賣買の當事者とその住所、（3）賣地とその面積、（4）賣價、（5）賣買の始末、（6）時約人、時旁人（立會人）の名、（7）沽酒の件、（8）契約締結の文辭の順で記されている。

賣買文書はまた居延や敦煌の木簡の中にもいくつかの例がある。18圖は

18　賣買文書　居延　勞榦『居延漢簡』圖版之部　圖版一四〇

26.1

建昭二年閏月丙戌甲渠令史董子方買鄣卒歐威裘一領直千五百約至春錢畢已旁人杜君雋

二六・一　勞圖一四〇　甲一八七（三三・一×一・四cm）

甲渠令史の董子方が鄣卒の歐威から裘すなわち皮ごろも一着を買った文書で、値段は千百五十錢、春に支拂を完了する旨が書かれ、最後に旁人（立會人）杜君雋の名が記されている。すなわち書式としては（1）契約の年月日、（2）買い主の名、（3）賣主の名、（4）賣買物件、（5）賣價、（6）支拂の期限、（7）旁人の名の順で記載されており、先の土地賣買文書と比較して簡略ではあるがほぼ同一の書式が用いられている。この場合は、實際は掛け買いであるが、次の

七月十日鄣卒張中功貰買皁布章單衣一領直三百五十三候史張君長所錢約至十二月盡畢已旁人臨桐史解子房知券□

二六二・二九　勞圖三五四　甲一三七三（二二・八×〇・九cm）

は鄣卒の張中功が候史の張君長より單衣一領を貰買（掛買い）した際の文書である。値段は三百五十三錢、代金は半年先の十二月に支拂いを完了することが記され、あとに旁人の名が見える。書式は（1）契約の月日、（2）買主名、（3）賣買の物件、（4）値段、（5）賣主名、（6）支拂い期限、（7）旁人の名の順で書かれている。當時の居延の邊境地帶では貰賣、貰買すなわち掛で賣買することが盛んに行われ、「貰賣名籍」という掛賣りした者の名簿が作成されているほどである。19圖の

19　貰買文書　居延　勞榦『居延漢簡』圖版之部　圖版二六三

282.5

終古燧卒東郡臨邑高平里召勝字海翁　貰賣九稯曲布三匹〻三百卅三凡直千觻得富里　張公子所舍在里中二門東入任者同里徐廣君

二八二・五　勞圖二六三　甲二四一五（二二・五×一・一cm）

は「貰賣名籍」の内容にあたる簡で、終古燧の卒召勝が九稯の曲布を三匹、總額千錢で觻得富里の張公子に貰賣、保證人（任者）は同里の徐廣君とある。この書式は先の張中功の貰買文書と全く同じであるが、この召勝の簡には日附がなく、また海翁の下と張公子の上の二個所に紐をとおすための空白が殘されている點で實際の契約書とは異なることが知られる。

また居延出土の木簡の中には僅か八十錢の衣類の賣買についても證文が作成されている例がある。

本始元年七月庚寅朔甲寅樓里陳長子賣官絝柘里黄子心賈八十〼　九一・一　勞圖一二三（一四・一×一・三cm）

樓里も柘里も居延地方の里と考えられるが、樓里の陳長子が柘里の黄子心に政府拂下げの絝すなわちズボンを八十錢で賣ったという證文である。

先に爰書の中には貸借關係で取立て不能を中立てたケースの多いことを指摘しておいたが、こうした僅かの金額の取引きにおいても證文が作成されたということは、爰書に見られるような見錢の受渡しに關係するもめごとの多いことにも原因があったと考えられる。

（2）尺　牘

尺牘すなわち書翰の類も敦煌や居延出土の木簡中に見ることができるが、多くは文字が缺けるなどして首尾完結したものは少ない。20圖はそうした意味で首尾完全な形をとどめた貴重な例である。(47)

20　尺牘　居延　中國科學院考古研究所『居延漢簡甲編』圖版一五　八二ＡＢ

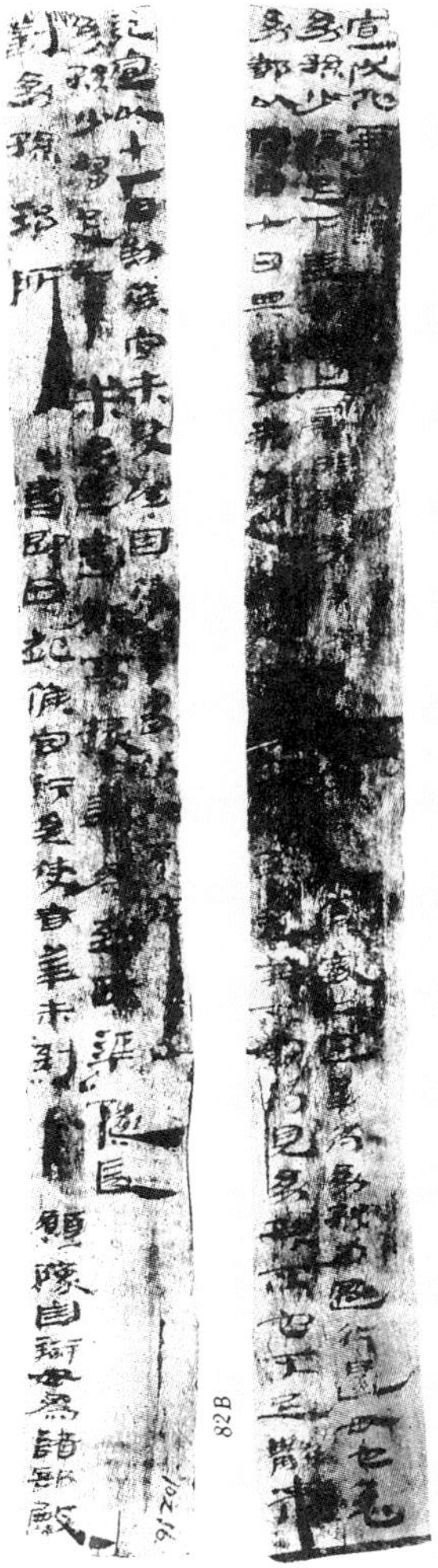

宣伏地再拜請
幼孫少婦足下甚苦塞上暑時願幼孫少婦足衣強食隄塞上宣幸得幼孫力過行邊毋它急
幼都以閏月七日與長史君倶之居延言丈人毋它急發卒不當得見幼孫不它不足數來　（正面）

なお文は簡の裏面につづいて、次のように記される。

記宣以十一日對候官未決謹因使奉書伏地再拜
幼孫少婦足下朱幼季書願亭掾幸爲臨渠燧長對幼孫治所　・書卽日起候官行兵使者幸未到　願豫自辯毋爲諸部殿
（背面）　一〇・一六ＡＢ　勞圖六七、六八　甲八二ＡＢ（二三・五×二・五㎝）

これは宣から幼孫に宛てた書翰で、文意からすると宣と幼孫と幼都の三人は兄弟で、宣は候官に勤務し、幼孫は家族と塞に居住し、幼都は張掖に父母と住んでいたらしい。文面は先ず幼孫の家族の安否を尋ねる文からはじまり、幼都が過日張掖長史に同行して居延に出張し兩親の元氣なことを話してくれたが、日數も少なくあわただしく歸っていったので幼孫には會うことができなかったと思うことが記され、また朱幼季（兄弟か？）が臨渠燧長となって赴任すること、幼孫は勤務に專念せよといったことが記されている。「伏地再拜」は今日で言う拜啓、敬具にあたり、また文中の「毋（無）它急」は「毋（無）恙」とも書かれ、平穩無事の意であるが、つつがなきかという安否を尋ねることばとしても用いられ、いずれも當時の書翰に見られる慣用句である。

なお敦煌からは帛に書かれた書翰が發見されている。

一一　その他

（1）謁、刺

『釋名』巻六釋書契に

謁、詣也、詣、告也、書其姓名於上、以告所詣者也

謁は詣であり、詣は告である。自分の姓名をその上に書いて訪ねた先方に告げるものだと言い、また同書に

畫姓名於奏上、曰畫刺、作再拜起居字、皆達其體、使書盡邊、徐引筆書之、如畫者也

姓名を奏の上に畫くことを畫刺と言う。再拜起居の文字を書き、文字は大きく木簡の幅いっぱいをつかい、ゆっくりと筆を動かしてちょうど繪を描くように書くものだ、と言っている。謁も刺もいずれも名刺である。漢代に人に會いに行くときに名刺を持參したことは、たとえば『史記』巻八高祖本紀に劉邦が呂公に面會するために僞りの謁をつくったという有名な話がある。

一九七四年に江西省南昌市で東晉の墓が發掘され、中から五點の同筆の木簡が發見された。(48)いずれも長さ二五・三センチメートル、幅三センチメートル、厚さ〇・六センチメートルの大きさのものである。21圖の右はその一つで、文は

弟子吳應再拜　問起居　南昌字子遠

とあり、木簡の天地いっぱいに書かれている。文中に姓名のほか再拜、起居の文字があり、これは東晉時代のものであるが、明らかに名刺である。また「子」とか「再」とか「字」の横の筆畫が左右いっぱいにのびているのは、『釋名』に言う畫刺の面影を殘すものであろう。同文のものが他に二點ある。また同圖の中央は

豫章吳應再拜　問起居

とある。同圖右と同樣式の名刺である。これに對して同圖の左は同筆ではあるが文は

21　刺　東晉　廣西省南昌
廣西省博物館「廣西南昌晉墓」
(『考古』一九七四－六　圖版九)

中郎豫章南昌都鄕陽里吳應年七十三字子遠

とある。上から官職名、郡縣鄕里名、姓名、年齢、字の順で書かれている。これも吳應の名刺であるが『釋名』巻六釋書契に

下官刺曰長刺、長書中央、一行而下也、又曰爵里刺、書其官爵及郡縣鄕里也

下官の刺を長刺と言い、中央に長く上から一行書きにする。また爵里刺とも言うのは本人の官爵や郡縣鄕里名を書くからだとあるように、これは長刺あるいは爵里刺とよばれるものである。いずれも漢代の名刺を彷彿させる非常に珍しい資料である。なおこの名刺の書かれた大きさの木の板が『釋名』の「姓名を奏の上に畫く」とある奏である。

（2）楬

『周禮』巻三六秋官職金の條の「辨其物之媺惡、與其數量、楬而璽之」に鄭玄は注して

楬而璽之者、楬書其數量、以著其物也、璽者印也、既楬書揃其數量、又以印封之、今時之書有所表識、謂之楬櫫

楬して之に璽するとは、その數量を書いて物に附けることである。璽とは印のことで、ふだに書いたものと實際の數量が揃えば、封印する。漢代の書きつけの中にはそうした目じるしにしたふだがあり、これを楬櫫と言うとあるように、楬とは附札である。

楬すなわち附札は木簡の特殊な用法の一つで、木簡が書寫材料として使用されなくなったのちでも、長く用いられたものである。わが國から出土する木簡の中に壓倒的に附札が多いことが、それを如實に物語っている。大きさは用途や記入する字數などにより廣狹さまざまであるが、長さはおよそ一〇～一〇數センチメートルである。居延出土の楬を形状から見ると大きく二種類に分けることができる。一つは22、23圖に見られるように簡の上端を半圓形に削っ

てその中央に孔をあけ、そこに紐をとおしてくくりつける型である。但、この型には22圖のように半圓形の部分を墨でまっ黒に塗りつぶしたものと、23圖のように網目狀の斜線をひいているものとがある。他の一種は24、25圖のように簡の上端から數センチメートル下ったところの左右の緣に刻みを入れ、そこに紐をまいて使用する型である。但しこの型にも多くはないが25圖のように單に兩緣の刻みだけではなく、表裏全體に紐をとおす溝をほっているものもある。またそのほかにも僅かであるが24圖のように兩緣に刻みを入れ、簡の上端の角を落し、23圖のように斜線をひいたちょうど23圖と24圖を合わせたような形のもの、あるいは形はこれと同じであるが斜線のないものなどがある。しかし全體を通じて多いのは22圖と23圖の型である。馬王堆一號漢墓からも器物につけられた四十八枚の楬が發見されている。いずれも22圖の型で半圓形の上端の部分を黒く塗りつぶしてあるが、[49]幅が三～五・七センチメートルと廣く、紐をとおす孔は橫列に二個所あけられている。なお馬王堆一號漢墓の報告書では、この附札のことを木牌とよんでいる。

22～25圖の釋文は次のとおりである。

22第廿七燧戍卒靳干一完　三二六・一八　勞圖三三七　甲一七一八（一一×一・六cm）
23第十六燧靳干一完　一六六・七A　勞圖五一二（七・三×一・一cm）
24第四部稾寅矢百☐　一八五・一八　勞圖二六一（一一・五×一・六cm）
25元康元年盡二年☐　二五五・二一A　勞圖六四（一〇・一×二・九cm）

靳干は旗さお、稾寅矢は長い矢と短い矢のことで、22、23、24圖はいずれも現物にくくりつけられたものである。25圖は背面に「告刻副名籍」とあり、元康元年から二年に至る二年間の名籍にくくりつけられた附札である。

25

24

23

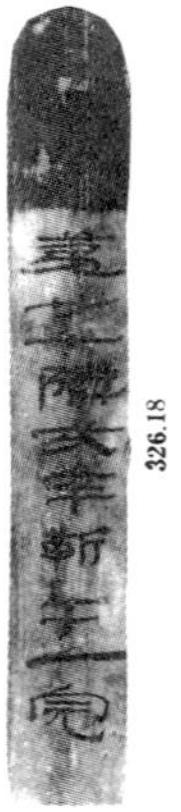

22

22　楬　居延

勞榦『居延漢簡』圖版之部　圖版三三七

23　楬　居延

勞榦『居延漢簡』圖版之部　圖版五一二

24　楬　居延

勞榦『居延漢簡』圖版之部　圖版二六一

25　楬　居延

勞榦『居延漢簡』圖版之部　圖版六四

(3) 遺　策

遺策は、『儀禮』巻一三既夕禮に

書遺於策

遺を策に書するなり、すなわち墓に副葬する明器は策（簡）に書くとあるように、墓の副葬品の目錄である。遺策は古くは長沙の仰天湖や信陽の長臺關など戰國の墓から出土したものが知られていたが、[50]一九七二年に長沙馬王堆一號漢墓から竹簡三百十二枚にのぼる大量の遺策が發見されて注目を集めた。[51]一簡の長さは平均二七・六センチメートル（漢尺の一尺二寸）幅は〇・七センチメートル、厚さ〇・一センチメートルで、麻繩で上下二箇所で編綴されていた。しかし繩が腐って切れ、發見されたときには五つの山をなしていたと言われる。26圖は發見當時の状況を示したもの

26　遺策　長沙馬王堆一號漢墓
湖南省博物館等『長沙馬王堆一號漢墓』圖版二七〇

である。馬王堆一號漢墓のこのばらばらになった遺策を整理した方法は大變興味ぶかく、ここで簡單に説明しておく。整理に當たり、先ず簡にはその書式から二種類あることに着目された。一つは器物の名稱とか大小、數量などを記したもの、他の一つは簡の上端に墨で横に線をひき、その下に「右方」と記して同じく器物の名稱や大小、數量等を記したものである。後者は本章の15圖で示したところの上端に●印を附して「右云云」と記すものと同じ用法の簡で、これがその前におかれた何枚かの簡をくくる小計、總計の簡であることから、この「右方」簡の内容と數量などを手がかりにして竹簡をグループ別に分類整理し、各グループの配列は『儀禮』に記載されている順序にしたがい、副食品、調味料、酒類、食糧、ついで漆器、陶器、化粧用具、衣服、樂器、木製土製の明器その他の順に配列されたものである。こうして復元されたものは必ずしも元どおりの完全なものとは言えないにしても、木簡を古文書學的に理解してはじめて可能な復元の方法である。

なお簡ではなく幅廣の牘もしくは方に書かれた副葬品の目錄が最近、江陵鳳凰山十號漢墓などから發見されている(52)。元來、遺策とは策（簡）に書かれるから遺策と稱したものであるが最近の中國の報告類では、この種の牘や方もすべて遺策とよんでいる。

注

（1）二尺四寸はもと一尺四寸に作る。後文の論語の八寸は三分の一というところから一尺四寸は二尺四寸の誤りだということが分かるが、他にも『春秋左氏傳』の序の孔疏に

鄭玄注論語序、以鉤命決云、春秋二尺四寸書之、孝經一尺二寸書之、故知六經之策、皆稱二尺四寸。

とあり、六經はみな二尺四寸の簡に書いたことが知られる。

(2) 天石「西漢度量衡略説」『文物』一九七五—一二。
(3) 甘肅省博物館、中國科學院考古研究所『武威漢簡』文物出版社、一九六四。
(4) 森鹿三「居延出土の王莽簡」『東方學報』京都三三、一九六三。同『東洋學研究』居延漢簡篇所收。
(5) 山東省博物館、臨沂文物組「三東臨沂西漢墓發現『孫子兵法』和『孫臏兵法』等竹簡的簡報」『文物』一九七四—一二。
(6) 銀雀山漢墓竹簡整理小組『銀雀山漢墓竹簡』文物出版社、一九七五。
(7) 銀雀山漢墓竹簡整理小組『孫臏兵法』文物出版社、一九七五。
(8) 湖南省博物館、中國科學院考古研究所「長沙馬王堆二、三號漢墓發掘簡報」『文物』一九七四—七。
(9) 曉函「長沙馬王堆漢墓帛書概述」『文物』一九七四—九。
(10) 馬王堆漢墓帛書整理小組「長沙馬王堆三號漢墓出土地圖的整理」『文物』一九七五—二。
(11) 馬王堆漢墓帛書整理小組「馬王堆三號漢墓出土駐軍圖整理簡報」『文物』一九七六—一。
(12) 森鹿三「敦煌、居延出土の漢暦について」『史泉』二二、一九六一。同『東洋學研究』居延漢簡篇所收。
(13) 羅福頤「臨沂漢簡概述」『文物』一九七四—二。
(14) 『流沙墜簡』巻一、小學術數方技書考釋　一九四一。
(15) 引用した木簡の數字について説明しておく。二九〇・一一は居延漢簡の整理番號、勞圖五二〇は『居延漢簡　圖版之部』の頁數である。なおこの他にたとえば甲二五五三とあるのは、『居延漢簡甲編』の配列番號である。また（　）の中の數字は簡の長さと幅である。
(16) 敦四二九は Chavannes, E., *Les Documents chinois décourverts par Aure Stein dans les sables Turkestam oriental.* Oxford 1913 の簡番號である。
(17) 注（12）を參照。
(18) 『居延漢簡甲編』圖版1及び圖版2～6。
(19) 孫作雲「漢代司名命神像的發現」『光明日報』一九六三年十二月四日。

(20) Stein, M. A., *Ancient Khotan*, Oxford 1907.
(21) 『居延漢簡　圖版之部』七三、二一四、三〇四、三三七、三四六頁。
(22) 拙著「居延漢簡にみる候官についての一試論——破城子出土の「詣官」簿を中心として」『史林』五六—五、一九七三。同『居延漢簡の研究』所收。
(23) 本書第一部、第四章を參照。
(24) 神田喜一郎「支那古文書の研究」同『東洋學説林』（東京一九四八）所收。
(25) 大庭脩「漢代官吏の辭令について」『關西大學文學論集』一〇—一、一九六〇。
(26) 大庭脩「居延出土の詔書册と詔書斷簡について」『關西大學東西學術研究所論叢』五二、一九六一。同『秦漢法制史の研究』所收。
(27) 考古研究所編輯室「甘肅武威磨咀子漢墓出土王杖十簡釋文」『考古』一九六〇—九。
(28) 大庭脩「爰書考」『聖心女子大學論叢』一二、一九五八。同『秦漢法制史の研究』所收。
(29) 鎌田重雄「漢代郡國の上計」『史潮』一二—三・四、一三—一、一九四三、一九四四。同『秦漢政治制度の研究』所收。
(30) Loewe, M., *Records of Han Administration*, Cambridge 1967.
(31) 拙著「居延漢簡の集成」『東方學報』京都四六、四七、一九七四。同『居延漢簡の研究』所收。
(32) 森鹿三「居延出土の卒家屬廩名籍について」同『東洋學研究』居延漢簡篇所收。
(33) 注（31）に同じ。
(34) 注（31）に同じ。
(35) 注（25）に同じ。
(36) 注（25）に同じ。
(37) 大庭脩「漢代の關所とパスポート」『關西大學東西學術研究所論叢』一六、一九五五。同『秦漢法制史の研究』所收。
(38) 濱口重國「漢代の傳舍——主にその設置地點について——」『東洋學報』二二—四、一九三五。同『秦漢隋唐史の研究』所收。

(39) 紀南城鳳凰山一六八號漢墓發掘整理組「湖北江陵鳳凰山一六八號漢墓發掘簡報」『文物』一九七五—九。

(40) 大庭脩「漢の銅虎符と竹使符」『鎌田博士還暦記念歴史學論集』一九六九。

(41) 郭沫若「關于鄂君啓節的研究」『文物參考資料』一九五八—四。

殷滌非、羅長銘「壽縣出土的鄂君啓金節」『文物參考資料』一九五八—四。

(42) 注(40)を參照。

(43) 注(37)を參照。

(44) 注(37)を參照。

(45) 仁井田陞『中國法制史研究——土地法、取引法——』東京大學出版會、一九六〇。

(46) 羅振玉『貞松堂集古遺文』卷一五所收。

(47) 勞榦『居延漢簡考釋之部』(中央研究院歴史語言研究所專刊之四十、一九六〇)(三) 居延漢簡考證、(庚) 書牘の項を參照。

(48) 江西省博物館「江西南昌晉墓」『考古』一九七四—六。

(49) 湖南省博物館、中國科學院考古研究所『長沙馬王堆一號漢墓』文物出版社、一九七三。

(50) 湖南省古墓葬清理工作隊「長沙仰天湖戰國墓發現大批竹簡及彩繪木俑彫刻花板」『文物參考資料』一九五四—三。

河南省文化局文物工作隊第一隊「我國考古史上空前發現、信陽長臺關發掘一座戰國大墓」『文物參考資料』一九五七—九。

湖北省文化局文物工作隊「湖北省江陵三座楚墓出土大批重要文物」『文物』一九六六—五。

(51) 注(49)を參照。

(52) 長江流域第二期文物考古工作人員訓練班「湖北江陵鳳凰山西漢墓發掘簡報」『文物』一九七四—六。

第一〇章　漢代の石刻

はじめに

石に文字を刻して、それを後世に殘そうとすることは、古來世界の各地において認められるところである。中國も勿論例外ではない。甲骨・青銅器・簡牘・縑帛などとともに、石は古くから文字を記すための重要な材料として用いられてきた(1)。

中國で現存する刻石の古いものとしては、既に殷代において卜占に關する數字を刻した石があり、石牛その他の石器上にも斷片的な數個の文字が確認されている(2)。下って戰國時代になると、河北省平山縣の中山王陵の近くで發見され、この地が墓域であることを示す內容の一九文字を刻した石块があり(3)、更に從來から知られているものとして石鼓文がある。石鼓とは、言うまでもなく石の形が鼓に似ているところから始まった呼稱である。征旅漁獵を詠歌した內容のこの刻石は、製作年代に問題があり、古くは周の成王から新しくは西魏時代とするものに至るまで論爭が絶えなかったが、今日では、戰國時代中期の製作で、秦の惠文王が楚の懷王と覇を争い、懷王を呪詛して作ったいわゆる詛楚文（前三一三）の前に置くのが穩當のようである(4)。そして次に現れるのが、秦の始皇帝及び二世皇帝の刻石である。

秦の始皇帝は天下統一（前二二一）後、各地を巡行して自らの頌德碑を立てた。全部で七種の內譯は、（一）嶧山刻石（前二一九）、（二）泰山刻石（前二一九）、（三）琅邪臺刻石（前二一九）、（四）之罘刻石（前二一八）、（五）之罘東觀刻石（前二一八）、（六）碣石刻石（前二一五）、（七）會稽刻石（前二一〇）である。原石は殆ど失われて、現在では泰山刻石と琅邪臺刻石の斷片が僅かに殘っているに過ぎないが、刻石の文は嶧山刻石を除くほか、全て『史記』の始皇本紀に見えている。そしてこれら始皇帝の頌德の文の後に續いて二世皇帝の詔が追刻された。これが二世皇帝の刻石である。

以上が、現在までのところ知られる秦及びそれ以前の中國の刻石である。ここに見られるように殷代の斷片的な刻石に始まり、秦の始皇帝の時期に至ってようやく後世に一般化する頌德の文章が刻されるようになるのであるが、しかし中國で刻石が盛んに行われるのは實は次の漢代以後のことである。したがって漢代の刻石は中國石刻の原點であり、また古典であると言っても過言ではないであろう。われわれが、今回漢代の石刻を集大成し、箇々の石刻に對して詳細な檢討を加えたのも、石刻資料が漢代史研究の第一等史料であると言うだけに止まらず、一つにはそれが中國石刻の原點であり、中國石刻の古典であるからにほかならない。

そこで以下においては、集成した漢代の石刻資料を中心にして、漢代石刻を年代、地域、形狀とその内容の三點から分析的考察を試みることにする。尙、箇々の石刻名の上に附した漢數字は『漢代石刻集成』（京都大學人文科學研究所研究報告、同朋舍、一九九四年）の整理番號である。

一　石刻の年代的分布

まず『漢代石刻集成』（以下本書とよぶ）において集成した漢代石刻の年代的分布から見てみたい。本書では合計一七六種の漢代石刻を收錄している。これは本書の序文でも述べたように、黃腸石の類は河南省孟津縣と河北省定縣出土の若干例を擧げるに止めて他は省略しており、また畫像石の題記は單に畫像中の人名や事項を刻するだけのものは省略している。理由は、前者については元來が墓の石材であり、個々ばらばらにしては意味がないからであり、後者についてはそれは畫像資料の一部として取り扱うべきものであるからである。その他、年代不明の斷片的資料、たとえば『居貞草堂漢晉石影』に見られる一、二字しかないような斷片は、取り上げてもあまり意味がないために必ずしも網羅していない。したがって本書に收錄した石刻が漢代石刻の全部だと言うことはできないが、しかし黃腸石、畫像石以外の今日知られる漢代石刻については控え目にみても九割以上は收錄し得たと信じている。

さて本書では、これら漢代の石刻を年代順に配列しているので、年代不明の一三五　孟琁殘碑以下の四二種を除いて時期別に集計したのが、次の一覽である。なお收錄した石刻のタイトルを以て一種として數えた。したがって黃腸石や、石經なども全て一種として計算している。

前漢時代
　文帝期（前一八〇～前一五七）　一種
　景帝期（前一五七～前一四一）　一〃
　武帝期（前一四一～前八七）　一〃
　昭帝期（前八七～前七四）　一〃
　宣帝期（前七四～前四九）　二〃
　成帝期以降（前三三～後八）　二〃
新莽時代
　王莽期（八～二三）　五〃

後漢時代

光武帝期	（二五～五七）	二〃
明帝期	（五七～七五）	一〃
章帝期	（七五～八八）	七〃
和帝期	（八八～一〇五）	一〇〃
殤帝期	（一〇五～一〇六）	一〃
安帝期	（一〇六～一二五）	一三〃
北鄉侯期	（一二五）	二〃
順帝期	（一二五～一四四）	一二〃
質帝期	（一四五～一四六）	一〃
桓帝期	（一四六～一六七）	二八〃
靈帝期	（一六七～一八九）	三八〃
獻帝期	（一九〇～二二〇）	六〃

今これを前・後兩漢に分けて集計すると前漢時代は全部で八種であるのに對して後漢時代は一二一種で、壓倒的に後漢時代が多い。因みに後漢後半期の順帝期以降の八五種という數は、時期の判明する漢代石刻の實に七〇パーセントを占めている。すなわち漢代に入って石刻の數が多くなると言っても、それは後漢時代の現象であり、特に後漢も後半期に至って激增していることが知られる。その原因は墓碑や祠廟碑の增加によるものであるが、このことについては後で取り上げることにする。

二　石刻の地域的分布

次に収錄した石刻の地域的分布狀況を見ることにする。省別に示すと以下のとおりである。なお地域についても年代の場合と同樣に、收錄した石刻のタイトルを以て一種として數えている。

1河北省（一一種）

一　群臣上壽刻石　三二　幽州書佐秦君石闕・石表銘　四一　祀三公山碑　六二　三公山神碑　八四　封龍山頌　八八　鮮于璜碑　一〇〇　夏承碑　一二〇　三公之碑　一二四　白石神君碑　一七四　定縣北莊漢墓墓頂封石題字　一七六　除適刻石三種

2山西省（三種）

六六　左表墓題字　九七　郭泰碑　一六九　郭季妃石槨題字

3山東省（六八種）

二　魯北陛石題字　六　魯孝王刻石　七　麃孝禹刻石　八　曲阜九龍山漢墓塞石題字　九　上谷府卿墳壇刻石　一〇　祝其卿墳壇刻石　一一　萊子侯刻石　一二　路公食堂畫像題記　一九　司馬長元石門題字　二〇　肥城縣欒鎭畫像石題記　二一　莒南孫氏石闕題記　二二　皇聖卿闕題銘　二三　南武陽功曹闕題銘　二五　永元八年食堂題記　二七　滕縣堌城出土畫像石題記　三五　陽三老石堂題記　三七　戴氏畫像題記　四四　滕縣西戶口畫像石題記　四八　延光殘碑　五一　永建五年食堂畫像題記　五二　陽嘉殘碑　五五　永和二年食堂畫像題記　五七　永和六年食堂畫像題記

五九　北海相景君碑　六〇　宋伯望刻石　六一　文叔陽食堂畫像題記　六三　武斑碑　六四　武氏祠石闕銘　六八　元嘉元年畫像石題記　七〇　乙瑛碑　七二　薌他君石祠堂題記　七四　孔君墓碣　七五　韓敕碑　七六　安國祠堂題記　七七　鄭固碑　七九　曲阜徐家村畫像石題記　八三　□臨爲父作封記　八五　孔宙碑　八六　孔謙碑　八九　武榮碑　九〇　梁山出土畫像石表題記　九二　張壽碑　九三　衡方碑　九八　史晨碑　一〇三　楊叔恭殘碑　一〇四　孔彪碑　一〇八　魯峻碑　一〇九　熹平殘碑　一一二　伯興妻墓碑　一一六　梧臺里石社碑額　一二二　王舍人殘碑　一二三　張表造虎函記　一二八　張遷碑　一三〇「倉龍庚午」殘碑　一三八　孔褒碑　一三九　魯相謁孔廟殘碑　一五〇　劉曜殘碑　一五一「議郎」殘碑　一五三「食齋祠園」畫像石題字　一五四「更封」畫像石題字　一五九「濟鄉邑」等字殘碑　一六〇「張角」等字殘石　一六二　汝南周府君碑額　一六三　竹葉碑　一六四　石牆村殘刻　一六五　魯王墓石人題字　一六六「朱君長」題字　一六七　孫琮墓室題字

4 江蘇省（四種）

四　甘泉山刻石　六七　繆宇墓誌　一〇六　東海廟碑殘石　一二一　潘乾碑

5 安徽省（二種）

一六一　曹氏墓殘碑　一七五　居巢劉君墓頂鎮石・石羊題記

6 浙江省（二種）

一五　三老諱字忌日記　一七　昆弟六人買山地記摩崖

7 河南省（三二種）

一三　馮君孺人墓室題記　一八　侍廷里父老僤約束石券　二八「通利水大道」刻石　三四　賈武仲妻馬姜墓誌　三八　子游殘碑　三九　袁安碑　四〇　袁敞碑　四二　嵩山太室石闕隷書銘　四五　嵩山開母廟石闕銘　四六　嵩山少室

石闕銘　四七　嵩山太室石闕篆書銘　六九　孟津漢墓出土黃腸石　七一　李孟初神祠碑　八〇　張景碑　八二　桐柏淮源廟碑　九四　建寧元年殘碑　九九　許阿瞿墓誌　一一三　韓仁銘　一一四　堂谿典請雨嵩高廟銘　一一五　熹平石經殘石　一一七　尹宙碑　一一八　趙寬碑　一二九　圉令趙君碑　一四〇　劉熊碑殘石　一四一　甘陵相□博殘碑　一四三　池陽令張君殘碑　一四六「正直」殘碑　一四七　劉君殘碑　一四八「元孫」殘碑　一四九　趙菿殘碑　一五七「辟易」殘碑　一五八「詔書」等字殘碑

8湖北省（一種）

一一〇　婁壽碑

9陝西省（二〇種）

三　霍去病墓石像題字　一六　開通褒斜道摩崖　二六　楊孟元墓室題字　二九　王得元墓室題字　三〇　郭稚文墓室題字　三二　王聖序墓室題字　三六　牛文明墓室題字　六五　石門頌摩崖　七三　李禹通閣道記摩崖　八一　蒼頡廟碑　八七　西嶽華山廟碑　九五　楊著碑　九六　楊震碑　一〇五　析里橋郙閣頌摩崖　一〇七　楊淮表記摩崖　一一二六　曹全碑　一三七　唐公房碑　一四二「朝侯小子」殘碑　一四五　華嶽廟殘碑陰　一六八　郭仲理石槨題字

10甘肅省（三種）

一〇一　西狹頌摩崖　一〇二　五瑞圖摩崖　一一一　耿勳摩崖

11新彊ウイグル自治區（四種）

二四　任尚平戎碑　五四　裴岑紀功碑　五六　沙南侯獲碑　七八　劉平國摩崖題刻

12四川省（一八種）

五　揚量買山記　一四　李業闕題字　三三　王稚子闕題字　四三　馮煥闕題字　五〇　王孝淵墓碑　五三　延年石室題

字　五八「會仙友」題字　九一 李冰石像題記　一一九 邛都安斯鄉石表　一三一 建安六年殘石　一三二 樊敏碑
一三三 高頤闕題字　一三四 王暉石棺題字　一四四 簿書殘碑　一七〇 楊耿伯墓門題記　一七一 楊宗闕題字
一七二 交阯都尉沈府君神道闕題字　一七三「上庸長」石闕題字

13雲南省（二種）

四九 延光四年刻石　一三五 孟琁殘碑

14朝鮮（一種）

一三六 平山神祠碑

15出土地不明（五種）

一二五 鄭季宣殘碑　一二七 王知殘碑額　一五二「降命」刻石　一五五「王氏」殘石　一五六「履和純」殘石

漢代の石刻を出土地別にこのように分類してみると、各地域における石刻の特色が現れていて興味深いが、この點も後に讓るとして、ここでは出土件數だけを見てみたい。そこで今、省ごとに出土件數を集計して多い順に列擧すると、山東（六八種）を筆頭に、以下河南（三二種）、陝西（二〇種）、四川（一八種）、河北（一一種）、江蘇（四種）、新疆ウイグル自治區（四種）、山西（三種）、甘肅（三種）、安徽（二種）、浙江（二種）、雲南（二種）、湖北（一種）、朝鮮（一種）のようになる。山東の六八という數字は、出土地の判明する石刻の中の約四割を占めていて群を抜いており、鄰接する河南を合わせると實に六割に達する。またこの山東・河南に次ぐ陝西・四川は、言うなれば漢代石刻の多い四大地域であるが、これらの地域は實は漢代畫像石の多い地方としても知られているところである。石刻と畫像石の兩者が密接な關係にあることは、むしろ當然なことと言うべきであろうが、では何故これらの地に特に多いのか、という點になると必ずしも明らかではない。その背景には、たとえばそれぞれの地方の有する歴史的、傳統的或いは習俗的な環境等が原因していたであろうことは十分に考えられる。しかし同時に考えなければならないのは石材の問題である。それぞれの地方では、摩崖を除く刻石や畫像石の石材を何處から求めていたのか。これら漢代の石材を分析して原石の所在を特定したような研究は、寡聞にして知らないが、漢代の刻石や畫像石の地域的流行の問題の解明には、是非とも明らかにすべきことである。そして更に言えば、そうした刻石や畫像石は一體當時、どのような人達が如何なる工程を經て作製したかといった問題にまで發展していくが、これらは全て今後に殘された課題である。

三　石刻の形狀とその内容

漢代の石刻を、その形狀から碣、碑、石闕・石表、墳墓の石刻、摩崖、石像、その他に分けて取り上げ、形と刻石の内容の特徴について概觀することにする。

（1）碣

馬衡氏は、『說文解字』に「碣は特立の石なり」とあるのを引いて、刻石のひとり立つ石、いわゆる立石はみな碣であると言う(5)。そしてその形は方圓の間にあって、上は小さく下が大きく、始皇帝の七石のほか、石鼓もまた小ではあるがこれも碣だとしている。これよりすれば、後述の碑の形をとらない立石はみな碣とみなしてよいことになる。

漢代の刻石の中で碣を擧げると、「上は銳く下は大にして孤筍のごとく挺立する(6)」という五四　裴岑紀功碑のほか、自然石を用いた饅頭形の五六　沙南侯獲碑及び二四　任尙平戎碑は、いずれも碑とあるが實際は碣である。反對に七四孔君墓碣は小型であるために碣とよばれるが、これは圓首の碑である。同様に八六 孔謙碑も著しく小さいために碣の中に入れて孔謙碣とよぶ說もあるが『隸續』を見ると暈と穿が表されており、小なりといえどもこれが碑であることは明らかである。

裴岑紀功碑、沙南侯獲碑、任尙平戎碑の三種はみな新疆ウイグル自治區の出土で、裴岑紀功碑はその名の如く裴岑が匈奴呼衍王と戰って勝利を收めた功績を刻す。また任尙平戎碑と沙南侯獲碑は風蝕がはげしくて文字の大部分は判讀し難いが、いずれも匈奴との戰いの戰功を記したものだと推測されるものである。後述するように、漢も後漢になると碑が壓倒的多數を占めるようになるが、中國古來の碣が漢では新疆ウイグル地區という邊境の地で出土しており、しかも刻石の內容が匈奴との戰いに關係していることは、土地柄を象徵していて特に興味深いものがある。

また自然石という點から言えば、六〇 宋伯望刻石（山東）もこの中に入る。宋伯望が所有する田地で殺人事件が發生したことから田地の四至を確定し、以後の安寧を祈って立てた刻石と考えられるものである。

なお馬衡氏は、現在知られるところの前漢最古の刻石である一 群臣上壽刻石について、その形制は審かではないがほぼ碣と同類だとしている(7)。

（2） 碑

漢代の石刻の中で多數を占めるのは、碑である。碑の起源については、二つの系統のあることが言われている。すなわち一つは『禮記』の祭義に見える碑であり、他の一つは同じく『禮記』の喪大記に見える碑である。關野貞氏の研究(8)によると、祭義に見える碑は宗廟の門內に立てられた碑で、宗廟で祖先を祭るときに犧牲を牽いて廟の門の中に入り、犧牲を繫いでおくためのものである。初めは木で作り、後に石で作るようになったもので、柱の頂上を左右斜に切り落として三角形に尖らせた（いわゆる圭首）のは、雨水の流れをよくするための木造時の形式であるとする。また柱には犧牲を繫ぐための紐を通す孔があけられた。これが碑の穿になったと言う。

二つ目の喪大記に見える碑は墓に立てた碑である。關野氏は喪大記に見える碑の用法を次のように說明している。すなわちこの碑は棺を地下に埋葬する時に用いる木柱で、相對する二碑にそれぞれ轆轤の軸を通し、縄を轆轤に巻きつける。次に縄の一端を棺につなぎ、他の一端を碑の頭部にかけて人夫に引かせ、徐々に棺を下していった。碑の頭部が半圓形なのは、縄が滑りにくいようにしたためであり、丸い孔は轆轤の心棒を通した跡だと言う。また圓首の碑に見られる圓形の溝（暈）を關野氏は縄を懸けた跡だとしているが、これは轆轤の名殘りであろう。なお喪大記によると天子は四碑、諸侯・大夫は二碑を用い、士には碑は用いないとしている。

以上のような廟門の碑や墓所の碑が石製になり、そこに文章が刻されて石碑となったのである。劉熙の『釋名』釋典藝に

> 碑被也、此本葬時所設也、施鹿盧、以縄被其上、引以下棺也、臣子追述君父之功美、以書其上、後人因焉、無故建於道陌之頭、顯見之處、名其文、就謂之碑也

とあり、碑とは被のことで、本來は葬時に設置され、轆轤を取り付け縄をかけ、引いて棺を下すものだと解說しているのは、喪大記の說である。他方、蔡邕の「銘論」（『全後漢文』巻七四）に

> 鐘鼎禮樂之器、昭德紀功、以示子孫、物不朽者莫不朽于金石、故碑在宗廟兩階之間

として、鐘鼎禮樂の器は德を昭かにし功績を紀して子孫に示すものである。朽ちない物といえば金石に勝るものはなく、だから碑は宗廟兩階の間に立てるのだと言うのは、喪大記の說ではない。祭義說の流れをくむものと見られる。

碑の中に圓首の碑と圭首の碑の二種類が併存していることも、後漢時代に『禮記』に因んだ兩様の形式解釋が行われ

たことを示していると言えるであろう。

1　墓碑

漢代の碑すなわち漢碑の中で多いのは、墓の傍らに立てたいわゆる墓碑である。(9) 墓碑もしくは墓碑と考えられる碑には、次のようなものがある。

八八　鮮于璜碑　一〇〇　夏承碑（以上河北）
九七　郭泰碑（山西）
五二　陽嘉殘碑　五九　北海相景君碑　六三　武斑碑　七四　孔君墓碣　七七　鄭固碑　八三　□臨爲父作封記　八五　孔宙碑　八六　孔謙碑　八九　武榮碑　九二　張壽碑　九三　衡方碑　一〇四　孔彪碑　一〇八　魯峻碑　一〇九　熹平殘碑　一一二　伯興妻墓碑　一二二　王舍人殘碑　一三八　孔褒碑　一五〇　劉曜殘碑（以上山東）
一六一　曹氏墓殘碑（安徽）
三八　子游殘碑　三九　袁安碑　四〇　袁敞碑　一一三　韓仁銘(10)　一一七　尹宙碑　一二九　圉令趙君碑　一四一　甘陵相□博殘碑　一四三　池陽令張君殘碑　一四九　趙菿殘碑（以上河南）
一一〇　婁壽碑（湖北）
九五　楊著碑　九六　楊震碑　一四二「朝侯小子」殘碑（以上陝西）
一一八　趙寬碑（青海）
五〇　王孝淵墓碑　一三二　樊敏碑（以上四川）
一三五　孟旋殘碑（雲南）

一二五　鄭季宣殘碑　一二七　王知殘碑額（以上出土地不明）

地域によって出土件數の多い少ないはあるが、しかし墓碑の出土が中國の東西南北ほとんど全域に及んでいることは特に注目される。後漢時代の墓碑の全國的な流行を示すものである。

ところで今日知られる漢代の墓碑で早期に屬するものとしては子游殘碑・袁安碑・袁敞碑（以上河南）、王孝淵墓碑（四川）、陽嘉殘碑・北海相景君碑（以上山東）等である。今これらの墓碑の碑文を見るに、まず袁安碑の場合は、墓主の本貫、姓名、字、行迹・官歴、卒年月日、葬儀の月日の順に記す。袁安碑とほぼ同時期に立てられた袁敞碑もだいたい袁安碑と同様である。これに對して王孝淵墓碑は、「永初二年七月四日丁巳、故の縣功曹、郡掾□□孝淵□卒す。嗚呼□……」の書き出しで始まり、祖先以來の功德を稱え、銘を記し、末尾に墓室建造の年月日と工人名を刻す。また北海相景君碑も「惟れ漢家二年仲秋□□、故の北海相任城の景府君卒す。歍歔哀しい哉」の書き出しで始まり、その死を悼んで經歴と行迹を振り返り、最後に銘を刻している。景君碑の方がはるかに長文ではあるが碑文の書式は、王孝淵墓碑と同じである。また子游殘碑と陽嘉殘碑はいずれも殘碑で完全な書式は不明であるが、先祖や墓主の官歴、卒年月日、銘などが斷片的に見える。

このように早期の墓碑の書式には袁安型、王孝淵型、其の他等々各種の書式のあったことが知られるが、それがしだいに一つの書式に定型化していった。その轉機となったのは、桓帝初年の製作にかかる武斑碑あたりからと見られる。

武斑碑は畫像石で有名な武氏祠に殘る墓碑の一つである。その文章は、まず立碑の年月日を記した後、墓主の姓氏、諱、字、世系、墓主の人物、行迹・官歴、卒年月日、立碑の經緯、銘と續き、最後に立碑者の官職名、本貫、姓名、字が列擧されている。このうち墓碑の本文とも言うべき墓主の姓氏から銘までの間に墓主の享年のほか、ときには本貫や葬儀の年月日が記されて、一般に墓主の姓氏、諱、字、本貫、世系、人物、行迹・官歴、享年、卒年月日、葬儀の年月日、立碑の經緯、銘等の記載を基本とする墓碑の書式ができ上がってくる。鄭固碑、孔宙碑、孔謙碑、鮮于璜碑、張壽碑、衡方碑、楊著碑、楊震碑、郭泰碑、夏承碑、孔彪碑、魯峻碑、婁壽碑、尹宙碑、趙寛碑、王舍人殘碑、圉令趙君碑、樊敏碑、孔褒碑等はその例である。勿論、中には韓仁銘のように公文書を刻しただけの墓碑もあれば、また□臨爲父作封記のように葬儀二七年後に墳墓を作ったことを記した墓碑もあるが、これなどは極めて異例である。このように武斑碑以後の墓碑で内容の判明する墓碑のほとんどが同一の書式を取るようになってくるが、このことはまた先に述べた後漢末の墓碑の全國的な普遍化現象を裏書きするものと言えるであろう。

次に墓碑の立碑者について見ると、一番多いのは門生や故吏によって立てられたものである。たとえば北海相景君碑、孔宙碑、衡方碑、楊著碑、楊震碑、孔彪碑、魯峻碑、婁壽碑、鄭季宣碑、劉曜殘碑などはその例である。ただ門生・故吏といっても後に立てられた例ではあるが楊著碑の立碑者は楊著の叔父楊秉と従兄楊統の門生であり、同様に楊震の場合は孫の楊統の門人が立てるなど、必ずしも墓主と直接關係のある者ばかりが立碑に携わっていたわけではなかった。このように門生の場合には、かなり廣範圍な人たちをも包括していたであろうことが推察される。

これに對して故吏の場合を見るに、たとえば孔彪碑では、孔彪の最終の官職は河東太守であるにもかかわらず篆額には「故博陵太守孔府君」と題し、しかも碑陰に名を連ねている立碑者はいずれも博陵郡の故吏たちである。このことから博陵太守時代の孔彪と博陵郡の故吏たちとの特別な關係、ひいては博陵郡の故吏たちの孔彪に對する格別の心情というものをうかがうことができる。

その他の立碑者としては、子や孫や兄弟など同族の立てたものがある。たとえば王孝淵碑、鄭固碑、鮮于璜碑、趙寛碑、池陽令張君殘碑等はそれである。また墓碑に公文書を刻した韓仁銘の場合、司隷校尉の命令で縣が立碑するというように、ここでも特異性を發揮しているが、更に興味深いものに武斑碑がある。武斑碑は、先に述べたごとく墓碑の書式の標準型となったものとして注目した碑であるが、實はこの墓碑は「同歳の郎署」すなわち武斑と同年に郎官（官僚の幹部候補生）となった人たちによって立てられたものであった[11]。このことは武斑碑が墓碑の書式の標準となったこととも或いは關係があったのかも分からない。當時の背景は不明であるが、單に偶然というだけではないものを感じる。なお武斑碑の立碑は建和元年（一四七）の二月、他方武氏祠石闕銘は同年三月である。兩者の年月日の接近していることからして、同僚による立碑と武氏一族の墓域の整備とが同時進行の形で行われていたわけで、このこともたいへん興味深いものがある。

次いで墓主の死から立碑までの時期について言えば、判明する事例の中で最も短期間なのは鄭固碑で、延熹元年二月に卒して四月に立碑されているが、沒後およそ半年から二年というのが一般的である。反對に非常に年數を經てから立てられたものに先にも觸れた□臨爲父作封記の沒後二七年とか、趙寬碑の沒後二八年といった例があり、鮮于璜碑に至っては實に四〇年後に立碑されている。但し、鮮于璜碑は兩面に文章が刻されていて、しかも年代の判明するのは碑陽の方であって年代不明の碑陰は碑陽と同時に刻されたものではないという極めて珍しいものである。したがってこの四〇年という期間にはなお若干の幅があることを申し添えておく。また先にも觸れたように袁安碑と袁敞碑、楊著碑と楊震碑のように後世になってまとめて作る場合もあった。

なお墓碑ではないが他に一五　三老諱字忌日記（浙江）がある。これは祖父母・父母と子女の諱・字、また死者の命日を記錄して子孫に傳えようとしたものである。祖先の德を顯揚していること、墓側に立てられたと見られることからして、墓碑に準ずるものとしてよいであろう。

『後漢書』の中から墓碑を立てた事例を拾い上げると、次のような記事がある。

（1）孝女叔先雄者、犍爲人也、父泥和、永建初爲縣功曹、縣長遣泥和拜檄謁巴郡太守、乘船墮湍水物故、尸喪不歸、雄感念怨痛、號泣晝夜、心不圖存、常有自沈之計、所生男女二人、並數歲、雄乃各作嚢、盛珠環以繫兒、數爲訣別之辭、家人每防閑之、經百許日後稍懈、雄因乘小船、於父墮處慟哭、遂自投水死、弟賢、其夕夢雄告之、卻後六日、當共父同出、至期伺之、果與父相持、浮於江上、郡縣表言、爲雄立碑、圖象其形焉　（列傳七四）

（2）竇章字伯向、（扶風平陵人也）……順帝初、章女年十二、能屬文、以才貌選入掖庭、有寵、與梁皇后並爲貴人、擢章爲羽林郎將、遷屯騎校尉、章謙虛下士、收進時輩、甚得名譽、是時梁竇並貴、各有賓客、多交搆其間、章推心待之、故得免於患、貴人早卒、帝追思之無已、詔史官樹碑頌德、章自爲之辭　（列傳一三）

（3）孝女曹娥者、會稽上虞人也、父盱、能絃歌、爲巫祝、漢安二年五月五日、於縣江泝濤婆娑迎神、溺死、不得屍骸、娥年十四、乃沿江號哭、晝夜不絕聲、旬有七日、遂投江而死、至元嘉元年、縣長度尚改葬娥於江南道傍、爲立碑焉　（列傳七四）

（4）韓韶字仲黃、潁川舞陽人也、少仕郡、辟司徒府、時太山賊公孫擧僞號歷年、守令不能破散、多爲坐法、尚書選三府掾能理劇者、乃以韶爲贏長、賊聞其賢、相戒不入贏境、餘縣多被寇盜、廢耕桑、其流入縣界求索衣糧者甚衆、韶愍其飢困、乃開倉賑之、所稟贍萬餘戶、主者爭謂不可、韶曰、長活溝壑之人、而以此伏罪、含笑入地矣、太守素知韶名德、竟無所坐、以病卒官、同郡李膺、陳寔、杜密、荀淑等爲立碑頌焉　（列傳五二）

（5）郭太字林宗、太原界休人也……明年（建寧二年）春、卒于家、時年四十二、四方之士千餘人、皆來會葬、同志者乃共刻石立碑、蔡邕爲其文、既而謂涿郡盧植曰、吾爲碑銘多矣、皆有慙德、唯郭有道無愧色耳　（列傳五八）

（6）崔寔字子眞、（涿郡安平人也）……初寔父卒、剽賣田宅、起冢塋、立碑頌、葬訖、資産竭盡、因窮困、以酤釀販鬻爲業、時人多以此譏之、寔終不改、亦取足而已、不致盈餘、及仕官、歷位邊郡、而愈貧薄、建寧中病卒、家徒四壁立、無以殯斂、光祿勳楊賜、太僕袁逢、少府段熲爲備棺槨葬具、大鴻臚袁隗樹碑頌德　（列傳四二）

（7）桓彬字彥林、（沛郡龍亢人也）……彬少與蔡邕齊名、初擧孝廉、拜尚書郎、時中常侍曹節女壻馮方亦爲郎、彬厲志操、與左丞劉歆、右丞杜希同好交善、未嘗與方共酒食之會、方深怨之、遂章言彬等爲酒黨、事下尚書令劉猛、猛雅善彬等、不擧正其事、節大怒、劾奏猛、以爲阿黨、請收下詔獄、在朝者爲之寒心、猛意氣自若、旬日得出、免官禁錮、彬遂以廢、光和元年卒於家、年四十六、諸儒莫不傷之、所著七說及書凡三篇、蔡邕等共論序其志、僉以爲彬有過人者四、夙智早成、岐嶷也、學優文麗、至通也、仕不苟祿、絕高也、辭隆從窊、絜操也、乃共樹碑而頌焉　（列傳二七）

（8）范冉字子雲、陳留外黃人也……中平二年、年七十四、卒於家、臨命遺令敕其子曰、吾生於昏闇之世、値乎淫侈之俗、生不得匡世濟時、死何忍自同於世、氣絕便斂、斂以時服、衣足蔽形、棺足周身、斂畢便穿、穿畢便埋、其明堂之奠、干飯寒水、飲食之物、勿有所下、墳封高下、令足自隱、知我心者李子堅、王子炳也、今皆不在、制之在爾、勿令鄉人宗親有所加也、於是三府各遣令史奔弔、大將軍何進移書陳留太守、累行論謚、僉曰宜爲貞節先生、會葬者二千餘人、刺史郡守各爲立碑表墓焉　（列傳七一）

（9）陳寔字仲弓、潁川許人也……太尉楊賜、司徒陳耽、每拜公卿、羣僚畢賀、賜等常歎寔大位未登、愧於先之、及黨禁始解、大將軍何進、司徒袁隗遣人敦寔、欲特表以不次之位、寔乃謝使者曰、寔久絕人事、飾巾待終而已、時三公每缺、議者歸之、累見徵命、遂不起、閉門懸車、棲遲養老、中平四年、年八十四、卒于家、何進遣使弔祭、海內赴者三萬餘人、制衰麻者以百數、共刊石立碑、謚爲文範先生　（列傳五二）

（10）趙岐字邠卿、京兆長陵人也、初名嘉、生於御史臺、因字臺卿、後避難、故自改名字、示不忘本土也、岐少明經、有才藪、娶扶風馬融兄女、融外戚豪家、岐常鄙之、不與融相見、仕州郡、以廉直疾惡見憚、年三十餘、有重疾、臥蓐七年、自慮奄忽、乃爲遺令敕兄子曰、大丈夫生世、遯無箕山之操、仕無伊呂之勳、天不我與、復何言哉、可立一員石於吾墓前、刻之曰、漢有逸人、姓趙名嘉、有志無時、命也柰何、其後疾瘳（列傳五四）

(10)は死後には墓前に碑を立て、自作の文章を刻するよう遺言した例である。

2　祠廟碑

墓碑に次いで多いのは、祠廟關係の碑である。この中には時の長官の顯彰をも含んでおり、その點徳政碑とも共通する。祠廟碑としては、次のようなものがある。

四一　祀三公山碑　六二　三公山神碑　八四　封龍山頌　一二〇　三公之碑　一二四　白石神君碑（以上河北）

七〇　乙瑛碑　七五　韓敕碑　九八　史晨碑　一三九　魯相謁孔廟殘碑（以上山東）

一〇六　東海廟碑殘石（江蘇）

七一　李孟初神祠碑　八〇　張景碑　八二　桐柏淮源廟碑（以上河南）

八一　蒼頡廟碑　八七　西嶽華山廟碑　一四五　華嶽廟殘碑陰　一三七　唐公房碑（以上陝西）

一三六　平山神祠碑（朝鮮）

等である。河北省出土のものは、いずれも元氏縣周邊の山嶽神祭祠に關する碑であり、山東省出土のものは全て孔子廟、陝西省出土のものは西嶽華山のほかに蒼頡廟や唐公房祠が含まれる。平山神祠碑は平山の神を祀るために立てたものである。また河南省出土の李孟初神祠碑は、南郡襄陽縣の出身で南陽郡宛縣の縣令や益州刺史を歷任した李孟初の死後、彼の徳治を懷かしんで宛縣の吏民が神祠をつくりその傍に立てた碑である。碑文は、李孟初の官歷、立碑の經緯、神祠を管理する義民に對する傜役免除を記し、後に立碑に關係した宛縣の縣令以下、官吏の名を列記している。内容や書式からしても德政碑と變りはないが、神祠の傍に立てられたということで祠廟碑の中に分類する。また張景碑は、南陽郡宛縣の民張景が例年立春に行われる勸農の儀式で用いる土牛や土人、犂などの製作が農民の負擔になっていることから、今後はこれらの負擔を自らの責任において行うので農民の傜役をなくして欲しい旨を申し出、南陽郡太守はそれを認可するとともに張景及び子孫の賦役を免除し、張景の義行を顯彰したものである。内容的には顯彰碑であるが、立春の勸農の儀式ということで祠廟碑の中に入れることができる。

ところで右の祠廟碑で氣づくことが一つある。それは碑文の中に公文書を取り入れた碑、いわゆる文書碑がこの中に多く見られることである。最後に擧げた張景碑はその一つで、碑文は張景の申請にもとづいて南陽太守府から所轄の宛縣に下された命令書と、また宛縣から屬吏に下された命令書の二通の公文書で構成される典型的な文書碑である。祠廟碑中のその他の文書碑としては更に乙瑛碑、史晨碑（前碑）、三公山神碑がある。

まず乙瑛碑は別に孔廟置守廟百石卒史碑の名でよばれているように、魯國の前の相の乙瑛の申請によって魯の孔子廟に百石の卒史一人を置いて廟を守らせることになった經緯を述べた碑で、この中に三通の公文書が含まれている。第一は、乙瑛の申請をうけて司徒の吳雄と司空の趙戒の連名で乙瑛の申請どおりに實施したい旨を述べた上奏文である。そして上奏文の後に「制曰可」とあり、上奏が裁可されたことを示している。第二は、天子の裁可を得た日に、同じく吳雄と趙戒の連名で魯國の相に對して守廟の吏の選定を命じた下達文書である。第三は、魯國の相と長史の連名で、右の命令に從って吏の選考を行った結果を司空府に上申した復命書である。大庭脩氏の研究によると、第一の上奏文は天子の裁可（「制曰可」）を得ることによって全體が詔書となり、この詔書に第二の文書すなわち執行命令書を附して魯國の相に下達されたものであることが明らかにされている。(12)

史晨碑（前碑）は、魯國の相の史晨と長史李謙の連名で尙書に奉った上奏文で、内容は公費によって孔子を祭る禮の行われていない現狀を遺憾とし、そのために魯王家の穀物を出して春秋に孔子を祭ることを請願したものである。三公山神碑は判讀できる文字が少なくて詳細は不明だが、最初に太常から尙書に奉った上奏文があり、後に尙書令が下すという文言が見えるから、文書の形式としては乙瑛碑と同樣の詔書で、三公山の祭祀に關する詔書を刻したものと解される(13)。

漢代の文書碑は、これら以外にも散見しており(14)、別に稿を改めて述べる必要があるが、ここで少しだけ言及しておくと、中國における文書碑の起源は秦の二世皇帝の刻石まで遡る。『史記』秦始皇本紀の二世皇帝元年の條に、二世皇帝が天下を巡行して、先年始皇帝が立てた全ての刻石に追刻した文を載せている。その文章は次のごとくである。

皇帝曰、金石刻盡始皇帝所爲也、今襲號而金石刻辭不稱始皇帝、其於久遠也、如後嗣爲之者、不稱成功盛德、丞相臣斯・臣去疾・御史大夫臣德昧死言、臣請具刻詔書刻石、因明白矣、臣昧死請、制曰可

意味は「皇帝曰わく、『金石に文字を刻することは全て始皇帝のつくられたところである。今、皇帝の稱號を繼承したが刻石には皇帝とあるのみで始皇帝とは書かれていない。ここで刻石の皇帝を始皇帝と稱して區別しておかなければ、將來、後の皇帝がこれをつくったと思うやも知れぬ。そうなれば始皇帝の成功盛德を稱讚することにはならない』と。丞相の李斯らがうやうやしく申し上げた。『詔書の全文を始皇帝の刻石に刻して、立石の事情を明白にされますように』と。皇帝は制して曰わく『可なり』と」ということである。この文章の構成を見るに、まず二世皇帝の意見が示され、續いて李斯らの提案の上言があり、最後に「制曰可」として皇帝の裁可が下っているという形式になっている。このような構成の文章は先の乙瑛碑のところで見てきたように、この文全體が卽ち詔書であって、李斯らの提案どおりに詔書の全文が始皇帝の文の後に追刻されたのである。したがって中國における文書刻石の最初は、秦二世

皇帝の詔書刻石ということになる。

ところで詔書は、言うまでもなく文書の中でも最高の權威を有する文書である。そのような權威ある詔書を皇帝の命令で石に刻することの意圖は、二世皇帝の例で明らかなように、詔書に示された內容を周知徹底せしめ、かつ詔書の效力を永遠ならしめようとすることにあった。李斯らの上言はそのことを十分に意識したものであった。他方詔書を受け取った側において詔書を石に刻する意圖はと言うと、右の詔書の周知と永遠化の他に更に詔書のもつ權威を借りて刻石そのものを權威づけるという要素が加わり、詔書の內容に關連した人や物や事業等あらゆる面での積極的な效果が期待されたものと思われる。このことは權威と效力に大小の差こそあれ、一般に政府の公文書刻石全體について言えることである。

その他に文書碑のもつ意義としては、それが上下關係の間で取り交わされた文書であれば、たとえば上者は下者に對して遵守することを命令し、反對に下者は上者に對して、時には權利を主張する根據となるものもあったであろう。またこれも文書の一つと見ているが、後述の僤に關わる約束石劵のようなものであれば、共同體內における相互の權利を守り、かつ行動を規制する根據となるものであったに相違ない。時代の進展、社會の發展に伴い、以上のような文書碑の效用が認識されて、しだいに文書碑はその數を增加していったものと考えている。

墓碑の場合と同様に『後漢書』の中から祠廟碑の記事を拾うと、次のような事例がある。

（1）許荊字少張、會稽陽羨人也……和帝時、稍遷桂陽太守、郡濱南州、風俗脆薄、不識學義、荊爲設喪紀婚姻制度、使知禮禁、嘗行春到耒陽縣、人有蔣均者、兄弟爭財、互相言訟、荊對之歎曰、吾荷國重任、而教化不行、咎在太守、乃顧使吏上書陳狀、乞詣廷尉、均兄弟感悔、各求受罪、在事十二年、父老稱歌、以病自上、徵拜諫議大夫、卒於官、桂陽人爲立廟樹碑（列傳六六）

桂陽太守を歴任した許荊が亡くなったとき、桂陽の人たちが彼の善政を偲んで廟をつくり碑を立てたもので、李孟初神祠碑と同じ事例である。但し『後漢書』を見るかぎり碑を立てたという記事は極めて少なく、多くは故人の德政や善政、德行や善行、更には賢人であることを偲んで吏民が祠廟を立てたという、以下に擧げるような記事がほとんどである。そこには立碑の記事は見えないが、一般には碑を伴うことが多かったと見てよいのではなかろうか。

(2)滇王者、莊蹻之後也、元封二年、武帝平之、以其地爲益州郡、割牂柯越巂各數縣配之……及王莽政亂、益州郡夷棟蠶、若豆等起兵殺郡守、越巂姑復夷人大牟亦皆叛、殺略吏人、莽遣寧始將軍廉丹、發巴蜀吏人及轉兵穀卒徒十餘萬擊之、吏士飢疫、連年不能剋而還、以廣漢文齊爲太守、造起陂池、開通溉灌、墾田二千餘頃、率厲兵馬、修障塞、降集羣夷、甚得其和、及公孫述據益土、齊固守拒險、述拘其妻子、許以封侯、齊遂不降、聞光武卽位、乃間道遣使自聞、蜀平、徵爲鎭遠將軍、封成義侯、於道卒、詔爲起祠堂、郡人立廟祀之（列傳七六）

(3)周嘉字惠文、汝南安城人也……稍遷零陵太守、視事七年、卒、零陵頌其遺愛、吏民爲立祠焉（列傳七一）

(4)侯霸字君房、河南密人也……王莽初……後爲淮平大尹、政理有能名、及王莽之敗、霸保固自守、卒全一郡……
(建武)十三年、霸薨、帝深傷惜之、親自臨弔、下詔曰、惟霸積善清絜、視事九年、漢家舊制、丞相拜日、封爲列侯、朕以軍師暴露、功臣未封、緣忠臣之義、不欲相踰、未及爵命、奄然而終、嗚呼哀哉、於是追封諡霸則鄉哀侯、食邑二千六百戶、子昱嗣、臨淮吏人共爲立祠、四時祭焉（列傳一六）

(5)許楊字偉君、汝南平輿人也……汝南舊有鴻郤陂、成帝時、丞相翟方進奏毀敗之、建武中、太守鄧晨欲修復其功、聞楊曉水脈、召與議之、楊曰、昔成帝用方進之言、尋而自夢上天、天帝怒曰、何故敗我濯龍淵、是後民失其利、多致飢困、時有謠歌曰、敗我陂者翟子威、飴我大豆、亨我芋魁、反乎覆、陂當復、昔大禹決江疏河以利天下、明府今興立廢業、富國安民、童謠之言、將有徵於此、誠願以死效力、晨大悅、因署楊爲都水掾、使典其事、楊因高下形埶、起塘四百餘里、數年乃立、百姓得其便、累歲大稔、初、豪右大姓因緣陂役、競欲辜較在所、楊一無聽、遂共譖楊受取賕賂、晨遂收楊下獄、而械輒自解、獄吏恐、遽白晨、晨驚曰、果濫矣、太守聞忠信可以感靈、今其效乎、卽夜出楊、遣歸、時天大陰晦、道中若有火光照之、時人異焉、後以病卒、晨於都官爲楊起廟、圖畫形像、百姓思其功績、皆祭祀之　（列傳七二上）

（6）高獲字敬公、汝南新息人也、爲人尼首方面、少遊學京師、與光武有舊、師事司徒歐陽歙、歙下獄當斷、獲冠鐵冠、帶鈇鑕、詣闕語歙、帝雖不赦、而引見之、謂曰、敬公、朕欲用子爲吏、宜改常性、獲對曰、臣受性於父母、不可改之於陛下、出便辭去、三公爭辟不應、後太守鮑昱請獲、旣至門、令主簿就迎、主簿但使騎吏迎之、獲聞之、卽去、昱遣追請獲、獲顧曰、府君但爲主簿所欺、不足與談、遂不留、時郡境大旱、獲素善天文、曉遁甲、能役使鬼神、昱自往問何以致雨、獲曰、急罷三部督郵、明府當自北出、到三十里亭、雨可致也、昱從之、果得大雨、每行縣、輒軾其閭、獲遂遠遁江南、卒於石城、石城人思之、共爲立祠　（列傳七二上）

（7）周黨字伯況、太原廣武人也……建武中、徵爲議郎、以病去職、遂將妻子居黽池、復被徵、不得已、乃著短布單衣、穀皮綃頭、待見尚書、及光武引見、黨伏而不謁、自陳願守所志、帝乃許焉、博士范升奏毀黨曰、臣聞堯不須許由巢父、而建號天下、周不待伯夷叔齊、而王道以成、伏見太原周黨、東海王良、山陽王成等、蒙受厚恩、使者三聘、乃肯就車、及陛見帝廷、黨不以禮屈、伏而不謁、偃蹇驕悍、同時俱逝、黨等文不能演義、武不能死君、釣采華名、庶幾三公之位、臣願與坐雲臺之下、考試圖國之道、不如臣言、伏虛妄之罪、而敢私竊虛名、誇上求高、皆大不敬、書奏、天子以示公卿、詔曰、自古明王聖主必有不賓之士、伯夷叔齊不食周粟、太原周黨不受朕祿、亦各有志焉、其賜帛四十匹、黨遂隱居黽池、著書上下篇而終、邑人賢而祠之　（列傳七三）

（8）祭肜字次孫、（潁川潁陽人也）……（永平）十六年、使肜以太僕將萬餘騎、與南單于左賢王信伐北匈奴、期至涿邪山、信初有嫌於彤、行出高闕塞九百餘里、得小山、乃妄言以爲涿邪山、彤到不見虜而還、坐逗留畏懦下獄免、彤性沈毅内重、自恨見詐無功、出獄數日、歐血死、臨終謂其子曰、吾蒙國厚恩、奉使不稱、微績不立、身死誠慚恨、義不可以無功受賞、死後、若悉簿上所得賜物、身自詣兵屯、效死前行、以副吾心、既卒、其子逢上疏具陳遺言、帝雅重彤、方更任用、聞之大驚、召問逢疾狀、嗟歎者良久焉、烏桓、鮮卑追思彤無已、毎朝賀京師、常過冢拜謁、仰天號泣乃去、遼東吏人爲立祠、四時奉祭焉　（列傳一〇）

(9) 鄧訓字平叔、（南陽新野人也）……永元二年、大將軍竇憲將兵鎭武威、憲以訓曉羌胡方略、上求倶行、訓初厚於馬氏、不爲諸竇所親、及憲誅、故不離其禍、訓雖寛中容衆、而於閨門甚嚴、兄弟莫不敬憚、諸子進見、未嘗賜席接以温色、四年冬、病卒官、時年五十三、吏人羌胡愛惜、旦夕臨者日數千人、戎俗父母死、恥悲泣、皆騎馬歌呼、至聞訓卒、莫不吼號、或以刀自割、又刺殺其犬馬牛羊、曰鄧使君已死、我曹亦倶死耳、前烏桓吏士皆奔走道路、至空城郭、吏執不聽、以狀白校尉徐傿、傿歎息曰、此義也、乃釋之、遂家家爲訓立祠、毎有疾病、輒此請禱求福　（列傳六）

(10) 王渙字稚子、廣漢郪人也……永元十五年、從駕南巡、還爲洛陽令、以平正居身、得寛猛之宜、其冤嫌久訟、歴政所不斷、法理所難平者、莫不曲盡情詐、壓塞羣疑、又能以譎數發擿姦伏、京師稱歎、以爲渙有神筭、元興元年、病卒、百姓市道莫不咨嗟、男女老壯皆相與賦斂、致奠醊以千數、渙喪西歸、道經弘農、民庶皆設槃桉於路、吏問其故、咸言平常持米到洛、爲卒司所鈔、恒亡其半、自王君在事、不見侵枉、故來報恩、其政化懷物如此、民思其德、爲立祠安陽亭西、毎食輒弦歌而薦之　（列傳六六）

(11) 荀淑字季和、潁川潁陰人也……安帝時、徴拜郎中、後再遷當塗長、去職還鄉里、當世名賢李固李膺等皆師宗之、及梁太后臨朝、有日食地震之變、詔公卿擧賢良方正、光祿勳杜喬、少府房植擧淑對策、譏刺貴倖、爲大將軍梁冀所忌、出補朗陵侯相、莅事明理、稱爲神君、頃之、弃官歸、閑居養志、産業毎增、輒以贍宗族知友、年六十七、建和三年卒、李膺時爲尚書、自表師喪、二縣皆爲立祠　（列傳五二）

(12) 張奐字然明、敦煌淵泉人也……永壽元年、遷安定屬國都尉……遷使匈奴中郎將……明年（延熹二年）、梁冀被誅、奐以故吏免官禁固……在家四歲、復拜武威太守……光和四年卒、年七十八、遺命曰、吾前後仕進、十要銀艾、不能和光同塵、爲讒邪所忌、通塞命也、始終常也、但地底冥冥、長無曉期、而復纏以纊緜、牢以釘密、爲不喜耳、幸有前窀、朝殞夕下、措屍靈牀、幅巾而已、奢非晉文、儉非王孫、推情從意、庶無咎吝、諸子從之、武威多爲立祠、世世不絶　（列傳五五）

以上は死後に祠廟を立てた事例であるが、生前に祠廟を立てることも行われていた。同じく『後漢書』に次のような記事がある。

(13) 任延字長孫、南陽宛人也……建武初、延上書願乞骸骨、歸拜王庭、詔徵爲九眞太守、光武引見、賜馬雜繒、令妻子留洛陽、九眞俗以射獵爲業、不知牛耕、民常告糴交阯、毎致困乏、延乃令鑄作田器、教之墾闢、田疇歲歲開廣、百姓充給、又駱越之民無嫁娶禮法、各因淫好、無適對匹、不識父子之性、夫婦之道、延乃移書屬縣、各使男年二十至五十、女年十五至四十、皆以年齒相配、其貧無禮娉、令長吏以下各省奉祿以賑助之、同時相娶者二千餘人、是歲風雨順節、穀稼豐衍、其産子者、始知種姓、咸曰、使我有是子者、任君也、多名子爲任、於是徼外蠻夷夜郎等慕義保塞、延遂止罷偵候戍卒……延視事四年、徵詣洛陽、以病稽留、左轉睢陽令、九眞吏人生爲立祠　（列傳六六）

(14) 王堂字敬伯、廣漢郪人也、初擧光祿茂才、遷穀城令、治有名迹、永初中、西羌寇巴郡、爲民患、詔書遣中郎將尹就攻討、連年不剋、三府擧堂治劇、拜巴郡太守、堂馳兵赴賊、斬虜千餘級、巴庸清靜、吏民生爲立祠、刺史張

喬表其治能、遷右扶風　（列傳二一）

(15) 韋義字季節、（扶風平陵人也）……義少與二兄齊名、初仕州郡、太傅桓焉辟擧理劇、爲廣都長、甘陵、陳二縣令、政甚有績、官曹無事、牢獄空虚、數上書順帝、陳宜依古典、考功黜陟、徵集名儒、大定其制、又譏切左右、貶刺竇氏、言既無感、而久抑不遷、以兄順喪去官、比辟公府、不就、廣都爲生立廟、及卒、三縣吏民爲義擧哀、若喪考妣　（列傳一六）

(16) 張奐字然明、敦煌淵泉人也……明年（延熹二年）、梁冀被誅、奐以故吏免官禁錮、奐與皇甫規友善、奐既被錮、凡諸交舊莫敢爲言、唯規薦擧前後七上、在家四歲、復拜武威太守、平均徭賦、率厲散敗、常爲諸郡最、河西由是而全、其俗多妖忌、凡二月五月産子及與父母同月生者、悉殺之、奐示以義方、嚴加賞罰、風俗遂改、百姓生爲立祠、擧尤異、遷度遼將軍、數載間、幽幷清靜　（列傳五五）

(16) は、(12) に擧げた張奐と同一人物である。これによると張奐は武威太守の在任中に祠を立てられ、死後にもまた祠を立てられたことになる。また祠廟を意圖的に破壊することも行われた。次の記事はその例である。

(17) 延熹中、桓帝事黄老道、悉毀諸房祀、唯特詔密縣存故太傅卓茂廟、洛陽留王渙祠焉　（列傳六六、王渙傳）

3　徳政碑

善政を記念して立てられた碑である。任地において立てられたもので、その際に神祠の傍に立てられると祠廟碑となるが、碑だけの場合は徳政碑である。但し、神祠や祠廟があったか否か不明の場合も取りあえず徳政碑として分類することにした。また徳政碑は、内容的には後述の摩崖とも共通する。その徳政碑、及び徳政碑と考えられるものは、次のとおりである。

四八　延光殘碑　一〇三　楊叔恭殘碑　一二八　張遷碑　一六〇「張角」等字殘石　一六三　竹葉碑　一六二　汝南周府君碑額（以上山東）
一二一　潘乾碑（江蘇）
一四〇　劉熊碑殘石（河南）
一二六　曹全碑（陝西）

このうち、張遷碑は東郡の穀城縣長であった張遷が河內郡の蕩陰縣令に轉任するに當たり、張遷の善政を記念して穀城縣の故吏が集まって立てた碑である。劉熊碑は陳留郡の酸棗縣令劉熊の善政を記念して酸棗縣の故吏が立てたもの、また曹全碑は左馮翊の郃陽縣令曹全が後漢末の內亂で荒廢した地方政治を再建した功績を記念して郃陽縣の吏民が立てたものである。いずれも彼らの在任の地に立てられ、碑文は諱、字、本貫、世系、官歷、善政及び功績を列擧し、最後に銘を刻す。

そのほか楊叔恭殘碑、延光殘碑、「張角」等字殘石、竹葉碑は、いずれも殘碑、殘石であるが、判明する碑文の文言などから地方の長官を顯彰したものであることが推測され、德政碑と見なし得るものである。

また潘乾碑は、額にちなんで校官碑の名で知られる碑である。丹陽郡溧陽縣長の潘乾が學官を整備したことを記念して、溧陽縣に立てられた德政碑である。

『後漢書』の次の記事は德政碑の事例である。

童恢字漢宗、琅邪姑幕人也……弟翊字漢文、名高於恢、宰府先辟之、翊陽喑不肯仕、及恢被命、乃就孝廉、除須昌長、化有異政、吏人生爲立碑、聞擧將喪、弃官歸、後擧茂才、不就、卒於家　（列傳六六）

右の童翊も含めて碑刻としての德政碑を眺めるとき、德政碑は概して後漢末に集中していることが注目される。このことは、德政碑の出現は墓碑や祠廟碑に比べて遲いことを示すもので、後漢末期の政情や世情と關係があったと考えられる。

4　石經

一一五　熹平石經殘石（河南）

後漢時代になると經書の文字に異文が目立つようになったため、靈帝の熹平四年（一七五）に蔡邕は堂谿典、楊賜、馬日磾、張馴、韓説、單颺等とともに六經の文字を正定することを上奏して願い出た。靈帝はこれを許し、經書の標準テキストを定めて碑に刻し、洛陽の大學の門外に立てたのが熹平の石經である。蔡邕らが筆をとり、熹平四年から着手して光和六年（一八三）に完成したといわれる。刻された經書は『周易』『尙書』『魯詩』『儀禮』『春秋』『公羊傳』『論語』の七つで、これらの經書が六四枚の碑の兩面に、隷書體でそれぞれ行七〇～七八字、三五行に刻されていた。熹平石經は後の魏の正始石經や唐の開成石經など中國の石經の最初のものであるが、石經そのものは後漢末の董卓の亂や晉の永嘉の亂などによって破壞されてしまい、今日では出土した殘石で僅かに面影をうかがうだけである。

5　その他の碑

一一八　侍廷里父老僤約束石劵（河南）

これは侍廷里の父老該當者が僤（一種の互助組織）を結成し、金錢を出して父老の用益に供する田地を購入、その運用に關する約束を取り決めて石に刻したものである。形狀は碑と碣の中間で、どちらかといえば碑に近い。碑文によると里の治中、すなわち里中の集會・議事を行う場所に立てたと言う。

このように僤とか或いは約束に關係した碑と見られるものとしては

一五九「濟鄉邑」等字殘碑（山東）

一五七「辟易」殘碑　一五八「詔書」等字殘碑　二八「通利水大道」（以上河南）

などが、釋讀可能な碑文の文字から僅かに推測されるほか、額しか殘っていないが

一一六　梧臺里石社碑額（山東）

も地域共同體に關係のある碑と見られる。また

一四四　簿書殘碑（四川）

は田土や家屋などの面積や價格、それに奴婢や家畜を列擧したものである。一種の財産簿のようなものと考えられるが、他に類例のないものである。

なお『後漢書』に、太守が石に誓を刻して民に常禁を知らしめた、次のような記事がある。

王景字仲通、樂浪誹邯人也……建初七年、遷徐州刺史、先是杜陵杜篤奏上論都賦、欲令車駕遷還長安、耆老聞者、皆動懷土之心、莫不眘然佇立西望、景以宮廟已立、恐人情疑惑、會時有神雀諸瑞、乃作金人論、頌洛邑之美、天人之符、文有可採、明年、遷廬江太守、先是百姓不知牛耕、致地力有餘而食常不足、郡界有楚相孫叔敖所起芍陂稻田、景乃驅率吏民、修起蕪廢、教用犂耕、由是墾闢倍多、境內豐給、遂銘石刻誓、令民知常禁、又訓令蠶織、爲作法制、皆著于鄉亭、廬江傳其文辭、卒於官（列傳六六）

（3）石闕・石表

石闕は祠廟や墳墓の正面參道の兩側に立てられた裝飾的な門柱である。また參道を神道と稱して石闕を神道闕とよ

んだり、或いは石闕を門に見立てて大門とよぶこともあった。この石闕の立つ場所は、また同時に碑の立つ場所と共通しており、武氏の碑・闕や、馮煥闕や高頤闕では碑と闕がセットをなしていた。まず祠廟の石闕としては

四二　嵩山大室石闕隷書銘　四五　嵩山開母廟石闕銘　四六　嵩山少室石闕銘　四七　嵩山太室石闕篆書銘

一一四　堂谿典請雨嵩高廟銘（以上河南）

がある。いずれも河南省登封縣の嵩山關係のものばかりである。したがって内容も嵩山の神や開母（啓母）などの靈驗を稱え、石闕を建立した由來や建立に關係した人達の姓名などを記している。これに對して墳墓の石闕は

三二　幽州書佐秦君石闕・石表銘（河北）

二一　莒南孫氏石闕題記　二二　皇聖卿闕題銘　二三　南武陽功曹闕題銘　六四　武氏祠石闕銘（以上山東）

三三　王稚子闕題記　四三馮煥闕題字　一三三　高頤闕題字　一七一　楊宗闕題字　一七二　交阯都尉沈府君神道闕題字　一七三「上庸長」石闕題字　一一四　李業闕題字（以上四川）

がある。文字を刻した墳墓の石闕は一二を數えるが、その中で四川省が過半數を占めていることが注目される。陳明達「漢代的石刻」（『文物』一九六一―一二）によると、無銘のものも含めて調査の對象となった漢代の石闕二三のうち、四川省は實に一七にのぼっているように、現存の石闕の分布を見る限りにおいて石闕は特に四川に多かったことが知られる。

墳墓石闕の刻石の内容は、「某の闕」とか「某の神道」「某の大門」といった題字の他に、墓主の官歷や卒年月日、建立者名、建立年月日、工人名、費用等を記すものもある。更にまた幽州書佐秦君石闕のように、隷額に「烏還哺母」とあり、子が親に育てられた恩返しに成長してから食物を口移しにして親を養う鳥の姿に想いを起こして、亡き兩親を慕う氣持を述べた長文の銘を刻するものとか、また皇聖卿闕や南武陽功曹闕のように墓碑風の題記を刻したものが

ある。これは先にも述べたように、闕と碑の立てられる場所が同じであるということを考慮するならば、十分に理解できるところである。なお

七　麃孝禹刻石（山東）

は畫像刻石で、その畫像は石闕を表現したものと見ることができる。これが現實の墳墓の石闕を模したものだとするならば、今日知られている石闕は全て後漢時代のものばかりであるが、或いはこれを更に古く、たとえば前漢にまで遡らせることができるかもしれない。

また石闕ではないが石闕に關係のあるものに石表がある。長方形の石柱で先の幽州書佐秦君石表のほかに

一一九　邛都安斯鄕石表（四川）

があり、石表のサイズは高一六二、幅六二・五、側面の幅四二センチメートルである。秦君石表は「漢故幽州書佐秦君之神道」という題字だけであるが、安斯鄕石表は越嶲郡邛都縣に屬する安斯鄕の有秩の任命、及び上諸鄕や安新鄕の復除を許可した公文書で構成されている、これまた非常に珍しいものである。

（4）　墳墓の石刻

墓碑や祠廟碑、及び石闕以外の墳墓關係の石刻である。大別して（1）墓室の石刻、（2）祠堂の石刻、（3）その他の三つに分けることができる。

1　墓室の石刻

墓室の石刻で多數を占めるのは、畫像刻石である。出土地別に列擧すると次のとおりである。

六六　左表墓題字　一六九　郭季妃石椁題字（以上山西）
七　麃孝禹刻石　二〇　肥城縣欒鎭畫像石題記　二七　滕縣堌城出土畫像石題記　四四　滕縣西戶口畫像石題記　六八　元嘉元年畫像石題記　七九　曲阜徐家村畫像石題記　九〇　梁山出土畫像石表題記　一五四「更封」畫像石題字　一六七　孫琮墓室題字（以上山東）
六七　繆宇墓誌（江蘇）
一三　馮君孺人墓室題記　九九　許阿瞿墓誌（以上河南）
二六　楊孟元墓室題字　二九　王得元墓室題字　三〇　郭稚文墓室題字　三一　王聖序墓室題字　三六　牛文明墓室題字　一六八　郭仲理石椁題字（以上陝西）
五三　延年石室題字　五八「會仙友」題字　一三四　王暉石棺題字　一七〇　楊耿伯墓門題記（以上四川）

地域別にいえば山東（九種）と陝西（六種）に多く見られる。しかし刻石の內容を見ると兩者の間には顯著な相違がある。すなわち山東の場合を見ると、麃孝禹刻石が單に年月日と本貫に姓名のみを刻し、また孫琮墓は孫琮の墓室であることを記したいわゆる題字形式をとっているほか、他はたとえば肥城縣欒鎭の例で言えば墓の完成年月日、子の姓名、父のために作ったこと、石の値段、工人の名前などを記し、また曲阜徐家村の例では墓の建造年月日、工費や食費等の費用の總額、葬儀の月日などを記している。また滕縣西戶口村の例では墓主の卒年月日と官歷を記したあと弟たちの官歷を記したりしている。いずれも題記と稱するものである。すなわち題字と題記の混在しているのが山東の諸例である。

これに對して陝西の例を見ると、たとえば楊孟元墓の場合、「西河太守の行長吏事・離石守長の楊君孟元の舍、永元八年三月廿一日作る」のように、墓主の官歷と姓名に墓室であることを明記し、その完成年月日を記すだけである。

それは王得元墓、郭稚文墓、王聖序墓、牛文明墓いずれも同じであり、郭仲理墓も完成年月日が記されていないだけで同じ範疇に屬するものと見られる。すなわち陝西の諸例は全部が題字ばかりである。しかも興味深いのは、山西の左表墓も陝西と同じ題字形式を用いており、郭季妃墓は郭仲理墓と全く同じである。陝西の畫像石の出土地は陝西省北部の綏遠縣・米脂縣であり、一方山西は黄河を隔てた東の離石縣である。この兩者の畫像石の題字に見られる共通性は、これらの地が一つの文化圏を構成していたこと、しかもそれは東方の山東方面とは異なる特色をもったものであったことを示していると言える。

四川省出土の延年石室題字と「會仙友」題字は、四川省に多く見られる摩崖墓内で發見された題字である。石刻の形狀から言えば摩崖であるが、刻石が墓室内ということでこの中に分類した。なお今日まで四川省域で發見された紀年題刻のある摩崖墓は三〇餘箇所にのぼっているが圖版に良いものがなく、殘念ながら大半は割愛せざるを得なかったことを附記しておく。

さて墓室の石刻では更に注目すべきことがある。それは繆宇墓誌と許阿瞿墓誌である。いずれも畫像石に刻されていたもので、前者は墓主の官職、姓名、字、行迹、官歷、卒年月日、葬儀の年月日を刻し、後者は墓主の卒年月日、姓名、享年（墓主は五歳）を記した後に、父母の歎き及び財を投じて墓室を作ったことを刻す。前者は後世の墓誌、たとえば北魏の墓誌などと比較しても形式の基本はほぼ整っており、(15)これを墓誌とよんで全く差し支えのないものである。また後者は前者とはやや異なるが、これも墓誌と見ることができよう。更に言えば畫像石棺に刻されたものではあるが四川の王暉墓の場合も、墓誌と見ることができる。このように畫像石に刻されていたとは言え、われわれは一五〇年代には墓誌が作られていたことを知るわけであるが、實はこれよりも更に四〇年以上も早く墓誌が作られていた。三四　賈武仲妻馬姜墓誌（河南）がそれである。

賈武仲妻馬姜墓誌は、まず夫人馬姜の夫や父のことを記し、次いで四人の娘の出嫁と夫人の徳行を述べ、享年、卒年月日、賻贈、葬儀の年月日、葬地を記した後に「□□子孫、章明する能わざるを懼れ、故に石に刻して……紀し……」の文で終わっている。拓本で高四六、幅五八センチメートル、石は粗く表面も十分に磨いたものではないが、先の繆宇墓誌と比べても更に後世の墓誌に近い體裁を備えている。洛陽出土というだけで詳しいことは傳わっていないが、おそらく邙山あたりの墓中から出土したものと考えられるので、現在知られるところの墓誌の中で最も古いものと見てよいであろう。

墓誌については、後漢末の建安十年（二〇五）に曹操が天下の疲弊を理由に立碑の禁止令を出し、西晉の武帝も咸寧四年（二七八）に立碑を一切禁止したために、(16)漢代盛んに立てられていた墓碑は地中に埋められるようになり、それが矮小化して墓誌の形を取るようになった、という考え方がある。(17)しかし右に見てきたように、後漢時代には既に墓誌が存在しており、曹操以後の立碑の禁令が決して墓誌發生の直接の原因となったわけではない。むしろ立碑の禁令が其の後の墓誌の盛行に拍車をかけたと見るべきである。その他

一五二「降命」刻石（出土地不明）　一七五　居巣劉君墓頂鎭石・石羊題記（安徽）

一七六　除適刻石三種（河北）

といった類はいずれも死者ないしは墓の厄拂いの刻石である。これらは全て年代不明であり、嚴密には漢代の石刻とは斷定できないが、鎭墓陶瓶のような呪術的遺物との關連に注目して附載するものである。

2　祠堂の石刻

祠堂は、墳墓の前の建物で、山東では石造であるところから石室・石堂とも言い、また祠堂は展墓享祀の用に供す

るところから食堂とも言う。關係の刻石は次のとおりである。

一二　路公食堂畫像題記　二五　永元八年食堂題記　三五　陽三老石堂題記　三七　戴氏畫像題記　五一　永建五年食堂畫像題記　五五　永和二年食堂畫像題記　五七　永和六年食堂畫像題記　六一　文叔陽食堂畫像題記　七二　薌他君石祠堂題記　七六　安國祠堂題記　一五三「食齋祠園」畫像石題字（以上山東）

畫像石の題記がほとんどで、たとえば陽三老石堂では、まず石堂の完成年月日と石堂の完成したことを記し、子として祭祀を絶やさず季節ごとに食物を供えることを刻している。また永和二年食堂畫像題記では、亡き父母のために子の兄弟が集まって冢を修復して食堂を造ったこと、石工の名、費用の總額を刻しており、また長文の題記を刻した薌他君石祠堂は父母の死を悼み、早逝した兄と合して兄弟が協力して祠堂を造り完成したこと、工人・畫師の名、費用等を記す。祠堂刻石の内容の概略は、右の諸例によって知ることができるであろう。

なお右に列擧した一一種の祠堂刻石はいずれも山東省出土のものばかりであるが、後に擧げる文獻では山東以外の地にも祠堂は立てられており、これは他の地方ではたまたま未發見であるというに過ぎない。またこれも現在のところ山東省だけにしか見られないものに墳壇刻石がある。

九　上谷府卿墳壇刻石　一〇　祝其卿墳壇刻石（以上山東）

の二種で、いずれも墳壇名と建造年月日を記している。墳壇は墓前に築いた祭祀用の壇であり、祠堂の同類か或いは祠堂の初期的形態ではないかと思われる。

祠堂に關しては『漢書』の中にも見えており、次のような記事がある。

（1）（霍）禹既嗣爲博陸侯、太夫人顯改光時所自造塋制而侈大之、起三出闕、築神道、北臨昭靈、南出承恩、盛飾祠室、輦閣通屬永巷、而幽良人婢妾守之　（卷六八）

（2）朱邑字仲卿、廬江舒人也、少時爲舒桐鄕嗇夫、廉平不苛、以愛利爲行……神爵元年卒、天子閔惜、下詔稱揚曰、大司農邑、廉潔守節、退食自公、亡彊外之交、束脩之餽、可謂淑人君子、遭離凶災、朕甚閔之、其賜邑子黃金百斤、以奉其祭祀、初邑病且死、屬其子曰、我故爲桐鄕吏、其民愛我、必葬我桐鄕、後世子孫奉嘗我、不如桐鄕民、及死、其子葬之桐鄕西郭外、民果共爲邑起冢立祠、歲時祠祭、至今不絕　（卷八九）

（3）張安世字子孺、（杜陵人也）……元康四年春、安世病、上疏歸侯、乞骸骨、天子報曰、將軍年老被病、朕甚閔之、雖不能視事、折衝萬里、君先帝大臣、明於治亂、朕所不及、得數問焉、何感而上書歸衛將軍富平侯印、薄朕忘故、非所望也、願將軍強餐食、近醫藥、專精神、以輔天年、安世復強起視事、至秋薨、天子贈印綬、送以輕車介士、謚曰敬侯、賜塋杜東、將作穿復土、起冢祠堂、子延壽嗣　（卷五九）

『後漢書』に見える祠堂には、次のような記事がある。

（4）甲申、幸章陵、脩園廟、祠舊宅、觀田廬、置酒作樂、賞賜、時宗室諸母因酣悅、相與語曰、文叔少時謹信、與人不款曲、唯直柔耳、今乃能如此、帝聞之、大笑曰、吾理天下、亦欲以柔道行之、乃悉爲舂陵宗室起祠堂、有五鳳皇見於潁川之郟縣　（光武帝紀、建武十七年冬十月）

（5）呉漢字子顏、南陽宛人也……漢嘗出征、妻子在後買田業、漢還、讓之曰、軍師在外、吏士不足、何多買田宅乎、遂盡以分與昆弟外家。注所引東観記曰、漢但修里宅、不起第、夫人先死、薄葬小墳、不作祠堂也　（列傳八）

（6）永平元年、姑復夷復叛、益州刺史發兵討破之、斬其渠帥、傳首京師、後太守巴郡張翕、政化清平、得夷人和、在郡十七年、卒、夷人愛慕、如喪父母、蘇祈叟二百餘人、齎牛羊送喪、至翕本縣安漢、起墳祭祀、詔書嘉美、爲立祠堂　（列傳七六）

（7）張酺字孟侯、汝南細陽人也……酺歸里舍、謝遣諸生、閉門不通賓客、左中郎將何敞及言事者多訟酺公忠、帝亦雅重之、（永元）十六年、復拜爲光祿勳、數月、代魯恭爲司徒、月餘薨、乘輿縞素臨弔、賜冢塋地、賵贈恩寵異於它相、酺病臨危、敕其子曰、顯節陵埽地露祭、欲率天下以儉、吾爲三公、既不能宣揚王化、令吏人從制、豈可不務節約乎、其無起祠堂、可作稾蓋廡、施祭其下而已　（列傳三五）

（8）清河孝王慶、母宋貴人、貴人、宋昌八世孫、扶風平陵人也、父楊、以恭孝稱於鄕閭、不應州郡之命、楊姑卽明德馬后之外祖母也、馬后聞楊二女皆有才色、迎而訓之、永平末、選入太子宮、甚有寵、肅宗卽位、並爲貴人、建初三年、大貴人生慶、明年立爲皇太子、徵楊爲議郎、襃賜甚渥……七年、帝遂廢太子慶而立皇太子肇、肇、梁貴人子也……遂出貴人姉妹置丙舍、使小黃門蔡倫考實之、皆承諷旨傅致其事、乃載送暴室、二貴人同時飮藥自殺……慶多被病、或時不安、帝朝夕問訊、進膳藥、所以垂意甚備、慶小心恭孝、自以廢黜、尤畏事愼法、毎朝謁陵廟、常夜分嚴裝、衣冠待明、約敕官屬、不得與諸王車騎競驅、常以貴人葬禮有闕、毎竊感恨、至四節伏臘、輒祭於私室、竇氏誅後、始使乳母於城北遙祠、及竇太后崩、慶求上冢致哀、帝許之、詔太官四時給祭具、慶垂涕曰、生雖不獲供養、終得奉祭祀、私願足矣、欲求作祠堂、恐有自同恭懷梁后之嫌、遂不敢言、常泣向左右、以爲沒齒之恨……慶立凡二十五年、乃歸國、其年病篤、謂宋衍等曰、清河埤薄、欲乞骸骨於貴人冢傍下棺而已、朝廷大恩、猶當應有祠室、庶母子并食、魂靈有所依庇、死復何恨、乃上書太后曰、臣國土下溼、願乞骸骨、下從貴人於樊濯、雖歿且不朽矣、及今口目尙能言視、冒昧干請、命在呼吸、願蒙哀憐、遂薨、年二十九、遣司空持節與宗正奉弔祭　（列傳四五）

（9）（桓）典字公雅（沛郡龍江人也）、復傳其家業、以尙書敎授潁川、門徒數百人、擧孝廉爲郎、居無幾、會國相王吉以罪被誅、故人親戚莫敢至者、典獨弃官收斂歸葬、服喪三年、負土成墳、爲立祠堂、盡禮而去　（列傳二七）

（10）李固字子堅、漢中南鄭人也……出爲廣漢雒令、至白水關、解印綬、還漢中、杜門不交人事、歳中、梁商請爲従事中郎、商以后父輔政、而柔和自守、不能有所整裁、灾異數見、下權日量、固欲令商先正風化、退辭高滿、乃奏記曰……明將軍望尊位顯、當以天下爲憂、崇尙謙省、垂則萬方、而新營祠堂、費功億計、非以昭明令德、崇示清儉　（列傳五三）

（10）では祠堂の建造費を一億としている。祠堂の題記の中には建造費を記録したものが多く、今金額の判明するものを列擧すると次のとおりである。

永元八年食堂題記　一〇萬
安國祠堂題記（永壽三年）　二萬七千
薌他君石祠堂題記（永興二年）　二萬五千
文叔陽食堂畫像題記（漢安三年）　一萬七千

その他に總額は不明であるが萬單位の出費をしているものに永建五年食堂畫像題記と永和二年食堂畫像題記がある。これらを總合すると、題記に見える祠堂の建造費は數萬錢から十萬錢が相場であったようである。史料（10）の李固の奏記は順帝の永和年間に時の大將軍梁商を戒めた意見書であるが、祠堂の工費一億という金額は、金額に誇張があるとしても、梁商がいかに絶大な權力を誇っていたかということを、うかがい知るに十分である。

3　その他の墳墓石刻

まず黃腸石がある。漢代では王侯墓の墓壁は、柏木の黃心を使用し、かつその木頭を内側に向けて積み上げて造った。これを黃腸題湊[18]と言うが、後漢になると柏木に代えて多く石を用いるようになった。これが黃腸石である。

六九　孟津漢墓出土黄腸石（河南）　一七四　定縣北莊漢墓墓頂封石題字（河北）

刻石の内容は、前者の例で言えば石工の姓名、石の寸法、配置の順序を示す番號、更には石材擔當係官ないしは部署名を記し、後者の例では石の產地、石工の本貫及び姓名を記している。また

一九　司馬長元石門題字（山東）

は石門の完成を記した題字であるが、言うところの石門の實體は不明である。ただ出土地が山東であることを考慮に入れると、この石門は墓門の可能性が大きい。なお墓石の一部と見られるものに

四　甘泉山刻石（江蘇）　八　曲阜九龍山漢墓塞石題字　一六六「朱君長」題字（以上山東）

がある。甘泉山刻石は廣陵厲王劉胥の墓石で石の配置を示す番號を記し、九龍山の場合は摩崖墓の切石で、魯王墓の石であること並びに石の寸法を記している。最後の「朱君長」題字は詳細は不明である。

（5）摩　崖

摩崖とは、天然の崖壁を利用して文字や畫などを刻したものを言う。わざわざ石を切り出し加工して立てるのではなく、その土地その場所に卽して手近の崖壁を利用して刻するわけで、漢代では多く道路の開通や城の完成などを記念して刻された。刻された場所が崖壁であるために摩崖とよぶが、刻石の內容から言えば德政碑と共通する。

一六　開通褒斜道摩崖　六五　石門頌摩崖　七三　李禹通閣道記摩崖　一〇五　析里橋郙閣頌摩崖　一〇七　楊淮表記摩崖（以上陝西）

一〇一　西狹頌摩崖　一〇二　五瑞圖摩崖　一一一　耿勳摩崖　七八　劉平國摩崖題刻（以上甘肅）

は、いずれもそれに該當するものである。

まず開通褒斜道以下、鄐閣頌を除く四件の陝西の摩崖は褒斜道のものである。關中から漢中を經て蜀に通ずる道のうち、關中と漢中間は殊に難所を以て知られていた。その中で一番利用されていたのが褒斜道である。この道は北は陝西省眉縣の西南から斜水の谿谷沿いに西南し、秦嶺山脈を越えると次は褒水の谿谷沿いに南に下って褒城縣の北に出る險路で、漢代しばしば開鑿修理が行われた。開通褒斜道刻石は褒城縣の北三〇キロメートルの石門の崖壁に刻されたもので、その內容は明帝の永平六年（六三）に漢中太守の鄐君が、敕命によって廣漢・蜀郡・巴郡の三郡の囚徒二千六百九十人を動員して不通だった褒斜道を開通し、益州から京師に至る交通を安全ならしめた功績を記念したものである。しかし褒斜道はその後もしばしば斷絶したために、開鑿修理の手が加えられた。石門頌や李禹通閣道記はその折々の褒斜道開通の功績を稱揚したもの、楊淮表記は石門頌の主人公である楊孟文の子孫楊淮と楊弼の二人を顯彰したものである。

また西狹頌や鄐閣頌は武都太守李翕の功績を稱えたもので、西狹頌は甘肅省成縣の西、天井山中の難所西狹の道の改修を、鄐閣頌は陝西省略陽縣の北西、析里に棧道を作って交通を便利にしたことを記念したものである。五瑞圖は同じく李翕が弘農郡黽池縣令のときに崤嶔の道の改修の功を稱えたものである。同様に耿勳摩崖も、武都太守耿勳による天井山中の狹道の改修の功績を稱讚したものである。

以上は全て道路に關係した摩崖であるが、劉平國摩崖は龜茲の將軍劉平國が關城を完成したことを記念したもので、城郭完成の摩崖の例である。また

一七　昆弟六人買山地記摩崖（浙江）

は、兄弟六人で墓地を買ったという、高一五一、幅一一三センチメートル（拓本）の摩崖の買地券である。

刻石の中でも摩崖は簡便かつ手近であるために、後世になると內容の範圍は更に刻經・造像・詩文・題名等々の類

にまで擴大していくが、漢代における摩崖は右の諸例のごとくであった。

（6）石　像

漢代では、墳墓や祠堂の前に石像すなわち石獸や石人を立てることが流行した。中でも見るべきものは次の三基である。

三　霍去病墓石像題字（陝西）　九一　李冰石像題記（四川）　一六五　魯王墓石人題字（山東）

霍去病墓は石獸と石块に官名と地名・人名をそれぞれ刻す。李冰像の李冰は、戰國時代秦の蜀郡守として蜀の治水に功績のあった人物で、高二・九メートルの石像の襟と左右の袖の部分に水を鎭めることを祈願した題記を刻す。また魯王墓と傳えられるところの墓前に立つ高二メートルを超える二體の石人には、それぞれ「樂安太守麃君亭長」とか「府門之卒」といった題字が刻されている。これは墳墓を太守府と見たてたことによるもので、墓主は樂安太守麃君と思われる。

なお『後漢書』の楊震傳に楊震の墓所に石像を立てた經緯を述べて、次のような記事がある。

歲餘、順帝卽位、樊豐周廣等誅死、震門生虞放陳翼詣闕追訟震事、朝廷咸稱其忠、乃下詔除二子爲郎、贈錢百萬、以禮改葬於華陰潼亭、遠近畢至、先葬十餘日、有大鳥高丈餘、集震喪前、俯仰悲鳴、淚下霑地、葬畢、乃飛去、郡以狀上、時連有灾異、帝感震之枉、乃下詔策曰、故大尉震、正直是與、俾匡時政、而靑蠅點素、同茲在藩、上天降威、灾眚屢作、爾卜爾筮、惟震之故、朕之不德、用彰厥咎、山崩棟折、我其危哉、今使太守丞以中牢具祠、魂而有靈、儻其歆享、於是時人立石鳥象於其墓所（列傳四四）

（7）その他の石刻

一三〇「倉龍庚午」殘碑　一五一「議郎」殘碑（以上山東）

九四　建寧元年殘碑　一四六「正直」殘碑　一四七　劉君殘碑　一四八「元孫」殘碑（以上河南）

一三一　建安六年殘石（四川）

一五五「王氏」殘石　一五六「履和純」殘石（以上出土地不明）

右の石刻は、何分にも斷片であって元の形狀が分からず、同時に斷片なるが故に刻石の內容も判明しないものであるが、內容的には個人の墓に關係する石刻ではないかと思われる。右以外のものでは

二　魯北陛石題字　六　魯孝王刻石（以上山東）

の前者は魯の靈光殿の階段に使用された石で、建築時點における石の位置を示す番號を刻す。後者は魯の靈光殿の落成とその年月日を刻す。但し、後者は拓本の寸法で高二六、幅二六センチメートルの小さなもので、これが本來どのような石に刻されていたものか、またその石は何處に在ったのか等は明らかでない。

一二三　張表造虎函記（山東）

四九　延光四年刻石（雲南）

前者は虎函すなわち虎を飼う檻を作った記念の刻石であろうか。後者は、石そのものは高一一五、幅五七センチメートルあり、元は多分に碑ではないかと考えられるが不明である。長年橋の敷石として再利用されていたために殘缺が甚だしくて全體を通じての內容は不明であるが、ただ判讀可能な文言からして、漢人による土地買得を記したものと推測される。

一一　萊子侯刻石　一六四　石牆村殘刻（以上山東）

前者は多分に碣ではないかと推測するが明らかではない。刻文の中に、たとえば「封を爲る」とあるのを境界を決めて田地を確定したと見るか、或いは墓の墳丘を築いたと見るかなどをはじめとして、内容の解釋に諸說があり、誰が何の目的で作った刻石か判明しない。後者も形式的には前者に似ているというだけで、刻石の實體は不明である。

最後に

五　揚量買山記（四川）

は墓地を買ったことを記した土地賣買に關する石刻であるが、これには僞刻說もある。

四　石刻と後漢の風俗――結びにかえて――

漢代の石刻を、以上のように年代的分布、地域的分布、そして形狀と內容の面から考察してきた。その結果、漢代の石刻は後漢時代、それも後半期に至って急激に增加してくること、また地域的には山東省、河南省、陝西省、四川省に多く見られることを改めて確認した。また石刻の中で壓倒的多數を占めるのは墓碑であり、そして墓碑に次ぐのが個人の祠廟碑であることは、文獻の上から裏附けることができた。したがって後漢時代における石刻の隆盛は、こうした墓碑や個人の祠廟碑の全國的な流行と普及によってもたらされたものであったことが認められる。

ところで、墓碑は勿論のこと個人の祠廟碑の多くは死後に立てられたものであり、このことは碑刻は人の死と密接に關係していることを示している。當時の葬儀の樣子を詳細に傳える史料は少ないが、その中に次のような記事が『漢書』と『後漢書』に見える。興味深い史料なので長文であるが引用しておく。まず『漢書』である。

原涉字巨先、祖父武帝時以豪桀自陽翟徙茂陵、涉父哀帝時爲南陽太守、天下殷富、大郡二千石死官、賦歛送葬皆千萬以上、妻子通共受之、以定產業……涉自以爲前讓南陽賻送、身得其名、而令先人墳墓儉約、非孝也、乃大治起冢舍、周閣重門、初、武帝時、京兆尹曹氏葬茂陵、民謂其道爲京兆仟、涉慕之、乃買地開道、立表署曰南陽仟、人不肯從、謂之原氏仟、費用皆卬富人長者、然身衣服車馬纔具、妻子內困、專以振施貧窮赴人之急爲務、人嘗置酒請涉、涉入里門、客有道涉所知母病避疾在里宅者、涉卽往候、叩門、家哭、涉因入弔、問以喪事、家無所有、涉曰、但絜埽除沐浴、待涉、還至主人、對賓客歎息曰、人親臥地不收、涉何心鄉此、願撤去酒食、賓客爭問所當得、涉乃側席而坐、削牘爲疏、具記衣被棺木、下至飯含之物、分付諸客、諸客奔走市買、至日昳皆會、涉親閱視已、謂主人、願受賜矣、既共飲食、涉獨不飽、乃載棺物、從賓客往至喪家、爲棺歛勞倈畢葬、其周急待人如此、後人有毀涉者曰姦人之雄也、喪家子卽時刺殺言者　（巻九二）

意味はおよそ次のごとくである。原涉、字は巨先、祖父は武帝のときに豪族ということで陽翟縣から茂陵縣に居を移された。父は哀帝のときの南陽郡太守であった。當時、天下は豊かで、大郡の太守が在任中に死ぬと葬儀の費用を集めたがその金額は一千萬以上にもなり、妻子はこれをもらって生業を營んだ。〔父が死んだとき〕涉は南陽郡の葬儀料を辭退して一躍名を擧げたが、父の墓を儉約するのは孝行ではないと考え、墓地に大々的に廬舍（墳墓に附隨する建物）をつくり、周圍に高殿や門をいくつも建てた。むかし武帝時代に、京兆尹の曹氏が茂陵に葬られたとき、人はその墓道を京兆道路とよんだ。涉はこれにあこがれて土地を買って墓道を通し、標柱を立てて南陽道路と大書したが人は誰も從わず、原氏道路とよんだ。これらの費用は全部富人長者に出してもらい、自身はわずかばかりの衣服や車馬をもつだけで、妻子は生活に苦しむ有様であった。專ら貧しい者には施し、人の急場に驅けつけるのを自らの務めとしていた。かつてある人が宴席を設けて原涉を招いたときのことである。涉が里門に入ると、客の一人が涉の知人が母親の病氣をはばかって里中に住んでいると教えた。渉はすぐにその家を訪ねると、家から人の死を悲しむ泣き聲が聞えた。渉は入って悔みを述べ、葬儀のことを尋ねたところ、家には何の用意もなかった。渉は、掃除沐浴して自分の來るのを待つようにと言いおいて、招待された家に戻り、ため息をつきながら客たちに言った。人の親が死んで納棺もされていない今、酒食をいただく氣にはなれません。どうか膳を下げていただきたい、と。客たちは争って用意すべき品々を尋ねた。渉は席をはずし、木簡を削って、衣服や棺を作る木材から死者の口中に含ませる玉の類に至るまで、いちいち箇條書きにして客に手渡した。客は市場に走って買い求め、日が傾くころには全員が集合した。渉は買い物を點檢し終わると、そこで始めて馳走にあずかったが、飽食はひかえた。宴が終わり、渉は棺など葬儀の品々を車に積み、客を従えて喪家に出かけ、納棺などを取り仕切り、人びとを労いながら葬儀を終えた。彼が人の急場に驅けつけて對處する方法は、このようなものであった。後に、渉を誹って姦人の雄だと言った者がいたが、喪家の子は卽座に誹った者を刺し殺した。

『後漢書』には次のような記事がある。

范式字巨卿、山陽金鄕人也、一名氾、少遊太學、爲諸生、與汝南張劭爲友、劭字元伯、二人並告歸鄕里……式仕爲郡功曹、後元伯寢疾篤、同郡郅君章、殷子徵晨夜省視之、元伯臨盡、歎曰、恨不見吾死友、子徵曰、吾與君章盡心於子、是非死友、復欲誰求、元伯曰、若二子者、吾生友耳、山陽范巨卿、所謂死友也、尋而卒、式忽夢見元伯玄冕垂纓屣履而呼曰、巨卿、吾以某日死、當以爾時葬、永歸黃泉、子未我忘、豈能相及、式怳然覺寤、悲歎泣下、具告太守、請往奔喪、太守雖心不信而重違其情、許之、式便服朋友之服、投其葬日、馳往赴之、式未及到、而喪已發引、既至壙、將窆、而柩不肯進、其母撫之曰、元伯、豈有望邪、遂停柩移時、乃見有素車白馬、號哭而來、其母望之曰、是必范巨卿也、巨卿既至、叩喪言曰、行矣元伯、死生路異、永從此辭、會葬者千人、咸爲揮涕、

式因執紼而引、柩於是乃前、式遂留止冢次、爲脩墳樹、然後乃去　（列傳七一）

意味はおよそ以下のとおりである。范式、字は巨卿は山陽郡金鄕縣の出身で、若いころ太學に學んで諸生となり、汝南郡の張劭字は元伯と友人となった。二人は休暇をもらって鄕里に歸り……范式は山陽郡の功曹となった。その後、張劭は病の床に伏して危篤狀態に陷り、同郡の郅君章と殷子徵は朝に晩に張劭を見舞って看病した。張劭は今わの際に、死友（死後も續く友人）に會えないのが心殘りだ、と言って歎いた。それを聞いて殷子徵が一生懸命に看病しているわれら二人が死友でなくて他に誰に會いたいと言うのだ、と尋ねると、劭は君たちは生友（生きている間の友人）で、死友は山陽の范式だけだ、と言って息を引き取った。一方、范式は夢の中で死者の裝束をまとった張劭が現れて、私は某日に死に、その日に葬られて黃泉の國へ往く。私のことを忘れていなかったら會いに來て欲しい、と言った。范式は驚いて目を覺まし、淚ながらに一部始終を太守に話して葬式に行くことを願い出た。太守は夢の話など信じなかったが、范式の氣持を察して許しを與えた。范式は喪服を着て葬式に間に合うようにと馬車を驅けたが、彼がまだ到着しないうちに張劭の棺は墓地に向かった。墓地まで來て棺を墓阬の中に下ろそうとするが、棺が動かない。劭の母が棺を撫でて、息子よ何か未練があるのかと尋ね、しばらくそのままでいると、白馬の引く白い馬車に乘り、大聲で泣きながら驅けて來る人が見えた。母は眺めて、あれは范式に違いない、と言った。范式は、到着すると棺をこつんこつんと叩いて言った。元伯、行くがよい、死者と生者では道は異なる、ここで永の別れをしよう、と。千人の會葬者は、みな淚を流した。范式は、そこで棺の引綱を引っぱると、棺はようやく動き出した。彼はそのまま墓の傍に留まり、墳墓の形を整えたり樹を植えるなどした後に、歸って行った。

右の記事に見える原涉は前漢末の人、范式は後漢前半期の人と見られる。ここに引用した兩人の列傳並びにエピソードは、葬儀についての多くの事柄をわれわれに傳えてくれる。

まず原渉傳では、たとえば大郡の太守が在職中に死去すると葬儀の費用が徴收され、その金額は一千萬以上にも達したこと、その金錢は遺族が受け取って生業を營む資金にもなったこと、墓の建造を倹約することは孝行ではないと考えられていたこと、そのために墳墓のみならず墓に附随する建築物や墓道などはかなり大規模になりつつあったこと、また葬儀は里などを基本とする共同體の協力で行われたこと、葬儀の必需品は市場において購入できたこと、葬儀の主宰者に對して喪家は格別の恩義を抱いていたこと等々である。同様に范式傳においては、太學に遊學した諸生時代の友情から千里の道を遠しとせず友の葬儀に馳せ參じ、友に別れを告げて會葬者千人の涙をさそい、葬儀の後も墓の傍に寢泊りして墳墓を整え、完成を見て鄕里に歸って行ったこと等々である。

以上のことは、いずれも興味ある事實ばかりであるが、その中で注目したいのは范式の行爲、とりわけ范式が張劭の棺に向かって別れを告げている點である。このような死者に對する告別の言葉が基本となり、これに生前の業績を稱え、死を悼み、それを後世に傳えようとする氣持から墓碑が立てられるようになったのではないかと考えられる。

漢代で葬や喪が重視される契機をつくったのは、言うまでもなく武帝による儒教の國教化である。儒教のとなえる禮の中で最大の規範は喪禮であり、親の葬や喪を如何に行うかによって子の孝行心の度合いが測られた。忠臣は孝子の門より出づるというので武帝のときに孝廉の選擧が制定されたが、前漢時代はまだ十分に機能を果たすまでには至らなかった。ところが後漢の光武帝は禮教主義を政治の基本とし、孝廉制を忠實に施行したことなどから、殊に喪禮は過度の一途をたどることになった。そうした後漢の状況については、宮崎市定氏の「漢末風俗」に詳述されているところである(19)。

一方、墓葬が過度になりつつあることは、早くも『鹽鐵論』の中に指摘されている。

古者、不封不樹、反虞祭於寢、無壇宇之居、廟堂之位、及其後、則封之、庶人之墳半仞、其高可隱、今富者積土

成山、列樹成林、臺榭連閣、集觀增樓、中者祠堂屛閤、垣闕罘罳（散不足第二九）

すなわち、古は盛り土もせず樹木も植えず、寢（みたまや）に祭っていただけで、盛り土の上の家屋も廟堂もなかった。その後に盛り土をしたが、民の墳墓は高さ四尺で十分であった。ところが今や富者は土を山のように盛り上げ、樹木を林のように植え、建物には多くの高殿や樓觀を連ね、中流の者でも祠堂や屛閤、垣闕や罘罳といった門や垣根や屛などをつくる有様だ、と言っている。この傾向は、前漢末の原涉における墳墓造營にも見られるが、後漢時代に入ると更にそれは富と權威と自己主張の象徵として際限なく發展していった。王符の『潛夫論』に次のように言う。

今京師貴戚、郡縣豪家、生不極養、死乃崇喪、或至刻金鏤玉、檽梓楩柟、良田造塋、黃壤致藏、多埋珍寶偶人車馬、造起大冢、廣種松柏、廬舍祠堂、崇侈上僭（浮侈第一二）

すなわち、今や京師の貴戚や地方の豪族達は、存命中は十分に孝養を盡くしもしないで、死んだ後に葬や喪を盛大にする。金鏤玉匣で屍體を包み、檽梓楩柟の高價な木材で棺槨を作り、良田を墓地に變え、黃腸題奏で墓室を作り、珍寶・偶人・車馬を埋め、山のような墳墓を築き、廣範圍に松柏を植え、廬舍や祠堂は贅のかぎりを盡くしている、と。そして同時に、親の喪に服すること二十年という男が現れたり（『後漢書』列傳五六）、また陳寔の葬儀に會葬者三萬人（『後漢書』列傳五二）という過禮狀態が並行して出現するのである[20]。後漢時代の後半期に立碑が盛んに行われるのも、こうした一連の過禮現象と決して無關係ではなかった。だからこそ曹操は立碑の禁令を出して[21]、後漢時代の厚葬の風潮に齒止めをかけようとしたのであった。

三國魏の桓範は「銘誄」の中で、いみじくも次のように述べている。

門生故吏、合集財貨、刊石紀功、稱述勳德、高邈伊周、下陵管晏、遠追豹產、近踰黃邵、勢重者稱美、財富者文麗、後人相踵、稱旨爲義、外若讚善、內爲己發、上下相效、競旨爲榮、其流之弊、乃至于此、欺曜當時、疑誤後

世、罪莫大焉　（『全三國文』巻三七）

門生故吏は財貨を合集し、石に刊み功を紀し、勳徳を稱述する。高きは伊尹や周公旦を邈《あお》ぎ、下は管仲や晏嬰を陵《しの》ぐ。遠きは西門豹や子産を追い、近きは黄霸や召信臣を踰ゆ。勢い重き者は稱讃美《うるわ》しく、財ありて富める者は文章麗《うるわ》し。後人は相い踵し、稱えて以て義と爲すも、外は善を稱讃するが若くして、內は己のために發す。上下相い效《なら》い、競いて以て榮と爲す。其の流の弊、乃ち此に至る。當時を欺曜し、後世を疑誤す。罪これより大なるは莫し

と。桓範の言葉は嚴しいけれども、しかし當時の一面の眞實を傳えていると言わねばならない。

本章の執筆に當たっては佐原康夫氏から多くの助言を得た。記して謝意を表する。

注

（1）中國石刻の概説としては葉昌熾『語石』、馬衡「支那金石學概要」（『東洋史研究』三巻一號～五巻二號、一九三七～四〇）を代表とする。なお近年では黄永年「碑刻學」（氣賀澤保規譯・補注、『書論』二五・二七、一九八九・九一）のほか、秦漢を扱ったものに角谷常子「秦漢時代の石刻資料」（『古代學』四三―九、一九九一）等がある。

（2）鄭若葵「安陽苗圃北地新發現的殷代刻數石器及相關問題」（『文物』一九八六―二）、『殷墟婦好墓』（一九八〇）等に見える。注（1）の角谷論文を參照。

（3）河北省文物管理處「河北省平山縣戰國時期中山國墓葬發掘簡報」『文物』一九七九―一。注（1）の角谷論文を參照。

（4）たとえば唐蘭「石鼓年代考」（田中有譯、『中國書道全集』第一巻、平凡社、一九八八）。

（5）注（1）の馬衡論文。

(6) 注 (1) の馬衡論文。
(7) 注 (1) の馬衡論文。
(8) 關野貞『支那碑碣形式の變遷』座右寶刊行會、一九三五。
(9) 「偃師縣南蔡莊鄉漢肥致墓發掘簡報」(『文物』一九九二―九) によると、一九九一年七月に河南省偃師縣南蔡莊鄉で一座の後漢墓が發見され、墓中の南側室から石碑一基が出土した。碑は高九八、幅四八、厚九・五センチメートルの圓首の碑で、暈があり、方趺の碑臺がある。隸書體で碑首に六行、計二八文字があり、碑文は一九行、行二九字、合計四八四文字が陰刻されている。碑文によると墓主は河南梁縣の肥致と言い、方術で以て章帝、和帝に仕え、靈帝の建寧二年 (一六九) に卒している。「發掘簡報」では享年は百十五歳前後と推定している。このいわゆる肥致碑は、墓碑が墓の中に入れられていたことを知る確實な事例である。しかもそれは後述するように曹操の立碑の禁令發布よりも、三六年前に遡る。したがって墓碑は必ずしも墓の傍に立てられたものばかりではなかったが、肥致碑のような事例はまだ孤證であり後漢時代ではそれは少數であったとみて、取りあえずここでは墓碑は墓の傍に立てられた碑として扱うことにする。
(10) 河南尹から京縣への下達文書によると墳道に立てるよう命じているので、墓碑として扱うことにする。
(11) 『隸釋』卷八には、同歳の孝廉郎が立てた「孝廉柳敏碑」が著錄されている。
(12) 大庭脩「漢代制詔の形態」同氏『秦漢法制史の研究』第三篇、第一章。
(13) 同じ元氏縣の無極山碑 (『隸釋』卷三) にも、太常から尙書に奉った上奏文が天子の裁可を得て、詔書として刻されている。
(14) 本書に收錄した文書碑には、其の他に侍廷里父老僤約束石劵、「通利水大道」刻石、韓仁銘、邛都安斯鄉石表、簿書殘碑、「詔書」等字殘碑、「濟鄉邑」等字殘碑などがある。
(15) 趙萬里『漢魏南北朝墓誌集釋』(一九五六)、中田勇次郎編『中國墓誌精華』(一九七五) を參照。
(16) 立碑の禁止令について、『宋書』卷一五、禮志二に次のような記事がある。

漢以後、天下送死奢靡、多作石室石獸碑銘等物、建安十年、魏武帝以天下雕弊、下令不得厚葬、又禁立碑、魏高貴鄉公甘露二年、大將軍參軍太原王倫卒、倫兄俊作表德論、以述倫美、云祇畏王典、不得爲銘、乃撰錄行事、就刊於墓之陰云爾、此則碑禁尙嚴也、此後復弛替、晉武帝咸寧四年、又詔曰、此石獸碑表、既私褒美、興長虛僞、傷財害人、莫大於此、一禁斷之、其犯者雖會赦令、皆當毀壞、至元帝太興元年、有司奏、故驃騎府主簿故恩營葬舊君顧榮、求立碑、詔特聽立、自是後、禁又漸頽、大臣長吏、人皆私立、義熙中、尙書祠部郎中裴松之又議禁斷、於是至今。

(17) たとえば注(15)の『中國墓誌精華』の附錄に掲載の中田勇次郎氏の「中國の墓誌」など。また注(9)で見てきたように、碑そのものを墓中に入れることは、曹操による立碑の禁令以前からあった。

(18) 現存する黃腸題湊墓としては、北京市豐臺區郭公莊に在る大葆臺漢墓(前漢の廣陽王劉建墓)が原型をよく保存している。

(19) 宮崎市定「漢末風俗」『宮崎市定全集』第七卷所收。

(20) 注(19)を參照。

(21) 注(16)を參照。

附篇

1　きれいな木簡　汚い木簡

ただいまご紹介にあずかりました永田でございます。このたびの泊園記念講座は、もう早いもので一周忌になろうとしておりますが、故大庭脩先生の學問を偲ぶという形で開かれるように承っておりまして、私は、大庭先生の幅廣いご研究の中でも、特に中國の木簡研究の方面での功績を、私なりにまとめて話をさせていただきたいと思って參った次第であります。なるべくわかりやすく話をするつもりですけれども、ついつい専門的な話になってしまうかもわかりませんが、その邊はどうぞお許しをいただきたいと思います。

本論に入ります前に、少しだけ木簡についての豫備知識を得ておいていただきたいと思い、簡單に解説をいたします。本日お話しする時代は中國の漢の時代であります。西暦で申しますと紀元前二〇二年からおよそ四百年間續きました、中國の王朝の中では一番長い王朝であります。

この漢の時代には、まだ文字を書く紙というものが普及しておりません。したがいまして、文字は何に書いたかと申しますと、木や竹の札であります。大體長さが二三センチ、幅が一センチから一・五センチメートル、厚さが数ミリ、そういう薄い板狀の札であります。大庭先生は初めてその中國の木簡をご覽になって、まるで箸箱のふたのようだという表現をなさっております。まさにそのようなものです。サンプルは資料1をご覽ください。これは縮小していますので、實物大ではありません。一枚の札の中には、一行書きで四十字から五十字、二行書きにいたしますとその倍ですから八十字から百字ぐらい、これが一枚の札に書ける字數です。それ以上になるとどうするかというと、新しい札に書いていきます。そうして最終的にはそれをすだれのように紐でくくります。この一枚一枚の木の札すなわち木簡を紐でくくったものを「册」と言います。本を數えるときに一册二册というあの「册」です。書いてご覽になるとわかるように、縦に四本並べて横に一本棒を引きますが、これは今申しました木簡を並べて紐でくくった形をあらわしたものであります。このような漢代の木簡を總稱いたしまして、漢代の木簡ということで「漢簡」と言います。そしてその發見の場所が敦煌であれば「敦煌漢簡」、居延であれば「居延漢簡」というように、發見場所を上につけて「何々漢簡」とよんでおります。

配布資料の中に「簡牘研究關係略年表」（本書では省略）を附けておきました。そこのローマ數字のⅠは漢簡發見の歷史です。一番古い年代で申しますと、一九〇七年（明治四〇年）に敦煌漢簡が發見されております。これが學術的な發見としては一番古いものです。そして本日の話の中心になる居延漢簡は一九三〇年から三一年（昭和五年～六年）にかけて發見されたもので、以下ロプノール漢簡だとか武威漢簡などが續きますが、このように地名をつけまして漢簡の發見場所を示すわけです。ローマ數字のⅡは、發見された漢簡の出版狀況と出版年代です。その漢簡がいつ公になったかという、その年表であります。ローマ數字のⅢは、漢簡等の研究史です。

この年表からわかりますように、こうした漢簡が學術的に發見されたり、發掘されてくるのは、二十世紀に入ってからのことであります。このような漢簡は、後の世になって編纂された歷史書、たとえばこの時代すなわち漢代で申しますと司馬遷の書いた『史記』や班固の『漢書』が代表的な歷史書でありますが、そういう歷史書とは異なりまして、當時の生の同時代史料であり、第一等史料であります。したがいまして、漢代史研究の上では缺かせない、また見逃すことのできない、これは重要な史料であり、かつ貴重な史料であります。

ところが、こうした木簡の多くは土の中に埋まっており、それを土の中から掘り出したものであります。特に敦煌とか居延と言いますのはどちらも邊境で、砂漠の中に埋まっていたものを掘り出したものであります。そうしますと、長い間土の中に埋まっておりましたから、木簡をとじていた紐は當然腐ってしまい、木簡は一枚一枚がばらばらになってしまう。しかも、その一枚も完全に殘っているのは餘りない。半分に折れたり、兩端が折れてしまう。あるいは折れただけならいいんですが、折れた片方も失われてしまう。そのようにばらばらの斷簡零墨であります。したがって、これを歴史研究の材料として使うためには、できるだけもとの形にそれを復元しなければなりません。そういう基本的な作業がどうしても必要になってくるわけです。そこで問題は、そのようなばらばらの木簡をどこまでもとの形に近づけるか、これが研究を進める上で大きな課題になるわけであります。

以上のことを豫備知識としてお話しして、本論に入ることにします。

私は本日のタイトルに「きれいな木簡 汚い木簡」と掲げました。皆さんこれをお聞きになってちょっと異様に感じられたかもわかりませんが、實はこの言葉は、大庭先生の名著で『木簡學入門』という本がありますが、この中に見えております。この本は一九八四年に講談社學術文庫として出版されました。中國の木簡を勉強する者は必ず讀まなくてはならない必讀書であります。その中の第十章「文書政治と帳簿の査察」の冒頭部分に次のような文章が見えます。そこをちょっと讀んでみます。

「大庭君はきれいな木簡が好きやねえ」と藤枝晃先生が話しかけられた。「僕は汚い斷片を集めるほうが好きや」と先生はいう。漢簡研究に從っている人の中には、たしかに好みがあって、藤枝先生の話のように、きれいな木簡と汚い木簡の好みがわかれているようにも見える。ここでいうきれい、汚いの區別は、木簡が長く殘っていて文字が多い木簡と、比較的短くて、自然文字の少ない木簡という意味である。きれいな木簡はそれ自體が文書で、一本でも使えるが、汚い木簡は同様のものを多く集めて歸納しなければならない。きれいな木簡は、つまりは文書木簡であり、汚い木簡は記錄木簡、つまりは帳簿木簡である。

と、このようにおっしゃっております。これを讀みますと、もとは藤枝晃先生に始まるということのようですが、ともかく「きれいな木簡」「汚い木簡」という言葉が初めて出てまいります。そして大庭先生の説明にもありますように、きれいな木簡というのは、木簡が本來の形を殘している、文字數の多いもの、反對に汚い木簡というのは、木簡が中途で折れてしまって、上下が缺けたり中間が拔けたりしている、そういう字數の少ないものを指します。そしてこれを木簡の內容の點から見ますと、きれいな木簡は「文書木簡」、汚い木簡は「記錄木簡」「帳簿木簡」を指すようであります。

お手許の資料をご覽ください。資料1がいわゆるきれいな木簡の典型的なものであります。それから資料2に擧げましたのは、これはいわゆる汚い木簡のサンプルであります。資料1に關しましては、後で詳しく說明をいたします。

そして、私はこの記錄木簡、つまり帳簿木簡を集めまして、當時の帳簿を復元する作業をやっておりましたが、そのことに大庭先生は觸れられまして、「永田氏は藤枝氏の表現によれば、汚い木簡のほうが好みなのかもしれない」と結んでおられます。木簡のきれい、汚いというのは、表現上、疑問がないわけではありませんけれども、しかし、木簡には大きく分けてこの二種類がある。しかもこの二種類の木簡それぞれを研究對象にすることによって、研究の內容そのものが變わってくるというのは、大庭先生のご指摘のとおりであります。そして、さらに申しますならば、このきれいな木簡とよぶ文書木簡は、少し專門的になりますけれども、肩水候官という官署の遺址があった地灣（ウラン・ドルベルジン）というところから多く出土しております。したがって地灣出土の木簡を多く扱います。それに對して記錄木簡というのは、甲渠候官の遺址があった破城子（ム・ドルベルジン）というところから出土した木簡を多く

資料1

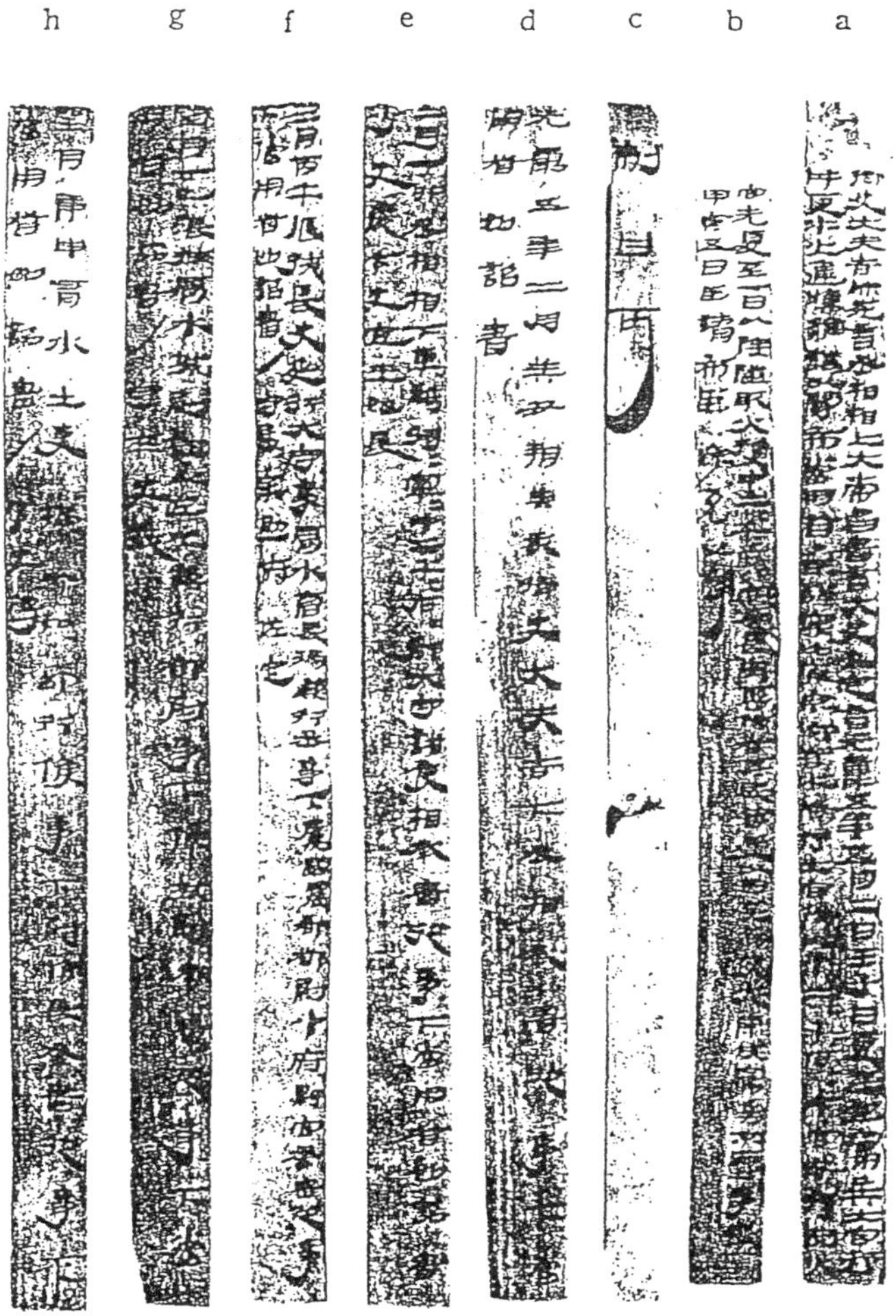

圖版１　元康五年詔書册
大庭脩『秦漢法制史の研究』

漢代の行政組織

中央政府——郡——縣——鄉——亭・里
（太守）
（都尉）——候官——部——隧

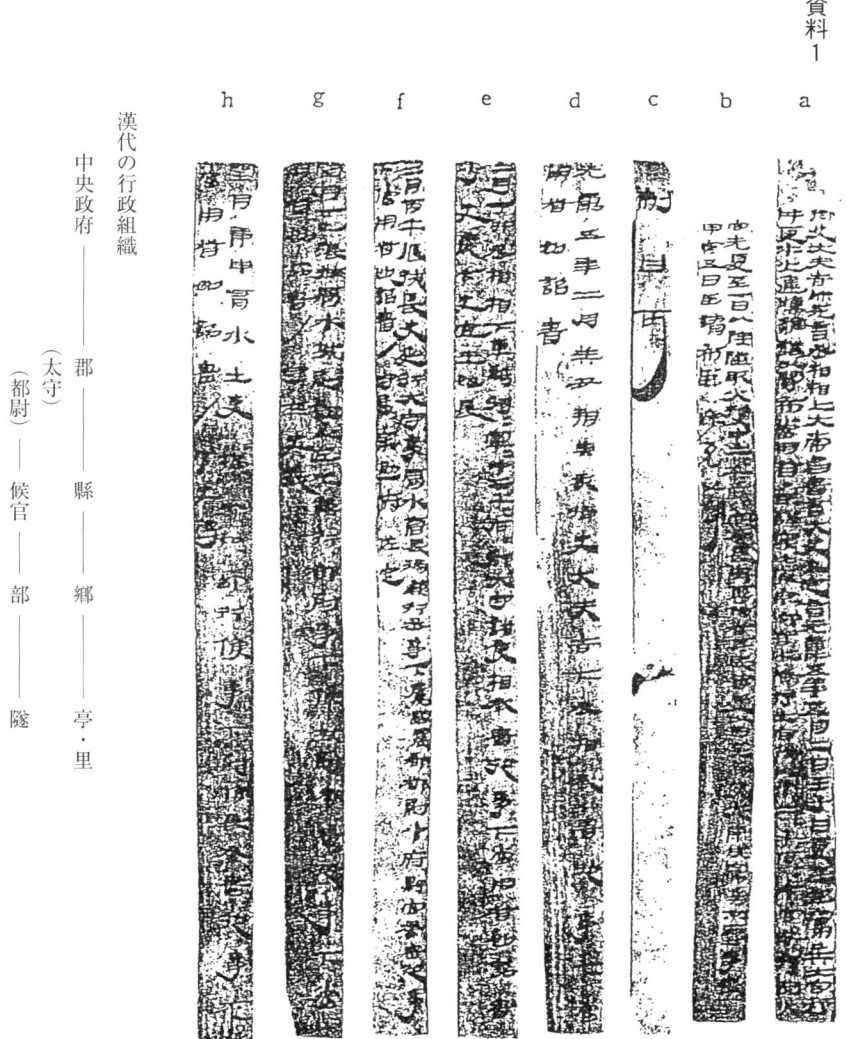

資料2

3　4　5　6　7　8　9　10　11

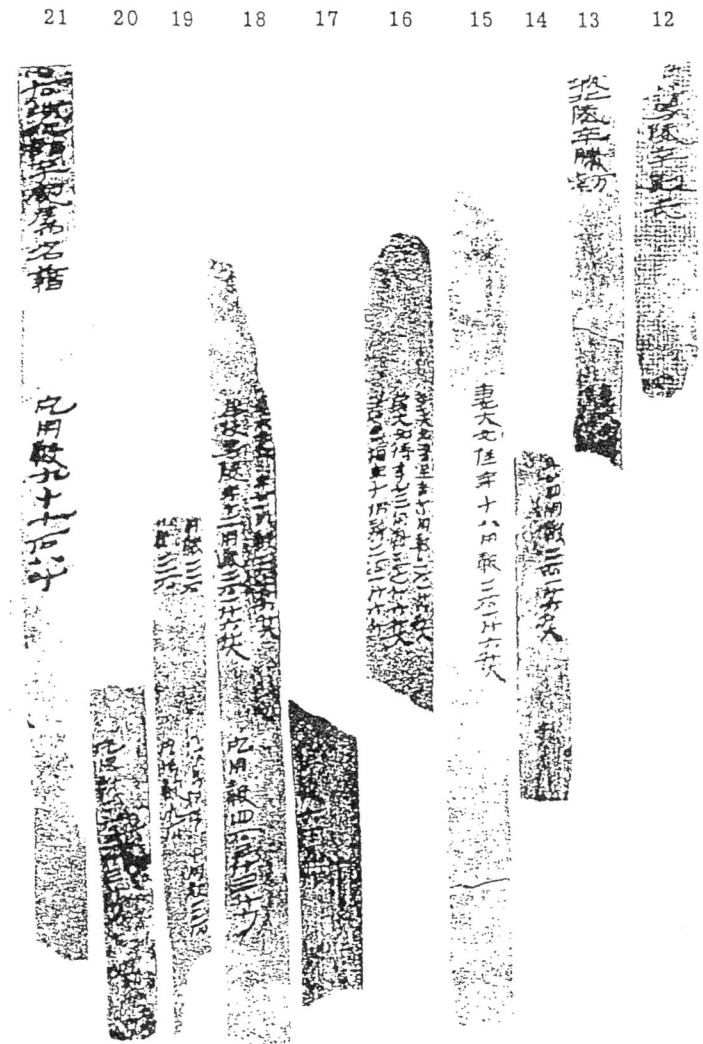

M. Loewe, "*Records of Han administration*". Plate 23

扱っております。とにかくこの木簡の種類の相違は出土地においても大きく分かれている、こういう特徴も見られます。そこで、今お話ししたことから、あるいは推察いただけるかと思いますが、大庭先生と私は、同じ居延漢簡を扱いながら、その扱う木簡が異なっております。したがって、研究内容も随分と相違しております。大庭先生と研究を始めて、勿論私の方が後輩ですので遅いのですが、それでも四十數年になります。同じ漢簡研究をやってまいりまして、この四十數年を振り返ってみると、その間に私は、大庭先生とこれといった大きな論爭を一度もしたことがないのです。それというのも、今申し上げたように兩者の研究には棲み分けのようなものがあって、お互いにそれぞれの長所を吸収しながら四十數年間研究してきたと、最近しみじみと感じております。これはある意味では大變珍しいことではないだろうかと思います。

ところで、私が大庭先生と親しく接するようになりましたのは、一九六〇年（昭和三五年）のことであります。京都大學人文科學研究所で森鹿三先生を中心に居延漢簡の輪讀會が開かれることになり、當時まだ大學院の學生でしたが、そのときに私が史料の讀み手としてこの輪讀會に參加して以來のことです。「簡牘研究關係略年表」をご覧いただきますと、一九六〇年のところに「漢簡輪讀會再開」として、そこに森鹿三、藤枝晃、米田賢次郎、大庭脩、マイクル・ローウェ、それに私の六人の名前を出しておりますが、この六人で居延漢簡の輪讀會が始まりました。京都大學の人文科學研究所というのは、共同研究を研究の柱としている研究所でありまして、ここで開かれる研究會はみな正式の研究會であります。ところが、輪讀會という名前からもわかりますように、この昭和三五年に始まる研究會は、プライベートな、私的な研究會、ざっくばらんに言うと本讀みの會でありました。では、なぜこれがただの本讀みの會で、正式な研究會にならなかったのかと申しますと、それには理由があったのです。

話はさかのぼりますが、戰前に發見されました最大の漢簡資料と申しますと、一九三〇年から三一年に發見されました居延漢簡、およそ一萬枚であります。この資料は、中國の勞榦先生がご自分で最後まで手がけて、そうして一九四三年から四四年にかけまして、『居延漢簡考釋』という居延漢簡の釋文と考證を發表されました。釋文と申しますのは、漢簡の隷書體を楷書に書き直したものであり、考證はその資料を用いての研究であります。この情報を日本でいち早くに入手されたのが、人文科學研究所の森先生であります。森先生は、戰後間もない昭和二二年のことですが、「最近における中國學界の動向」（『東光』二號）という文章の中で、中國でこういう發見があり、こういう出版物が出ているということを日本で初めて紹介されたのであります。そのために、日本の學界では、これが大きな話題となり、注目を集めました。殊に森先生は何とかしてこの書物を中國から取り寄せたいということで四方八方手を盡くされた結果、昭和二六年になりまして、この本の一セットが人文科學研究所に送られてまいります。これを契機として、この年に早くも人文科學研究所では正式な居延漢簡研究班がスタートいたしました。このとき、日本の中國古代史研究者はほとんどと言ってよいほどその共同研究に參加しております。そうして以後六年間この研究會は續きますが、やはり史料的に限界があったようであります。その最大の問題點は、肝心な寫眞が見られないことでした。勞榦先生が隷書體を楷書に書き起こした釋文、それはもちろん印刷されたものですが、それだけを見て研究しているわけですから、釋文の當否も含めて隔靴掻痒という感じの研究會であったに相違なく、六年間續きましたけれども、もうこれ以上研究はできない、もう研究はこれで終わりだということで、この研究會は一九五七年（昭和三二年）に幕をおろしました。ところが皮肉なことに、幕をおろした同年に臺灣から居延漢簡の寫眞版が出たのです。これにはいきさつがありまして、一九五五年に、勞榦先生がアメリカから臺灣に歸る途中に日本に立ち寄られて、森先生と京都でお會いになった。このとき森先生が「ぜひとも寫眞版が見たいんだ」ということを熱望され、勞榦先生はそれにこたえ臺灣に歸って寫眞版を出版することになったということであります。後の話ですが、森先生と勞榦先生の會話の席に立ち會われた藤枝晃先生の話によると、森先生の申し出にたいして、勞榦先生は日本で當時にしてなお居延漢簡を研究している研究者のいることを知って、少なからず驚いていた様子だったと聞かされました。ともあれ研究會が終わった年に寫眞版が臺灣で出版されておりますけれども、それが日本に入ったのは更に翌年のことであります。そういういきさつがありまして寫眞版が公刊されるわけですが、寫眞版を入手したことによって、わが國の居延漢簡研究はある意味では再び盛んになることが豫想されたのですが、しかし現實はそうではなかった。なぜかというと、漢簡史料はもうすっかり使い古してしまった、この史料からはもうこれ以上何も言えないという熱のさめた状況にあったからであります。したがって寫眞版は多くの人が殆ど注意を拂わなかった。しかしその中で、この寫眞版に大變執念を燃やしておられたのが森先生でありまして、先生は、何とかこの寫眞版を使ってもう一度研究會を開きたいという強い願望を持っておられたようであります。そのために、一九六〇年（昭和三五年）、當時ロンドン大學の講師だったマイクル・ローウェ先生が日本留學のために來日されたのを好機として、寫眞版を使ってもう一度居延漢簡を讀み直そうということになったわけであります。そういうわけで、正式な研究會はもう既に終わってしまっておりましたので、この一九六〇年から始まります研究會つまり輪讀會は、あくまでもプライベートな、私的な本讀みの會ということで始まったものであります。

こういう經過がございまして、一九六〇年から輪讀會が始まるわけですが、この寫眞版を利用して最初のクリーンヒットというか、大ホームランをかっ飛ばされたのが、大庭脩先生の「居延出土の詔書册と詔書斷簡について」（『關西大學東西學術研究所論叢』五二、一九六一年）という論文であります。この論文の最大の目玉は、何といっても詔書册の復元、つまりは一篇の詔書を復元されたところにあります。資料1をご覽ください。ここに擧げましたaからhまでの八枚の木簡、これは最初から八枚がこのように並んでいたわけではありません。寫眞版の中では全部ばらばらになり、あちこちに散らばっていたものを、大庭先生が八枚集めてこの順序に並べられた。これがいわゆる「元康五年詔書册」とよばれるものであります。元康五年は西暦紀元前の六一年ですが、これは今も申しましたように大庭先生が寫眞版の中から拾い出して、そしてこのように並べられたものでありまして、いわゆる詔書册の復元であります。大庭先生が八枚の木簡を拾い出してこのように並べられたいきさつにつきましては、先の大庭先生の著書『木簡學入門』の第十一章に「木簡學の華――册書の復原――」と題して詳しく經過を説明なさっております。關心のある方は著書を讀んでいただくとして、ここではそれを一々説明はいたしませんが、この詔書册の復元の決め手になったのは、ほかでもない、筆跡です。このaからhまでをご覽いただいたらわかりますように、これは同一人物の筆跡であります。これが決め手となってこの復元ができたのであります。これは寫眞版を見てこそ初めてわかることであります。勞榦先生のいわゆる釋文と稱する隸書を楷書に置き換えて印刷したものだけを見ていたのでは、決してわからない。寫眞版を見てこそ初めて成し得る仕事であります。表現は適切ではないと思いますが、小石の山の中から、大庭先生は貴重な石を拾い集めて、そうして最終的にはそれを一つの寶ものにまとめ上げられた、そういう實感を私は抱いております。

大庭先生の發表されたこの論文を讀んだ多くの研究者は、なるほど寫眞版を利用すればこういう研究ができるんだということを知り、かつ驚いたと思います。そして中には、自分もやってみようと、そういう試みをした研究者もいただろうと思いますが、しかし、大庭先生のこのような事例はまことに珍しい、まれな事例でありまして、そうそうは出てくるものではありません。そのために多くの人はがっかりしたかもしれません。幸い、汚い木簡に分類される帳簿木簡、記錄木簡を扱っている私には、文書の復元と違って、まだまだ復元の道がたくさんありまして、そういう意味では救われております。

以上申し上げましたように、大庭先生の發表されました論文に見る「元康五年詔書册」の復元という仕事は、私は、木簡研究において寫眞版がいかに重要であるかということを學界に知らしめた、これはまさに快擧であると言っても過言ではないと思います。大庭先生の功績の第一は、この寫眞版の利用というものを學界に、あるいは世界に廣くお示しになった。これは何はさておき申し上げなければならないことであります。

では次に、大庭先生が復元されました「元康五年詔書册」とはどういう內容の册書であるのか、またどういう性格の册書であるのかということを說明していきたいと思います。アルファベットで順番を示しておりますので、ちょっとわかりにくいところがあろうかと思いますが、寫眞版の左側に楷書で書き起こしてあるのが釋文（本書三九三頁を參照）です。この釋文の方をご覽いただいたら結構です。

まずaからhまでの八枚のうち最初のaとbの二枚は、御史大夫という官職にあります吉（姓は丙）が天子に奉った上奏文であります。內容は、漢の元康五年の五月二日の壬子の日がこの年の夏至に當たっているので、この日を挾んで前後五日間は兵事をやめ、そして井戸から水を汲んで今まで使っている古い水を捨てて新しい水を使うようにする、また今まで使っていた火を消して新しい火にかえる、そうした一連の夏至の日に伴う行事を行いたい。ついてはその實施を全國にお命じ下さいますようにと、御史大夫が天子に奉った上奏文であります。

このaとb二枚の札をご覽いただくと、木簡の頭の部分が二字ないし三字分ぐらいが空白になっております。これは「需頭」と申しまして、空白で殘しておくのです。これにはいろいろな說がありまして、この上奏文を見た皇帝が、ここに皇帝の批答を書くためにあけておくとか、あるいは三枚目のcの札に「制」という字があります。これは皇帝の下す命令です。この皇帝の下す命令の「制」の字が上奏文より上に出るようにするために下げているのだという說がありますけれども、ともかくこれは臣下が皇帝に奉る上奏文の一つの形式であることには間違いありません。御史大夫という官職の丙吉が、夏至の日の行事について皇帝にお伺いを立て、それを全國に布令していただきたいという願い出をしたのが、このaとb二枚の札であります。

三枚目の札cは、それに對して皇帝の裁可が下された札であります。「制」とは、今申しましたように皇帝が下す命令であります。「可」とは、よろしいということ。つまりcは、そのように取り計らうようにという文言であります。「制して可と曰う」として、皇帝の裁可が下された。かくして臣下が奉ったab二枚の上奏文は、皇帝の裁可を經ることによって、すなわちこのabcの三枚一セットで「詔」になります。これがいわゆる「詔《みことのり》」です。

このabc三枚がセットで「詔」になるというところまでおわかりいただいたということにしまして、次の四枚目のdの札にまいります。これは、皇帝が裁可した「詔」が、今度は、上奏しました御史大夫の吉から丞相（總理大臣）の相（魏相）に下された詔書の執行命令書であります。dを訓讀しますと、「元康五年二月癸丑朔癸亥（二月十一日）に、御史大夫の吉、丞相に下す（命令する）。書を受けて事に從い、まさに用いるべき者に下して詔書の如くせよ」とあります。御史大夫から丞相にこの詔書が傳達され、そうして最後に「書を受けて事に從い、まさに用うべき者に下して詔書の如くせよ」という文言が續きますが、これは命令を忠實に執行し、かつ所轄の下級機關に傳達して命令を執行させるようにという慣用句でありまして、次のeの札、fの札、gの札、hの札の全部に見えております。これは命令を忠實に執行するようにという執行命令慣用句であります。御史大夫丙吉というのはaの札で上奏した男ですが、この男が皇帝の裁可を受けますと、その詔書を丞相（總理大臣）に傳達する。これがdの札です。丞相は、行政の最高責任者であります。まず、その最高責任者のところにこの詔書を下します。そうしてその丞相からさらに下級機關にそれぞれ詔書を下して命令どおりに執行することを命じたのが、この執行命令慣用句であります。abc三簡の「詔」にdを一枚添えて御史大夫から丞相に下されたものです。

次のｅの札は、詔書を受け取った丞相（總理大臣）が、下級機關であります將軍とか二千石（中央官廳の長官）、それから郡の太守や諸侯相（地方長官たち）に詔書を傳達した札でありまして、先のｄと同じく執行命令書であります。ここの將軍や中央官廳の長官はさておきまして、「郡の太守」というのが見えています。資料1の左端に「漢代の行政組織」を擧げておきました。都に中央政府がありまして、その下に地方には「郡」（一部諸侯國あり）が置かれます。これを漢代で申しますと全國には大體百十餘りの郡が置かれております。そして郡の下には「縣」が置かれます。一郡は平均して十五縣程度ですので全國でおよそ千五百ぐらいの縣があります。そして縣の下にはさらに「鄕」「亭・里」という下部組織がありますが、中央の丞相府からは、まず地方では郡の太守（一部諸侯相）に詔書が傳達されます。先に言いましたように郡の數は百十餘ありますから、百十餘通の詔書と、それからｄの文書、さらにｅの文書の合計五枚を一セットにして、丞相府でそれを書き上げまして、地方の各郡に一通ずつそれを送り届ける。つまりはａ、ｂ、ｃ、ｄ、ｅの五枚の木簡をセットにしてそれぞれ地方の郡の長官に送るわけであります。

そこで今一度ｅの札を注目していただきたいのですが、二行目に「少史慶、令史宜王、始長」と見えております。これは少史が官職名で、慶が名前、令史というのは官職名で、宜王と始長はそれぞれ名前であります。これは何かというと書記の署名です。こういう人たちがこの文書を浄書しましたよということをここに明記しているわけです。ここに三名並んでおりますのは、さっきも言いましたように、丞相府から中央官廳をはじめ全國の郡などに向けて百何十通かのａからｅまでの文書を浄書するわけですから、恐らくこうした何人もの人たちが手分けをしてこれを書いたに違いない。とても一人の書記では成し得るわざではありません。こうしてａからｅまでの冊書が中央官廳及び全國の郡に行き渡るわけであります。

そして、今度はｆです。ｆの札は「三月丙午」とあります。これは三月二四日です。申し遅れましたが、ｅの「二月丁卯」というのは二月一五日です。三月二四日というのは、張掖郡の太守が中央の丞相府から送られてきた詔書を受け取り、そしてそれを所轄の下級官廳の長官に向けて傳達して、詔書の執行を命じた日附であります。そしてまたfはその執行命令書であります。この「元康五年詔書册」は軍事系統の役所跡から出土しておりますので、このaからfまでの册書は都尉に下されたものであります。

そして、次のgの札ですが、「閏月丁巳」は閏三月六日です。三月の次に閏三月がありまして、この閏三月六日の日に、a〜fまでの册書を受け取った肩水都尉が今度は所轄の候官長に詔書の執行を命じたものであります。そして次のhの札は、a〜gまでの册書を受け取った候官長が、さらに配下の候長に宛てて、この詔書の執行を命じたものであります。hの「閏月庚申」は、閏三月の九日です。なおfghの各簡で斜線の次に書記の官職名と名前が記されています。

大ざっぱでありますけれども、aからhまでの札を説明してまいりました。この八枚の札は、肩水候官の官署の遺址から發見されたものであります。「漢代の行政組織」で申しますと、都尉の下の候官というところで發見されたものであります。したがって嚴密に言えば、本册書は本來ならば肩水候官所轄の候長所在の遺址で發見されるべきものですが、それが發信元の肩水候官の遺址で發見されたということは、發信した册書の控えであったと見なければなりません。念のために申し添えておきます。ともあれ上級官廳から下級官廳へと次々に執行命令書が附け加わりまして、夏至の行事を行うようにという詔書は行政の最末端組織の隅々まで行き渡るという、こういう仕組みになっていたのであります。

かなり省略して申しましたので、わかりづらいところがあったかと思いますが、重要なことは、繰り返しになりますが、詔書は、各官廳で下すごとに執行命令書が一枚ずつ加わって、最終的には十枚前後の册書になり、全國の隅々まで行き届く仕組みになっていたことが、この册書の復元によってわかってきたことであります。そしてこの册書は、中央から地方への傳達には、驛傳の制度により、所定のルートに從って遞送された。そうした仕組みも、この册書の復元に基づいて初めて明らかになってきたのであります。

なお傳達ということについて、いま一度この册書を振り返ってみますと、特にe以下の執行命令の札を見てまいりますと、eの日附は元康五年二月一五日、それからfの日附が三月二四日となっております。この間、三九日ありま す。中央政府の置かれていたのは長安（現在の西安市）で、そこから張掖郡の郡の役所がありました今日の甘肅省張掖まで驛傳を使って送られてきたのですが、この間およそ三九日かかったわけです。これは森先生の計算ですが、大體この間（長安と張掖の間）の距離が千二百五十キロメートルあります。驛傳でずっとリレーしていきますと當時の一日の行程はおよそ三五キロメートルということでありまして、計算上、三五日から三六日間かかるので、この文書の遞送に要したおよそ三九日という日數は妥當な日數だと、論じておられます。

ただ、ここで一つだけ注意をしておかなければならないことがあります。それはこの册書の內容は、當年の夏至の日取りと、夏至の日にはこういう行事をとり行うという一種の通達で、これは年中行事に屬する內容であります。そのために命令の傳達は、普通のルート、普通の速度で傳達していけばそれでよい。このことは逆に言いますと、そうした恆例の年中行事のような場合は、地方に到達する日を逆算して、それをあらかじめ前へさかのぼって發送すればよいわけであります。この册書の場合、元康五年の夏至の日は五月初めです。したがって、それに先立ち、閏月を含めますと四箇月前から中央政府では發議し、それを全國に傳達して徹底するように計算して實行しているわけです。

しかし、これは、今申しましたように恆例の年中行事であります。緊急の場合にはこんな悠長なことではとても間に合いません。したがいまして、元康五年のリレーを驛傳の普通便といたしますと、いわゆる速達便、そういうものが當然用いられたはずであります。早馬で傳達する等の速達便が當然求められたわけで、恆例の行事の傳達と至急の場合の傳達とでは手段や方法が異なるということを注意しておく必要があります。

以上說明してまいりましたことからもわかっていただいたと思いますが、大庭先生が復元されました「元康五年詔書冊」は、實に多くの知識を、あるいは情報を我々に提供してくれました。例えば、臣下が奉る上奏文が皇帝の裁可を經ることによって「詔」になるということは、これは以前からも、あるいはそうではないかと考えられていたことでありますけれども、この冊書が復元されることによってそれが確認できた。これは漢代の政治制度史研究の上で非常に大きい發見であります。

それから、ここに上奏文を奉っている御史大夫という官職名が見えています。この御史大夫というのは、從來の研究では、總理大臣を補佐する副總理である。しかも御史大夫の主たる任務は官吏の不正を正すこと（監察）であると、このように考えられていました。ところが、この復元された冊書を見ますと、御史大夫は臣下の上奏文を皇帝に取り次ぎ、また皇帝から裁可を經た「詔」を總理大臣に傳達するという祕書長官の役目を擔っていた、そういうことがこの冊書の復元によって初めて明らかになりました。これもやはり漢代の官僚制度を考える上において非常に大きな發見と言わなければなりません。

また、先にも少し申しましたが、從來復元されて我々も利用しております漢代の曆では、この元康五年は、閏月は三月ではなくて四月に置かれていた。ところが、この冊書を見ますと、閏月は明らかに三月に置かれている。三月の次に閏月という形で閏三月が出ている。これもやはり曆を考える上では非常に重要な發見であります。等々、專門的なことを含めまして、數え上げれば切りがありませんけれども、漢代に關する多くの重要な事實がこの中から明らかにされてきております。

その中で、私が特に強調したいのは、なんと言っても中央から地方に命令が傳わっていく過程がこの册書によって明らかになってきたことであります。元康五年の詔書册の場合は、中央から張掖郡に送られてきまして、そして發見された場所が軍事系統の役所の跡でしたから、軍事系列の方面に下されていったものでありますが、しかし、民政系列で申しますと、郡から縣、縣から鄕、そして亭・里というように命令が下されていったことは當然考えられることであります。

『史記』や『漢書』を讀んでおりますと、毎年しばしば中央から命令が發せられている。「詔」が發布されている。一體そのような命令や「詔」はどのようにして地方に傳えられたのか、また實施されたのかということは、少なくともそうした歴史書を讀む限りにおいては全く知ることのできない領域でありました。これをさらに言えば、もっと初歩的な疑問といたしまして、史書を見る限り、中央から命令が發せられているけれども、あの廣大な領土の隅々にまで命令が本當に行き渡ったのだろうか、そしてその命令は本當に實行されたのであろうか、そういう疑問がわくことさえありました。しかし、「元康五年詔書册」はこの疑問を見事に拂拭してくれました。すなわち、中央の丞相府（總理大臣府）では、「詔」と、その執行命令文を淨書いたしまして、各地方の郡の太守（長官）にそれを發送します。それを受け取った各郡の太守は、それを全部初めから淨書して、さらにそれに一枚の執行命令文をつけて所轄の下部組織に傳達する。それを受け取った縣なら縣では、それを全部初めから淨書して、さらに一枚の執行命令文をつけて、所轄の下部組織に傳達していく。そうした一連の手續を經てあの廣大な領土の隅々にまで命令を行き渡らせていたということ、またそういう仕組みができていたということを、我々はこの册書によって知ることができたのであります。

そしてこの仕組みを支えていたのは、一つには各官廳に所屬している多數の書記です。この書記が大きな働きをしていた。そしてもう一つは、全國的に張りめぐらされた驛傳の仕組み（文書を遞傳するルート）が隅々にまで行き渡っていた。この二つの組織と仕組みが漢代の行政を下から支えていた。そういうことをはっきりと知ることができたのであります。

時間がないので詳細は省略いたしますが、この驛傳の仕組みは、實に事細かく規定されておりました。どこからどこまでは何里ある、この距離に見合う走行時間は何時間何分だと、そのようにきちんと決められている。そしてリレーしていくわけですから、まず受け取った驛傳者の名前と時間を、そして次に手渡した相手方の名と時間を事細かく記録いたします。そうして後日その記録を集めてチェックする。そこで、所定の時間よりも早かったらそれはおかまいなし。それより少しでもおくれていたら、譴責を食らい罰せられる。そういう厳しい規定が設けられております。いい加減にリレーするというものではありません。距離に應じて所要時間が決められ、受け渡しの時間も責任者も一々記録されるのです。

漢代は、このような仕組みを嚴格に實行することによりまして、中央の命令はそのまま地方に行き渡る。一方逆に、地方の状況はその逆ルートで中央政府に届く、そうした仕組みができ上がっていたということが知られたわけであります。そして、それを知ることができたのは、實にこの「元康五年詔書册」の復元でありまして、この詔書册の復元は、漢の中央集權體制の實態を知る上で極めて貴重な史料であり、册書を復元されました大庭先生の功績は誠に偉大であります。漢代の政治制度史を勉強する者にとりましては、大庭先生のこの研究は引用文獻か、あるいは參考文獻の中にはどうしても筆頭に擧げなければならない研究であります。その點から言えば、單に偉大というだけではなくて、大庭先生の名前は永遠に不朽である、と言っても決して過言ではありません。

あと時間が少なくなりましたが、殘りました時間で資料2を簡單に説明しておきます。この資料2は、大庭先生の表現をかりますならば、汚い木簡、いわゆる記錄木簡、帳簿木簡であります。

この帳簿木簡というのは、ここに見えますように、文章をなしておりません。あくまでも記録であります。最初の簡3番を讀んでみます。上段の中央に「執胡隧の卒富鳳」とあります。執胡隧というのは最前線のとりでの名稱です。富鳳はそのとりでの戍卒（守備兵）で、富が姓、鳳が名前です。

二段目は三行に書いてありますが、まず一行目に、「妻（富鳳の妻）大女」とあります。この大女というのは年齢によって區分された呼稱です。一歳から七歳までが「未使」、八歳から十四歳までが「使」、十五歳以上は「大」というように年齢によって區分されておりまして、大女はその一つの區分で、成人の女性ということです。つまり「妻で大女、名前は君以、年齢二十八歳、穀二石一斗六升大を用いる」と書かれております。これは、妻の君以という女性が一箇月に消費する穀物の量を記したものであります。二石一斗六升大とありますが、これは大まかに言って、日本の尺貫法ではこの十分の一と考えていただいたらよい。大は三分の二です。ですから、この女性の一箇月分の食糧は二斗一升六合と三分の二合ということです。二行目は子供です。「子供で使女、名前は始、年齢七歳、穀一石六斗六升大を用いる」とあります。これも日本の尺貫法に直しますと一斗六升六合と三分の二合です。それからもう一人女の子がおります。「子供で未使女、名前は寄、年齢三歳、穀一石一斗六升大を用いる」とあります。同じく一箇月に消費する穀物の量は、日本の尺貫法に直しますと一斗一升六合と三分の二合です。

三段目に「凡そ穀五石を用いる」とあります。凡は合計の意でこの家族は一箇月に五石、日本の尺貫法に直しますと五斗の穀物を消費すると、トータルが記されております。こういう記録であります。

これは戍卒の家族の廩名籍と申しまして、食糧支給名簿です。この簡3番のほか簡4番、簡5番などはほぼ完全な形を殘しておりますが、簡12番以下は完全な形を殘しておりません。しかしながら、その文字が書かれている位置や内容から、これはそうした家族の食糧支給名簿の同類であるという察しがつくわけです。いわゆる記錄木簡、帳簿木簡による帳簿の復元とは、こうした操作をしながら元の册書に復元をしていく、そういう仕事であります。

この史料によりますと、出土したのは居延ですが、當時戍卒はこの地の防衛に家族を連れて行っていた。しかも、幼い子供や、中にはお父さん、お母さんなど老人もおります。そうした家族連れで行っていたということを知ると同時に、家族を連れて行くということは、かなり長期滯在であったということも、この帳簿から知ることができます。また當時の平均的な農民の家族構成や、また當時の人たちは一體一箇月にどれだけの食糧を消費していたのかといったことも分かります。その他にも、大變興味深いことが言える史料であります。

私の本日の話はこれで終わりにいたしますが、本日お話した大庭先生の「元康五年詔書册」の復元一つを取り上げましても、大庭先生が中國木簡研究の上で、いかに大きな足跡を殘されたかということを、お分かりいただけたと思います。

一九六〇年に森先生の漢簡の輪讀會は六人のメンバーでスタートいたしましたが、その中で、もう四人はお亡くなりになりました。私は最近考えるのですけれども、皆さん勉強熱心な研究者ばかりでした。そして森先生というのは、人を集めて勉強するのが大好きな先生でした。「大庭君よく來たな。これだけそろったら、また本讀みをしようじゃないか」と、あの世とやらで、こうおっしゃっておられるような氣がいたします。

御清聽ありがとうございました。

2　簡牘研究事始の記

簡牘の研究を始めて、早いものですでに四十年が經過した。今振り返ってみると、特に最近二十年のさまざまな事象や變化には目を見張るものがある。たとえば事象としては、中國の各地で新史料の發見が相い次いだことである。しかもその中には、かつては考えもしなかったような内容の史料があり、それも多數發見されるに至ったこと等である。また變化としては、研究面においてパソコン等の文明の利器の普及と使用がある。そして今日では、そうした文明の利器の使用なくしては簡牘研究は考えられないという段階にまで到達していること等々である。わが國における初期の簡牘研究を體驗した一人としては、實に隔世の感を禁じ得ない。

このたび學會事務局から原稿執筆の依頼があった。そこで與えられたこの機會に、私が簡牘の研究を始めた當時の様子を回想してみることにした。現在では參考になることは餘りないけれども、かつてはこのようにして簡牘の研究をしていた時代もあったということを知っていただければ、幸いとするところである。

なお文中の敬稱は、日ごろ私が用いているままに記すことにした。このことをあらかじめ記して、お斷りをしておく。

私が簡牘と關わるようになったそもそもの切っ掛けは、一通の速達郵便から始まったと言ってよいと思う。

それは昭和三五年の正月三日のことである。京大東洋史の大學院博士課程の一年に在籍していて、年末から歸省していた私のもとに一通の速達郵便が屆いた。差し出し人は、當時京大人文科學研究所の地理研究室の助手をされていた米田賢次郎さんであった。米田さんは、私が中國古代史に關心をもっていたこともあって學部生の時から面識を得ており、以來たいへん氣安く附き合わせてもらっていた大先輩である。速達は葉書で、「至急上洛されたし」という簡單な內容であった。正月早々の、しかも速達郵便である。電話の普及がいちじるしい今日であれば早速電話で尋ねるところであるが、電話など思いもよらない當時である。何事だろうと翌早朝鄉里の倉吉を發って上洛し、午後京都驛から北白川の人文研に直行した。

人文研の地理研究室には、米田さんのほかに原稿の山を前にして書きものをされている年配の方がおられた。この方が、人文研の前身である東方文化研究所時代に『後漢書』索引の作成に專心された藤田至善先生であった。米田さんの說明によると、昨年末になって藤田先生の『後漢書語彙集成』に文部省の特別出版費が附き、上冊を今年度內にどうしても出版しなければならなくなったので、手傳って欲しい。またこのことについては、地理研究室主任の森鹿三先生から學部の宮崎市定先生に話が通してある、とのことであった。私の全く知らない間にすっかりお膳立てができ上がっており、否應なしであった。

上洛したその日から、語彙カードを轉記した原稿を百衲本『後漢書』に當たって確認する仕事に取り掛かり、そのうちに校正の仕事へと進んでいった。しかし上卷だけでもカードの枚數にして約五萬枚、組み上がりの頁數は優に千頁を超す巨册である。しかもそれを三箇月で完成しなければならないのである。どう考えても、われわれ二人でできる仕事ではなかった。そこで學內、學外から應援を賴むことになった。藤田先生の序文によって協力者の氏名を列擧すると、伊藤道治、間野潛龍、狩野直禎、竺沙雅章、橫山裕男、梅原郁、吉川忠夫さん等であるが、この中の一人に大庭脩さんがおられたのである。當時大庭さんは聖心女子大學から關西大學に移られた頃ではなかったかと思うが、以後長く續く大庭さんとの附き合いは、この時から始まった。

『後漢書語彙集成』の出版は文字どおり悪戰苦闘の三箇月であったが、一方で私にとっては非常に大きな收穫があった。それは何といっても、講義の上でしか接することのなかった人文研の諸先生と近附きになれたことである。その筆頭は森先生であり、同じ地理研究室の日比野丈夫先生である。兩先生とも個人研究室が鄰接しており、われわれが仕事をしている研究室にしばしば見えた。また兩先生いずれもお酒が好きであり、しかも名だたる酒豪である。時どき夜、アルコール持參で慰勞をしていただいた。當時の暖房はダルマと稱する石炭ストーブであった。このダルマを圍んで酒を飲むのであるが、アルコールが入ってからの雜談が實に面白かった。中にはオフレコに屬する話もあったが勉強になることが多く、この時の耳學問が後年講義や學生を指導する上で、どれだけ役に立ったか分からない。その他研究室を覗く先生は幾人かおられたが、常時見えたのは藤枝晃先生であった。藤枝先生の家は研究所に近く、夕食を終えて再び出勤されるので、顔を出されるのは午後十時前後と決まっていた。われわれはこれを藤枝先生の夜回りと呼んで、時計代わりにしたものだった。藤枝先生と面識を得たのもこの時からである。

こうして何とか年度内に『後漢書語彙集成』上卷（一〇七八頁）が完成し、ほっと一息ついていた五月半ば頃だったと思う。森先生から、イギリスからマイクル・ローウェ氏が來日することになり、後述の『圖版』を用いて居延漢簡を讀むので參加しないか、という誘いをうけたのである。

私は簡牘を讀み始めたことについて、以前から「昭和三五年にローウェ氏が來日されたのを機に人文研で居延漢簡の輪讀會が再開されることになり、當時院生だった私も參加したことに始まる」と書いてきた。事實としてはその通りであるが、しかし私が參加できたのは今まで述べてきたように『後漢書語彙集成』の出版にかかわったことによる所が大きいと考えている。と言うのは、今だから言えるけれども當時、學部の先生の中には院生が人文研に出入りすることを快く思わない先生もおられ、學部と人文研との關係は必ずしも良好とはいえなかったからである。したがって若し私がこの出版に關係していなかったら、恐らく森先生から聲をかけられることもなく、會讀に參加することはなかったに違いないと思っている。私は人間の運命の不思議さを感じながら、いつも昭和三五年正月の速達郵便を思い出すのである。

前置きが長くなったが、この時の居延漢簡の會讀に參加したのは、森、藤枝、ローウェ、米田、大庭に私の六人であった。そして會讀の開始は授業の關係もあって、夏休みに入ってからと決まった。

ところで私が居延漢簡の名を始めて聞いたのは、學部の專門に進んだ昭和三〇年の宮崎先生の講義「史籍目錄學」においてであった。このことは不思議とよく覺えており、當時のノートを取り出して見ると、先ず居延漢簡の發見から勞榦氏の考釋の出版に至るまでの歷史を簡潔に述べられた後は、專ら物價に關係のある漢簡を取り上げて漢代の物價の考證をされている。宮崎先生は、翌年に「史記貨殖列傳物價考證」を發表されているので、講義はこの論文に關係したものであった。ノートの頁數からして二回の講義であったことが分かるが、最後に居延漢簡の史料價値について述べておられる。少し長いがこの部分のノートを引用すると、次のとおりである。

「漢簡は斷片的であるが、それをまとめると面白い史料となる。當時の公文書の形式とか、帳面とか、往復の書簡とか、また當時の軍制、官吏の制、或は地方末端の政治の狀態など、いろいろな方面のことが讀みようによって分かってくる。但し、史料の性質上、これだけで獨立して當時の歷史が書き改められるという程のものではない。これは結局今まで傳わってきた歷史を助ける補助的な史料という弊を免れないと思われる。發掘により新しいものが出たとしても、餘り過大視してはならない。古いものを尊重する態度を忘れず、その上に立って新史料を検討する必要がある。」

現在讀み返してみても、こと居延漢簡に關する限りでは殆ど附け加えることはなく改めて感心した次第であるが、東洋史に進んだばかりの當時としては、それが多分に珍らしい史料であるという印象だけがつよく、特別に注意を拂ったという記憶はない。しかしその後、大學院に進んで漢代史を專門とするようになると、漢簡を利用できればと思うことが幾度かあったが何しろ難解であり、とても自分の手におえる史料ではないと決め込んで、すっかり諦めていた。それを夏休みから讀むというのである。多少なりとも豫習をしておく必要があった。そこで選んだのが、かつて森先生を班長として人文研で行われた共同研究の成果である『東洋史研究』の「居延漢簡研究」號（一二巻三號、昭和二八年）と「漢代總合研究」號（一四巻一・二號、昭和三〇年）に掲載された諸論文である。早速讀み始めたまではよかったが、ここで一つ困ったことがおきた。それは諸論文に引用されている漢簡が肝心の『圖版』のどこにあるのか捜し出せず、かつ掲載場所の見當もつかないので寫眞に當たることができないのである。

ここで居延漢簡のテキストについて少し説明しておくと、當時は次の五種類があった。

（1）勞榦『居延漢簡考釋　釋文之部』　國立中央研究院歴史語言研究所專刊、四川南溪、一九四三年（『石印本』と略稱）

（2）勞榦『居延漢簡考釋　釋文之部』　國立中央研究院歴史語言研究所專刊二一、商務印書館、一九四九年（『上海活字本』と略稱）

（3）勞榦『居延漢簡　圖版之部』　中央研究院歴史語言研究所專刊二一、臺灣、一九五七年（『圖版』と略稱）

（4）勞榦『居延漢簡　考釋之部』　中央研究院歴史語言研究所專刊四〇、臺灣、一九六〇年（『臺灣活字本』と略稱）

（5）中國科學院考古研究所編『居延漢簡甲編』考古學專刊二種八、科學出版社、一九五九年（『甲編』と略稱）

右のうち（2）『上海活字本』は（1）『石印本』を活字印刷したものである。また（4）『臺灣活字本』は（3）『圖版』に對應するものである。また周知のように、居延漢簡には各簡にコンマを挾んで上下に二つの番號が與えられている。このうち上の番號は木簡を收納した袋の番號、下の番號は同一袋内の整理番號で、この番號は居延漢簡固有の登錄番號（原簡番號）である。

さて前揭の五種類のテキストのうち、まず『石印本』とこれを活字印刷にした『上海活字本』は全體を文書、簿錄、信禮、經籍というように漢簡を内容にしたがって分類し、配列している。次に『甲編』は登錄番號の若いほうから番號順に配列している。ところが『圖版』とこれとセットになる『臺灣活字本』の配列は『上海活字本』とも『甲編』とも異なり、しかもどうしてそのように配列されたのか、配列の基準を見つけることができないのである。當時の論文は『上海活字本』を用いて全ての引用漢簡には登錄番號を附しているが、引用漢簡を寫眞に當たる上で利用できたのは『甲編』だけであった。しかしその『甲編』も收錄している簡數は僅か二五〇〇餘枚で、全居延簡の四分の一にしか過ぎなかった。途方に暮れて森先生に尋ねたところ、「『上海活字本』の各簡番號の上に附いている（　）内の數字は、『圖版』の頁數を指すようだが、實際には合致しない。この際に調べてみて欲しい。」とのことであった。夏休みまでに一月しかなかったが、ともかく森先生の指示にしたがい『上海活字本』の（　）内の數字を唯一の手がかりとして『圖版』の中から該當する寫眞捜しに取り掛った。最初は五里霧中の狀態であったが、しばらくすると（　）の數字と『圖版』の頁數の間にずれがあり、そのずれの具合も何となく見當がつくようになって、會讀が始まるまでには對照調べはかなり進んでいたように思う。

夏休みに入り、會讀は七月半ば過ぎから始まった。休み中にできるだけ澤山讀んでおこうという森先生の意向にしたがい、確か月、水、金の隔日に開かれたと記憶している。時間は原則として午後一時から始めて夕方までということであったが、夜に及ぶことがしばしばだった。

會讀は、最初に私から『圖版』に對應する『臺灣活字本』の配列順に一頁分、つまり『圖版』の一頁分を單位に『上海活字本』の頁數と『甲編』があればその番號を一括して讀み上げ、次いで各簡に移り、テキスト間の釋文の異同等で氣づいたことを説明し、最後に訓讀をするのである。その後は全員で『圖版』や『甲編』に當たりながら改めて釋文の當否を子細に檢討するというのが、大體の手順であった。また森先生には漢簡に見える固有名詞や用語類等をメモしたノートがあり、必要に應じて關連の漢簡を指示されたので、一枚の簡を讀みながら同時に數枚から十數枚の簡について檢討を加えることも、しばしばであった。そのために、人文研の會議室の廣いテーブルいっぱいに大判の『圖版』と『甲編』と『釋文』を廣げ、重量のある本を持ち上げたり下ろしたりの連續であった。

そして會讀が始まって數回目のことである。或る一字について、各自『圖版』を見ていて判讀できそうにないと諦めかけていた時のこと、藤枝先生が自分の『圖版』では判讀可能だと發言されたのである。みな半信半疑で藤枝先生の『圖版』を覗き込むと、なるほど他の『圖版』と比べて文字がいくらかはっきりと見えるのである。臺灣の『圖版』にしても中國の『甲編』にしても、何しろ一九五〇年代の技術である。寫眞整版も印刷も、その技術は十分滿足のいくものとは言い難かった。その結果、『圖版』にも『甲編』にも刷り上がりにむらが生じ、讀める本と讀みにくい本ができたのである。更に『甲編』には上質紙を用いた特別本と普通本の二種類があり、兩者の間でも細部の見え具合に微妙な相違があることも分かって來た。そのために以後の會讀では、本の上げ下げ以外に他の人の本を見て廻る必要から、席を立ったり座ったりの動作が加わってきた。私の鄰りは大庭さんであった。

「この本讀みは疲れるねえ」

「疲れますねえ」

顔を見合わせて苦笑したものである。但し、この奇妙な比較檢討はいつまでも續いたわけではなかった。以後十分に注意するということで中止されたが、この一件以來『圖版』や『甲編』を見る目が一段と嚴しくなったことは確かである。

ところで夏休みも終わりに近づいた或る日のこと、大變ショックを受けた思い出がある。それはローウェ氏のティパーティに招待された時のことである。ローウェ氏は當時、人文研から歩いて一〇分餘りのところに家を借りて住んでおられ、その日は會讀を早めに切り上げて全員で訪問した。そして案内された部屋で見たのは、漢簡が切り抜かれた二組の『圖版』冊と散亂している切り屑であった。二組あったのは奇數頁用と偶數頁用に使用するためで、切り抜きの作業は奥様の仕事のようであった。私はこの光景を見て、一瞬自分の目を疑った。それというのも、當時私は『圖版』が手に入らず、人文研が校費で購入した『圖版』を借用していたからである。ローウェ氏は來日の途中に臺灣に立寄って求めたということであったが、私にとっては垂涎の的の『圖版』が無殘にも切り抜かれ、まるで骸のような狀態になって放置されているのである。ローウェ氏のこの作業は、やがて大著 *Records of Han Administration* に結實し、そういう私自身も後年同樣の作業を實行することになるのであるが、そんな將來のことは夢にも思わず、ただその時は單純に勿體ないという氣持でいっぱいだったことを、今でも鮮明に思い出すのである。尙、私が『圖版』を入手したのは、それからおよそ半年後のことであった。

夏休みが終わると會讀は週に一度になり、翌年にローウェ氏はイギリスに歸國されたが、會讀はその後も數年間續いた。

私が居延漢簡の會讀に參加して痛感したことは、簡牘研究には寫眞が不可缺であるということであった。勿論、出土史料であるからには原物を見ることが一番であるが、それができない場合は寫眞が賴りである。寫眞から目を放してはならないというのが藤枝先生の口癖であったが、簡牘の形狀は言うに及ばず、隷書體の釋讀においてもただ單に楷書におきかえるだけではなく、文字の大小、書かれている場所、同筆か別筆か、更には墨色の濃淡等々に至るまで、寫眞を見る訓練を徹底して受けることができたのは、この上ない幸せだったと感謝している。昭和四四年に發表した拙論「禮忠簡と徐宗簡について」(『東洋史研究』二八卷二・三號)は、この會讀の成果であり、私はこの論文によって簡牘研究の第一歩を踏み出したと思っている。

〔附記〕佛教大學の杉本憲司さんから最近聞いた話では、以前に佛教大學に寄贈されていた森鹿三先生の藏書が、今年開設された佛教大學アジア宗教文化情報研究所(京都市右京區嵯峨廣澤西裏町五―二六)に一括移管されたということであった。森先生が會讀の際にはいつも持參されていたノートもその中に含まれているようなので、一度機會を得て見たいものだと考えている。

(二〇〇四、六、三〇)

3　續 簡牘研究事始の記

『日本秦漢史學會會報』第五號（二〇〇四年一一月）に「簡牘研究事始の記」を發表した後、數人の人から續編をという希望が寄せられていた。前回に述べたことは今まで一度も公にしなかった話なので記錄に殘しておきたいと思って執筆したが、その後のことについてはすでにあちこちに書いていることもあって、氣が進まなかった。(1) しかしそれらの揭載誌は人目に觸れないものがあり、最近になって再び續編をという要請があったので、この際にまとめておいたほうが或は何かの參考になるのではないかと考えるに至り、筆を執ることにした次第である。

なお以下の本文中で居延漢簡とあるのは、特に斷り書きをしないかぎりは全て一九三〇年から三一年にかけて發見された、いわゆる居延舊簡を指すものである。また文中の敬稱は失禮を顧みず前號と同樣に、日ごろ私が用いていたままに記すことにした。このことをあらかじめ記して、お斷りをしておきたい。

一　輪讀會の開始に至るまで

マイクル・ローウェ氏の來日を機に、一九六〇（昭和三五）年夏から京都大學人文科學研究所（以下人文研と略稱）において森鹿三先生を中心に藤枝、米田、大庭さんに私を加えた六人で既刊の『圖版』と『甲編』をテキストにして居延漢簡の輪讀會が開始されたことは前回で述べた。續編はこの輪讀會から始めることにするが、その前に輪讀會が開かれるに至までの前史を少し述べておきたい。

周知のように一九三〇年から三一年にかけて發見された居延漢簡（居延舊簡）は、勞榦氏によって一九四三年に『釋文』が、翌年には『考證』がいずれも石印本で公にされて、初めて學界に提供された。このニュースを最初に日本に紹介したのは森鹿三先生（『東光』二號）で、一九四七（昭和二二）年のことであった。このうち『釋文』は一九四九（昭和二四）年に上海で活字本が出版され、この活字本が日本にもたらされるようになった一九五一（昭和二六）年に、森先生は人文研で共同研究「居延漢簡の研究」班を立ち上げた。因みにこの共同研究に參加したのは研究所内からは貝塚茂樹、藤枝晃、天野元之助、日比野丈夫、米田賢次郎、吉田光邦、岡崎敬、伊藤道治、川勝義雄、所外からは宇都宮清吉、大島利一、佐藤長、大庭脩、平中苓次、守屋美都雄、布目潮渢、白井平太の諸氏であった。當時の關西在住の中國古代史研究者を網羅したかのごとき顔ぶれである。

かくして日本における居延漢簡研究は始まるわけであるが、總じて期待したほどの研究成果を擧げることはできなかった。その最大の理由は、勞榦氏の『釋文』だけを唯一の據りどころとして、居延漢簡の本の姿すなわち寫眞さえも見ることができなかったことにある。早い話が、勞氏の釋讀に明らかに誤りがあると分かっても本の姿を見ないかぎり訂正の筆を下すことはできないのである。加えて居延漢簡に一番長く接したのは勞氏であり、氏の研究編と言うべき『考證』はこの新史料を利用して發言できることは殆ど取り上げられており、また中國の古代史研究者は勞氏の石印本の『釋文』を用いて研究を進めていたので、日本の居延漢簡研究は極端に言えば中國の研究成果の殘滓を拾う形で出發したようなものであったからである。この共同研究班は『東洋史研究』一二巻三號の「特集居延漢簡の研究」（一九五三）と、同じく『東洋史研究』一四巻一・二號の「特集漢代綜合研究」（一九五五）に研究成果を發表したが、活字本の『釋文』を用いての研究は殆ど行き着くところまできており、もはやこれ以上發言することは何もないという判斷から、一九五七（昭和三二）年三月を以って幕を閉じたのである。

このように述べてくると、この時期の日本における居延漢簡研究は何も見るべき研究はなかったと思われるかもしれないが、實はいくつもの優れた研究が行われていた。その一つに藤枝晃先生の「長城のまもり――河西地方出土の漢代木簡の概觀――」（『自然と文化』別編Ⅱ、自然史學會、一九五五）がある。これは居延漢簡の勞氏の『釋文』を材料に漢代北邊防衞の最前線である烽燧に的を絞って烽燧の組織や機能等を網羅的に論述したものであるが、この研究で特筆すべきことはこの當時の居延漢簡の寫眞の缺如を、既存のシャヴァンヌの敦煌漢簡の寫眞や黄文弼のロプノール漢簡の寫眞で補って簡牘の書式に注目し、書式に大きなウエイトを置いて研究が行われていることである。この研究法は今や居延漢簡など邊境出土の簡牘研究ではひろく採用されているが、「長城のまもり」では居延漢簡の寫眞を見られないという制約にも拘らず簡牘史料の扱い方の基本が示されており、また内容的にも今日においてなお色あせておらず、劃期的研究といっても決して過言ではない。

さて日本で人文研の共同研究が閉幕した一九五七年に、皮肉にも臺灣で『居延漢簡　圖版之部』（以下『圖版』と略稱）が出版されて、翌年には日本でも全居延簡の寫眞を見ることができるようになったのである。因みに言えば、臺灣での『圖版』の出版は、一九五五（昭和三〇）年に勞氏がアメリカから臺灣への歸途日本に立ち寄ったとき、森先生を始めとする日本の居延漢簡研究者からの強い要望があったことも多分に影響があったらしい。後日に聞いた話であるが、このとき勞氏自身としては居延漢簡研究をとっくに卒業しており、居延漢簡研究はすでに終わったと考えていたようで、日本で居延漢簡研究が盛んに行われていることに驚きを隠さなかったということであった。また臺灣から『圖版』が出版されて二年後の一九五九年には今度は北京から『居延漢簡甲編』（以下『甲編』と略稱）が刊行されて、一部分ではあるが出土地も明らかになってきた。

このように居延漢簡の寫眞版が手に入り、出土地も一部ではあっても判明したことで、日本における居延漢簡研究は再び盛んになるのではないかと思われたが、結果は逆であった。それというのも當時國の內外を問わず、居延漢簡を研究對象としても最早何の成果も得られない、居延漢簡は研究史料として使い古してしまったというのが學界全體の風潮であったからである。そうした學界動向のなかで、ひとり研究を續行していた森先生は、ローウェ氏の來日を機に居延漢簡に關心を寄せていた藤枝晃、米田賢次郎、大庭脩さんらとともに『圖版』による輪讀會を一九六〇（昭和三五）年に再開され、このとき森先生に誘われて私も參加したことはすでに前回に述べたところである。

ここでひとつ告白しておきたいことがある。人文研で再開されたこの輪讀會は公に認められた共同研究班ではなかった。そのわけは先にも述べたように正式の共同研究班は一九五七年に終了してしまっており、輪讀會はいわば私的な本讀みの會でしか過ぎなかったからである。加えて居延漢簡を用いての研究はすでに終わってしまっており、これ以上研究を繼續しても何も期待できないというのが當時の大方の研究者の認識であったから、輪讀會に向けられた人文研の先生たちの目も甚だ冷ややかであった。

當時、人文研の地下室には卓球臺が置いてあった。スポーツは苦手な私であるが、卓球だけは下手ながらも好きで、高校時代からラケットを握っていた。人文研で『後漢書語彙集成』の校正をしていたころ、校正で疲れてくると米田賢次郎さんとしばしば卓球を樂しんだものである。當時、人文研の教職員の間では卓球が盛んで、中國近代思想史の小野川秀美先生や中國文學の田中謙二先生などはプロ級の腕前であった。そのうちに私が卓球をすることが知れると、新顔という珍しさもあって「一丁やろうか」と聲を掛けられ、諸先生から手ほどきをうけたものである。したがって人文研の諸先生とは、學問よりも卓球を通して近づきを得るようになった先生が多かった。

話が横道にそれたが、こうして親しくなった人文研の先生の中には院生の私が輪讀會に參加していることに危惧を抱く先生があり、幾人かの先生からは漢簡に深入りするなと忠告された。極めつけは「君は、もう少し早く生まれてくるべきだった」という言葉で、永田はこれで潰されるというのが大方の人の見解であった。簡牘研究が今日のように隆盛になろうとは誰しも豫想しなかった當時としては、居延漢簡の研究の將來性について多くの人が抱いた極めて當然な危惧であった。私自身、將來の研究方向を決めなければならない時期でもあり、正直なところ居延漢簡を研究して果たして十分滿足のいく研究成果を擧げることができるか否か確信が持てず、大いに迷いかつ眞劍に悩んだ。そんな私を勵ましてくださったのは、藤枝先生と大庭さんであった。ことに年齢的にも近く兄のように思っていた大庭さんとは、何度となく漢簡研究の將來について話をした。そんな或るとき「勞榦氏の釋文を利用して論文を發表した人は、『圖版』に當たって自らの論文を正すべきである」という大庭さんの言葉に、私は思わず目を見張った。私はこの言葉の中に大庭さんの嚴しい研究態度を知ると同時に、先學たちが見ることのできなかった『圖版』という新しい材料が初めて目の前に提供されたのであり、これを活用すれば何か自分なりの研究ができるのではなかろうか、という一つの光明を見出す思いがしたのである。

藤枝先生と大庭さん、このお二人が傍に居られなかったら、おそらく私は早々に居延漢簡研究を斷念していたに違いない。私が曲がりなりにも簡牘研究者として今日在るのは、お二人のお蔭だと思っている。

二　居延漢簡研究の新段階

さて輪讀會は森先生ほか五名――他に一時期所内の平岡武夫先生や奈文研の町田章さんも參加されたことがあった――によって始まるのであるが、參加者の間には一つの暗默の了解があった。それは藤枝先生が過去の居延漢簡研究をいみじくも「つまみ食いの研究」と評されたことに端的に示されているように、良いとこ取りの「つまみ食いの研究」は決してしないということであった。その背景には、多分に森先生の研究が影響していたことは疑いない。

居延漢簡研究で先驅的業績を擧げた森先生は、漢簡の提供する內容の中で發言することを基本とされたが、その研究は『圖版』が出版される以前（A）と以後（B）とで大きく二つに分けることができる。先ず（A）としては「令史弘に關する文書」や「居延簡に見える馬について」などがある。人物なり馬などを手がかりに簡を集成して考察する方法であるが、いま前者について說明すると、ここで取り上げられたのは令史の弘である。令史弘の名の見える木簡二〇枚を例に考察の結果、弘の姓は范氏、脩行縣紽山里の出身で爵は公乘、甲渠尉史の經歷の持ち主であることが判明する。また彼と同時期の人物、すなわち同一簡中に名の見える人物には呂憲、王憲、尉史蒲、孫猛、王彊、王充が存在しており、これら各人について關係の簡を集成すると、王充の簡の中に王充が甲渠候長として甘露四年七月に發信したことを記錄した簡があることから、これによって令史弘の活躍時期がおよそ推定できるとするものである。甲骨文や金文の研究において年代を推定するときに用いられた群別的研究法を應用したもので、勞榦氏の釋文を唯一の據りどころとしていた當時にあっては、これは優れて新しい研究法であった。

『圖版』と『甲編』が公刊されると、森先生の研究は更に進んで展開される。（B）の研究がそれで、代表的なものとしては「居延漢簡の集成――特に通澤第二亭食簿について」や「居延出土の卒家屬廩名籍について」がある。前者は通澤第二亭食簿という表題簡と尾題簡をもとに食簿の內容に相當する穀物の出納を記した簡を集成したものである。この集成では第二亭長の郵なる人物が鍵となったほか出土地を示す簡番號や書式や筆跡などが考察の對象となっており、集成の結果からこれら一群の簡は居延漢簡中でも最も年代の古い武帝末年から昭帝初年にいたる紀元前八〇年代のものと論證された。後者は邊境の警備に當たっていた戍卒の家族に食糧として穀物を支給した帳簿簡二四枚を取り上げ、その書式と男女年齢別による支給量などを考證したものである（森論文は全て同氏『東洋學研究――居延漢簡篇』東洋史研究叢刊二三の二に所收）。

以上の森先生の研究、なかんずく（B）の研究は『圖版』と『甲編』を利用した研究の手本を示したものとして注目されるものである。輪讀會の參加者は、このような森先生の研究を踏まえ、個々の居延漢簡をそのまま單獨で利用するのではなく、何よりもその簡が使用されていた本來の姿に復元することを第一とし、當該木簡の本來の性格を見極めたうえで史料として利用するという研究法を共有していた。これを具體的に言えば木簡の形狀、書式や筆跡、文字の大小、文字の書かれている位置や內容等々に至るまでを總合的に考察して當該木簡が本來どのような形で使用されていたかを先ず見極め、その上で研究史料として利用しようとするもので、これは明らかに居延漢簡を古文書として扱い、居延漢簡の古文書學的研究を目指したものであった。

そしてこの方法で文書冊の復元に成功したのが、大庭脩さんの元康五年（前六一）の詔書冊の復元であった（「居延出土の詔書冊と詔書斷簡について」關西大學東西學術研究所論叢五二、一九六一年。同氏『秦漢法制史の研究』所收）。この場合、冊書復元の決め手となったのが筆跡で、『圖版』の中から同一筆跡の簡八枚を探し出して詔書冊を復元し、漢代において詔書が發布されるに至る仕組みや更には詔書が中央官廳から地方官廳へと順次傳達されていく經過を具體的に明らかにされた。この詔書冊復元の經緯については大庭さんの名著『木簡學入門』（講談社學術文庫、一九八四）の第十一章「木簡學の華」に詳述されている。なおこの冊書については、本文の最後でも再び取り上げる。

ついで一九六七年にはローウェ氏の大著『*Records of Han administration*』（2 vols. Oxford University press）が出版された。第一巻は「歷史述評」として居延漢簡とその價値に始まり、居延漢簡を用いて漢代の行政とりわけ軍政を中心に兵役制や士卒の勤務から生活等を論じ、第二巻の「文書」では出土地別に同筆であることを考慮しながら同一様式の簡の集成を試みたものである。すなわちローウェ氏に従えばMD（Mu-durbeljin 破城子）出土簡で一九種、UD（Ulan-durbeljin 地灣）出土簡で九種、TD（Taralingin-durbeljin 大灣）出土簡で一〇種、W（Wayen-torei 瓦因托尼）出土簡で三種、X（その他）で二種の總計四三種を集成した。この集成のモデルとなったのは先に述べたところの森先生の「第二亭食簿」で、ローウェ氏の集成の中には文書册や暦なども含まれるが大部分は簿籍の類であった。その點、森先生の集成が基本的に一地域一タイプにとどまっていたのに對して、ローウェ氏は四地域四三タイプの集成を試みたものとして劃期的な研究であった。そして更に見逃してならないのは、これは前回に述べたところであるが、この集成と研究の背景には『圖版』の中から該當する簡を切り拔いて臺紙に貼りつけるという基礎作業が行われていたことである。これこそはローウェ氏の獨創であり、大著はまさにその成果にほかならなかった。

ところで私がローウェ氏の大著を實見したのはアメリカにおいてであった。大著が出版された一九六七年の八月にアナーバーのミシガン州立大學で第二七回國際東洋學者會議が開催され、當時人文研の助手であった私は藤枝先生らとともに出席した。その會議の開かれた會場内の出版物コーナーで初めて實物を見たのである。大著を手にして私の腦裏をかすめたのは、かつてローウェ氏が北白川の寓居で『圖版』を切り拔いておられた光景であった。このとき藤枝先生が「われわれも、やらなきゃいかんな」と呟かれた。それが何を意味しているかはよく分かっていたので、私は卽座に「やりましょう」と答えた。これが全居延漢簡の寫眞カード作成を決意する發端であった。

三　寫眞カードの作成と分類整理

歸國後、早速に藤枝先生と相談して先ず木簡を貼り附ける臺紙の檢討に入った。その結果、臺紙の大きさはＢ５版、左端に釋文、右端に寫眞を貼り附けることにし、臺紙の上下に簡番號、出土地名、『圖版』の頁數、『甲編』の番號等を記入できるようにして、臺紙の中央部分は空白で殘すことにした。この臺紙の作成で最も考慮したのは寫眞の貼り方であった。熟慮の末に決めたのは先ず寫眞を貼る位置を定めて縦に一本の線を引いた。そして木簡は漢代の一尺すなわち約二三センチメートルを標準としているところから二三センチメートルで上と下に點線を引き、その眞ん中に更に一本の點線を引くことにした。これは簡が完全な形で殘っているものは極めて少なく、上部が缺けたり下部が缺けたり、或いは上下が缺けて中間部分だけが殘ったりしているものが相當數あることから、『圖版』に掲載の簡がどの部分に當たるかを一目瞭然ならしめようとしたことによる工夫であった。すなわち上端が殘っているものは上の點線にあわせ、下端が殘っているものは下の點線にあわせ、中間のものは眞ん中の點線を目安に貼り附けるのである。

このように臺紙の樣式が確定すると早速に印刷所に發注し、併せて切り拔き用の『圖版』冊二セットを求め、また貼附する釋文は輪讀會でテキストとして用いた書き込みのある『臺灣活字本』をコピーして利用することにした。これらの費用は全て藤枝先生の研究費を使わせてもらった。準備を終えて居延漢簡の貼り附けに取り掛かったのは一九六九（昭和四四）年に入ってからだったと思う。しかし實際に作業を始めてみて、これが頭の中で考えていた以上に大變な仕事であることが分かった。『圖版』から一簡一簡を切り拔いて貼り附け、釋文も同樣に切り拔いて貼り附けるわけであるが、先に述べたように寫眞はそれぞれに貼る位置があり、釋文は寫眞に對應させなければならない。私一人では何時完成するか分からず、さりとて全てをアルバイトに任せることはできない作業である。そこで藤枝先生と相談のうえ日比野丈夫先生にお願いして、歷史地理研究室の事務助手の芝田キク女史の手隙なときに寫眞の貼り附けを手傳ってもらうことになった。手順としては、私が『圖版』の各寫眞に貼り附ける場所が上中下のいずれかであるかを記し、芝田さんにはそれを切り拔いて貼ってもらい、その後で私が釋文を貼り附けるという方法をとった。

全居延漢簡一萬餘枚の寫眞カードが完成したのは、一九七一（昭和四六）年の夏前であった。足かけ三年を要したこが、それでもよくぞでき上がったものである。これもひとえに芝田さんの獻身的な努力の賜物であったことは言うまでもない。

さて全居延漢簡の寫眞カードは、簡番號順に配列してファイルケースに収納した。これは簡番號が出土地を表しており、出土地別に取り出すために便利であったからである。

かくしていよいよ居延漢簡の整理と集成にとりかかるのであるが、その方針は寫眞カードを作成している時點からすでに決めていた。すなわち居延漢簡は壓倒的に簿籍とその斷簡が多いことから整理と集成は簿籍を取り上げることにし、また差しあたっては破城子すなわち甲渠候官の遺址から出土したものを對象とすることにした。理由は、破城子では全居延漢簡の約半數が出土しており、標準にすることができると考えたからである。

整理の方法としては、簿籍の表題簡によって簿籍をⅠ吏卒、Ⅱ勤務、Ⅲ器物、Ⅳ見錢、Ⅴ食糧、Ⅵその他の六つに大きく分け、ついでそれぞれに簿籍の內容を構成する簡を記載樣式にしたがって樣式別に集成していった。これは基本的には森先生やローウェ氏の方法を採用したものであるが、最大の相違點は同筆という枠を取り除いて樣式を基準にすえて集成したことにある。このことは古文書學の立場からすると明らかに後退であったが、私が同筆の枠を敢えてはずしたのには、それなりに考えがあった。

というのは、居延漢簡は言うまでもなく漢の同時代史料であり、第一等史料である。たとえ斷簡であっても史料としての價値に變わりはない。ならばできるだけ多くの簡を活かすべきではなかろうか。そこで同筆の枠をはずし、記載樣式を基準にして同種同類の簡の集成を試み、居延漢簡を個別に取り上げるのではなくグループとして扱うことにしたのである。私がこのように考えるに至った直接の動機は、勞榦氏の研究であった。かつて勞榦氏が訪日された際に、日本で多數の研究者が居延漢簡研究に取り組んでいる現狀を知って驚かれた、という話は先に述べた。このことは、換言するならば勞榦氏としてはご自身、居延漢簡研究はすでに終わったと考えておられたからに相違なかった。そこで私は、勞榦氏の居延漢簡研究篇というべき『考證』に一體どれだけの簡が引用されているのかを數えてみたことがある。するとその數は七一三枚、數え間違いがあったとしても約七〇〇枚前後というところであった。私はこの數字を知って正直なところ愕然とした。居延漢簡一萬枚として僅か七％しか利用されておらず、殘る九三％はそのまま放置されているのである。これでは漢代の第一等史料である居延漢簡は浮かばれないというのが、その時の私の率直な氣持ちであった。私が居延漢簡の集成と居延漢簡をグループとして扱うことを決心した原點は、ここにあった。

寫眞カードを簡番號順に整理し終えた後、破城子出土簡を拔き出して記載樣式別に分類して整理を開始したのは一九七一（昭和四六）年であったと思う。寫眞カードを並べるためにはかなり廣いスペースが必要であり、人文研の會議室や應接室をしばしば夜間に使用させてもらった。整理は二年足らずで目鼻が附いてきたので、結果の發表に先立ち、破城子に置かれていた甲渠候官の機能を探っておく目的から詣官簿（候官に出頭した際の記錄簿）を取り上げて候官の機能を考察し（「居延漢簡にみる候官についての一試論」『史林』五六―五、一九七三）、翌一九七四（昭和四九）年に「居延漢簡の集成一、二」（『東方學報』京都四六、四七）を發表した。このとき副題に「破城子出土の定期文書」としたのは、簿籍は日常定期的に作成されものとの考えての命名であったが、必ずしも適切ではないことから以後は簿籍の名稱を用いることにした。

四　居延新簡發見のニュース

さて破城子出土の簿籍簡牘の集成によって、私は居延漢簡の簿籍簡牘分類の基準はほぼでき上がったと考えている。しかし私の研究の關心は簿籍の分類や集成の段階で止まるものではなく、簿籍がどのようにして作成されたかという作成手續きの解明であり、更にまた政治における簿籍のしめる位置など漢代の簿籍制度全般にわたる制度史的解明であった。

居延漢簡に見える簿籍を取り上げて漢代の簿籍制度を最初に問題としたのは米田賢次郎さんで、論文「帳簿より見たる漢代の官僚組織について」(『東洋史研究』一四の一・二)こそは、漢代簿籍の先驅的研究に他ならない。米田さんは歴史を見据えて研究する人であり、その鋭くかつ多角的な考察には教えられるところが多かった。この論文も例外ではなかった。ただ米田さんはこの論文で漢代の帳簿(簿籍に同じ)は上計制度に基づくものとし、その根據とされたのが居延漢簡中の最長の七七簡を編綴した永元年間の「兵釜磑簿」であった。漢代の簿籍の作成が上計制度に基づいていることには異論はなかったが、私にはその根據となる「兵釜磑簿」は餘りにも問題が多すぎ、これを有力な史料として利用することに二の足を踏んだ。そのために「兵釜磑簿」に代わる確實な史料が欲しかったが、これは望んでも到底叶えられるものではない。そうなれば「兵釜磑簿」を私なりに辻褄を合わせ、私自身が納得し得る説明ができないかぎり研究の進展はなかった。率直に言って、この時點で私の研究は行き詰まってしまったのである。

そうこうするうち、「居延漢簡の集成」を發表した一九七四年の年末になって富山大學に轉出する話がおこり、翌七五年四月から富山に赴任することになった。藤枝先生はこの年の三月に定年で人文研を退官されることになっており、三月に京大の樂友會館で開催された退官記念講演會において私の轉出のことに觸れられ、自分の退官とともに人文研の居延漢簡研究の火が消えてしまうことになったという言葉は、申し譯ないという氣持ちとともに今でも私の耳の底に殘っている。

京都を發つとき、藤枝先生から居延漢簡の寫眞カードを富山に持って行かないかと勸められたが、私自身この際は居延漢簡からしばらく離れてみたいと考えていたので、必要があれば人文研に見に來ます、と言って持って行かなかった。ところが二年も經たないうちに寫眞カードを富山に運ぶことになろうとは、夢にも思っていなかった。そのいきさつは次の通りである。

一九七六（昭和五二）年の一二月、前年の第一次中國研究者友好參観團に續いて第二次參観團が訪中することになり、私もその一員として參加することになった。因みにこのときのメンバーは團長岩見宏、副團長近藤秀樹（團長が夫人の病氣で途中歸國のため、後に團長となる）、團員は五十音順に秋山元秀、井波律子、河田悌一、河内良弘、坂井東洋男、曾布川寛、竺沙雅章、礪波護、中嶋みどり、狹間直樹、福島吉彦、夫馬進、森時彦の諸氏に私の一六名である。一二月二七日に伊丹を出發して上海、蘇州、南京とまわり、さらに西安、延安から北京を經て翌七七年一月一八日に歸國するという二十三日間にわたる旅行で、もちろん私としては初めての訪中であった。

我われ一行が上海に到着したとき、訪問したい場所があれば希望を出すようにとのことであった。我われが訪中した一九七六年という年は、正月に周恩來總理が亡くなり、九月には毛澤東主席が亡くなり、當時勢力を振るっていた四人組は失脚して中國は混亂の最中であった。また當時は四人組の提唱する下放政策によって大學も研究所も先生たちは地方に追いやられ、北京には研究者は殆ど不在であるということも噂として聞いていた。そのために期待はしなかったが折角の好意でもあるので、私は一九六二年に侯外廬氏を團長とする中國學術代表團の一員として來日され、關西に滯在中の約一週間附き添って面識を得ていた中國社會科學院考古研究所所長の夏鼐先生にお會いすることができればと思い、希望の訪問先に考古研究所の名前を擧げておいた。ところがこのとき奇跡がおこったのである。

延安から西安、太原を經由して北京に到着したのは一月一二日で、宿舍は新僑飯店であった。二日後の一四日、歴史博物館などの見學を終えてホテルで夕食をとっていると、今夜夏鼐先生がお出でになるという連絡があったのである。正直に言って驚くとともに感激した。

夏鼐先生は夜七時にお出でになり、日本側からは礪波、井波、曾布川氏に私を加えた四人でお迎えした。當時中國の學界の樣子がほとんど日本に傳わってこなかった事情もあって、私たちは近年の中國考古學界の發掘や研究の狀況などを貪るように伺いながら豫定の九時をかなり過ぎるまで歡談した。その中で一九七二年から七四年にかけて破城子で約一萬枚、肩水金關で約五千枚の居延漢簡――いわゆる居延新簡――が發見されたことを聞かされたのである。私は興奮を禁じえず、行き詰った研究に何か光明を見る思いであった。中國の出版事情からして新史料は何時公刊されるか分からないが、準備だけはしておく必要のあることを痛感して歸國した。そして歸國後、人文研から寫眞カードを富山に送ってもらい、すでに終えていた破城子以外の、殘る地灣、博羅松治、瓦因托尼、大灣の四出土地について破城子同樣に簿籍簡牘を集成して「居延漢簡の集成　三」（『東方學報』第五一、一九七九）を發表し、居延新簡の公刊を待つことにしたのである。なお寫眞カードの富山への搬送と、研究成果の『東方學報』（京都）への掲載に關しては、人文研における私の仕事を傍らで最初からずっと見守ってくださった當時の東方部主任の林巳奈夫さんの特段の配慮によるものであった。感謝の氣持を込めてここに記しておく。

五　藤枝先生の學恩

一九八一（昭和五六）年四月に、米田賢次郎さんが滋賀大學を退職して佛教大學に移られた後、私は米田さんの後任として滋賀大學に轉任し、京都に住むことになった。これは後で分かったことであるが、私を一番待っていてくださったのは、藤枝晃先生であったようである。私が京都に歸ると間もなく藤枝先生からお聲がかかり、今までの研究をまとめたらどうか、ということであった。また轉任の挨拶に宮崎市定先生を淨土寺のお宅に訪ねたとき、宮崎先生からも東洋史研究叢刊を勸められた。さらにこれより以前のことであるが、入手した『文物』の一九七八年の第一期に居延新簡の特集が組まれ、その中に「橐他莫當燧守禦器簿」が寫眞入で掲載されていた。これこそ私が待ちに待っていた史料で、これによって漢代の簿籍制度ひいては漢代の文書行政の實態を解明する根據を得たことになり、私の研究は何とか進展しそうな可能性が見えてきたので、研究のまとめに取り掛かろうとした。

ところがこのとき、のっぴきならない仕事が舞い込んできた。同時に二つの仕事ができない不器用な私は結局新たな仕事を先行させ、自らの研究のまとめを先送りすることになってしまった。藤枝先生の追悼文では「名案が浮かばないまま日を過ごした」と書いておいた。(2) それも事實で決して僞りではなかったが、實際には研究を後回しにしたのである。その間約二年ばかりで、藤枝先生を相當やきもきさせたようである。

一九八四（昭和五九）年ころであったと思う。當時、藤枝先生は脚を悪くされていて京大病院で指壓治療をうけておられたが、擔當の指壓師が病院を辭めて左京區岩倉の自宅で開業することになり、先生はおよそ月に一度の割合で岩倉にお出でになることになったのである。私の家は同じ岩倉にあり、また在宅している曜日もお知らせしていたので、先生が治療にお出でになる日には先ず電話で私の都合を尋ねられ、治療が終わると再度電話をいただいて治療所に近い洋菓子店で先生と落ち合い、お茶を飲みながら話をした。話は必ず最初に私の研究の進行狀況を尋ねられ、私の疑問を一緒に考えてもらったり、時には原稿の一部を見ていただくこともあった。それが一段落すると次は先生ご自身の研究に話題が移るのであるが、感心したのは每回敦煌文書に關する拔き刷りのコピーやプリント類を持參されたことで、そのときの資料は今でも大切に保存している。私自身、居延漢簡の古文書學的研究を目指すと言いながら實際に古文書學を學んだことはなく、もっぱら藤枝先生とのこうした談話の中で古文書學の基本を學び、讀むべき參考書や論文などを教えてもらって古文書學の手ほどきを受けたものである。その意味ではこれは文字通りの勉強會であり、私にとっては何にも代えがたいほど有難かった。

このような藤枝先生との勉強會は、先生が岩倉にお出でにならなくなった後は私が先生の住まいの近くに出かけるなどして二年餘り續いたと思う。その間に私の研究も次第に形を成すようになってきた。そんな或るとき、日ごろから思っていた疑問を失禮とは思いながら率直に訊ねたことがある。「先生は、どうしてこれほどまでに私の研究に目をかけてくださるのですか」と。卽座に先生の言葉がかえってきた。「一人の人間でやれることには限界がある。漢簡はすべておまえに任しているからだ」と。先生の言葉を聽いて、なるほどそうだったのかと納得した。ご自身敦煌文書の研究に全精力を傾注しながら、菲才の私をそこまで思ってくださったことに頭が下がる思いであった。私は『居延漢簡の研究』を何としても完成して先生に恩返しをしなければならないと、心に誓ったことであった。そのために著書には藤枝先生の序文をいただくことを考えていた。原稿が完成した段階で、先生に序文をお願いしたところ快く引き受けていただいた。このことを出版社の東洋史研究叢刊の擔當者に傳えたところ、原稿が遲いことで有名な藤枝先生だけに困ったという顏であったが、案に相違して本文の校正が終わるまでに序文ができ上がり、しかも長文の序文を書いていただくという光榮に浴したのである。

このように私の居延漢簡研究は、その開始から出版に至るまで藤枝先生の不斷の指導と激勵とによってでき上がったものであり、先生の並々ならぬ學恩に感謝しないではいられない。ひるがえって私自身、これだけの指導を後輩の諸君にしてきたかと自問すれば、答えは否である。藤枝先生に對しては面目なく、また後輩の諸君に對しては申し譯ないという氣持でいっぱいである。

六　非凡な先輩大庭さん

大庭さんは、藤枝先生同様に私が研究を始めた最初から常に私の傍に居てくださっており、私は日ごろから兄と思って尊敬し、また學問的にも最も頼りにしていた先輩であった。その大庭さんが二〇〇二（平成一四）年一一月二七日に急逝された。突然の訃報に、絶句した私であった。

翌二〇〇三年一一月一七日～一九日にかけて關西大學東西學術研究所内の泊園記念會が主催する泊園記念講座が、特別に大庭先生追悼記念講座と銘打って大阪で開催された。私は講師として招かれ、初日の松浦章さん、最終日の藤善眞澄さんの間にはさまって一八日に講演した。そのときの講演は「きれいな木簡　汚い木簡」（本書の附篇1）と題して、大庭さんの居延漢簡研究の特徴を私の研究と比較しながら話をした。

ここでいう「きれいな木簡」とか「汚い木簡」は、大庭さんの不朽の名著『木簡學入門』の第十章「文書政治と帳簿の査察」の冒頭に見えている。すなわち

「大庭君はきれいな木簡が好きやねえ」と藤枝晃先生が話しかけられた。「僕は汚い斷片を集めるほうが好きや」

と先生はいう。漢簡研究に從っている人の中には、たしかに好みがあって、藤枝先生の話のように、きれいな木簡と汚い木簡の好みがわかれているようにも見える。ここでいうきれい、汚いの區別は、木簡が長く殘っていて文字が多い木簡と、比較的短くて、自然文字の少ない木簡という意味である。

きれいな木簡はそれ自體が文書で、一本でも使えるが、汚い木簡は同様のものを多く集めて歸納しなければならない。私は最初のころ、そういう文書の內容と『史記』『漢書』の史書の記録とをつなぐ作業を手がけたので、木簡だけを集めて、その中からなにがいえるかを考えた藤枝先生の方法と別の道を進んでいた。

これによると、きれいな木簡とか汚い木簡という呼び方は藤枝先生から始まったようであるが、實は私がこの呼稱を知ったのは大庭さんの著書からであって、藤枝先生から直接聞いたことはなかったように思う。きれいな木簡、汚い木簡という表現が果たして適切であるか否かについては疑問がないわけではないが、ただ藤枝先生は日本における初期の漢簡研究を總じて「つまみ食いの研究」と評されたように、辛辣な表現をしばしば用いられたから、そうした觀點から言えば、きれいな木簡とか汚い木簡という表現もあながち理解できないわけではない。大庭さんの説明にもあるように、前者は文書木簡、後者は記録木簡であり帳簿木簡であり、私の用語でいえば簿籍木簡である。そして大庭さんは前記の文章に續いて「永田氏は藤枝氏の表現によれば、汚い木簡のほうが好みなのかもしれない」と結んでおられる。

居延漢簡は、確かに大きく分けて文書木簡と簿籍木簡の二種類がある。しかもこの二種類の木簡を研究對象とするとき、そのいずれを對象とするかで自ずと研究の內容が變わってくる。更に言えば、文書木簡は肩水候官の置かれていた地灣（ウラン・ドルベルジン）から出土したものが多く、他方簿籍木簡は歸納法を用いる關係から出土枚數の多い甲渠候官の置かれていた破城子（ム・ドルベルジン）から出土したものを多く扱うことになり、木簡の二種類の相違は出土地においても分かれるという特徴がある。したがって結果として大庭さんと私は研究に棲み分けがあり、お互いといっては失禮ではあるが、成果の良いとこ取りをして來たことをしみじみと感じないではおれないのである。

大庭さんの漢簡研究が主として文書木簡に注がれたことは右の通りであり、「永始三年詔書」冊、武威出土の「王杖十簡」や「王杖詔書・令」冊、「候粟君所責寇恩事」冊、「建武五年遷補牒」等々の研究がある。しかし壓巻は何といっても「元康五年詔書」冊の復元で、自からもこの復元を「木簡學の華」と稱しておられるほどである。先にも述べたように復元の決め手となったのは筆跡で同一筆跡の簡八枚を探し出し、これを順番に並べて册書に復元された。この册書の復元によって漢代詔書が發布される過程の他、幾多の漢代の行政制度上の諸問題を解明されたが、中でも中央から地方に命令が傳達される過程を具體的に明らかにされた功績は絶大である。この一事を以てしても、「居延出土の詔書册と詔書斷簡について」は不滅の論文と言うべきである。

大庭さんの論文はいずれも切れ味鋭く、しかもその切れ味は實に見事というほかなかった。同時に新發見の史料に對しては、絶大な學問の蘊蓄を背景に獨自の學問的センスでもって、これまた實に迅速かつ的確に對應された。この二つはまったく餘人の追隨を許さなかったところである。簡牘資料がますます增えてくる今日、大庭さんの急逝を殘念に思うのは、ひとり私だけではないだろう。

以上、思い出すままに「簡牘研究事始の記」の續編を書いてきた。脱線した部分もないではないが、それだけ率直に述べたつもりである。輪讀會に參加したメンバーのうち、米田さんはかなり早い段階でライフワークである中國古代農業技術史の研究に專念されたので、殘ったのは大庭さんと私だけであった。そのために森、藤枝世代を日本における簡牘研究の第一世代と呼び、大庭さんと私は第二世代と呼ばれている。そうした觀點から言えば今日では冨谷至、籾山明氏の第三世代が活躍中であり、角谷常子、藤田高夫、鷹取祐司、佐藤達郎氏らが續いている。さらには宮宅潔、米田健志、藤井律之、森谷一樹氏らはさしずめ第四世代というところであろう。なお他にも大庭さんの薫陶を受けた藤田勝久、吉村昌之、鵜飼昌男、門田明氏、更には冨谷氏や籾山氏から指導を受けた高村武幸氏のような人たちがいる。全體として人數はまだ多くはないが、それでも以前に比べると研究者の層は厚く、かつ優秀である。また發見された簡牘も想像を絶する枚數にのぼると同時に、内容も多岐にわたっている。さらに限定されているとはいえ簡牘の實物を見ることも可能となり、居延や敦煌など簡牘が出土した現地にも行くことが可能になった。加えてコンピューターによるデーター處理が行われるようになって、簡牘の整理、分析、檢索等において大きな力を發揮するようになってきている。これらのことは、私の研究時代では到底考えられなかったことである。なかでもコンピューターの威力は絶大で、今やコンピューターの利用なくしては簡牘の處理や研究は殆ど不可能になってきていると言っても決して過言ではないであろう。器械に弱い私などは、もはや出る幕はなくなったとさえ思っている。

このように今後の簡牘研究においてコンピューターは必要缺くべからざるものであるが、ただ問題がないわけではない。たとえば、コンピューターによって果たして簡牘の本質に迫ることができるであろうかという疑問である。箇々の簡牘それ自體は、記事のある木の札であり竹の札であるが、記事には書き手の意圖があり、それぞれの札には固有の歴史――つまりは簡牘がたどってきた歴史――がある。記事は、もちろん重要である。しかし簡牘に込められた書き手の意圖や簡牘固有の歴史を明らかにしてこそ、始めて記事は活かされるのではなかろうか。このような簡牘の本質に迫る、それを可能にするのが取りも直さず究極の古文書學だと考えているが、コンピューターで果たしてそこまで追求することができるであろうか、という疑問である。

いずれにしても簡牘研究は緒に就いたばかりである。研究が今後どのように進展するか、深い關心と期待を込めて眺めているこのごろである。

注

（1）關係する拙文は次の通りである。
「藤枝先生の學恩に感謝する」

藤枝晃先生追悼文集刊行會編『藤枝晃』（自然文化史研究會、二〇〇〇年六月刊）所收。

「きれいな木簡　汚い木簡」

『泊園』第四三號（泊園記念會、二〇〇四年一〇月）所收。

「忘れられない景色」

『大庭脩前館長追悼號』（「大阪府立近つ飛鳥博物館官報八」大阪府立近つ飛鳥博物館、二〇〇三年一一月）所收。

（2）注（1）の藤枝晃先生追悼文集『藤枝晃』。

（二〇一〇年五月末日　脱稿）

あとがき

一昨年六月に體調を崩したことから元氣なうちに一冊本を出したいと思うようになり、考えたのが『史記』の口語譯である。平成十四年に郷里に歸ると、翌年から十年餘りにわたって有志の人たちと定期的に『史記』を讀んできた。全譯ではないが、今までに出版された口語譯よりも良くできているという自負もあり、出版を思いついたのである。そこで一昨年の十月の始めに、日ごろ懇意にしている冨谷至氏に『史記』口語譯のサンプルを送って出版の件を相談した。ところが冨谷氏の返事は「口語譯よりも論文集で行きましょう」であった。

筆者としては、論文をまとめて出版することには正直に言って餘り乘り氣ではなかった。理由は、發表した文章を讀み返してみると第Ⅱ部第五章の後半部分に再檢討の餘地があるなど必ずしも滿足のいくものばかりとは言えず、また過去の論文が果たして出版に値するかどうかも疑問に思ったからである。ところが筆者が返事を躊躇している間に、冨谷氏は汲古書院に出版を打診され、汲古書院は卽座に快諾されるという、出版に向けてのお膳立てができ上っていたのである。

筆者は、狀況の思いもかけない展開に驚くと同時に、改めて皆さんの好意が身に沁みた。そこで本書の內容の一部に再檢討の餘地はあっても、このような出版の機會は將來二度と來ないこと、またこの際に筆者の研究のありのままを見てもらうのもそれなりに意味があるのではないか、加えて掲載誌の中には今日では入手困難なものもある等々を考え合わせ、冨谷氏の勸めにしたがって出版に踏み切ることにした次第である。

本書に原文を收錄するにあたっては明らかな誤りは訂正したほか、說明の足りないところは補足するなどした。いちいち斷っていないが論旨にはまったく變更はなく、收錄した各論文は本書を以て正文とする。また本書に收錄した各論考は發表してから相當の年數を經ており、ことに簡牘研究に關しては新史料の發見が相次いで研究も格段に進展していること等からして、各章の後に詳細な補記等を付して說明をするべきであるが、先の出版の經緯に述べたような短期間では容易になし得ることではなく、また假に時間があったとしても筆者の年齡や體力からして完璧を期し得る話ではない。そのために本書においては、必要最小限の補記を付するにとどめたことを斷っておく。

次に本書の出版にあたって、二つのことを述べておきたい。一つは筆者の簡牘研究についてである。筆者は高校時代から考古學に興味があり、京都大學文學部を志望したのは考古學を勉強するためであった。しかし二年間の教養課程を終えて史學科の專攻を決める時點では考古學を斷念して東洋史學を選んだが、考古學にたいする關心が尾を引いており、中國史のなかでも古代史を專門に研究するようになったのは、筆者にとっては當然の成り行きであった。筆者が居延漢簡に出合ったのは、大學院の博士課程のときで、附論の「簡牘研究事始の記」に述べているように、それはまったく偶然と言ってよいものだった。その後、曲がりなりにも簡牘研究論文として最初に發表したのは昭和四十四年の「禮忠簡と徐宗簡について」（『東洋史研究』二八巻二、三號。前著に收錄）であったから、簡牘との出合いから九年の歳月を經ている。そしてこの論文を契機として簡牘研究に精力的に取り組むことになるが、今あらためて研究を振り返ってみると、筆者の簡牘研究の背後には筆者の考古學にたいする關心が強く働いていたことを認めなければならない。それは簡牘資料を研究對象として取り上げてきたこと自體がすでにそうであるが、研究に際しては簡牘を考古遺物として捉え、筆者なりに考古學的考察を踏まえたうえで歴史史料として取り扱うことに努めてきたからである。

筆者の簡牘研究で、もし見るべきところがあるとするならば、簡牘研究に考古學の視點を導入し、古文書學の手法によって研究を進めてきたことによる成果に他ならず、これは元をたどればかつての筆者の考古學にたいする興味と關心が大いに影響していたと思っている。

二つには、研究の目標ないしは心構えである。序文に述べたように、拙論「漢代人頭稅の崩壞過程」（本書第Ⅰ部第一章）は學術誌に載った筆者の最初の論文であった。未熟な修士論文ということもあり、發表後どこからも注目されることはなく、むしろそれは當然のことと思っていた。ところがこの論文が思いもかけず中國人研究者の目に留まったのである。それは中國古代史學者李亞農氏で、氏の著書『中國的封建領主制和地主制』（上海人民出版社、一九六一年五月）の注の中ではあるが、長文にわたって引用されたのである。拙論で漢代の人頭稅が當時の農民にとって大きな負擔であったことを論じた部分で、本書の九頁一〇行～一〇頁の六行目までが相當する。しかも更に驚いたことには李亞農氏の著書の出版は、拙論の發表から一年と二箇月後のことであった。當時日本と中國との間には國交はなく、國交が正常化するのはこの後十年以上も後のことである。そのような時期にあって、拙文がかくも迅速に中國の研究者の目に留まり、しかも論著の中に取り上げられて公刊されたことにたいして、驚きを禁じ得なかった。勿論その間の經緯については知る由もないが、しかし未熟であれ論文が中國人研究者に注目されたのである。このことは單純かつ率直に言って嬉しい出來事であった。また中國史を研究するうえで大きな勵みにもなったことは言うまでもない。そこで考えたことは、今後中國史を研究するからには中國人研究者に評價されるような研究を心掛けるべきである、ということであった。この思いが果たしてどれほど達成されたかは分からないが、この心構えだけは今日に至るまで抱き續けてきたことを最後に述べておきたい。

本書は、既發表の印刷論文を全て電子データ化した上で出版社に渡すという大變な手間を經ており、多忙中にもかかわらずこの面倒な作業には五十音順に佐藤達郎、角谷常子、鷹取祐司、土口史記、冨谷至、野口優、藤井律之、藤田高夫、宮宅潔、目黑杏子氏らに協力していただいた。これだけでも大變な作業なのに、作業が始まって間もない平成二十八年十月二十一日には當地を震源地とする鳥取縣中部地震が起こり、書齋と書庫の書架が倒れて本が散亂するという災難に見舞われた。そのために送られてきた電子データ化後の原稿を史料にあたって調べることができず、本來筆者が行うべき作業を皆さんにお願いすることになってしまった。本書が日の目を見る基礎が出來上がったのは、實にこれら皆さんの獻身的な協力の賜物であった。更に本書の校正には、上記の佐藤、角谷、鷹取、土口、藤井、宮宅、目黑氏らのお世話になり、再校以後はもっぱら宮宅、藤井、目黑氏にお世話になった。また索引の作成には宮宅氏と安永知晃氏（關西學院大學大學院研究員）を煩わし、本書目次の中文譯は陳捷氏（京都大學人文科學研究所非常勤研究員）にお願いした。ここに記してお世話になった諸兄姉にたいして厚く御禮を申し上げる。

最後に、出版事情のたいへん嚴しい中にもかかわらず本書の出版を快く引き受けていただいた汲古書院の三井久人社長、並びに小林詔子編集者にたいして心から御禮を申し上げて擱筆する。

二〇一八年　立春

永田英正

漢代史研究

目　次

第Ⅱ部　出土文字資料篇

索　　引

人名索引

事項索引

簡番號索引

＊（　）内の頁は簡番號のみの掲載を示す

居延新簡

著者略歴

永田　英正（ながた　ひでまさ）

1933年、鳥取縣に生まれる。1957年京都大學文學部史學科東洋史學專攻を卒業。同大學院を經て1962年京都大學人文科學研究所助手。同講師、助教授を經て1975年富山大學文理學部教授、同人文學部教授。1981年滋賀大學教育學部教授。1990年京都大學文學部教授、1997年に退官。1997年京都女子大學文學部教授、2002年に退職。現在、京都大學名譽教授。中國社會科學院簡帛研究中心顧問。文學博士。

主要著譯書編著

『京都大學人文科學研究所藏甲骨文字索引』（共著、同朋舍出版）、『春秋左氏傳』（共譯、筑摩書房）、『漢書食貨・地理・溝洫志』（共譯、平凡社）、『居延漢簡の研究』（同朋舍出版）、『漢代石刻集成』（編著、同朋舍出版）などがある。

汲古叢書147

漢代史研究

平成三十年三月十六日　發行

著　者　永　田　英　正

發行者　三　井　久　人

整版印刷　富士リプロ㈱

發行所　汲　古　書　院

〒102-0072　東京都千代田区飯田橋二-五-四

電　話　〇三（三二六五）九七六四

FAX　〇三（三二二二）一八四五

ISBN978-4-7629-6046-8　C3322

133	中国古代国家と情報伝達	藤田　勝久著	15000円
134	中国の教育救国	小林　善文著	10000円
135	漢魏晋南北朝時代の都城と陵墓の研究	村元　健一著	14000円
136	永楽政権成立史の研究	川越　泰博著	7500円
137	北伐と西征—太平天国前期史研究—	菊池　秀明著	12000円
138	宋代南海貿易史の研究	土肥　祐子著	18000円
139	渤海と藩鎮—遼代地方統治の研究—	高井康典行著	13000円
140	東部ユーラシアのソグド人	福島　　恵著	10000円
141	清代台湾移住民社会の研究	林　　淑美著	9000円
142	明清都市商業史の研究	新宮　　学著	11000円
143	睡虎地秦簡と墓葬からみた楚・秦・漢	松崎つね子著	8000円
144	清末政治史の再構成	宮古　文尋著	7000円
145	墓誌を用いた北魏史研究	窪添　慶文著	15000円
146	魏晋南北朝官人身分制研究	岡部　毅史著	10000円
147	漢代史研究	永田　英正著	13000円
148	中国古代貨幣経済の持続と転換	柿沼　陽平著	13000円
149	明代武臣の犯罪と処罰	奥山　憲夫著	15000円
150	唐代沙陀突厥史の研究	西村　陽子著	近　刊
151	朝鮮王朝の対中貿易政策と明清交替	辻　　大和著	8000円

（表示価格は2018年３月現在の本体価格）

100	隋唐長安城の都市社会誌	妹尾　達彦著	未　刊
101	宋代政治構造研究	平田　茂樹著	13000円
102	青春群像－辛亥革命から五四運動へ－	小野　信爾著	13000円
103	近代中国の宗教・結社と権力	孫　　江著	12000円
104	唐令の基礎的研究	中村　裕一著	15000円
105	清朝前期のチベット仏教政策	池尻　陽子著	8000円
106	金田から南京へ－太平天国初期史研究－	菊池　秀明著	10000円
107	六朝政治社會史研究	中村　圭爾著	12000円
108	秦帝國の形成と地域	鶴間　和幸著	13000円
109	唐宋変革期の国家と社会	栗原　益男著	12000円
110	西魏・北周政権史の研究	前島　佳孝著	12000円
111	中華民国期江南地主制研究	夏井　春喜著	16000円
112	「満洲国」博物館事業の研究	大出　尚子著	8000円
113	明代遼東と朝鮮	荷見　守義著	12000円
114	宋代中国の統治と文書	小林　隆道著	14000円
115	第一次世界大戦期の中国民族運動	笠原十九司著	18000円
116	明清史散論	安野　省三著	11000円
117	大唐六典の唐令研究	中村　裕一著	11000円
118	秦漢律と文帝の刑法改革の研究	若江　賢三著	12000円
119	南朝貴族制研究	川合　　安著	10000円
120	秦漢官文書の基礎的研究	鷹取　祐司著	16000円
121	春秋時代の軍事と外交	小林　伸二著	13000円
122	唐代勲官制度の研究	速水　　大著	12000円
123	周代史の研究	豊田　　久著	12000円
124	東アジア古代における諸民族と国家	川本　芳昭著	12000円
125	史記秦漢史の研究	藤田　勝久著	14000円
126	東晉南朝における傳統の創造	戸川　貴行著	6000円
127	中国古代の水利と地域開発	大川　裕子著	9000円
128	秦漢簡牘史料研究	髙村　武幸著	10000円
129	南宋地方官の主張	大澤　正昭著	7500円
130	近代中国における知識人・メディア・ナショナリズム	楊　　韜著	9000円
131	清代文書資料の研究	加藤　直人著	12000円
132	中国古代環境史の研究	村松　弘一著	12000円

67	宋代官僚社会史研究	衣川　強著	品　切
68	六朝江南地域史研究	中村　圭爾著	15000円
69	中国古代国家形成史論	太田　幸男著	11000円
70	宋代開封の研究	久保田和男著	10000円
71	四川省と近代中国	今井　駿著	17000円
72	近代中国の革命と秘密結社	孫　江著	15000円
73	近代中国と西洋国際社会	鈴木　智夫著	7000円
74	中国古代国家の形成と青銅兵器	下田　誠著	7500円
75	漢代の地方官吏と地域社会	髙村　武幸著	13000円
76	齊地の思想文化の展開と古代中國の形成	谷中　信一著	13500円
77	近代中国の中央と地方	金子　肇著	11000円
78	中国古代の律令と社会	池田　雄一著	15000円
79	中華世界の国家と民衆　上巻	小林　一美著	12000円
80	中華世界の国家と民衆　下巻	小林　一美著	12000円
81	近代満洲の開発と移民	荒武　達朗著	10000円
82	清代中国南部の社会変容と太平天国	菊池　秀明著	9000円
83	宋代中國科擧社會の研究	近藤　一成著	12000円
84	漢代国家統治の構造と展開	小嶋　茂稔著	品　切
85	中国古代国家と社会システム	藤田　勝久著	13000円
86	清朝支配と貨幣政策	上田　裕之著	11000円
87	清初対モンゴル政策史の研究	楠木　賢道著	8000円
88	秦漢律令研究	廣瀬　薫雄著	11000円
89	宋元郷村社会史論	伊藤　正彦著	10000円
90	清末のキリスト教と国際関係	佐藤　公彦著	12000円
91	中國古代の財政と國家	渡辺信一郎著	14000円
92	中国古代貨幣経済史研究	柿沼　陽平著	品　切
93	戦争と華僑	菊池　一隆著	12000円
94	宋代の水利政策と地域社会	小野　泰著	9000円
95	清代経済政策史の研究	黨　武彦著	11000円
96	春秋戦国時代青銅貨幣の生成と展開	江村　治樹著	15000円
97	孫文・辛亥革命と日本人	久保田文次著	20000円
98	明清食糧騒擾研究	堀地　明著	11000円
99	明清中国の経済構造	足立　啓二著	13000円

34	周代国制の研究	松井　嘉徳著	9000円
35	清代財政史研究	山本　進著	7000円
36	明代郷村の紛争と秩序	中島　楽章著	10000円
37	明清時代華南地域史研究	松田　吉郎著	15000円
38	明清官僚制の研究	和田　正広著	22000円
39	唐末五代変革期の政治と経済	堀　敏一著	12000円
40	唐史論攷－氏族制と均田制－	池田　温著	18000円
41	清末日中関係史の研究	菅野　正著	8000円
42	宋代中国の法制と社会	高橋　芳郎著	8000円
43	中華民国期農村土地行政史の研究	笹川　裕史著	8000円
44	五四運動在日本	小野　信爾著	8000円
45	清代徽州地域社会史研究	熊　遠報著	8500円
46	明治前期日中学術交流の研究	陳　捷著	品　切
47	明代軍政史研究	奥山　憲夫著	8000円
48	隋唐王言の研究	中村　裕一著	10000円
49	建国大学の研究	山根　幸夫著	品　切
50	魏晋南北朝官僚制研究	窪添　慶文著	14000円
51	「対支文化事業」の研究	阿部　洋著	22000円
52	華中農村経済と近代化	弁納　才一著	9000円
53	元代知識人と地域社会	森田　憲司著	9000円
54	王権の確立と授受	大原　良通著	品　切
55	北京遷都の研究	新宮　学著	品　切
56	唐令逸文の研究	中村　裕一著	17000円
57	近代中国の地方自治と明治日本	黄　東蘭著	11000円
58	徽州商人の研究	臼井佐知子著	10000円
59	清代中日学術交流の研究	王　宝平著	11000円
60	漢代儒教の史的研究	福井　重雅著	品　切
61	大業雑記の研究	中村　裕一著	14000円
62	中国古代国家と郡県社会	藤田　勝久著	12000円
63	近代中国の農村経済と地主制	小島　淑男著	7000円
64	東アジア世界の形成－中国と周辺国家	堀　敏一著	7000円
65	蒙地奉上－「満州国」の土地政策－	広川　佐保著	8000円
66	西域出土文物の基礎的研究	張　娜麗著	10000円

汲古叢書

1	秦漢財政収入の研究	山田　勝芳著	本体 16505円
2	宋代税政史研究	島居　一康著	12621円
3	中国近代製糸業史の研究	曾田　三郎著	12621円
4	明清華北定期市の研究	山根　幸夫著	7282円
5	明清史論集	中山　八郎著	12621円
6	明朝専制支配の史的構造	檀上　寛著	品切
7	唐代両税法研究	船越　泰次著	12621円
8	中国小説史研究－水滸伝を中心として－	中鉢　雅量著	品切
9	唐宋変革期農業社会史研究	大澤　正昭著	8500円
10	中国古代の家と集落	堀　敏一著	品切
11	元代江南政治社会史研究	植松　正著	13000円
12	明代建文朝史の研究	川越　泰博著	13000円
13	司馬遷の研究	佐藤　武敏著	12000円
14	唐の北方問題と国際秩序	石見　清裕著	品切
15	宋代兵制史の研究	小岩井弘光著	10000円
16	魏晋南北朝時代の民族問題	川本　芳昭著	品切
17	秦漢税役体系の研究	重近　啓樹著	8000円
18	清代農業商業化の研究	田尻　利著	9000円
19	明代異国情報の研究	川越　泰博著	5000円
20	明清江南市鎮社会史研究	川勝　守著	15000円
21	漢魏晋史の研究	多田　狷介著	品切
22	春秋戦国秦漢時代出土文字資料の研究	江村　治樹著	品切
23	明王朝中央統治機構の研究	阪倉　篤秀著	7000円
24	漢帝国の成立と劉邦集団	李　開元著	9000円
25	宋元仏教文化史研究	竺沙　雅章著	品切
26	アヘン貿易論争－イギリスと中国－	新村　容子著	品切
27	明末の流賊反乱と地域社会	吉尾　寛著	10000円
28	宋代の皇帝権力と士大夫政治	王　瑞来著	12000円
29	明代北辺防衛体制の研究	松本　隆晴著	6500円
30	中国工業合作運動史の研究	菊池　一隆著	15000円
31	漢代都市機構の研究	佐原　康夫著	13000円
32	中国近代江南の地主制研究	夏井　春喜著	20000円
33	中国古代の聚落と地方行政	池田　雄一著	15000円